院士叢書

九州四海風雅同

元代多族士人圈的形成與發展

蕭啓慶　著

中央研究院
聯經出版公司

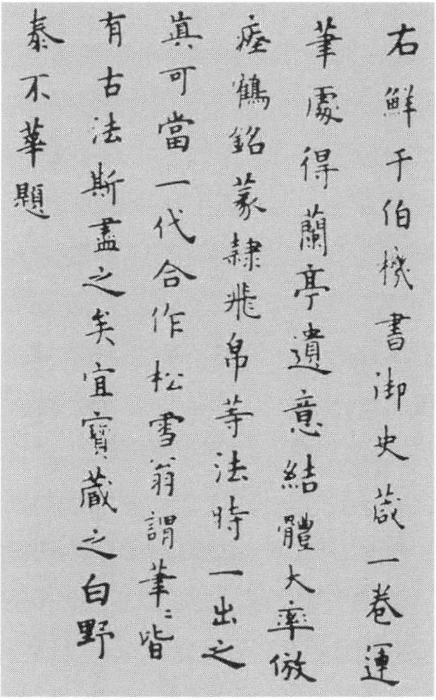

圖一　泰不華題鮮于樞〈御史箴〉

普林斯頓大學博物館藏。

Chinese, Yuan dynasty, 1260-1368

Tai Buhua, 1304-1352, colophon, undated

On Xianyu Shu 鮮于樞, ca. 1257-1302, Admonitions to the Imperial Censors (Yushi zhen 御史箴), 1299

Handscroll; ink on paper

Calligraphy: 50.1 x 409.6 cm. (19 3/4 x 161 1/4 in.)

Colophons: 50.1 x 115.2 cm. (19 3/4 x 45 3/8 in.)

Princeton University Art Museum. Bequest of John B. Elliott, Class of 1951

1998-49

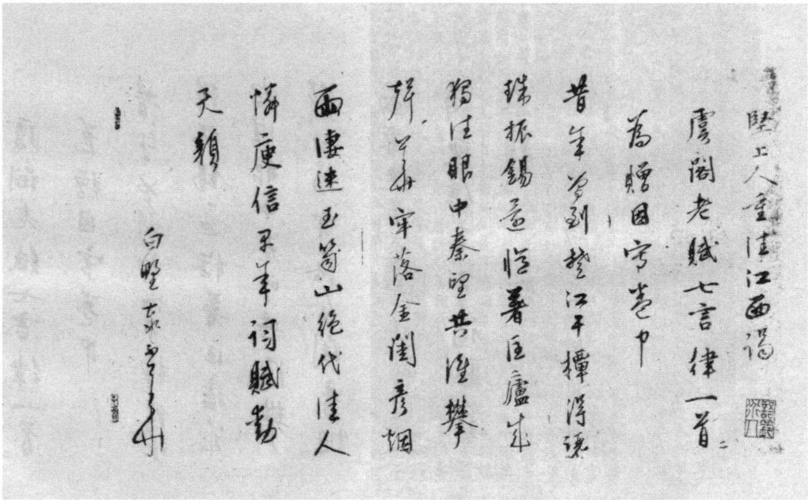

圖二　泰不華書〈堅上人重往江西謁虞閣老書〉

《羅雪堂先生全集》，第5編，13冊，頁4293-4294。

今藏中央研究院歷史語言研究所傅斯年圖書館。

序言

　　這本書的醞釀、寫作與增補前後長達二十餘年。1980年代在撰寫〈元代蒙古人的漢學〉正續兩篇的過程中，發現蒙古漢學者與漢族士大夫間往往聲氣相通，緊密結合，兩者之間存有千絲萬縷的關係。色目漢學者也是如此，於是萌發出「多族士人圈」這一概念。1996年應中國文化大學主辦的第二屆宋史研究會議之邀，提出〈元代多族士人圈的形成初探〉論文，粗枝大葉的描繪了這一元代多族士人圈的形成與運作的概況。一年以後以同一題目向國科會申請了一個計劃，當時寫成了一篇八萬多字的報告。過去十二三年來，又不斷充實、改寫各章節，陸續在兩岸三地的學報及論文集發表。最近則將一些已經修改過的章節加以統合，刪削重複，成為一部近三十萬字的專著，較1997年的報告，已擴充三倍有餘。

　　史學界前輩陳垣的經典名著《元西域人華化考》及拙著〈元代蒙古人的漢學〉的重點，都是在考述個別蒙古和色目人的漢學造詣。本書則顯示各族群士人間的社會文化互動，較上述兩種論著提高了一個層次，應該更能顯示元代多元族群社會中各族群不僅有矛盾與衝突，更有交往與交融，對元代社會，尤其是族群關係應該有更全面的掌握，這是我撰寫這本書的初衷與區區期許。

　　由於族群等級制度的阻礙，終元一代，蒙古、色目並未與漢族士

人融爲一體。眞正的融合是在明朝取代元朝之後。本書〈結論〉中僅能做一簡單勾稽。至於蒙古、色目人與漢族融合的史實，仍待進一步的探討，恐需明史學者多加注意。

　　回顧多年來對本書主題的考述，可說是前慢而後快，前疏而後密。一方面是由於環境的變化。1994年前我仍身處新加坡，可說是個單幹戶，沒有學生協助資料的蒐求與排比。回台執教清華大學以後，研究工作得力於助理的襄助甚大。另一方面是由於研究工具的改善。近年來由於電腦的廣泛應用、網路資料庫的日益充實，各項史料收集較前容易不啻十倍。由於這兩方面的結合使本書內容更爲充實，論述亦益臻完備。

　　自從研究所時代開始，五十年來我始終從事元史研究，鍥而不捨，一以貫之。最近幾年來，則專注於整理舊著。如今《元代進士輯考》將由中央研究院歷史語言研究所出版在即，而這本書的編成遂使我的主要工作告一段落。今後將重新出發，尋覓新課題，退而不休，繼續努力。

蕭啟慶

謹序於台北雲端書齋

2011年11月3

目次

第一章

引 論

　　族際互動是中國史上各征服王朝時代的重要現象。征服王朝時代族群繁多，關係複雜，族際互動的疏密良惡不僅決定族群間的融合或衝突，而且密切影響當代的治亂與興衰[1]。

　　元代為一多元社會，其族群之複雜，文化之繁富，在中國歷史上都可稱為空前。各族群間文化與政治上的相互激盪與彼此影響，構成元史研究的中心課題。而征服民族與主要被征服民族——漢族（包括漢人與南人）——間的政治、社會與文化關係尤為學者注意的一個焦點。但因牽涉廣泛，較為全面的著作，尚不多見。

　　過去不少學者認為元朝對漢文化抵制最力，而族群之間更存有明顯的政治與社會區隔。在政治與社會方面，蒙元史先進箭內亙(1875-1927)之〈元代社會の三階級〉及蒙思明(1908-1974)之《元代社會階級制度》皆將蒙古、色目、漢人、南人等四個族群視為不同的「種族階級」，強調其政治、社會、經濟權益相去的懸殊[2]。這種看法衍生

1　關於元朝的族群關係，參看蕭啓慶，〈內北國而外中國——元朝的族群政策與族群關係〉，收入蕭氏，《元朝史新論》（台北：允晨文化公司，1999），頁43-60。
2　箭內亙，〈元代社會の三階級〉，收入箭內氏，《蒙古史研究》（東京：刀江書院，1930），頁263-360；蒙思明，《元代社會階級制度》（北平：哈佛燕京學社，1938），頁35。

出各族群之間存有不可踰越的鴻溝之錯誤印象，如日本學者村上正二即以「差別」與「隔離」來形容元廷的族群政策，而美國學者艾本華（Wolfram Eberhard, 1909-1989）更曾說：「蒙古人制定嚴格之民族立法。漢人既不可學習蒙語，通婚亦爲法令所禁止。漢人不能供服軍役，亦不可持有武器」[3]。在元朝的所謂「民族立法」之下，各族群似乎成爲相互隔離的絕緣體。

在文化方面，過去不少學者認爲古來征服中原的遊牧民族或半遊牧民族雖然族類各異，最後都難逃漢化的命運，而元代蒙古、色目人對漢文化卻是抵制最力，因而漢化最淺。乾嘉史學大師趙翼（1727-1814）即主張：「元代不惟帝王不習漢文，即大臣習漢文者亦少也」，意即元朝統治階級——包括蒙古人與色目人——多爲漢文文盲，與漢文化枘鑿方圓，格格不入[4]。日本學者羽田亨（1882-1955）對傳統的吸收論最早提出批判，其〈元朝の漢文明に對する態度〉即主張：元代奉行「蒙古主義」，漢人及漢文化皆不受尊重。由於羽田氏爲京都北亞史與東亞史之先進巨擘，數十年來日本學者一直遵奉其說爲圭臬，而稱元朝之文化與族群政策爲「蒙古至上主義」[5]。在西方，魏復光（Karl A. Wittfogel, 1896-1988）與馮家昇（1904-1970）之《遼代社會史》則自人類學「涵化」（acculturation）的觀點對吸收論

3　村上正二，〈元朝の文化政策について——モンゴル至上主義と儒者文化——〉，《歷史教育》第 8 卷第 8 期（1960），頁 1-10；W. Eberhard, *Conquerors and Rulers: Social Forces in Medieval China* (Leiden: E.J. Brill, 1965), p. 133.

4　趙翼著，王樹民校證，《廿二史劄記校證》（北京：中華書局，1984）卷30，頁 431-432，〈元諸帝多不習漢文〉。

5　羽田亨，〈元朝の漢文明に對する態度〉，收入《羽田博士史學論文集——歷史篇》（京都：東洋史研究會，1957），頁 686-687。

做出較有系統的批評。他們認爲：征服狀態造成了族群間的鴻溝，征服民族與被征服民族不可能相互認同，完全同化。兩者的文化關係是雙行的涵化，而不是單向的「同化」（assimilation）。眞正的同化僅在征服王朝崩潰，民族鴻溝消失之後始有可能。而各征服民族與漢文化之關係，每因其自身文化背景及所處歷史環境的歧異而有很大的差別。各征服王朝中，由半農耕、半遊牧民族所建立的金朝與清朝傾向於漢文化的吸收，漢化因而較深，而元朝則與同爲遊牧民族所肇建的遼朝相似，對漢文化抗拒甚力，因而漢化較淺[6]。

　　上述的說法顯然低估了各族群之間的文化與社會關係，以致不少學者提出不同看法。陳垣(1880-1971)即爲此一方面之先驅，其名著《元西域人華化考》考證了色目(即西域人)漢化士人一二七人之學藝造詣，顯示色目人在漢文化方面造詣甚高者大有人在，與當時漢族相較毫不遜色。陳氏此書對上述誤解的釐清起了部分作用[7]。楊志玖則自儒家思想的吸引力考述了色目人之漢化[8]。在蒙古人方面，神田喜一郎、吉川幸次郎、傅海波(Herbert Franke)、傅申、姜一涵、魏盟夏(Marsha Weidner)、羅賢佑、謝成林、李則芬等人之論著論述了元朝帝王之文學與藝術修養，皆認爲中後期諸帝多甚崇尙風雅、嗜愛藝文，而且不無造詣，並非「不習漢文」[9]。至於帝王以外之蒙古人，

6　Karl A. Wittfogel and Chia-sheng Feng, *History of Chinese Society- Liao (907-1125)* (Philadelphia: American Philosophical Society, 1949), pp. 1-32.

7　陳垣，《元西域人華化考》(北平：勵耘書屋，1934)。

8　楊志玖，〈元代西域人的華化與儒學〉，《中國文化研究集刊》第4期(1987)，頁188-203。

9　神田喜一郎，〈元の文宗の風流に就いて〉，收入羽田博士還曆記念會編，《羽田博士頌壽記念東洋史論叢》(京都：東洋史研究會，1950)，頁477-488；吉川幸次郎，〈元の諸帝の文學〉，《吉川幸次郎全集》(東京：筑摩書房，1969)第15卷，頁232-313；Herbert Franke, "Could the

筆者〈元代蒙古人的漢學〉一文曾考述蒙古儒者、詩人、曲家及書家
——七人的生平及造詣，藉以顯示蒙古人並不盡為漢族精緻文化的門
外漢，不少蒙古學者士人的漢學造詣足可與當世漢人、色目名家相互
爭勝[10]。

　　本書擬自社會文化史的觀點，展示元朝各族士人間的互動關係，
所擬建立的主要論點為：元朝中期以後，一個人數雖不龐大，卻是日
益擴張的蒙古、色目士人群體業已成立。此一異族士人群體並非孤立
於漢族士大夫階層之外，而是與後者聲氣相通，緊密結納，相互之間
存有千絲萬縷的關係。各族間共同的士人群體意識業已超越種族的藩
籬，遂形成中國史上前所未見的多族士人圈。

　　本書所謂「士人」是一個文化群體，也是一個社會階層。自文化
觀點言之，士人必須具有正統儒學教育與士大夫文化(literati culture)
的修養，並接受儒家基本理念與道德準則的規範。因此，此處所謂
「士人」兼含著重學問、德行之「儒士」與愛好詞章、藝術之「文
人」。自社會觀點言之，其人可能為累世金紫的名公顯宦、可能為領
率鄉里的縉紳，亦可能為一襲青衿的布衣，但都屬於備受尊崇的菁英

（續）——————————————

Mongol Emperors Read and Write Chinese?" in Franke, *China under Mongol Rule* (Brookfield, Vt.: Variorum, 1994), pp. 28-41；傅申，《元代皇室書畫收藏史略》（台北：國立故宮博物院，1981）；姜一涵，《元代奎章閣及奎章人物》（台北：聯經出版公司，1981）；Marsha Weidner, "Painting and Patronage at the Mongol Court of China, 1260-1368," Ph.D. dissertation, University of California, Berkeley, 1983；羅賢佑，〈元朝諸帝漢化述議〉，《民族研究》1987年第5期，頁67-74；謝成林，〈元代宮廷的繪畫活動〉，《九州學刊》第3卷第2期(1989)，頁45-52；李則芬，〈元代諸帝的漢學修養〉，收入李氏，《宋遼金元歷史論文集》（台北：黎明文化公司，1991），頁743-748。

10　此文收入蕭氏，《蒙元史新研》（台北：允晨文化公司，1994），頁97-216。

階層。因而，本文之「士人」與「士大夫」一辭同義，包含已仕或未仕的讀書人。雖然士人原為中原社會的特有產物，但士人的文化素養具有普遍性，可為異族人士所接受，凡接受士大夫文化的外族人士亦可視之為士人。至於精通其本族語文而不諳漢文化的外族人士則不能列為士人，因不諳漢文詩、書則與漢族士人之背景互不相同，雙方密切交往的可能性不大。為了避免學者對「漢化」一詞定義爭議之紛擾，本書稱外族人士接受士人文化之過程及結果為「士人化」（literatization）而不稱之為「漢化」（sinicization）[11]。

　　士人化的蒙古、色目人大都完全浸潤於漢族士人文化之中。在現存史料中，幾乎見不到他們介紹其本族文化於中原的跡象。有如傅海波所指出：當時蒙古、色目士人，如高克恭、馬祖常、薩都剌等人的文學、藝術作品，不見異國色彩而與漢族士人並無二致[12]。藝術史學者石守謙也曾指出：

　　　　非漢族士人此時在融入中國之士人文化的過程中，對其書畫藝
　　　　術的態度，大致皆經歷認同與學習的階段，反而罕見直接以其

11　「士人化」與「漢化」的區別：「漢化」之異族人士應已放棄其本族文化
　　及族群認同，而與漢族同化，但可能僅接受漢人的「小傳統」（little
　　tradition），不必熟諳士人文化，歷代與漢族長期接觸的異族下層民眾大體
　　如此。而「士人化」之異族人士雖接受士人文化，卻未必放棄其本族的族
　　群認同，甚至選擇性保留其原有文化。元代中後期不少蒙古、色目人皆是
　　如此，因為在征服情勢下，蒙古、色目人保持其原有的族群及政治認同對
　　其實際利益有助。因而當時蒙古、色目士人往往存有族群及政治認同與文
　　化認同之間相互矛盾的現象。參看蕭啟慶，〈論元代蒙古、色目人的漢化
　　與士人化〉，收入蕭氏，《元代的族群文化與科舉》（台北：聯經出版公
　　司，2009），頁55-84。

12　Herbert Franke, "Sino-Western Contacts under the Mongol Empire," in Franke, *China under Mongol Rule*, pp. 47-72.

固有之書寫與圖繪來進行詮釋的現象。類似十七世紀郎世寧那
種以西入中的手法，基本上在蒙元時期並未出現。這意味著
蒙古人、色目人對融入原來士人文化的積極主動態度，此亦
爲其得以對書畫藝術進行全面而深入的學習之根本[13]。

石氏所論確是不錯，當時蒙古、色目士人確是以融入的態度從事藝文
創作。近年來元詩學者楊鐮鑄造「蒙古、色目雙語詩人」一辭[14]，將
我們習知以漢文創作的著名詩人如蒙古族的月魯不花、聶鏞，色目各
族的貫雲石、王翰、脫脫木兒等都歸類爲「雙語詩人」，卻未能舉證
這些詩人曾以其母語創作。事實上，固然直至元代後期，不少蒙古、
色目人可能仍以其母語爲家庭用語，但漢文無疑已成爲其教育與藝文
之媒介。所以「雙語詩人」一辭仍有商榷的空間。

　　元代四大族群中，漢人、南人均屬漢族，在種族及文化上並無不
同，差別不過是地域，故在本文中對漢人、南人不加區別，視爲一
體。契丹、女真之原有種族與漢族雖不同，但二者在元朝業已漢化並
經官方劃分爲「漢人」，在此視之爲漢族，而不另列。因此，本文所
謂「多族」乃指蒙古、色目、漢族等三大族群而言。

13　石守謙，〈衝突與交融：蒙元多族士人圈中的書畫藝術〉，收入石守謙、
　　葛婉章主編，《大汗的世紀》（台北：國立故宮博物院，2001），頁210。
14　楊鐮，〈元代蒙古、色目雙語詩人新探〉，《民族文學研究》2004年第2
　　期，頁5-10。

第二章

元代蒙古、色目士人群體的出現

第一節　蒙古、色目文化背景

　　蒙古、色目人與漢族的民族及文化背景大不相同，而蒙古、色目兩個族群之間及其個別族群內各族屬之背景亦互有歧異。因而，各族群士人階層出現之難易及先後頗有軒輊。

一、蒙古

　　蒙古人所處生態環境及生活方式皆與中原漢族差異甚大[1]。成吉思汗（1206-1227在位）建國前後，多數蒙古部落皆爲居住草原之上，經營遊牧生活的所謂「氈帳中百姓」，少數居住於東自貝加爾湖、西至也兒的石（Irtysh）河間森林地區之部落如斡亦剌（Oyirad）及巴爾忽（Barqut）諸部，稱作「林木中百姓」，主要倚恃狩獵與採集爲生。無論在草原或森林地區，農業皆微不足道，與中原經濟大不相同。

　　十三世紀初年，由於蒙古爲一行國社會，文化缺乏累積。以前居住蒙古地區之突厥人曾有文字，蒙古人徙入後卻未能繼承。直到

1　關於蒙古早期的生態環境與生活方式，參看符拉基米爾佐夫著，劉榮焌譯，《蒙古社會制度史》（北京：中國社會科學出版社，1980），頁53-73。

1204年成吉思汗滅乃蠻(Naiman)，擒獲其王傅畏兀兒人塔塔統阿，始命其「以畏兀兒字書國言」，創制畏兀兒字蒙古文，最初學習者限於皇子[2]。絕大多數蒙古人仍爲文盲。立國之初，行軍傳令，仍靠口頭遞傳或刻木爲契[3]。缺乏本土士人，不言可喻。美國學者包保羅(Paul Buell)曾創「草原知識分子」(steppe intellegentsia)一詞來描述最早的草原知識人[4]，但他所指涉者如鎮海、耶律阿海等人，皆爲往來草原之商賈或使節，出身於草原周邊，而非蒙古本土士人。

蒙古建國前後，與西域文化關係較密，而與中原接觸則較少。自蒙古取代突厥而成爲草原之主人後，即與遺留原地之突厥部落相互涵化。居住於蒙古西部之乃蠻及克烈(Kereyid)二部之族源究爲蒙古或突厥仍多爭論，在元朝則被視爲蒙古人[5]。但二部與西邊突厥各部之間具有密切之關係。十一世紀以後，二部已信奉景教(Nestorianism)[6]，而乃蠻更任用畏兀兒人，如塔塔統阿主管錢穀、文書，在當時蒙古各部

2　宋濂等，《元史》(北京：中華書局，1976)卷124，頁3048，〈塔塔統阿傳〉。

3　趙珙，《蒙韃備錄》，收入王國維，《蒙古史料四種》(台北：正中書局，1962)，頁3上，〈國號年號〉。

4　Paul Buell, "Chinqai(ca. 1169-1252)," in Igor de Rachewiltz et al(eds.), *In the Service of the Khan: Eminent Personalities of Early Mongol-Yuan Period(1200-1300)*(Wiesbaden: Harrasowitz Verlag, 1993), pp. 95-112.

5　關於乃蠻與克烈族屬的爭論，參看黃時鑒，〈元代乃蠻是蒙古而非色目考〉，收入黃氏，《黃時鑒文集》(上海：中西書局，2011)第1冊《大漠孤煙》，頁113-119。陳得芝，〈十三世紀以前的克烈王國〉，收入陳氏，《蒙元史研究叢稿》(北京：人民出版社，2005)，頁201-132。蕭啟慶，〈元代蒙古人的漢學〉，頁101-102，注16、17。

6　伯希和撰，馮承鈞譯，〈唐元時代中亞及東亞之基督教徒〉，收入馮氏，《西域南海史地考證譯叢》第1卷(北京：商務印書館，1962)，頁49-70。周良霄，〈元和元以前中國的基督教〉，《元史論叢》第1輯(1982)，頁137-163。

落中文化最高。西域文化，尤其是畏兀兒文化對建國前後的蒙古產生甚大影響。有如俄國學者巴爾道(W. Barthold, 1869-1930)所說：「蒙古最早之教師及文官皆爲畏兀兒人。」[7]大蒙古國最初之文化取向傾向於西域，一方面是由於共同的遊牧文化背景，另一方面則是經由乃蠻、克烈文化滲透而產生的影響。

　　中原文化對早期蒙古人的影響較爲微弱，一則由於空間之區隔，二則由於生活方式的不同，三則由於早期蒙古與中原的交往皆爲透過契丹與女眞的間接關係，而契丹與女眞的韁羈政策是征伐與圍堵多於和平交往。雖然日本及德國漢學前輩田村實造(1904-1999)、傅海波曾以傳說中之蒙古烈祖神元皇帝與金廷維持朝貢關係一事，來證明大蒙古國之崛興並不是完全孤立於中原帝國勢力範圍之外[8]，但這類傳說之可靠性仍待證實。而在建立王朝的各遊牧民族中，蒙古與中原之政治關係無疑最爲疏淡，而其所受中原文化之影響亦最爲微小。

　　蒙古建國時，雖然本身已有文字，而在入侵中原後，更與中原文化直接接觸。但大多數蒙古人皆編入百戶、千戶等軍事單位中，並著籍軍戶，世服軍役，與清朝旗人相同。如元統元年(1333)所取而家世可考之十一名蒙古進士，皆是出身軍戶家庭[9]。在大蒙古國時代，蒙古軍人忙於征戰四方，無暇詩書。蒙古士人階層出現之較緩慢，自可理解。

7　W. Barthold, *Turkestan down to the Mongol Invasion*(4th ed., London: E.J.W. Gibb Memorial Trust, 1977), p. 387.

8　H. Franke, "The Role of the State as a Structural Element in Polyethnic Societies," in Stuart Schram(ed.), *Foundations and Limits of State Power in China*(London: University of London, 1987), pp. 87-112.

9　蕭啓慶，〈元代科舉與菁英流動──以元統元年進士爲中心〉，收入蕭氏，《元朝史新論》(台北：允晨文化公司，1999)，頁155-202。

二、色目

　　元代色目人不是一個民族，而是元廷爲統治需要而設定的一個族群，用以協助蒙古統治，牽制漢族。凡蒙古、漢族(廣義)之外的「諸色目」人戶皆經劃入，族類極爲繁多。元末陶宗儀(1316-？)《輟耕錄》中列舉三十一種[10]，清錢大昕(1728-1804)《元史氏族表》中列舉二十三種[11]，而屠寄(1856-1921)《蒙兀兒史記》所列則爲二十六種[12]，各表中所列「或同名而重出，或異譯而並舉，或傳抄刊刻時有脫誤，或本爲蒙古而誤入色目」，舛誤甚多，不易釐清[13]。而且各族類中，有的是民族，有的是國家，有的是宗教(如回回、也里可溫)，甚爲龐雜[14]。

　　就文化觀點言之，色目各族可分列爲三類：

　　第一，原受漢文化影響較大各族：唐兀(Tangut，又作唐古)、汪古(Önggüt)二族原受漢文化影響頗深，本有漢文士人層之存在。唐古即原西夏人。西夏故地受漢文化影響近千年，並且長期爲漢族統治的郡縣。而西夏亦爲一包擁蕃漢的國家，國中人民包含党項、漢、藏、回鶻、韃靼等族，相互融會。西夏統治階層對漢文化甚爲傾慕[15]。國中蕃、漢學並重，其國學以教授儒學經典爲主，中期以後更實行科舉取士，以儒學爲考試內容，甚多名臣賢相皆係科舉出身，第八代皇帝

10　陶宗儀，《南村輟耕錄》(北京：中華書局，1959)卷1，頁13，〈氏族〉。

11　收入陳文和主編，《嘉定錢大昕全集》(南京：江蘇古籍出版社，1997)第5冊，卷2及卷3。

12　屠寄，《蒙兀兒史記》(結一宦刊本)卷154、155，〈色目氏族〉。

13　蒙思明，《元代社會階級制度》，頁28-30。

14　馬建春，《元代東遷西域人及其文化研究》(北京：民族出版社，2003)，頁18-53。

15　關於西夏的歷史與文化，參看吳天墀，《西夏史稿》(成都：四川人民出版社，1983)；史金波，《西夏文化》(長春：吉林教育出版社，1986)。

遵頊(1162-1226)亦是進士,因而漢文、儒學之研習在夏國蔚然成風,不少士人漢學造詣精湛,與中原漢族士人相較毫不遜色[16]。不少早期歸降蒙古的唐古人係出身於西夏士人階層。

　　汪古原為遼金時代居住陰山(大青山)以北之突厥語部族,為金朝扼守邊牆因而得名。其人係以唐代回鶻為主體,以後又吸收沙陀及金初釋放的回鶻俘虜融合而成[17]。其文化成分「是以北方草原文化形式為主體,融合漢族文化和西方國家其他民族文化」[18]。汪古人多信奉景教,但因地處草原與農業地區邊緣,與中原往來較密。其中原有漢文士人之存在,如元朝名士馬祖常(1279-1338)之高祖馬慶祥(原名習禮吉思,1178-1223)於金季仕至鳳翔兵馬判官,「善騎射而知詩書,凡諸國語言文字靡所不通」[19],顯然熟諳漢文。又如耶律楚材(1190-1244)之好友移剌(劉)子春為家居沙井(今內蒙古四子王旗大廟附近)之汪古人,楚材常與他唱和,有句云:「科登甲乙戰文圍,吾子才名予獨知。巢許身心君易樂,蕭曹勳業我難為」[20],可見子春為一出身金朝科第而在大蒙古國時代業已歸隱的汪古士人。在元朝,汪古馬氏、趙氏以及統治者家族——高唐王闊里吉思(Georges, ?-1298)之

16　白濱,〈西夏的學校與科舉制度〉,收入寧夏文物管理委員會辦公室、寧夏文化廳文物處編,《西夏文史論叢》第1輯(銀川:寧夏人民出版社,1992),頁17-31。

17　周清澍,〈汪古的族源——汪古部事輯之二〉,收入周氏,《元蒙史札》(呼和浩特:內蒙古大學出版社,2001),頁90-119。

18　洪用斌,〈汪古部社會制度初探〉,《中國蒙古史學會成立大會紀念集刊》,頁220。

19　黃溍,《金華黃先生文集》(四部叢刊)卷43,頁1上-5下,〈馬氏世譜〉。關於馬氏,參看陳垣,《元西域人華化考》卷2,頁17下-22下。

20　耶律楚材著,謝方點校,《湛然居士文集》(北京:中華書局,1986)卷2,頁38,〈丁亥過沙井和移剌子春韻二首〉。參看蓋山林,〈元「耶律公神道之碑」考〉,《內蒙古社會科學》1981年第1期,頁78-80。

家，皆爲色目人中漢化較早的家族，應與該族早受漢文化影響之背景有關。

第二，原受漢文化影響不大，本身卻有甚高文化及本土知識分子的各族，畏兀兒、吐蕃、回回、也里可溫屬於此類。

畏兀兒即九世紀中西遷新疆高昌(哈剌火州〔Qara Qocho〕)及北庭(別失八里〔Besh Baliq〕)之回鶻，屬突厥種，在漠北時原爲遊牧民族，西遷之後卻改營城郭生活，並廣泛吸收西域文化，創造本族文字、文學及藝術。在宗教方面，除漠北時代即已信奉之摩尼教外，在當地流傳已久之佛教仍然盛行，享有國教地位[21]。畏兀兒文明水平甚高，培養出不少世俗及佛教知識分子。不過，雖然過去漠北回鶻與中原接觸頻繁，高昌地區亦曾長久籠罩於漢文化影響之下，但在畏兀兒西遷之後，漢文在當地顯然喪失功能，現有資料不足顯示畏兀兒人中曾有漢文士人之存在。

畏兀兒歸降後，一方面由於與蒙古語言相近，一方面由於具有突厥遊牧背景，另一方面則是由於在各文明民族中歸順最早，其世俗及佛教知識分子在蒙古國中皆發揮甚大影響[22]。世俗知識分子如塔塔統

---

21 關於高昌回鶻之歷史與文化，參看A.von Gabain, *Das Leben im uighurischen Königreich von Qoco, 850-1250* (Wiesbaden: Otto Harrasowitz, 1973)；安部健夫，《西ウィグル國史の研究》》(京都：彙文堂書店，1955)；程溯洛，〈高昌回鶻王國〉，收入程氏，《唐宋回鶻史論集》(北京：人民出版社，1993)，頁236-260。

22 關於畏兀兒人在蒙元時代之政治地位及貢獻，參看李符桐，〈回鶻與元朝建國之關係〉，〈畏兀兒人對於元朝建國之貢獻〉，兩文收入《李符桐論著全集》(台北：臺灣學生書局，1992)第3冊，頁161-270，271-338；尚衍斌，《元代畏兀兒研究》(北京：民族出版社，1999)；Thomas T. Allsen, "The Yuan Dynasty and the Uighurs of Turfan in the 13th Century," in M. Rossabi(ed.), *China among Equals:The Middle Kingdom and Its Neighbors, 10th-14th Centuries*(Berkeley: University of California Press, 1983), pp. 243-

阿、哈剌亦哈赤北魯、岳璘帖穆爾(1196-1262)對蒙古所起啓蒙作用
極大。而佛教知識分子往往兼通畏兀兒文、藏文、梵文，具有多元語
文才能，後來多成爲翻譯家。由於其原有文化程度較高，並且擔任文
職者較多，畏兀兒人日後漢化最廣且深，產生士人最多[23]，但因缺乏
本土漢文士人，其漢化並非最早。

　　吐蕃即藏族，信奉藏傳佛教。吐蕃實行政教合一統治，國中擁有
數目龐大之僧侶知識分子。自忽必烈(1260-1294在位)尊奉八思巴
('Phags-pa, 1235-1280)爲帝師後，藏傳佛教形同國教。不僅帝師係由
吐蕃僧侶包辦，主管佛教及吐蕃事務之宣政院的次官亦是如此。西藏
喇嘛遂成爲元朝一大特權階級。帝師「弟子之號司徒、司空、國公，
佩金玉印章者，前後相望」，「爲其徒者，怙勢恣睢，日新月盛，氣
焰熏灼，延於四方，爲害不可勝言」[24]。或許由於吐蕃僧侶擁有特權
而又以印度、吐蕃佛教文化爲依歸，不必學習漢文化，有如傅海波教
授所言：「吐蕃僧侶似置身中原文化之外，而未能如畏兀兒人一樣從
事於中原士人所敬重的一些文化事業」[25]。由於當時吐蕃社會係由僧
侶所主宰，世俗吐蕃人在元朝顯然缺少可扮演之角色，現所能發現之
熟諳士人文化之藏族僧侶只有一人(沙羅巴)。

　　回回，亦稱木速蠻(Mussulman)、答失蠻(Dashman，原指伊斯蘭

(續)————————————
　　　280.
　23　胡其德，〈元代畏兀兒人華化的再檢討〉，收入《中國邊疆史學術研討會論
　　　文集》(台北：蒙藏委員會，1995)，頁169-201。
　24　《元史》卷202，頁4521，〈釋老傳〉。
　25　H. Franke, "Tibetans in Yüan China," in Franke, *China under Mongol Rule*, pp.
　　　VIII 296-328; Idem, "Sha-lo-pa(1259-1314), A Tangud Buddhist Monk in Yüan
　　　China", in Franke, *China under Mongol Rule*, pp. XI, 201-222.

教士），乃指大食（阿拉伯）人、波斯人及伊斯蘭化之突厥人[26]。伊斯蘭化之突厥人包括阿兒渾（Arghun）、哈剌魯（Qarluq）等族。阿兒渾，為原居於中亞七河（Semirechye）至楚河（Chu）流域（即前蘇聯吉爾吉斯共和國及哈薩克共和國之一部）的突厥部落，信奉回教[27]。哈剌魯即唐代之葛邏祿，原為西突厥之一部，居住於巴爾喀什（Balkash）海東之海押立（Qayaligh）周圍地區[28]。哈剌魯人在十世紀中期後即開始伊斯蘭化，但信仰景教與佛教者亦不乏其人。哈剌魯人兼事農業、牧業與商業。阿兒渾與哈剌魯在元朝雖已伊斯蘭化，但往往仍以本族名稱見於記錄，而不稱為「回回」，而僅為局部伊斯蘭化之康里（Qangli）、欽察（Qipchaq）等族更是如此。

回回因有伊斯蘭文明為基礎，文化水平較高，其中不乏知識分子。蒙元早期，在行政方面如牙剌瓦赤與馬思忽惕父子及賽典赤瞻思丁（1211-1279），理財方面如奧都剌合蠻，科技方面如札馬剌丁，皆有助於蒙古統治之鞏固，足以反映回回原有文化之高超。但是，回回各族在進入中原之前，與中原文化接觸機會不多，原無漢文士人，回回人中漢文士人的大量湧現是一較遲的現象。

也里可溫（Erke'ün）為對基督教徒及教士的通稱（包括景教及天主

---

26 關於元代之回回，參看楊志玖，《元代回族史稿》（天津：南開大學出版社，2003）；邱樹森主編，《中國回族史》（銀川：寧夏人民出版社，1996）上冊，頁112-328；Morris Rossabi, "The Muslins in the Early Yuan Dynasty," in John D. Langlois, Jr. (ed.), *China under Mongol Rule*, pp. 257-295.

27 楊志玖，〈元代的阿兒渾人〉，收入楊氏，《元代回族史稿》，頁53-56；Paul Pelliot, *Notes on Marco Polo* (Paris: Imprimerie nationale librairie, 1959), vol. I, pp. 49-51.

28 關於哈剌魯，參看陳高華，〈元代的哈剌魯人〉，《西北民族研究》1988年第1期，頁145-154；W. Barthold, *Four Studies on the History of Central Asia* (Leiden: E.J. Brill, 1958), vol. I, pp. 103-104.

教），與回回情形相似，也里可溫包含族類甚廣[29]。因有基督教文明為基礎，元代也里可溫之文化水平似應較高。實際上，基督教徒、教士之原有文化水平及其與中原文化之關係，因個人原屬族類之不同而有甚大之差異。而且基督教徒往往以其個人之族屬見之於記錄，如汪古、拂林、阿速（Asud）之類，其中本族不可考而僅知其為「也里可溫」者並不多見。

第三，原為原居住地區距離中原遙遠，文化水平較低之遊牧部族。這些部族不僅缺乏漢文士人，而且缺乏本土知識分子。這類部族包括康里、欽察、阿速等。

康里、欽察皆屬突厥種[30]。康里為居住於今烏拉爾河（Ural，即押亦河）以東至鹹海（Aral Sea）東北的遊牧部落。雖然巴爾道認為康里及欽察在十二世紀時已信奉伊斯蘭教，但實際並非如此[31]。即使進入花剌子模之少數康里人改信伊斯蘭教，留居原地之康里人仍信奉薩滿教，元朝最重要之兩個康里家族——不忽木及亦納脫脫（1272-1327）之祖先即無信奉伊斯蘭教之現象。欽察人則是居住於南欽察草原（Desht-i Qipchaq）——裡海、黑海之北，烏拉爾河與頓河之間——之突厥語族。東羅馬人稱之為庫蠻（Cuman）[32]。阿速原稱阿蘭（Alan），為居住於北高加索山脈（太和嶺）的伊朗種人，自十世紀時已皈信希臘

29　關於蒙元時代之也里可溫，參看陳垣，《元也里可溫考》（上海：商務印書館，1923）；周良霄，〈元和元以前中國的基督教〉，頁137-163。

30　陸峻嶺、何高濟，〈元代的阿速、欽察、康里人〉，《文史》第16輯（1982），頁117-130。

31　楊志玖，《元代回族史稿》。

32　伯希和撰，馮承鈞譯，〈庫蠻〉，收入馮氏，《西域南海史地考證譯叢》第1卷第2編，頁1-45。楊志玖，〈回回一詞的起源和演變〉，收入楊氏，《元代回族史稿》，頁59-76。

正教[33]。服屬蒙古後，以上三族人士大都編入宿衛，從事征戰。康里人中，不忽木及禿忽魯二家因充任宮廷侍從，經過特殊培養而致士人化甚早外，士人之出現甚晚。欽察族產生之士人不多，而阿速族人則始終未產生士人。

　　總之，色目人成分複雜，各族中漢文士人出現之遲速與多寡與其本族之文化背景及其與中原之關係具有密切關聯。唐古、汪古等族原有文化較高，與中原關係較深，漢文士人之出現因而較早。畏兀兒、吐蕃、回回、也里可溫等種族或宗教本身皆具有較高之文化，亦擁有本土知識分子，但漢文士人出現之遲早卻不盡相同。畏兀兒人中漢文士人之出現雖非最早，但卻頗爲普遍。吐蕃人由於宗教與特權而產生漢文士人頗少。回回、也里可溫信徒原屬之種族及文化背景相差甚大，因而各種族及宗教中漢化士人出現之早晚亦有頗大之差異。康里、欽察、阿速等族原有文化水平不高，與中原文化亦無淵源，因而，在以上三族中，或則漢文士人出現較晚，或則始終無漢化士人之浮現。

第二節　士人群體出現的階段

　　蒙古、色目士人層的出現爲此二族群踴躍研習漢學的結果，而蒙古、色目人士之所以競相學習漢學，則是蒙元朝廷將其政治重心自蒙古轉移至中原後的必然趨勢。

　　關於蒙古、色目人研習漢學的原因，筆者在〈元代蒙古人的漢

33　阿速，又稱Alans，參看E. Bretschneider, *Medieval Researches from Eastern Asiatic Sources*(London: Kegan Paul, Trench, Trubner and Co., 1910), vol. 2, pp. 84-90; Pelliot, *Notes on Marco Polo*, vol. I, pp. 16-24；及陸峻嶺、何高濟文。

學〉一文中指出：除去中原文化本身的優越性及吸引力外，尚有三點，這些原因亦可適用於色目，茲簡述如次[34]：

第一，環境的影響：元代蒙古、色目人散住中原、江南，與漢族雜居。移居中原、江南的蒙古、色目人可能各有三四十萬人，與多達六千萬以上的漢族(實際人口可能近億)相比，居於絕對少數。蒙古、色目人身為少數族群，難免與漢族共為鄰里，亦不得不與漢人姻婭相聯，受到主流文化的薰染，甚為自然。

第二，政府的倡導：有元一代雖未真正推行漢法與儒治，始終維持蒙古本位政策，優遇其「國族」，同時重用色目、牽制漢族。但是，蒙古統治者亦深知「天下可得之馬上，不可自馬上治」的道理，欲求牢握權柄，蒙古、色目人必須掌握漢族之語文與學問，故採取種種措施，加以倡導。

第三，個人政治利益的追求：元代蒙古、色目人任官較易，而且高門弟子登仕主要倚恃門第，不憑學問。研習學問對蒙古、色目子弟似無用途，實際並不盡然。蔭襲特權，名額有限，即是高門貴種，亦非人人皆可由此入仕。必須旁覓他途，方有仕進機會，充實學養便是一途。至於普通蒙古、色目家庭子弟，原無蔭襲特權可恃，不得不研習詩書以求開拓自身政治前途。

依士人人數之多寡，造詣之深淺，蒙古、色目士人之形成與發展可分為下列四個階段：

一、萌芽期

即大蒙古國(Yeke Mongghol Ulus)時代。在忽必烈於1260年建國

34　〈元代蒙古人的漢學〉，頁104-109。

中原之前，大蒙古國係以北方草原地區爲核心，南方定居地區則爲其邊陲。中原不過是蒙古人攻伐的對象及羅掘兵源、財源的殖民地，蒙古人對中原並未施行直接統治，而是委任漢人世侯實行間接統治。治國立政並不以中原爲主要考量對象。

大蒙古國時代的儒家文化不僅在政治上處於邊緣地位，而且面臨絕續存亡之危機[35]。對儒士而言，金亡前後是一「天綱絕，地軸折，人倫滅」的危機時代。蒙古人對中原文化乃至儒家學說認識不深，士大夫往往淪爲牲口，供人驅策。甚多廟學皆在兵燹之中化爲灰燼，而其恢復遠慢於道、釋二家，以致耶律楚材有「精藍道觀已重新，獨有庠宮尙塊垣」之嘆[36]。在蒙古朝廷之上，耶律楚材雖曾一度受到窩闊臺汗(1229-1241在位)之重用，但其實際權力，侷限頗大。而在其卒後，「龍庭無漢人士夫」[37]，漢人影響力極小。

由於上述原由，大蒙古國時代蒙古、色目人研習漢學的誘因不大，而且此時移居中原之人數不多。但是或因政治需要而由主政者倡導，或因中原文化本身之吸引力，乃有少數蒙古、色目人開始研習漢學。

大蒙古國爲蒙古子弟研習漢學而創建的唯一機構爲國子學[38]。此

35　關於大蒙古國時代儒士之處境與地位，參看蕭啓慶，〈元代的儒戶：儒士地位演進史的一章〉，收入蕭氏，《元代史新探》(台北：新文豐出版公司，1983)，頁1-59；趙琦，《金元之際的儒士與漢文化》(北京：人民出版社，2004)。

36　耶律楚材著，謝方點校，《湛然居士文集》卷13，頁283，〈重修宣聖廟疏〉。

37　姚燧，《牧庵集》(四部叢刊)卷15，頁3上，〈中書左丞姚文獻公神道碑〉。

38　蕭啓慶，〈大蒙古國的國子學〉，收入蕭氏，《蒙元史新研》，頁49-94；王建軍，《元代國子監研究》(澳門：澳亞周刊出版公司，2003)，頁8-53。

一學校係於太宗五年(1233)滅金前夕創建於燕京，建校之目的在於訓練通譯人才以便利統治，所招收者皆爲蒙、漢官員子弟，學生人數約四五十人，規模不大。蒙古子弟研習漢人語言、文書，而漢官子弟則學習蒙古語言及弓箭。該校自始即由全眞教士馮志亨(1180-1254)掌管，而非由儒士主持。馮志亨所訂教學內容包括儒家經典在內。趙著〈佐玄寂照大師馮公道行碑〉說：

> 令讀《孝經》、《語》、《孟》、《中庸》、《大學》等書，庶幾各人於口傳心受之間，而萬善固有之地，日益開明，能知治國平天下之道，本自正心誠意始[39]。

但該校究竟是一通事養成班，培養儒士本非其目的，因而未能造就任何知名儒士。

大蒙古國時代蒙古、色目士人爲數不多，主要出於下列三源：

第一，歸順之西夏、汪古士人或其子弟：西夏士人歸順者甚多。現知有曲也怯祖、高智耀、斡扎簀、李楨(1200-1258)。曲也怯祖，唐兀烏密氏，西夏進士第一人，奉成吉思汗之命從察合臺出鎮西域[40]。高智耀爲西夏獻宗時右丞相高良惠之孫，舉進士第二人，西夏亡後隱居賀蘭山，屢被蒙古朝廷徵召顧問，累官中興等路提刑按察使[41]。斡扎簀

39　李道謙，《甘水仙源錄》(正統道藏)卷6，頁189-191下。

40　虞集，《道園類稿》(元人文集珍本叢刊)卷42，頁25下-35下，〈立只理威神道碑〉。

41　《道園類稿》卷25，頁18下-23下，〈重建高文忠公祠堂記〉；陳垣，《元西域人華化考》卷2，頁8上-9下。杉山正明，〈西夏人儒者高智耀の實像〉，收入杉山氏，《モンゴル帝國と大元ウルス》(京都：京都大學學術出版會，2004)，頁490-507。

為西夏仁宗時之儒相斡道沖（？-1183）之孫，歸順後任中興路管民官[42]。李楨，曾中西夏經童試，以文學為窩闊臺汗侍從，賜名玉出干必闍赤（üchügen bichêchi），意即「小秘書」[43]。汪古士人仕於蒙廷者則有馬月合乃（1216-1263），月合乃為馬慶祥之子，於蒙哥汗時佐治燕京，忽必烈朝初年仕至禮部尚書，其孫馬祖常稱他「世非出於中國，而學問文獻過於鄒魯之士」，可見月合乃深通漢學[44]。這些早期色目儒士人數不多，勢力不大，卻對拯救中原儒士有甚大貢獻。高智耀與馬月合乃皆以解脫儒士之奴籍、兵籍而見稱於史，而李楨於窩闊臺汗時亦曾「奏尋訪天下儒士，令所在優贍之」[45]。

第二，忽必烈培養之王室及侍臣子弟：忽必烈為早期蒙古宗王中之一異數。蒙古宗王對中原之重要性與儒士之功用少有體認，而忽必烈早年即有意將中原建立為其政治基地，因而盡力延攬漢地人才並命宗室及侍臣子弟研習漢學。早在乃馬真皇后稱制三年（1244），忽必烈已命侍臣子弟蒙古蔑里乞氏闊闊（1223-1262）及畏兀兒人廉希憲（1230-1280）從金狀元王鶚（1190-1273）學[46]。其後，又命蒙古生十人從趙璧（1220-1276）受儒書[47]，而張德輝（1195-1274）亦奉命教授胄子孛羅等[48]。這些青年可說是第一批經過漢儒調教而成材的蒙古、色目士人。其中闊闊、廉希憲後皆成為忽必烈朝中最早的蒙古、色目儒臣。

42　《元史》卷134，頁3254，〈朵兒赤傳〉。

43　《元史》卷124，頁3051，〈李楨傳〉。

44　馬祖常撰，李叔毅、傅瑛點校，《石田先生文集》（鄭州：中州古籍出版社，1991）卷13，頁238，〈故禮部尚書馬公神道碑〉。

45　《元史》卷124，頁3051，〈李楨傳〉。

46　《元史》卷160，頁3756，〈王鶚傳〉。參看Ch'i-ch'ing Hsiao, "Lien Hsi-hsien," in Igor de Rachewiltz et al（eds.）, *In the Service of the Khan*, pp. 480-499.

47　《元史》卷159，頁3747，〈趙璧傳〉。

48　《元史》卷163，頁3824，〈張德輝傳〉。

第三，自發學習的儒士：當時移居中原之蒙古、色目家庭雖然不多，卻有少數子弟爲漢文化所吸引而自動研習漢學，畏兀兒人哈剌普華（1246-1284）及回回人高亨皆可爲例。哈剌普華出身著名的高昌偰氏，年幼時便奉其父順天路斷事官岳璘帖穆爾之命兼習畏兀兒書及《語》、《孟》、《史》、《鑑》文字，「記誦精敏，出於天性」，其時當在憲宗時代[49]。高亨爲入華第二代之回回人[50]。其家並無仕宦背景，而他卻是「大究於《易》、《詩》、《書》、《春秋》及關洛諸先生緒言」。其子克恭生於定宗貴由汗三年（1248），亨之開始研習漢學不應晚於此時。哈剌普華因而成爲元代最成功的科第世家之締造者，而高克恭之成爲元代最偉大之色目畫家，亦是建立於其父所奠定的家學基礎上。哈剌普華與高亨皆可說是色目人研習漢學之先驅。

二、成長期

成長期乃指世祖忽必烈時代（1260-1294）。忽必烈建國中原，雖然採取多元文化並重之政策，無意全盤漢化，但此時漢人已成爲其主要統治對象，而政府結構亦採用中央集權官僚制的形式。爲爭取漢族支持，加強政府效率，不得不倡導蒙古、色目菁英學習漢文化，故採取種種措施，加以推動。

忽必烈倡導漢學研習可由對皇子教育及廣設學校二事看出。太子眞金（1242-1286）先後師事漢儒姚樞（1201-1278）、李德輝（1218-

---

49　歐陽玄，《圭齋文集》（四部叢刊）卷11，頁3上-13下，〈高昌偰氏家傳〉。

50　鄧文原，《巴西鄧先生文集》（北京圖書館古籍珍本叢刊，北京：書目文獻出版社，1993），頁772，〈故太中大夫刑部尚書高公行狀〉。

1280)、許衡（1209-1281）、劉因（1249-1293）等人[51]。其他諸子如那木罕、忽哥赤、忙哥剌等亦皆有漢儒爲師[52]。以漢儒爲太子師所起宣示作用自然很大。

　　各級官學的設置對蒙古、色目子弟之研習漢學激勵亦大。至元七年(1270)元廷在中央重建國子學，由大儒許衡主持，最初僅有侍臣子弟十一人入學。至元二十四年(1287)擴大規模，招生百人，其中五十人爲蒙古生。成宗大德八年(1304)更實施國子貢試法，學生考試及格即可任官[53]。中央以外，各斡魯朵（ordo）、諸王愛馬（ayimagh，即投下）及以蒙古、色目軍人爲主的各衛軍亦皆設有儒學，方便中下層蒙古、色目子弟入學[54]。中央雖亦設置蒙古及回回國子學，而路州亦設有蒙古字學，教授蒙古及回回文字，但不及儒學受歡迎[55]。

　　由於環境的改變與政府的倡導，忽必烈時代已出現一批數目尚稱可觀的蒙古、色目士人。就來源而論，這些士人主要有下列三類：

　　第一，國子學生：皆爲貴族或宮廷侍臣子弟，可考者蒙古人有闊闊之子堅童、名將速不臺（1176-1248）之孫，阿朮（1234-1287）之子不憐吉歹及氏族、家世不詳之野仙鐵木兒[56]，色目人則有不忽木，康里氏，爲忽必烈潛邸近臣燕眞之子[57]。禿忽魯（1256-1303），亦

51　關於皇太子眞金及其教育，參看吉川幸次郎，〈元の諸帝の文學〉，頁232-313；黃時鑒，〈眞金與元初政治〉，《黃時鑒文集》第1冊，頁48-62。
52　李則芬，《史學入門的警惕》（台北：黎明文化公司，1993），頁165-168。
53　《元史》卷81，頁2029-2030，〈選舉志一〉。
54　《元史》卷86，頁2158，〈百官志〉；卷44，頁921，〈順帝紀〉。
55　洪金富，《元代蒙古語文的教與學》（台北：蒙藏委員會，1990）。
56　以上諸人皆見蕭啓慶，〈元代蒙古人的漢學〉，頁111-112。
57　趙孟頫著，任道斌校點，《趙孟頫集》（杭州：浙江古籍出版社，1986）卷7，頁158-162，〈文貞康里公碑〉。

康里氏[58]。上述諸人皆經忽必烈精心培養而成爲儒臣。

第二，色目文臣子弟：這一類士人皆出身於文化水平原本頗高之家庭，歸順前或已有漢學傳統，或擁有本族學術傳統。汪古人馬氏、畏兀兒廉氏、偰氏等皆爲色目人中最早士人化的家族。汪古馬慶祥之孫馬潤(1255-1313)，亦即馬祖常之父，係「以文墨入官」，著有《樵隱集》，爲一詩人。馬氏自馬潤以後顯然全面以漢文教育子弟，其家於文學，「宗族子弟悉教育之，俾克有立」[59]。廉氏原爲畏兀兒世臣，其入元始祖布魯海牙(1197-1265)，「善國書」，原爲一本土知識分子，歸順後，爲忽必烈之母唆魯和帖尼(？-1252)家臣，早在窩闊臺汗三年(1231)已任燕南廉訪使，定居中原[60]。諸子中，除廉希憲係由忽必烈培植成材外，其餘亦受儒家教育，八子希貢更是有名書家[61]。高昌偰氏原亦爲畏兀兒知識家庭，自哈剌普華之後，漢學應已成爲其家學，至大德(1297-1307)中，哈剌普華之子偰文質任江西行省理問，家居南昌，「出領諸子就外傅，書聲琅琅東湖之上，晝夜不絕」[62]，可見業已嚴格要求諸子就傅讀書，成爲色目人中最早的書香家庭之一。

第三，武將或其子弟：蒙古、色目原本多爲軍人，平宋以後，戰爭告一段落。不少武將轉任文職。蒙古人中如木華黎裔孫相威(1241-

---

58　《元史》卷134，頁3251，〈禿忽魯傳〉。

59　蘇天爵著，陳高華、孟繁清點校，《滋溪文稿》(北京：中華書局，1997)卷19，頁325，〈馬君墓碣銘〉。

60　《元史》卷125，頁3070-3072，〈布魯海牙傳〉。

61　陶宗儀，《書史會要》(影刊洪武九年本)卷7，頁17上。

62　劉岳申，《申齋劉先生文集》(元代珍本文集彙刊)卷5，頁8下，〈三節六桂堂記〉。

1284）、速不臺裔孫不憐吉歹[63]。色目人中如出身西夏將門的李世安
（1253-1331）等，都是由將而相，而且研習漢學，著有成績。如相威
曾進呈譯語《資治通鑑》[64]。而李世安則是「務學友士，誦習經史，
希古聖賢」，而於《儀禮》一書尤有造詣[65]。這類轉任文官的武將之
子孫大都亦研習漢學，續任文官。不過這類家庭之產生大量士人是在
元代中期以後。

此一期間，蒙古、色目士人人數雖然較前成長不少，但在科舉恢
復以前，官宦子弟仍多倚恃根腳（即門第）入仕，仕宦與學術缺乏制度
性連鎖。蒙古、色目子弟研習漢文化之誘因仍不甚大，士人之數目因
而有限。

三、壯大期

壯大期乃指元代中期，亦即自成宗（1295-1307）至寧宗（1332）之
三十餘年而言。

元代中期以後，雖然漢法派與反漢法派之鬥爭在朝廷中往復不
斷，但就整體趨勢而言，漢化之採行日益寬廣，而士人亦愈來愈受重
視。科舉制度之復興更是促成蒙古、色目士人階層日趨壯大的最重要
措施。

元代科舉係於皇慶二年（1314）恢復，以漢文、漢學爲考試內容[66]。

63　《蒙兀兒史記》卷91，頁6上-下，本傳。

64　《元史》卷128，頁3131，本傳。

65　吳澄，《吳文正公集》（元人文集珍本叢刊）卷42，頁10下，〈平章政事李
　　公墓誌銘〉。

66　關於元代科舉制度，參看丁崑健，〈元代的科舉制度〉，《華學月刊》第
　　124期（1982），頁46-57，第125期（1982），頁28-51。姚大力，〈元朝科舉制
　　度的行廢及其社會背景〉，《元史及北方民族史研究集刊》第6期（1982），

凡欲藉科舉晉身官場的蒙古、色目子弟皆須鑽研漢學，故對研習漢學
具有極大激勵作用。有如清顧嗣立（1665-1722）所說：

　　自科舉之興，諸部子弟，類多感勵奮發，以讀書稽古為事[67]。

元代科舉前後十六科，錄取進士一一三九人。其中蒙古、色目約占三
分之一，即四百人左右。鄉試及第而會試落第者應三倍於此，故前後
登鄉貢進士榜之蒙古、色目人約為二千人，而參與鄉試而不幸落榜者
可能十倍於此。換言之，科舉的復興誘使數萬蒙古、色目子弟埋首經
籍，投身場屋，企圖以學問干取祿位。此外，仁宗又曾規定，漢官子
弟由蔭入仕亦須試一經一史。通過者可免儌使，而蒙古、色目子弟依
志願參加，合格者可進一階[68]。可見官宦子弟即使倚恃門第入仕，漢
學之掌握對其仕途仍有裨益。元文宗圖帖睦爾（1328-1332在位）更設
置奎章閣，提倡藝文，並以勳舊貴戚子孫肄業其中[69]，對蒙古子弟學
習漢文當有示範作用。

　　元代中期以後，蒙古、色目高官子弟自然繼續鑽研漢學。這些家
庭由於起步較早，學術傳統累積較深，在科舉中占有甚大優勢，往往
父子兄弟接踵登第，如高昌偰氏兩代之間竟然有九人登進士第，一人
為鄉貢進士[70]。其他如汪古馬氏、高昌廉氏、蒙古遜都思（Suldus）

（續）─────────────────
　　　　頁26-59；蕭啟慶，〈元代科舉特色新論〉，《中央研究院歷史語言研究所
　　　　集刊》第81本第1分（2010），頁1-36。
67　顧嗣立，《元詩選》（北京：中華書局，1987）初集庚，頁1729。
68　《元史》卷86，頁2061，〈選舉志〉。
69　姜一涵，《元代奎章閣及奎章人物》。
70　蕭啟慶，〈蒙元時代高昌偰氏的仕宦與漢化〉，收入蕭氏，《元朝史新
　　　　論》，頁243-297。

氏、乃蠻答祿氏等家族在科舉中亦有優異表現。這些家族不僅成為科
舉世家，亦是重要的士人家族。

在士人階層的發展方面，元朝中期以後的最重要變化是下層蒙
古、色目軍人家庭的士人化。蒙古、色目下層軍人——包括百戶等下
級軍官及普通軍戶——為數龐大。平宋以後，奮戰疆場，立功升官機
會不多。在軍職世襲制度之下，下級軍人子弟前程顯然有限，往往棄
武就文，投身鄉校與場屋，博一前途。

下級軍人家庭之士人化可由伯顏、唐兀崇喜二家的歷史為證。伯
顏(1295-1358)，一名師聖，字宗道，哈剌魯人，其家籍隸山東河北
蒙古都萬戶府軍籍[71]。其傳記中無其祖先仕宦記載，顯然為一普通軍
戶。平宋以後，「分賜芻牧地，為編民，遂家濮陽縣之月城村」。濮
州為山東河北蒙古軍都萬戶府所在，蒙古、色目軍人之一大集中地。
伯顏幼時就讀於鄉校，後受業於宋進士建安黃坦。「自弱冠，即以斯
文為己任」，「修輯六經，多所著述」，成為當時中原著名經師，而
有「河朔夫子」之稱，於至正四年(1344)以隱士徵至京師，授翰林待
制。《元史》列入〈儒學傳〉。

唐兀崇喜(後改姓楊)一族出身唐古，與伯顏宗道同隸山東河北蒙
古軍籍，並同住於濮州[72]。此家現知之五代最高官職不過百戶，為下
級軍官。其家士人化之趨向卻甚明顯。第二代之閭馬(1248-1328)已
知教育之重要，「常厚禮學師，以教子孫」。其子閭兒(1285-

71 唐錦，《正德大名府志》(天一閣藏明代方志選刊，台北：新文豐出版公
司，1985)卷10，頁78下-82上，〈文類·伯顏宗道傳〉；《元史》卷190，
頁4349-4351，本傳；參看陳高華，〈讀「伯顏宗道傳」〉，收入陳氏，
《元史研究論稿》(北京：中華書局，1991)，頁450-453。

72 焦進文、楊富學校注，《元代西夏遺民文獻〈述善集〉校注》(蘭州：甘肅
人民出版社，2001)，頁137-143，潘迪，〈百夫長唐兀公碑銘〉。

1332)，「儒吏兼優」，長孫崇喜，雖襲職百戶，早年卻是國子學上
舍生，次孫卜蘭臺亦「攻習儒業及蒙古文字」，而崇喜之子理安，亦
爲國子生。其家又屢與原爲蒙古、色目軍人的儒士家庭通婚，理安即
爲伯顏宗道之女婿。崇喜家族雖未產生伯顏宗道之類的著名儒士，但
兩家歷史皆反映出下級色目軍人家庭的士人化。

下層軍人家庭之士人化亦反映於科舉錄取的蒙古、色目進士之家
庭背景。元統元年(1333)科爲元代歷次考試中唯一仍有完整《進士
錄》存世者，現以該科爲例加以說明[73]。該科蒙古、色目進士各二十
五人。蒙古進士二十五人中，十一人具有戶計(即世襲戶役類別)記
錄，全爲軍戶，其中僅有三人祖先三代具有仕宦記錄。色目進士二十
五人中，八人具有戶計記錄，其中六人出身軍戶。祖先無仕宦記錄之
進士應出身普通士兵之家。例如右榜(即蒙古、色目榜)第一同同，蒙
古人，其家爲籍貫眞定路錄事司之侍衛軍戶，祖先三代皆無官職，應
是普通軍戶[74]。同同之成爲狀元反映出下層蒙古軍人家庭之士人化，
亦反映出士人階層在蒙古、色目族群中社會基礎的擴張。

四、發展期

發展期乃指順帝時代之三十餘年。在此三十餘年中，朝廷之上仍
有漢法派與反漢法派之爭峙。後至元時期(1335-1340)，蔑兒乞氏伯顏
(？-1340)當政，採行反漢、反儒政策，廢止科舉[75]。朝廷之外，紅巾於
至正十一年(1351)在潁上舉起反幟，社會秩序江河日下。這些因素皆不

---

73 蕭啓慶，《元代進士輯考》，〈元統元年進士錄校注〉，此書將由中央研究
　　院歷史語言研究所出版；蕭啓慶，〈元代科舉與菁英流動〉，頁155-202。
74 〈元統元年進士錄校注〉。
75 韓儒林主編，《元朝史》(北京：人民出版社，1986)下冊，頁34-38。

利於蒙古、色目士人階層之發展。另一方面，亦有不少有利因素。至元六年(1340)伯顏覆亡後，其姪脫脫(1314-1355)當政，一反伯顏政策，實行「更化」，再度重漢重儒。所採取措施包括置宣文閣，開經筵，修纂宋、遼、金三史，恢復科舉取士及擴大國子學等，國子學三監生員名額擴大至三千人之多[76]。而科舉考試自至正二年(1342)恢復後，一直舉行不輟，仍然是蒙古、色目子弟研習漢學之重要動力。蒙古、色目士人人數不斷成長，而且在漢文化中浸潤的程度愈來愈深。

第三節　漢學者人數與族群分布

　　蒙古、色目士人人數在各階段的擴張及其對漢文化浸潤程度之加深，可由表一與表二具體看出。此二表統計對象為「漢學者」而非士人。兩者意義重疊程度頗高，卻不盡契合。「漢學者」乃指諳習漢人所特有而為士大夫所專擅的儒學、文學與藝術並有所成就而見於記載者。其含義不及「士人」一辭寬廣，因為漢學者必為士人，而大多數之蒙古、色目士人未必有所成就並見於記載。此處之討論以漢學者取代士人乃因前者留有記錄可以統計，而後者多數皆無蹤可覓。

表一　蒙古漢學者專長及時代分布

	總數(%)	儒學(%)	文學				美術			總計(%)
			詩	文	曲	合計(%)	書	畫	合計(%)	
萌芽	2 (1.4)	2 (2.7)	0	0	0	0	0	0	0	2 (1.1)
成長	17 (11.5)	15 (20.5)	1	2	1	4 (6.2)	1	0	1 (2.3)	20 (11.0)

76　王建軍，《元代國子監研究》，頁8-53。

	總數	儒學	詩	文	曲	合計	書	畫	合計	總計
壯大	62 (41.9)	33 (45.2)	10	12	2	24 (36.9)	16	7	23 (53.5)	80 (44.2)
發展	64 (43.2)	23 (31.5)	20	13	1	34 (52.3)	15	4	19 (44.2)	76 (42)
期不詳	3 (2.0)	0	0	3	0	3 (4.6)	0	0	0	3 (1.7)
合計	148 (100)	73 (100)				65(100)			43 (100)	181 (100)

表二　色目漢學者專長及時代分布

	總數 (%)	儒學 (%)	文學				美術			總計 (%)
			詩	文	曲	合計(%)	書	畫	合計(%)	
萌芽	8 (5.7)	8 (8.3)	0	0	0	0 (0)	0	0	0	8 (3.4)
成長	11 (7.8)	7 (7.3)	2	2	1	5 (4.9)	1	1	2 (5.4)	14 (6)
壯大	45 (31.9)	42 (43.7)	17	11	7	35 (34.3)	12	1	13 (35.1)	90 (38.3)
發展	68 (48.2)	40 (41.6)	32	11	11	54 (53.0)	17	4	21 (56.8)	115 (48.5)
期不詳	9 (6.4)	0 (0)	8	0	0	8 (7.8)	1	0	1 (2.7)	9 (3.8)
合計	141 (100)	96 (100)				102 (100)			37 (100)	235 (100)

表三　族群不詳漢學者專長及時代分布

	總數 (%)	儒學 (%)	文學				美術			總計 (%)
			詩	文	曲	合計(%)	書	畫	合計(%)	
萌芽	0 (0)	0 (0)	0	0	0	0 (0)	0	0	0 (0)	0 (0)
成長	1 (2.8)	0 (0)	0	1	0	1 (3.0)	0	0	0 (0)	1 (2.7)
壯大	5 (13.9)	0 (0)	1	4	0	5 (15.2)	0	0	0 (0)	5 (13.9)
發展	13 (36.1)	2 (100)	2	9	0	11 (33.3)	1	0	1 (100)	14 (38.9)

期不詳	17 (47.2)	0 (0)	15	1	0	16 (48.5)	0	0	0 (0)	16 (44.4)
合計	36 (100)	2 (100)	18	15	0	33 (100)	1	0	1 (100)	36 (100)

　　表一係主要根據拙撰〈元代蒙古人的漢學〉一文中之表一，補充以王明蓀〈元代蒙古人的漢學補述〉及其他資料並略加修改[77]，表二則根據筆者所編〈色目漢學者資料表〉，該表係以陳垣《元西域人華化考》一書中〈儒學〉、〈文學〉、〈美術〉、〈女學〉等篇所列者為基礎，再廣蒐資料而編製[78]。陳書上述各篇共收一一九人（包括一人兼長數門者），而拙表則多達一四一人次。

　　表一、表二顯示出蒙古、色目漢學者與日俱增的趨勢。萌芽期之蒙古漢學者不過二人，占總數一四八人之1.4%。成長期中增至十七人，但仍不過占總人數之11.5%，而在壯大期及發展期則分別增至六十二人及六十四人，占總數41.9%及43.2%。另有期次不詳者三人，占2.0%。色目漢學者中，屬萌芽期者不過八人，占總數5.7%而已，成長期增至十一人（7.8%），人數仍然不多。在壯大及發展期則增至四十五人與六十八人，分別占總數31.9%與48.2%，另有期次不詳者九人（6.4%）。蒙古、色目漢學者增加的趨勢與比率頗為相似。

　　表三所列漢學者為可肯定非漢族，但不知為蒙古，抑為色目？其增加的趨勢與比率與表一、表二亦頗相似。

77　見〈元代蒙古人的漢學〉頁204之表一：〈蒙古漢學者專長及時代分布〉。修改之處為分期，該表分為三期，而本文表一則增列「萌芽期」。王明蓀文刊載於《蒙藏季刊》第20卷2期（2011），頁28-45。

78　表二未納入《華化考》中〈佛老篇〉及〈禮俗篇〉所論各人，因本文與陳著性質不同，皈信佛、道及改採華俗者未必為漢學者或士人。

　　兩表亦顯示蒙古、色目漢學者專長深化之趨勢。萌芽期中，蒙古、色目族群中僅有少數儒者，無人因文學、美術而知名。成長期中，已有少數詩、文、曲家及書畫家出現，但是人數仍然不多。蒙古人中以文學、美術見長者不過五人次，而色目也僅有七人次而已。在此期中，蒙古、色目人有幸能以文學、美術知名者或爲一觸即通的天才，或是出於書香名門，屬於前者的有蒙古八鄰部人伯顏（Bayan, 1236-1294）[79、80]、康里不忽木[81]，屬於後者的則有汪古氏馬潤[82]、畏兀兒氏高克恭（1248-1310）、廉希貢等，在其個別族群中都可說是甚爲突出之漢學先驅。及至壯大及發展二期，大量之蒙古、色目士人皆已由儒學的研習登入文學、美術的殿堂，從知識的吸收轉入漢文化感性部分的培養。多才多藝乃至全能型的蒙古、色目士人始大量出現。蒙古人中如同同、朵爾直班（1313-1352）、月魯不花（1308-1366）、泰不華都是一身兼擅多藝[83]。色目人中之趙世延（1260-1336）、貫雲石（原名小雲石海涯，1286-1324）、薩都剌（1271-1340）、嶐嶐（1295-1345）、回回（1291-1341）、馬祖常、馬九臯（薛昂夫，1270-？）、余闕（1303-1358）、伯顏不花的斤（？-1359）、迺賢（1309-？）等也是如此[84]。在多才型的蒙古、色目人出現後，各族士人間的交往較前更爲密切，

79　〈元代蒙古人的漢學〉，頁142-143，192-193。

80　鄧文原，《巴西鄧先生文集》，頁772-774，〈刑部尚書高公行狀〉；《元西域人華化考》卷5，頁86下-91下。

81　《元史》卷130，頁3163，本傳。《元西域人華化考》卷2，10上；卷4，頁76下。

82　袁桷，《清容居士集》（四部叢刊）卷26，頁16上，〈漳州路同知馬公神道碑〉。

83　關於以上四人之才藝，參看〈元代蒙古人的漢學〉，頁130，133-135，143-144，147-148，151-152，162-164，180，185-188，190。

84　關於以上各人，見陳垣，《元西域人華化考》卷2、卷4及卷5。

多族士人圈始真正形成。

　　蒙古各氏族或部族之間文化差異不大，故不需討論其士人之氏族分布。色目各族文化差異頗巨，故有討論各族士人之分布之必要。表四係根據筆者〈色目漢學者資料表〉而製作，所列亦為漢學者而非士人，卻可反映出色目各族士人在各階段成長之不同。

表四　色目漢學者族別分布

	萌芽	成長	壯大	發展	期不詳	總計
唐兀	4	2	4	10	3	23(16.4)
汪古	1	2	2	3	0	8(5.7)
畏兀兒	2	3	15	20	3	43(30.7)
曲先	0	0	0	1	0	1(0.7)
哈剌魯	0	0	3	3	0	6(4.3)
康里	0	1	4	4	0	9(6.4)
回回	1	1	7	17	0	26(18.6)
阿魯渾	0	0	1	1	1	3(2.1)
大食	0	1	1	0	1	3(2.1)
于闐				2		2(1.4)
欽察	0	0	1	0	0	1(0.7)
也里可溫	0	0	1	2	0	3(2.1)
尼波羅	0	1	0	0	0	1(0.7)
西番	0	0	1	0	0	1(0.7)
天竺	0	0	1	0	0	1(0.7)
西域	0	0	3	5	1	9(6.4)
合計	8(5.7)	11(7.9)	44(31.4)	68(48.6)	9(6.4)	140(100)

　　整體而言，色目各族中，產生漢學者最多者為畏兀兒，共四十三人，占全體色目漢學者30.7%，其次為回回，有二十六人（18.6%）之多，緊追畏兀兒之後。唐兀人則名列第三，共有二十三人次，占16.4%，而康里、汪古則名列第四、五，分別有九人及八人，占6.4%及5.7%。此外，哈剌魯有六人（4.3%），也里可溫有三人（2.1%），而

西番、尼波羅、天竺、欽察僅各有一人(0.7%)。另有曲先(龜茲，今庫車)一人，曲先人亦爲畏兀兒人[85]。而分列之阿魯渾(三人，2.1%)、大食(三人，2.1%)、于闐(二人次，1.4%)亦皆信仰伊斯蘭者。族屬不詳而列爲「西域」者，則有九人次(6.4%)。

　　畏兀兒人中產生漢學者最多之原因可能由於其本族文化甚高，而且歸順後多擔任教師、行政等文職。回回人數頗爲龐大。其中不乏原有文化水平甚高之家族。唐古、汪古二族原有漢士人階層。二族漢學者數目不及畏兀兒、回回之多則係由於不同原因。唐古抵抗蒙古較烈，歸順以後，政治地位不高，其人編入軍伍者甚多[86]。而汪古則原爲一人數不多之部族，不過四千車帳，而見之於記錄者僅有寥寥數家[87]。也里可溫漢學者人數不見突出則因不少景教徒皆已列入蒙古族之怯烈、乃蠻及色目之汪古族中。此外，吐蕃、欽察、阿速等族在元朝皆甚重要。但吐蕃、阿速二族全無漢學者存在之記錄，而欽察漢學者見之於記錄者不過一人。欽察、阿速二族之缺少漢化士人，一方面與其文化背景有關，另一方面亦與其人多置身行伍有關。而吐蕃之全無漢化士人，則是由於其特殊之宗教、政治地位。

　　自色目各族漢學者的階段性發展言之，萌芽期中，漢學者限於寥寥四族，其中以唐古族四人爲最多，乃因唐古原有龐大漢士人階層，而此四人在歸順前皆爲夏國士人(即曲也怯祖、高智耀、斡扎簀及李楨)，而汪古一人(馬月合乃)亦係來自本土漢文士人家庭。畏兀兒二

85　參看陳高華，〈曲先學者盛熙明〉，收入陳氏，《元史研究論稿》，頁444-446。

86　湯開建，〈元代西夏人的政治地位〉，收入湯氏，《党項西夏史探微》(台北：允晨文化公司，2005)，頁470-501。

87　拉施特著，余大鈞、周建奇譯，《史集》(北京：商務印書館，1983-1986)第1卷第1冊，頁140。

人中，一人係由忽必烈培養成材(廉希憲)、一人為自覺學習的先驅者(哈剌普華)。回回一人亦屬先覺型。成長期中，已有七族擁有漢學者。其中以畏兀兒有三人為最多，唐兀、汪古各二人次之，回回、康里、尼波羅、大食各一人。畏兀兒顯然挾其種種優勢，在漢學研習方面已有後來居上之勢。整體而言，在壯大及發展二期中，有二個趨勢甚為明顯，一即漢學在各族中繼續擴散，擁有漢學者之種族分別增至十二族及十族。另一即畏兀兒、回回、唐兀漢學者優勢的建立，成為擁有最多漢學者的兩個族群，而康里、汪古、哈剌魯不得不屈居其後。

第四節　結語

元代蒙古、色目人與漢族之間原有的民族與文化差異頗大，而色目各族的固有文化水平亦頗有軒輊。久居中原後，各族人士因固有文化差異而在漢化速度方面出現快慢不一的現象，但各族之中皆有漢化士人之湧現。

蒙古、色目士人層之出現乃是此二族群踴躍研習漢學之結果。關於蒙古、色目人研習漢學之原因，除去中原文化本身的優越性與吸引力外，尚有(一)中原、江南環境的影響；(二)政府的倡導；(三)個人利益的追求等因素。

本文以統計數字及實例顯示：蒙古、色目士人層在元朝中期已經成立，此後仍然持續擴張。蒙古、色目士人層的成立與發展表現於下列幾方面：第一，人數之增長。在萌芽(大蒙古國時代)、成長(忽必烈時代)、壯大(元朝中期)及發展(順帝時代)等四個時期中，蒙古、色目士人人數由無到有，由少至多，不斷增長。第二，專長之深化：

蒙古、色目士人最初僅諳習儒學，能夠掌握文學與藝術精髓者為數不多，及至壯大期以後，大量蒙古、色目士人已由儒學之研習登入文學與藝術的殿堂。多才多藝乃至全能型的蒙古、色目士人頻頻出現，屢見不鮮。第三，士人族別普及化：士人之出現由原已受漢文化影響之唐古、汪古逐步擴展及於原來未受漢文化影響，甚至原有文化甚低的各族。第四，社會之擴散：早期蒙古、色目士人多係出身於文職官宦家庭，其後高級軍官乃至下級軍人產生之士人日益增多，乃成為蒙古、色目族群中一個較為普遍的階層。

總之，在蒙古、色目族群中，士人人數日增，造詣日深，涵蓋族群不斷增多，並且由社會上層延伸至中下階層。蒙古、色目士人層之形成遂為多族士人圈之成立奠定基礎。

第三章

社會網絡

　　元朝採行族群等級制，區別境內各族為蒙古、色目、漢人及南人四大族群，以凸顯蒙古人之優越地位及壓抑主要被統治民族。但是，各族群雖然身分(status)不同，權利有異，這種身分制度之意義不過是種族「歧視」(discrimination)，而不是「隔離」(segregation)[1]。清代史家趙翼早已指出：「元制：蒙古、色目人隨便居住」[2]。當時甚多蒙古、色目人或因任官，或因屯戍，或因營商而在漢地、江南安家落戶，大都散居民間，而不構成獨立之社群。各族人民的遷徙、雜居與交往未受多大限制。

　　元朝各族人士互動的基礎是社會階層(social stratum)，而不是族群。蒙古、色目士人交往的主要對象是漢族士大夫而不是本族中下層。而其交往之基礎與漢族王朝士大夫並無不同。漢族王朝時代，士大夫之社會網絡主要係以同鄉、姻戚、師生、座師門生與同年、同僚關係為經緯。元代各族士人之交往大體相似。茲分述如次。

1　蕭啓慶，〈內北國而外中國：元朝的族群政策與族群關係〉，收入蕭氏，《元朝史新論》，頁43-60；史衛民，《元代社會生活史》(北京：中國社會科學出版社，1996)，頁44-52。

2　趙翼著，欒保群、呂宗力校點，《陔餘叢考》(石家莊：河北人民出版社，1990)，頁291-292。

第一節　同鄉

一、蒙古、色目士人的多重鄉土認同

中原農業社會，古來便是安土重遷。儒家倫理重視孝道，倡導「父母在，不遠遊」。父母往生之後，亦不可遠離廬墓所在，免廢祭奠，故往往世代居住於一地，與鄉黨師友具有密切關係與濃郁感情。即使旅居外地，對同鄉亦感到特別親切，相互扶持。兩宋之際，由於士人人數迅速增多，入仕不易，士人階層採取不同於北宋時代的策略，以求延續家族之地位。北宋士人多謀崢嶸於全國政壇，南宋士人則多汲汲於鞏固其家族在本鄉的基礎[3]。士人的「地方化」策略使不少菁英家族之間或為姻婭、或為師生，關係更加密切。由士人地方化衍生出來的一個結果，即是「鄉里傳統」的加強，有些地區產生較為獨特的文化特色[4]。這都導致士人鄉土認同較前更為強烈。

蒙元時代蒙古、色目人自塞北、西域徙入中原，而後又往往屢遷各地，地域流動性高於漢族，而其鄉土認同亦較漢族為複雜。

蒙古、色目人自塞北、西域徙入與定居中原，變化甚大，塞北、西域的原居地從此成為他們子孫的「原鄉」。移居中原後，或為遊宦，或為征戍，或為營商，往往再三遷徙，尤其是平定南宋後，更大

3　Robert M. Hartwell, "Demographic, Political, and Social Transformations of China, 750-1550," *Harvard Journal of Asiatic Studies*, vol .42, no.2(1982), pp. 365-442; Robert P. Hymes, *Statesmen and Gentlemen: The Elite of Fu-chou, Chiang-hsi, in Northern and Southern Sung* (Cambridge, England: Cambridge University Press, 1986).

4　陳雯怡，〈「吾婺文獻之懿」──元代一個鄉里傳統的建構〉，《新史學》第20卷第2期(2009)，頁43-114。

量自漢地移居江南，然後安家落戶，此地遂成爲祖先廬墓所在，也成爲子孫成長之地。本文稱各家族在漢地最初落腳之地爲「舊貫」，而以現居地爲「本鄉」。蒙古、色目士人常在姓名之前繫以原鄉或舊貫的名稱，作爲家族共同記憶的標誌，一如中古中原士族所用的「郡望」（如瑯琊王氏、范陽盧氏之類），一方面表明家族起源，另一方面也有自我標榜之意涵。

　　但是，蒙古、色目士人與本鄉的關係深淺有別。有的士人在成年後始遷入本鄉，有的家族則已在本鄉居住數代。兩類士人的鄉土認同及鄉友關係因而不同，下文將分而述之。又有一些家族遷徙次數較多，以致有兩個本鄉，下文將以高昌偰氏爲例說明。

二、原鄉

　　蒙古人及部分色目人原在草原遊牧，城市極罕，往往以族名自稱。如成吉思汗勳臣，「四傑」之首木華黎後裔朵爾直班在題蘇軾〈虎跑泉詩〉後鈐二印，一爲「箚敕（剌）爾」、另一爲「太師國王世家」。「太師國王世家」指其爲木華黎後裔，「箚敕（剌）爾」即札剌爾則指其原屬氏族[5]。又如元統元年進士博顏達，自稱貫蒙古札剌（亦）兒人氏[6]。但蒙古人中亦偶有以原鄉地名做標識，如元代中期散曲家阿魯威，字叔重，所跋虞集所書〈誅蚊賦〉，末署：「和林魯威叔重父」[7]，並鈐「和林魯威氏」印，蓋和林爲蒙古舊都，阿魯威自

5　卞永譽，《式古堂書畫彙考》（文淵閣四庫全書，以下簡稱四庫全書）卷9，頁5下。

6　蕭啓慶，《元代進士輯考》，〈元統元年進士錄校注〉。

7　趙琦美，《趙氏鐵網珊瑚》（四庫全書）卷5，頁38下-39上，〈虞邵菴書「誅蚊賦」〉；葉盛撰，魏中平校點，《水東日記》（北京：中華書局，1980）卷30，頁298-301，〈虞雍公「誅蚊賦」〉。貫敬顏，《民族歷史文

稱和林人，顯示自身爲蒙古人，未必眞正原居於和林。

　　色目人中以族名自稱最有名者，無如不忽木(1255-1300)、巎巎(1295-1345)一族，出身康里族，「康里」成爲這一家族的自稱和他稱，等同於姓氏，時人常稱巎巎爲「康里巎巎」，或以族名與其表字合稱爲「康里子山」[8]。出身哈剌魯族者則自稱「合魯」，如率領水軍參與伐宋的哈剌䚟(1237-1307)，其傳記即稱〈合魯公家傳〉[9]。元季著名詩人迺賢字易之，跋畫家趙雍〈挾彈游騎圖〉，後鈐「合魯易之」印，「合魯」指其爲哈剌魯人[10]。出身西夏者，多以唐兀等同姓氏，如唐兀崇喜[11]。阿拉伯人之裔則往往以「大食」自稱，如學者贍思(1278-1357)[12]，大食哲馬[13]、大食惟寅等[14]。

　　以地名標識其原鄉者更多。色目人中，畏兀兒人指稱原鄉，常用祖先所居城名，有高昌、北庭、別失八里、五城、于闐等地。高昌爲

（續）——————————————

　　　　化萃要》（長春：吉林教育出版社，1990），頁136-137，〈元蒙古兩曲家〉。

　8　如虞集，《道園學古錄》（四部叢刊）卷3，頁21下，〈題康里子山凝香小隱〉。

　9　危素，《危太樸文續集》（元人文集珍本叢刊）卷8，頁1上-3上。

　10　英和等輯，《石渠寶笈三編》（台北：國立故宮博物院，1969）第4冊，頁1582，〈挾彈游騎圖〉。原圖見余輝主編，《故宮博物院藏文物珍品全集·元代繪畫》（香港：商務印書館，2005，以下簡作《元代繪畫》），頁54，圖版16。

　11　焦進文、楊富學校注，《元代西夏遺民文獻〈述善集〉校注》。書內多篇文章皆自署「唐兀崇喜」。

　12　《元史》卷190，頁4351-4353，〈儒學傳〉。

　13　汪砢玉，《汪氏珊瑚網名畫題跋》（適園叢書）卷8，頁15上，〈趙氏三世作人馬圖長卷〉；郁逢慶，《書畫題跋記》（四庫全書）卷1，頁32下，〈趙氏三馬卷〉。

　14　張可久著，呂薇芬、楊鐮校注，《張可久集校注》（杭州：浙江古籍出版社，1995），頁645，大食惟寅，〈燕引雛·奉寄小山先輩〉。

畏兀兒國都，即火州(Qara Hoja，今新疆吐魯番市東木頭溝河三角洲)。北庭爲畏兀兒夏都，元代稱別失八里(Besh Balik)，漢譯作五城，故城在新疆吉木薩爾境內。故北庭、別失八里、五城其實爲一地。以高昌爲原鄉者，有官宦科第世家偰氏[15]、元季殉國江西的全普庵撒里(？-1358)[16]。原籍爲北庭者，如至元儒相廉希憲家族、平宋主帥之一的阿里海涯家族，其孫著名曲家小雲石海涯(1286-1324)，自署北庭貫雲石[17]。又如元季詩人不花帖木兒題舊傳爲宋馬和之所作〈瑤池醉歸圖〉，詩後自署「北庭不花帖木兒」[18]。以別失八里爲原鄉者，有元統元年進士別羅沙[19]；以五城爲原鄉者有脫脫木兒，其人進士出身，所題北宋張先〈十詠圖〉鈐「清白堂」、「五城世家」與「高昌氏脫脫木兒時敏印」[20]。此外，亦有以于闐爲原鄉者，如延祐二年進士哈八石(1284-1330)及其子元統元年進士慕蒿(1308-？)爲于闐人，慕蒿在《元統元年進士錄》內即著籍「回回于闐人氏」。又如教授李公敏亦爲于闐人[21]。又有坊蒙，亦于闐人，字彥暉，人稱其爲「于闐彥暉公」[22]。至正間任休寧縣達魯花赤、崑山知州。于闐即今新疆天山南路之和田。元代于闐居民亦畏兀兒人，但信奉回教，與高昌、北庭信奉佛教者不同。

　　西夏遺民亦多以城市標識原鄉。自稱或他稱爲武威人者，如元統

15　《圭齋文集》卷11，頁3上-11上，〈高昌偰氏家傳〉。
16　《元史》卷195，頁4413，〈忠義傳〉。
17　貫雲石序，〈今樂府〉，《張可久集校注》，頁644。
18　《石渠寶笈三編》，頁1468-1470，〈宋馬和之瑤池醉歸圖〉。
19　蕭啓慶，《元代進士輯考》，〈元統元年進士錄校注〉。
20　王杰等輯，《石渠寶笈續編》(台北：國立故宮博物院，1971)第3冊，頁1513。
21　《石田先生文集》卷9，頁182，〈送李公敏之官序〉。
22　顧瑛，《玉山璞稿》(宛委別藏)卷下，頁30上，〈安別駕殺賊紀實歌〉。

元年進士余闕[23]、至正十四年進士邁里古思（？-1358）[24]；以張掖爲原鄉者，有劉伯溫（沙剌班）[25]。以靈武爲原鄉者有斡玉倫徒、王翰（那木翰，1333-1378）[26]；王翰之子王偁(1370-1415)雖生於元明易代之後，後充《永樂大典》副總裁，在題跋中自署「靈武王偁」，不忘其家源於西夏[27]。

唐兀人除去以地名作爲原鄉外，往往也以西夏名山賀蘭作爲標誌，李朵兒只、斡玉倫徒、唐兀崇喜皆是如此。李朵兒只，漢名希謝，官至江西行省左丞[28]，居錢塘，名其堂曰「賀蘭」，袁桷應邀作〈賀蘭堂記〉稱其命名的原因「志不忘本也」[29]。又如斡玉倫徒請畫家朱德潤爲其繪〈賀蘭山圖〉，德潤又爲其作〈賀蘭山圖贊〉[30]。

蒙古、色目士人對原鄉的情感可由馬季子「懷靜軒」的命名看出。季子，汪古人，馬祖常之姪。馬氏原居淨州天山（今內蒙古四子王旗西北），淨州亦作靜州。季子一支自其祖父禮任職兩浙即定居松江淞之竹崗軒。季子名其居所曰懷靜軒，意即懷念原鄉靜州。當地士人王逢、董紀皆曾賦詩贊其事[31]。董紀詩序說：「以懷靜名其軒，不

23　柳貫，《柳待制文集》(四部叢刊)卷首，余闕〈序〉。

24　戴良，《九靈山房集》(四部叢刊)卷13，頁9上，〈邁院判哀詩序〉。

25　《趙氏鐵網珊瑚》卷1，頁26上，〈薛尚功摹「鐘鼎彝器款識」眞蹟〉。

26　陳高，《不繫舟漁集》(元人文集珍本叢刊)卷12，頁34上-35上，〈遊羅源縣蓮花山記略〉。

27　吳海，《聞過齋集》(四庫全書)，王偁跋。

28　楊瑀，《山居新話》(筆記小說集成，石家莊：河北教育出版社，1994)，頁3。

29　《清容居士集》卷19，頁25下-27上，〈賀蘭堂記〉。

30　朱德潤，《存復齋文集》(四部叢刊)卷7，頁2上-2下，〈斡克莊侍郎賀蘭山圖贊〉。

31　王逢，《梧溪集》(北京圖書館古籍珍本叢刊)卷4，頁506，〈題馬季子懷靜軒〉；董紀，《西郊笑端集》(四庫全書)卷1，頁51下-52上，〈懷靜

忘本始也」，而其詩句云：「相望萬里風塵隔，空羨年年雁北飛」，事實上，不僅二地相隔萬里，而且自其祖先遷入中原亦已逾百年，季子對其原鄉仍懷有一縷遙念。

三、舊貫

蒙古、色目人以在中原最初居住之地爲舊貫，燕山、薊丘之名用得最多，皆指燕京，亦即大都。而大都是貴族、官僚及軍人居住與屯駐之中心，不少蒙古、色目家庭初居於此地，故其子孫便以燕山爲郡望。如「元延祐第五戊午長生節日燕山阿魯威書於莆陽」，故此序係阿魯威除自認和林人外，又自署「燕山阿魯威」[32]。至順元年進士篤(朵)列圖(字敬夫，1312-1348)及其子至正二年進士揭毅夫，蒙古捏古臺氏，原貫燕山，後寓道州路錄事司[33]。篤列圖同年進士汪古人金哈剌亦是「世居燕山」[34]。又如至正十四年進士哈散沙由杭州登第[35]，於所題趙氏三代〈三馬圖〉卷，自署「燕山哈珊沙」，後鈐朱文「子山圖書」[36]。此人應即由杭州產生之進士合珊沙，字子山，燕山爲其

(續)———————————

　　軒〉。參看王頲，〈桐繁異鄉：元淨州馬氏九世譜系考辨〉，收入王氏，《西域南海史地考論》(上海：上海人民出版社，2008)，頁218-238。張沛之，《元代色目人家族及其文化傾向研究》(天津：天津古籍出版社，2009)，頁264。

32　洪希文，《續軒渠集》(四庫全書)卷10，頁15上-16下。

33　《元代進士輯考》，〈至正二年科〉。

34　金哈剌，《南遊寓興詩集》(日本國立公文書館藏江戶鈔本，不分卷)卷首，劉仁本序。

35　陳讓、夏時正纂修，《成化杭州府志》(四庫全書存目叢書，台南：莊嚴文化公司，1997)卷39，頁22下，〈科貢・進士〉；參見《元代進士輯考》，〈至正十四年科〉。

36　《汪氏珊瑚網名畫題跋》卷8，頁12下-15下。

郡望[37]。又如著名詩人薩都剌，其祖先在世祖時即已鎮守雲、代，都剌即生於雁門，以後他的詩集即名爲《雁門集》。但是他早年可能即以質子身分入居大都，故以後又自稱「燕山薩都剌」[38]。再如以著《瑞竹堂經驗方》而知名的回回人薩德彌實，亦以燕山爲籍貫[39]。至於以薊丘爲郡望者，如元季蒙古詩人聶鏞，字茂先(宣)，早年就學江南[40]，後亦活躍於東南詩壇，但其所撰詩後卻自署「薊丘聶茂宣」[41]。

除燕山外，蒙古、色目士人以其他各地爲郡望者亦甚多，月魯不花、薛昂夫、馬祖常、邊魯、迺賢皆可爲證。月魯不花(1308-1366)，蒙古遜都思氏，成吉思汗勳臣、四傑之一赤老溫五世孫，元統元年進士，《元統元年進士錄》稱其「貫南陽府郟縣(今河南郟縣)，居紹興路(今浙江紹興市)」[42]。薛昂夫亦即薛超吾、馬昂夫，居豫章(南昌)，自署或他稱其爲「河內薛超吾」、「大行薛君」，或稱其爲覃懷人，覃懷、河內、大行皆指懷孟路[43]，可見其家族原居懷孟(今河南沁陽)。馬祖常之高祖馬慶祥於金季任開封府判官並挈家徙居於開封。其後祖常之父潤則遂定居於光州，但祖常自稱爲「浚儀馬

---

37 《元代進士輯考》，〈至正十四年科〉。

38 薩兆溈，〈薩都剌客籍大都說〉，收入薩氏，《薩都剌考》(北京：北京燕山出版社，1997)，頁45-59。

39 程鉅夫，《程雪樓文集》(元代珍本文集彙刊)卷29，頁1上，〈薩德彌實謙齋御史瑞竹〉；許有壬，《至正集》(元人文集珍本叢刊)卷33，頁30下-31上，〈瑞竹詩序〉。

40 楊維楨，《西湖竹枝集》(錢塘丁氏刊本)，頁30上-30下。

41 顧瑛編，《玉山名勝集》(四庫全書)卷4，頁24上，〈碧梧翠竹堂題句〉。

42 《元代進士輯考》，〈元統元年進士錄校注〉。

43 孫楷第，《元曲家考略》(上海：上海古籍出版社，1981)，頁297；楊鐮、石曉奇，《元曲家薛昂夫》(烏魯木齊：新疆人民出版社，1992)，頁3-30；楊鐮，《元西域詩人群體研究》(烏魯木齊：新疆人民出版社，1998)，頁297-301。

祖常」[44]，人亦稱之爲「浚儀馬公」[45]，浚儀乃開封古稱。元季畫家邊魯（？-1356？），畏兀兒人，居宣城，卻自稱爲魏郡或鄴下人，皆指河南臨漳[46]。

又如迺賢雖生長於四明，但因其家族曾居住於南陽路汝州郟縣，故自署「南陽迺賢」[47]。雖徙居浙東已三世[48]，其兄塔海爲延祐五年（1318）進士，在江浙中第，《四明志》仍記其原貫爲郟縣[49]。迺賢對南陽似仍懷有不少故土情懷。至正五年（1345）北赴大都，仍遶道南陽郟縣，尋訪故舊，棲遲數月[50]。迺賢這種對北方祖居故土的緬懷，恐是不少遷居江南的蒙古、色目士人所共有。

四、本鄉

蒙古、色目士人與其本鄉——現居地——的關係往往不同，有的定居已數世，有的則出生於他地而於成年後始徙居於本鄉，因此他們鄉土情懷的深淺、與同鄉間情誼的疏密也頗有差異。

（一）成年後徙居於本鄉者

出生於他地而於成年後始徙居於本鄉的蒙古、色目士人爲數不少，但限於史料，其在本鄉之交遊多不可考。僅能以馬祖常爲例。

44　《石田先生文集》卷8，頁164，〈題「松廳事稿略」後〉。

45　《石田先生文集》，頁4，陳旅，〈馬中丞文集序〉。

46　關於邊魯之史料，參看陳高華，《元代畫家史料匯編》（杭州：杭州出版社，2004），頁657-661。

47　《趙氏鐵網珊瑚》卷12，頁67上，〈趙仲穆「看雲圖」〉。

48　王褘，《王忠文集》（四庫全書）卷5，頁9下，〈河朔訪古記序〉。

49　王元恭，《至正四明續志》（宋元方志叢刊，台北：大化書局，1990）卷2，頁26下，〈進士〉。

50　楊鐮，《元西域詩人群體研究》，頁422。

　　馬祖常以河南光州(今潢川)爲本鄉[51]。他家卻是光州的新居民。
祖常出生於江陵。大德五年(1301)乃父馬潤任光州同知，其家乃徙居
於此，其時祖常已二十三歲。其後馬潤雖仍爲官四方，卻以光州爲鄉
里。臨終對家人說：「光，吾桐鄉也，我死必葬諸」[52]。所謂「桐
鄉」，乃用西漢朱邑典故，指曾經爲官又葬於此地。自此光州成爲馬
氏寓居及廬墓所在之地[53]。虞集曾應祖常之邀而撰寫〈桐鄉阡表〉。
祖常在光州建有石田書房，登第入仕之後，雖然遊宦於外，每次遭遇
政治上之挫折，總是返回光州本鄉。元統二年(1334)辭官，在光州度
過餘年。近年在潢川尚有祖常墓碑二通出土可以爲證[54]。

　　延祐二年(1315)祖常三十七歲，與弟祖孝同登進士第，從此離鄉
任官，以供職大都爲主。但由於他成年後始定居光州，在當地少年時
代的老師密友不多，因而在其《石田集》中家鄉友人唱酬詩文甚少。
現存有〈寄鄉友〉一詩：

　　　　河邊老父念我出，遠寄京華書一行。

　　　　謂言白髮今多少？又報南園竹樹荒。

51　關於馬氏家族歷史及祖常生平，參看陳垣，《元西域人華化考》卷2，頁17
　　下-24上；《石田先生文集》附錄二，頁266-284，〈馬祖常年譜〉；楊
　　鐮，《元西域詩人群體研究》，頁321-337；關於祖常的社會網絡，參看張
　　沛之，〈馬祖常的社會網絡〉，收入張氏，《元代色目人家族及其文化傾
　　向研究》，頁274-293。

52　《道園學古錄》卷15，頁6下-7下，〈桐鄉阡表〉。

53　關於馬氏與光州之關係，參看張沛之，〈汪古馬氏家族考察〉，收入張
　　氏，《元代色目人家族及其文化傾向研究》，頁194-293；傅瑛，〈馬祖常
　　在光州〉，《文史知識》2007年第11期，頁91-97；王頲，〈桐繁異鄉：元
　　淨州馬氏九世譜系考辨〉，頁218-238。

54　楊庭慧，〈馬祖常碑考〉，《華夏考古》2000年第2期，頁100-102。

門前石田秔秔熟，犢子新生走如鹿。

莫戀官家有俸錢，長年作客身如束[55]。

此詩並未指出唱酬對象，而是泛答故鄉父老來書，但也透露出思鄉之情，想到故園，頗有「歸去來兮」的感喟。

《石田集》中卻有不少為家鄉地方官撰寫的詩文。有兩篇送別詩分別為光州知州陳仲禮、光山縣尹孔凝道為官著有政績，鄉人繪圖，祖常為之賦詩[56]，有兩篇為光州判官張君及達魯花赤烏馬兒所作的去思碑記[57]。另有兩篇為學官牛國寶及高富卿任滿所之送別序[58]。這些詩文應都是祖常暫時休官還鄉或是晚年家居時應鄉人央請所作，也反映他與家鄉父母官和學官有一定程度的交往。

馬祖常又熱心於鄉土文獻之撰寫：因祖常為盛享文名的中朝大員，光州每有重要建設，官紳往往央請他撰寫記文，勒石以紀其盛，他也樂意為之。至順元年(1330)光州重建孔廟，請其撰文，他寫成〈光州孔子新廟碑〉[59]。又光州屬縣固始重建縣治及新建南嶽廟，他也都應邀撰記[60]。

馬祖常亦曾薦舉鄉里人才，現仍見於記錄的有龔伯璲。伯璲，光

55　《石田先生文集》卷2，頁22，〈寄鄉友〉。

56　《石田先生文集》卷2，頁34，〈送光州陳仲禮知州任滿北上〉；卷3，頁69，〈送光山縣尹孔凝道作縣有聲〉。

57　《石田先生文集》卷8，頁175，〈[光]州判張君去思記〉；卷10，頁194，〈光州達魯花赤烏馬兒去思碣〉。

58　《石田先生文集》卷9，頁178，〈送牛國寶罷[政]光學北歸記〉；卷9，頁183，〈送高富卿學正歸澌州序〉。

59　《石田先生文集》卷10，頁195，〈光州孔子新廟碑〉。

60　《石田先生文集》卷8，頁166，〈固始縣重建縣治記〉；卷10，頁199，〈光州固始縣南嶽廟碑〉。

州人，以才俊爲祖常所喜。至順三年(1332)祖常時任御史中丞，屢次
言於虞集，請他連署薦舉，虞集認爲：「是子雖小有才，然非遠器，
亦恐不得令終」，不願連署[61]。但龔伯璲後被右丞相脫脫用爲中書參
議[62]，可見伯璲確實爲一人才。

(二)生長於本鄉者

　　祖先定居於本鄉而又生長於其地之例甚多，如泰不華、余闕、唐
兀崇喜、丁鶴年。這類士人在本鄉師友較多、交往較密、鄉土之情較
深。另外，有關迺賢與本鄉師友交往之資料現存頗多，將在〈詩文唱
酬〉一節中論述，此處不贅，以免重複。

1.泰不華

　　泰不華(1304-1352)，原漢文名爲達普化，元文宗(1328-1332在
位)改以泰不華之名，字兼善，號白野，伯牙吾氏。過去史學前輩陳
垣(1880-1971)將他列爲華化的西域人[63]，文學史學者楊鐮也稱之爲西
域詩人[64]。實際上他是蒙古人，而非西域(色目)人[65]。父塔不臺任臺
州路錄事判官[66]。泰不華生長於臺州(今浙江臨海)，家境貧寒，臨海
儒者周仁榮教而養之。十八歲便成爲至治元年(1321)科舉右榜第一，
爲一少年狀元。而且是才藝最爲全面的蒙古士人，能詩、善書、通理

61　《元史》卷181，頁4180，〈虞集傳〉。

62　《元史》卷187，頁4289，〈烏古孫良楨傳〉。

63　陳垣，《元西域人華化考》卷2，頁12上。

64　楊鐮，《元西域詩人群體研究》，頁397。

65　關於泰不華爲蒙古人而非色目人，參看蕭啓慶，〈元代蒙古人的漢學〉，
　　頁133-134，附錄〈泰不華族屬小考〉。王頲，〈蒙人兼善：伯牙吾氏泰不
　　華事跡補考〉，收入王氏，《西域南海史地考論》，頁423-444。又達應庚
　　稱泰不華爲回回，亦誤，見達應庚，〈元代泰不花族源初探〉，《甘肅社
　　會科學》第2期(1991)，頁68-70。

66　《元史》卷143，頁3423，〈泰不華傳〉。

學、精小學[67]。泰不華於至正十二年(1352)在臺州路達魯花赤任內死
於方國珍(1319-1374)軍之手，年四十九。中間雖曾出外遊宦，但生
死都在臺州。

泰不華家居臺州龍顧山下，龍顧又名北顧，不華名其集爲《顧
北》，反映其對家鄉之情。今《顧北集》已佚，《元詩選》收錄其詩
不多。但有其〈送友還家〉五律：

> 君向天臺去，煩君過我廬。
> 可於山下問，只在水邊居。
> 門外梅應老，窗前竹已疏。
> 寄聲諸弟姪，老健莫愁予[68]。

這一友人顯然是將返回臺州的同鄉。這首詩反映出他對家園及親友的
關切。

泰不華對家鄉的感情於其對同鄉士人頗多薦引最可看出。如徐一
夔〈鞠隱先生墓碣〉說：「及其(泰不華)躋要路，見臺之老成前輩，
待之如鄉先生，而待先生尤厚，以薦於朝」[69]。墓碣中之先生指臨海
朱嗣壽(1287-1355)，爲一「凡爲文辭，其爲說必本之性命之蘊」的
理學者，嗣壽雖未接受薦引，但此事反映出不華對鄉里前輩出處的關
切。除朱嗣壽外，不華薦引的尚有聞達熙、曹一介、周潤祖。聞達熙，

67　《書史會要》卷7，頁18上。參看蕭啓慶，〈元代蒙古人的漢學〉，頁133-
　　134，147-148，162-163，185-188。

68　《元詩選》初集，頁1731。

69　徐一夔，《始豐稿》(叢書集成續編，上海：上海書局，1994)卷3，頁12
　　下-14下，〈鞠隱先生墓碣〉。

字子和，天臺人。與弟達頤，俱通《尚書》，達熙又能醫。泰不華為秘
書少監時，以山長、教諭連薦聞氏兄弟，皆辭不赴，終於家[70]。曹一
介，字子和，號筠軒，天臺東林人。讀書博古，好義輕財，著有《友
竹稿》。泰不華亦以山長、教諭薦，辭不赴[71]。周潤祖，臨海人，亦
為周仁榮弟子，與不華為同門，隱居教授四十餘年。至正中被召，死
後而恩命始下[72]。不華為其薦引者甚有可能。可見不華薦引友人頗
多，但其友人多甚淡泊，不求仕進。

臺州士人與泰不華頗有交誼現仍見於記載者有柯九思、王鐘、王
毅、鄭守仁、鄔庚等人。

柯九思（1290-1343），字敬仲，臺州仙居人，著名畫家，以善畫
竹著稱，曾任奎章閣鑑書博士，甚得文宗寵信[73]，而泰不華亦在閣中
任典籤，故二人不僅為同鄉，又為同僚，交情匪淺。九思除曾為不華
作畫外，其《丹邱集》中有〈送達兼善赴南臺御史〉、〈送趙季文之
湖州參軍與達兼善秘書同賦〉二詩[74]，前詩係為不華外放南臺御史送
行。後詩中之趙季文即趙澳，曾任知州，從政之暇，放情詩畫，為時
所重[75]，當為不華與九思之共同友人。後來九思棄官南返後，又曾為

---

70 喻長霖纂，《臺州府志》（中國方志叢書，台北：成文出版社，1983）卷
    121，頁11下，〈人物傳22‧隱逸1‧元〉。

71 釋傳燈，《天臺山方外志》（台北：丹青圖書公司，1985）卷10，頁3上；顧
    嗣立、席世臣編，吳申揚點校，《元詩選癸集》（北京：中華書局，2001）
    己下，頁841-842。

72 嵇曾筠，《浙江通志》（四庫全書）卷176，頁23上，〈人物〉。

73 關於柯九思，參看宗典，〈柯九思年譜〉，頁193，附載於宗典編，《柯九
    思史料》（上海：上海人民美術出版社，1963），頁181-207；《元代畫家史
    料匯編》，頁322-357；姜一涵，《元代奎章閣及奎章人物》，頁26-33，
    158-174，217-244。

74 柯九思，《丹邱集》（台北：臺灣學生書局，1971），頁66，121。

75 《元詩選癸集》己上，頁803。

不華題顧瑛玉山草堂一景漁莊所作篆書賦七絕一首，首二句爲：「閒居正憶龍頭客，喜見秦人小篆文」[76]，前句指不華爲科舉狀元，後句指其精於古文字。

王鐘，字元鼎，號樗翁，黃巖人。與兄鋆、弟毅皆爲泰不華之友。鐘以時事將變，絕意進取，而以吟詠自適。泰不華爲之記，嘆其生擾攘之時，能以智自全[77]。其弟毅，字伯宏，號松巖，博學，亦長風角。至治間，薦授福州教授，遷徽州路蒙古學正，旋謝病歸[78]，當亦諳蒙古文。所著《松巖集》，十卷，泰不華爲之序，今佚[79]。

鄭守仁，號蒙泉，黃巖人。自幼爲道士。長遊京師，寓崇眞宮，不事干謁，人呼爲「獨冷先生」。至正間歷主吳郡白鶴觀、鄞縣天壇道院[80]。曾爲顧瑛玉山草堂雅集之參與者，善詩，撰有《鄭蒙泉詩集》。佚名《風雅遺聞》云其詩集見稱於泰不華、危素，今佚[81]。有詩數首今存於《草堂雅集》及《元詩選》中[82]。其中〈登桑乾嶺迎達禮部〉即是爲其鄉友泰不華所賦。

鄥庚(1260-1339)，臨海人，家居讀書，不求仕進，後至元五年卒，年八十[83]。卒後有二十一人賦詩挽之，泰不華亦在其中：

---

76 《丹邱集》，頁52，〈題達兼善書漁莊篆文〉。

77 《臺州府志》卷121，頁11上，〈人物傳22・隱逸1・元〉。

78 《臺州府志》卷125，頁5下，〈人物傳26・方伎・元〉。

79 《臺州府志》卷76，頁8下，〈藝文略13・經籍考13・集部2〉。

80 《臺州府志》卷139，頁18上，〈方外記上・仙・元〉。

81 《臺州府志》卷76，頁17下，〈藝文略十三・經籍考十三・集部二〉。

82 顧瑛編，《草堂雅集》(四庫全書)卷10，頁50上；《元詩選》三集壬，頁717-719，〈蒙泉集〉。

83 黃瑞輯，《臺州金石錄》(石刻史料新編，台北：新文豐出版公司，1977)卷13，頁2下-4下，王沂，〈元鄥處士墓誌銘〉。

共祝脩齡等漆園，豈期流水失桃源。

安仁宅廣居城市，種德田多遺子孫。

河上仙翁書卷在，洛中耆老姓名存。

翠微峰下城南月，猶照梅花萬古魂[84]。

稱讚鄔庚為一與莊子、河上公相似，高尚其事，不事帝王，悠遊自得的高士。不華與鄔庚年齡相去四十餘歲，賦詩挽之乃是表達對同鄉前輩的尊敬。

2. 余闕

余闕(1303-1358)，唐兀人，元統元年進士。字廷心，據《元統元年進士錄》記載，余闕祖先三代皆無官職，應是出身普通軍戶。余闕即在合肥郡(廬州)成長、受教。青年時即在城東南巢湖之上草創青陽山房，為其讀書之處，入仕之後，又擴而充之[85]。余闕曾任泗州同知，至正十二年(1352)出任淮西宣慰副使兼副都元帥，分治安慶，轉淮南行省參知政事，尋改左丞。至正十八年春，城為陳友諒軍所陷，闕自刎墮水死。一生與淮西關係極深[86]。

余闕所遺《青陽集》係其弟子郭奎(?-1365)於其身後所編，未收其早年作品，但由集中其後期詩文仍可看出他與合肥漢族士人頗有情誼。當地著名衣冠之族有范氏、商氏、葛氏三家，他與范、葛二氏

84　《臺州金石錄》卷13，頁17上-23上，〈元鄔處士挽詩碑〉。

85　余闕，《青陽先生文集》(四部叢刊)卷首附，程文，〈青陽山房記〉。

86　宋濂撰，羅月霞主編，《宋濂全集》(杭州：浙江古籍出版社，1999)第1冊，頁245-248，〈余左丞傳〉；第3冊，頁1577，〈余左丞後傳〉。《元史》卷143，頁3426-3429，〈余闕傳〉。陳垣，《元西域人華化考》卷4，頁53下-54上，71上-71下；卷5，頁78下，84下；卷36，頁113上-下；卷8，頁130下。

子弟的情誼皆見之於文字。其中〈葛徵君墓表〉係爲葛聞孫（1285-1345）所作[87]。聞孫字景先，曾受召爲翰林編修，辭不赴召而教授於家，故爲一頗具名望而自甘隱遁的士人。余闕早年曾往其宅拜謁其母，其母卒後又往問弔。聞孫卒後余闕不僅爲其撰寫〈墓表〉，又有〈葛編修景先輓歌〉云：

> 昔別情何樂，今還語向誰？
>
> 幽房通貝闕，空館罥蕪絲。
>
> 未過徐公墓，徒懷有道碑。
>
> 扁舟望湖曲，消淚濕江籬[88]。

悼之甚哀，可見二人頗有情誼。集中又有〈送范立中赴襄陽詩序〉係爲范氏子弟范立中赴襄陽任教諭而作[89]。

　　余闕亦頗熱心地方文獻之撰述，今存世者有〈合淝修城記〉及〈郡城隍廟記〉。前者存於《青陽集》中[90]，係應淮西廉訪僉事汪古馬世德之邀而作，記述至正十一年合肥爲抵禦紅巾而修城之事。後者則不見於《青陽集》，乃應郡人所請而作[91]。

3. 唐兀崇喜

　　唐兀崇喜，字象賢，其家世前文已略加敘述。崇喜之祖父閭馬（1248-1328），曾參與伐宋之役。平宋之後，隨著蒙古軍北撤，元廷

87　《青陽先生文集》卷7，頁1上。

88　《青陽先生文集》卷1，頁13下。

89　《青陽先生文集》卷4，頁5下-6上。

90　《青陽先生文集》卷3，頁9上-10下。

91　李修生主編，《全元文》（南京：江蘇古籍出版社、鳳凰出版社，1998-2004）第49冊，頁165-166。

在開州濮陽縣（河南濮陽）東「撥予草地」，安置軍戶家庭[92]。其家族
自此定居於此，改營農業。雖然籍隸左翊蒙古侍衛親軍，世襲軍職，
但已「厚禮學師，以教子孫」，開啓此一家族士人化的歷程。崇喜之
父達海（又稱唐兀忠顯，按忠顯爲武散官忠顯校尉之簡稱，非其名，
1280-1344）任管軍百戶，仍建家學，培植子孫讀書。崇喜雖承襲父
職，但曾就讀大都國子學，「獲躋上舍，積分入等，已豫會試」，但
因丁父憂，返家養母[93]，未走上由文官仕進之路。

　　崇喜曾輯錄其家族有關文獻，於至正十八年（1358）初步編成《述
善集》，共有三卷，〈善俗卷〉以〈龍祠鄉約〉爲主體，〈育材卷〉
以崇義書院爲主體，〈行實卷〉則收錄其家族歷史及善行善事有關文
獻。集中所收詩文，除崇喜自撰者外，大體可分三類，一類爲濮陽當
地各族士大夫所撰，一類爲崇喜於元末避難大都時央請「省、臺、
館、閣、成均之鉅公，四方遊居在京之大夫士」所作之題詠，另一類
則爲明初崇喜探親於金陵時其姪大本之禮部同僚的贈題。這三類題詠
者的身分反映出崇喜交遊的廣闊。《述善集》充分顯示這一家族士人
化的軌跡及其社會網絡。

　　崇喜家族甚重教育，並積極扮演倡導教化的地方領袖角色。經過
三代之努力，於至正十三年（1353）建成義學，擁有學田五百畝，就學
者逾五十人。紅巾起事後，崇喜捐資平亂，禮部於至正十八年賜予
「崇義書院」之匾額。「崇義書院」是元代色目人創建的少數幾個書
院之一。

92　《元代西夏遺民文獻〈述善集〉校注》，頁138，潘迪，〈百戶長唐兀公碑
　　銘并序〉。

93　《元代西夏遺民文獻〈述善集〉校注》，頁137-143，潘迪，〈唐兀公碑銘
　　并序〉；頁49-51，唐兀崇喜，〈「善俗卷」自序〉。

　　崇喜之父達海即已仿照北宋哲學家張載（1020-1077）弟子呂大鈞（1031-1082）的〈藍田鄉約〉而制定〈龍祠鄉約〉[94]。〈鄉約〉規定：社眾於每月朔望必須如期聚會，利用聚會之機，培養社眾的道德風尚，以達到維持社會秩序的目的。〈鄉約〉亦要求社眾之間建立互助與救濟關係以及設學校、請儒師，並建夫子廟堂。總之，〈龍祠鄉約〉為一弘揚教化、相互救助的民間組織。達海之後，其子崇喜全面推行。據說「四方來觀，既慕且仿」，起了一定影響。

　　由於濮陽是河北山東蒙古軍都萬戶府的大本營，許多蒙古、色目軍戶皆從此定居於此，並形成一個幾乎自足的社區。而且有如崇喜家族，自十四世紀開始，不少蒙古、色目軍戶子弟皆已士人化。因而崇喜交往密切的鄉友多為已士人化的蒙古、色目軍戶子弟，如伯顏宗道、唐兀伯都等，在此不必贅述。此外，崇喜也不免與當地漢族官民交往。由《述善集》看來：為〈龍祠鄉約〉撰贊之羅逢原自署：「寓澶淵精舍羅逢原書」[95]，澶淵為濮陽古稱，精舍乃聚生講學之所，文中有「今吾里有龍祠」語，羅逢原當為一在當地講學的本土士人。為〈鄉約〉撰詩者有黃渠馬淳齋、古澶淵李周臣、桐溪東谷空空道人、芝山董庸、魏亭鄧震、萊蕪馬國駰等人[96]。其中李周臣無疑為當地人，其他各人雖各冠有郡望，但無職銜，應皆寓居當地的布衣士人。忠公嚴亦為〈龍祠鄉約〉自署「開州牧守」銜，由其七律詩可看出他與崇喜為國子學同學，而且同為潘迪的學生，而他以郡守之身分，表

94　《元代西夏遺民文獻〈述善集〉校注》，頁23-26，唐兀忠顯、唐兀崇喜，〈龍祠鄉社義約〉；楊富學、焦進文，〈元代西夏遺民「龍祠鄉約」探析〉，收入何廣博主編，《〈述善集〉研究論集》（蘭州：甘肅人民出版社，2001），頁42-55。

95　《元代西夏遺民文獻〈述善集〉校注》，頁30-31，〈龍祠鄉社義約贊〉。

96　《元代西夏遺民文獻〈述善集〉校注》，頁34，39-44。

示樂於見到〈鄉約〉發揮化民成俗的功效[97]。

總之，迄於崇喜，其家族在濮陽定居已經三代，積極扮演鄉紳的角色，其朋友有蒙古、色目士人，也有漢族士人。

4. 王翰

王翰(1333-1378)，字用文，蒙古名爲那木罕。與余闕相同，也是久居廬州(合肥)的唐兀軍人子弟。平宋之後，王翰曾祖領兵千戶鎮廬州。其後直至王翰都世襲千戶之職，「其家三世墳墓皆在廬州」。王翰年十六即襲千戶之職，後又任廬州路治中，直至到福建任官始離開廬州[98]，地緣甚深。

王翰中年以後皆任官福建，早已遠離鄉土。而其詩集是由其子王偁(1370-1415)在其身後編輯，所收並無早年在廬州時的作品，故對他與家鄉師友交往的情形所知無多。今僅有〈和鄉友程民同會龍山留別韻〉[99]、〈會故人程民同〉[100]。由前詩詩題可知程民同爲其鄉友，將由潮州返回故鄉。後詩有句云：「江海有懷悲故國，風塵無處問歸音。相看日暮東流水，白髮羞爲梁父吟」。由此詩可看出有很深的思鄉情懷。

5. 丁鶴年

丁鶴年(1335-1424)，回回人，出身於四代仕元的官宦世家[101]。

---

97 《元代西夏遺民文獻〈述善集〉校注》，頁33。

98 《聞過齋集》卷5，頁15下-18上，〈友石山人墓誌銘〉；王偁，《虛舟集》(四庫全書)卷5，頁34下-38上，〈自述誄〉。參看馬明達，〈元末西夏人那木翰事跡考述〉，《西北民族研究》1991年第2期，頁153-164；蕭啓慶，〈元明之際的蒙古、色目遺民〉，收入蕭氏，《元朝史新論》，頁119-154(131-135)。

99 王翰，《友石山人遺稿》(四庫全書)，頁4下。

100 《友石山人遺稿》，頁15上-15下。

101 關於丁鶴年，參看蕭啓慶，〈元明之際的蒙古、色目遺民〉，頁135-140。

父職馬祿丁任武昌縣達魯花赤，鶴年即出生於武昌，並成長於此。至正十二年(1352)紅巾徐壽輝部陷武昌，時年十八歲的鶴年奉嫡母東逃，寄居鎮江伯父家十年。二十二年(1362)往依為官浙東之從兄吉雅謨丁(約1315-1366)，自此棲遲四明一帶凡十七年，中經元明鼎革，鶴年成為當地遺民圈之一員。明洪武十二年(1379)西返武昌為生母遷葬。明年又至四明。十七年(1384)又返武昌，在故鄉滯留二十年。永樂二年(1404)鶴年又東遊，在杭州居住二十年。永樂二十二年(1424)逝於杭州，鶴年雖然享壽九十，但半生飄泊於兩浙，在武昌的時間僅四十年。

　　鶴年雖然在外過著「故邑三千里，他鄉二十年」的生活，但故鄉人物存歿經常縈繞於心。如他由其兄進士愛理沙家書中得知：兵亂之後故鄉友人所剩無幾，他便有詩寄存者之一的胡敬文：

　　　　湖北衣冠藹士林，十年兵革盡消沉。
　　　　昆岡火後餘雙璧，錦里書回抵萬金[102]。

對故鄉衣冠消沉，僅餘「雙璧」感到悲傷。最後一聯：「誰知海上垂綸者，去國長懸萬里心」，表示自己雖然垂釣海上，仍然關懷故鄉人物。

　　又如〈寄鄉親濟陽公〉五律前二聯云：

　　　　身遠鄉情重，窮途客病深。

(續)
　　　丁生俊編注，《丁鶴年詩輯注》(天津：天津古籍出版社，1987)，頁341-
　　　346，〈丁鶴年簡表〉；王頲，〈鶴零舊里：西域詩人丁鶴年傳記考辨〉，
　　　收入王氏，《西域南海史地考論》，頁405-422。
　102　《丁鶴年詩輯注》，頁24，〈寄胡敬文縣尹〉。

參苓頻在眼，桑梓最關心[103]。

反映他雖然客居遠鄉，而且有病在身，卻是重視鄉情，關心桑梓種
種。

其〈逃禪室臥病有懷故鄉柬諸友生〉則云：

謀生失計倍淒涼，扶病將歸自激昂。
那得金丹生羽翼，只將鐵石作肝腸。
日長獨臥維摩室，歲晚全荒陸氏莊。
幸際諸公各當道，應思孤客久迷方[104]。

在詩中，他對故鄉朋友表達：自己雖亟想返鄉，但生計、健康皆不允
許，長日臥病禪房之中，希望得意仕途的朋友應該想起長期迷失方向
的孤客。

在外棲遲二十年後，終於返回故鄉。他寫下〈兵後還武昌〉二
首。第一首表達自己因病耽誤了歸期，「楚雲湘月」卻無時不在心
中。第二首云：

亂定還家兩鬢蒼，物情人事總堪傷。
西風古塚遊狐兔，落日荒郊臥虎狼。
五柳久非陶令宅，百花今豈杜陵莊？
舊遊回首都成夢，獨數殘更坐夜長[105]。

---

103 《丁鶴年詩輯注》，頁236；作者原注云：「武昌蔡啓，任浙江等處行中書
　　省參知政事，誥贈三代公爵」，可知濟陽公為同鄉前輩顯宦。
104 《丁鶴年詩輯注》，頁82。

感嘆亂定還家，物情人事變化甚大，一片殘破情景，自己不僅兩鬢已蒼，而且無家可歸。

一年之後，鶴年又東返四明，在其〈遷葬後還四明途中寄武昌親友〉七律之末聯云：「若問離人行役苦，十宵九夢在瀧岡」[106]，表示自己會經常想到父母廬墓所在的故鄉。

鶴年二次返回故鄉，滯留二十年間，與他唱酬的有其亡父故舊衛君執[107]，早年南湖書院時代的同窗好友嚴靜山[108]。作為一個名門之後、著名詩人，鶴年自不免與本地官員相往還。如為任滿離職的武昌知縣潘某賦歌行，稱頌他「三年德化藹如春，政成仍與民同樂」[109]。但在此期間與他交往最密的是管時敏。管時敏原名訥，以字行，華亭人，元季大詩人楊維楨弟子。明初任楚王府紀善、左長史達四十年。鶴年與他顯然因詩結交，時敏所著《蚓竅集》，係由鶴年所定，且有其評語[110]。鶴年〈送長史管公時敏朝京〉七律中有「楚人獨數蘇從諫，齊士誰過管仲才」之語[111]，意即管時敏有春秋楚大夫蘇從一般冒死直諫的膽識，又具有管仲之才，極為推重。管時敏則多達五首與鶴年有關的詩。兩首為記敘二人聯袂訪問洪山海禪師、補衲和尚[112]。可見二人同信佛教，常一起拜訪武昌附近的高僧大德。另一首〈哀鶴年先生女兄月娥死節〉係詠嘆鶴年姊月娥為保全貞節而率九女赴水自

（續）───────────────

105 《丁鶴年詩輯注》，頁83-84。

106 《丁鶴年詩輯注》，頁252。

107 《丁鶴年詩輯注》，頁163，〈奉寄武昌南山白雲老人〉。

108 《丁鶴年詩輯注》，頁231，〈寄武昌嚴靜山〉。

109 《丁鶴年詩輯注》，頁276，〈送武昌知縣潘公考滿〉。

110 四部叢刊本管時敏《蚓竅集》每卷卷首皆有「西域丁鶴年評」字樣。

111 《丁鶴年詩輯注》，頁209。

112 《蚓竅集》卷6，頁11下-12上，〈和鶴年丁先生宿東岩韻兼呈洪山海禪師〉；卷8，頁9上，〈和鶴年先生訪補衲和尚詩〉。

盡事[113]。第四首爲答謝鶴年的賀壽詩[114]。最後一首則是代鶴年感謝治癒其病的江夏名醫劉氏父子[115]。這些詩亦反映出鶴年與這位楚王府要員互動頗密、情誼頗深。

總之，丁鶴年生長於武昌，雖自弱冠即已長年避兵流落外地，但對桑梓友人感念頗切。返鄉之後，不僅與父執友生重修舊好，與新朝的地方官員亦頗有交誼。

(三)偰氏的兩個本鄉

蒙古、色目人在中原、江南頗多遷徙，一個家族往往有兩個本鄉。茲以高昌偰氏爲例說明。

宋平之後，岳璘帖穆爾之子都爾彌勢及哈剌普華(1246-1284)皆供職江南，應已徙家其地，但地點不明[116]。大德中，哈剌普華之子偰文質任江西行省理問，定居龍興(古稱豫章，今江西南昌)東湖，諸子姪皆在此成長，科舉恢復後皆由江西登第。

在龍興，因文質子姪聯翩登科，而家族又以篤於禮教著稱，因而成爲當地的書禮名家。與當地漢族士大夫顯然頗多交往。文質爲紀念家族在禮教與科第兩方面的成就，在其寓第築三節六桂堂，寓居龍興

---

113 《蚓竅集》卷6，頁11下-12上。
114 《蚓竅集》卷6，頁11下，〈和謝鶴年先生見壽〉。
115 《蚓竅集》卷6，頁11下，〈江夏劉名才及子陟皆以醫鳴於時，鶴年德其愈病，索詩贈之〉。
116 關於高昌偰氏的歷史，參看蕭啓慶，〈蒙元時代高昌偰氏的仕宦與漢化〉，頁243-297；〈元季色目士人的社會網絡：以偰百遼遜青年時代爲中心〉，收入蕭氏，《元代的族群文化與科舉》(台北：聯經出版公司，2008)，頁85-115；楊鐮，〈高昌偰氏：詩與史〉，收入楊氏，《元西域詩人群體研究》，頁246-264；Michael C. Brose, *Subjects and Masters: Uyghurs in the Mongol Empire* (Bellingham, WA: Western Washington University Press, 2007), pp.137-270.

的著名江西士大夫劉岳申(1260-？)、劉銑(1268-1350)均撰文歌頌其
事。劉岳申，吉安吉水人，以學行見稱於時，官至泰和州判官，著有
《申齋集》，大德中曾執教龍興，於此時結識文質。爲文質撰〈三節
六桂堂記〉，文中先稱說偰氏父忠、母貞、子孝三節合於一門的「三
節」，又說及：

> 大德(1297-1307)中，元帥(文質)理問江西，入奉太夫人甘
> 脆，出領諸子就外傅，書聲琅琅東湖之上，晝夜不絕。余時
> 貳教豫章，嘗從眾賓後，親見元帥奉親教子，當時豈知後有
> 科興？蓋十年貢舉始行。貢舉行而偰氏一家兄弟如拾芥，此
> 天也[117]。

岳申曾與眾賓造訪東湖偰氏居所，並認爲偰氏子弟聯翩登科由來有
自，最後又認爲偰氏子姪登科乃禮教之福報。後文質死於溧陽，岳申
又作〈祭偰監郡文〉，文中思念昔日在龍興之盛況，後說：「猶聞高
臥，終老溧陽……公今已矣！我耄云何？長歌痛哭，哀莫如歌。緘情
千里，以寓一哀」[118]。顯然岳申與文質有頗深之交情。

劉銑亦吉安人，爲一享有盛名之布衣士人[119]，他之爲偰氏作
〈三節六桂堂頌〉可能是文質曾任吉安路達魯花赤之故。賦中亦認
「三節」與「六桂」二者因果相連：「非三節不足以兆六桂，非六桂
不足以顯三節，合爲一堂實宜」[120]。

---

117 《申齋劉先生文集》卷5，頁8下，〈三節六桂堂記〉。
118 《申齋劉先生文集》卷13，頁12上-13上。
119 《圭齋文集》卷10，頁17下-20下，〈元故隱士廬陵劉桂隱先生墓碑銘〉。
120 劉銑，《桂隱文集》(四庫全書)卷4，頁2下-3上，〈三節六桂堂頌〉。

　　偰氏遷離龍興時，哲篤之長子百遼遜年已十餘歲，在當地自有不少
總角之交，其中之一的陳彥賓，大約於至正初年又與百遼遜重逢於集
慶，故在百遼遜的《近思齋逸稿》中留下記錄，〈惜別行贈陳彥賓〉
云：

　　　　陳君難兄我畏友，十年不見先組綬。
　　　　金陵古城一相逢，話舊傾倒千壺酒[121]。

其時彥賓即將赴京參加會試，百遼遜賦此詩送別，故詩云：

　　　　淮南三月鶯花老，惜別不能悲遠道。
　　　　九天旭日射承明，聖主崇儒子年少。
　　　　陳君陳君行無遲，風雲有時當自爲。
　　　　明年我亦扣閶闔，賦詩贈君衣錦歸。

由於百遼遜明年亦將赴試，此詩固然是祝彥賓衣錦榮歸，亦是共勉之
辭。

　　文質退隱後，徙居浙西溧陽州，「買地於溧陽州永成鄉沙溪之
上，奉忠愍（合剌普華）而下六喪，以昭穆序墓」[122]，顯然已決心定
居於此，文質於至元六年(1340)在溧陽逝世。其子哲篤在廣東廉訪僉
事任內忤大臣意而解印至溧陽。諸子雖出生於江西，卻在溧陽長大，

121　偰百遼遜，《近思齋逸稿》，收入《慶州偰氏諸賢實記》，韓國國史編纂
　　　委員會藏有抄本。《近思齋逸稿》爲此書卷一。因此書無頁數，以下徵引
　　　百遼遜詩皆出於此書，不注頁數。

122　《金華黃先生文集》卷39，頁17上-18下，〈魏郡夫人偉吾氏墓誌銘〉。

然後由江浙登第。哲篤長兄、延祐五年(1318)進士偰玉立亦一度辭官歸隱溧陽，今存其〈止堂〉詩可以爲證[123]。但文質之弟月倫質一支仍留寓龍興，其子孫仍由江西登進士第。

　　偰文質一支從此在溧陽生根[124]。當時文質已老，不久且逝世[125]。故在當地以哲篤及其子的活動爲主。哲篤不久便以謹守禮法，教子有方贏得當地士人的歆羨。溧陽同鄉孔克齊所著《至正直記》中〈高昌偰哲〉一則記載他曾造訪偰氏書館，稱讚哲篤「教子有法」，嚴格執行禮法，以致「子弟皆濟濟有序，且資質潔美」，「爲色目本族之首」[126]。《至正直記》又載有〈文益棄母〉故事一則[127]，據說偰哲篤以溧陽鄉長之身分對滯留大都不肯返鄉奔母喪之王文益嚴詞責備，因而頗得孔克齊首肯。孔克齊出於孔氏南宗，好以儒家倫常臧否人物，對偰氏卻甚欽佩。

　　偰氏在溧陽接觸最多的當地士人是其家庭教師儲惟賢[128]。惟賢與哲篤父子之間的賓主關係頗爲密切。惟賢，字希聖，宜興荊溪人，

---

123 解縉等，《永樂大典》(北京：中華書局，1986)卷7241，頁21下引《溧陽志》所載偰玉立〈止堂〉詩。

124 偰百遼遜於元末遷至高麗，其弟偰斯(原名偰吉斯)在明朝記載中即以溧陽爲原籍(雷禮，《國朝列卿記》〔明代傳記叢刊〕卷23，頁19上，〈偰斯傳〉)。在其卒後，溧陽祀之爲鄉賢。溧陽現仍有偰家村，當地族人編有《沙溪偰氏宗譜》，民國五年永思堂刊，南京圖書館藏。最近該村發現元代偰氏家碑二石。而偰氏居民又曾申請改變爲少數民族戶籍，但爲當地政府所拒絕。

125 偰文質逝世於至元六年(1340)，李景嶧等修，《嘉慶溧陽縣志》(中國地方志集成)卷12，頁14上。

126 孔齊(孔克齊)，《至正直記》(北京：中華書局，1991)卷3，頁116。

127 《至正直記》卷4，頁155。

128 以下關於偰百遼遜的交遊，參看蕭啓慶，〈元季色目士人的社會網絡：以偰百遼遜青年時代爲中心〉，頁85-115。

荊溪與偰氏所住的下橋相互比鄰[129]，惟賢可說是當地士人，曾兩中
江浙鄉試。其父能謙(1271-1344)，字有大，長於詩[130]。惟賢執教始
於偰氏初遷溧陽，其時正在廢科之後，惟賢失望返鄉。當時哲篤長子
百遼遜年已十七八歲。不久之後，百遼遜常住集慶讀書，故其受教於
惟賢的時間不長，但其諸弟從學於惟賢，故惟賢與偰氏之賓主關係有
數年之久。《近思齋逸稿》中並無與惟賢唱和的詩篇，卻有關於儲能
謙的〈賦樗巢風月〉。小序云：「義興儲有大先生，以常所爲詩，編
成若干卷，自題曰：「『樗巢風月』，其子希聖使公賦之」，可見此
詩乃惟賢命其學生百遼遜所作。至正四年儲能謙逝世時，惟賢即央請
由當時已膺任吏部尚書的哲篤爲其父作行狀，並請翰林檢討危素撰墓
誌銘。危素俯允其請，一方面是由於「向居金陵，託交惟賢，有不可
辭者」[131]；另一方面則是由於偰哲篤的面子，因而危素寫道：「惟
吏部(指哲篤)早擢進士，爲時名臣，其文足以傳世矣」。

　　哲篤長年任官在外，在家居留時間不長。而其子百遼遜因有詩集
《近思齋逸稿》傳世，他早年的交遊現知較詳。自至元元年(即元統
三年，1335)，下訖至正五年(1345)登第，前後十年，亦即百遼遜十
七歲至二十七歲的青年歲月，在至正五年中進士之前，他都生活在溧
陽—集慶地區。溧陽是集慶屬下一個中州，而集慶則是江東地區的核
心，政治、經濟、文化資源皆較豐富[132]，百遼遜經常往返於溧陽與

---

129 《嘉慶溧陽縣志》卷首，頁1下，〈縣志圖〉。

130 《宋濂全集》第3冊，頁1529-1530，〈元故樗巢處士儲君墓誌銘〉；《危太
　　樸文續集》卷5，頁19下-21下，〈宜興儲先生墓誌銘〉；劉貞等編，《類
　　編歷舉三場文選》(日本靜嘉堂文庫藏至正元年建安務本書堂刊本)，〈春
　　秋義〉第八場(無頁數)。

131 《危太樸文續集》卷5，頁20上，〈宜興儲先生墓誌銘〉。

132 關於集慶，參看徐欣薰，《元代集慶城——從政治、經濟、社會三面向探

集慶之間，而且一度在集慶的竹林精舍讀書。故集慶是他與外間世界的接觸點，而整個集慶地區則構成他十年生活的場域。

百遼遜在集慶地區的朋友皆爲新知。其中固然有蒙古、色目人，更多爲漢族。多爲士人，亦有方外，蒙古、色目友人及方外之交在此不論。

百遼遜的漢族朋友甚多，多是寓居集慶地區的官宦子弟，或是來往該地區的過客。現在僅說寓居集慶地區的兩位漢族摯友趙克讓、能伯元，皆爲與他年齡相若的士子。

趙克讓的本名與生平已不可考。僅知其爲河南陳州人，尚在準備科舉。百遼遜有〈送趙克讓歸河南應舉詩七首〉（實爲五首），詩云：

> 棲遲江南客，言還洛中社。
> 折桂當早秋，飛雲繞親舍。
> 名駒出渥洼，墮地生南國。
> 雖非風土宜，神駿邁飛翮。

可見克讓在江南長大，可能是遊宦江南官員的子弟，正欲返回河南參加鄉試。吳中詩人鄭元祐(1292-1364)、于立皆有詩文送克讓返鄉赴舉[133]。元朝科舉鄉試，江浙、江西競爭最烈，江南士人往往冒籍至北方就試，趙克讓返回原籍應試，甚爲自然。百遼遜遂以杜甫「對策君門期第一」爲韻，祝他高中。

（續）

　　　討》，新竹：國立清華大學歷史研究所碩士論文，2006。

133　鄭元祐，《僑吳集》(元代珍本文集彙刊，台北：中央圖書館，1970)卷8，頁29下，〈送趙克上序〉(作於至正四年)，「克上」應即「克讓」；《草堂雅集》卷11，頁18下，于立，〈趙克讓歸洛陽赴舉〉。

　　趙克讓顯然也是詩人，百遼遜與他唱和甚爲頻繁。其〈有客行醉後贈趙克讓〉云：

> 有客有客字克讓，汝作新詩極悲壯。
> 和我〈君山〉之短歌，一夜長江起高浪。
> 朝來劍氣不能平，慷慨猶聞龍鳳鳴。
> 知我如君古來少，四海誰言無弟兄。

百遼遜對克讓的詩藝甚爲佩服，而且視克讓爲古來少有的知己。

　　能伯元，似爲集慶路推官能鼎賢之子，能氏，河陰人[134]。百遼遜有〈臥病寄能伯元上舍、能言奈〉及〈次韻能伯元〉二詩與伯元相唱和。由前一詩題可看出能伯元爲國子學生，而後一詩云：

> 學士行裝趨紫禁，野人祇合釣青溪。
> 尺書有意來相問，不在蓬萊弱水西。

此詩小序云：「至元丁丑作」，丁丑即至元三年(1337)。此時，能伯元已是國子學生，而百遼遜年方十九，尙爲布衣，故自稱「野人」。

五、結語

　　蒙元時代蒙古、色目人自塞北、西域徙入中原，而後又往往屢遷各地，地域流動性高於漢族，而其鄉土認同亦較漢族爲複雜。

134　張鉉，《至正金陵新志》（宋元方志叢刊）卷3，頁18下，〈金陵世系年表〉
　　　至元二年(1336)條：「推官能鼎賢，河陰人」。

　　蒙古、色目士人常認漠北、西域祖先居住之地爲「原鄉」。在漢地最初落腳之地在家族記憶亦占重要地位，本文稱之爲「舊貫」。蒙古、色目士人常在姓名之前多繫以原鄉或舊貫的名稱，一如中原中古士族所用的「郡望」。

　　在徙入中原後，蒙古、色目士人祖先常再三遷移，有的仍在中原，更多的移至江南，然後安家落戶。本文稱此定居之地爲「本鄉」。但是，蒙古、色目士人與本鄉的關係深淺有別。有的士人在成年後始遷入本鄉，有的家族則在本鄉居住已數代。前者本文以馬祖常爲例說明，顯示他雖在成年之後始遷入光州，而在當地沒有少年師友，卻視其地爲「桐鄉」，仍與當地士人建立互動關係。後者本文以泰不華、余闕等五人爲例，其中雖然有的因史料欠缺，無法證明他們與同鄉師友的交往，卻也顯示他們的鄉土認同。有的則充分顯示他們自幼即與當地漢族師友建立深厚感情，相互之間互動密切，至老不渝。高昌偰氏的情形比較特殊，先後在南昌與溧陽—集慶地區建立兩個本鄉，在這兩地區偰氏皆以書禮世家獲得敬重，並與當地士人密切互動。

　　總之，蒙古、色目士人的鄉土認同雖較漢族爲複雜，但其與本鄉士人間的密切互動，形成他們在多族士人社會網絡中最初、也是最重要的一環。

第二節　姻戚

一、引言

　　元朝未曾禁止異族通婚，而且立法加以規範。過去魏復光所說：

元朝與清朝相似，禁止征服民族與漢族通婚，可說全無根據[135]。近年的研究皆顯示：各族群間通婚頗為頻繁，族群間之通婚不僅促進血緣交融，而且與涵化具有密切的關聯。其中洪金富〈元代漢人與非漢人通婚問題初探〉的探討較為全面，他根據大量案例而指出：「許多通婚異族的漢人具有異族化或蒙化的傾向，更多的通婚漢人的蒙古、色目人具有漢化的傾向，或者已經漢化」[136]。潘清〈元代江南地區蒙古、色目僑寓人戶婚姻狀態的分析〉以江南為範圍，對各族群間的通婚做出研析，得到相似的結論[137]。已故楊志玖教授早年所撰〈元代回漢通婚舉例〉指出，伊斯蘭教教徒雖格於信仰鮮與異教通婚，但元代回漢通婚之事實卻不少見[138]。楊氏另一文〈山東的蒙古村落和元朝石碑〉及池內功撰〈元朝における蒙漢通婚とその背景〉則皆顯示，下層蒙古軍官常與漢族聯姻，聯姻的對象自然不是名門閨秀，而是蓬門荊釵[139]。

　　中國士人婚姻素來著重門第，形成「閥閱婚姻」。五代以降，婚姻的連結，這觀念較前略微淡薄，打破士族、庶姓不通婚的陳規，但是有如袁采《世範》所言：「議親，貴人物相當」，「郎才女貌」成為新擇婚評準[140]，科舉士人更是擇婚之熱門對象[141]。一般家庭如此，

135　Karl A.Wittfogel and Chia-sheng Feng, *History of Chinese Society-Liao*, p. 9.

136　《食貨》（復刊）第6卷第12期（1977），頁1-19，第7卷第1、2期（1977），頁11-61。

137　《學海》2002年第3期，頁132-136。此文亦收入潘氏，《元代江南民族重組與文化交融》（南京：鳳凰出版社，2006），頁130-141。

138　此文收入楊氏，《元史三論》（北京：人民出版社，1985），頁156-163。

139　楊文收入楊氏，《陋室文存》（北京：中華書局，2002），頁395-399；池內文收入《アジア諸民族における社會と文化：岡本敬二先生退官記念論集》（東京：國書刊行會，1984），頁218-238。

140　袁采，《世範》（知不足齋叢書）卷1，頁25下，〈睦親〉。

士人家庭更是如此，餘風至元不絕。

元代蒙古、色目士人與漢族通婚者甚多。例如《元統元年進士錄》顯示：該科錄取蒙古、色目進士五十人中，其妻子具漢姓者十六人，母親具漢姓者更多達二十七人[142]。具漢姓的女子中甚多應爲眞正的漢族，其中亦應有不少出身於士人之家，充分反映族際通婚之頻繁，可惜這些漢族女子之家世多不可追索，是否出於書香門第以及因何與異族聯姻，已難探究。

本節作爲元代多族士人圈研究的一環，旨在舉例說明各族士人家庭間往往因具有共同文化基礎而聯姻，這些婚姻進一步加強不少蒙古、色目家庭的士人化。茲分下列三方面言之：

二、蒙古、色目娶漢族士人女

在多元族群社會中，政治、社會地位占優勢而人數較少的族群往往娶入異族婦女較多，而其婦女嫁予異族者較少。元代蒙古、色目與漢族間的情形便是如此。據洪金富所收集案例的統計，漢族女子嫁予蒙古、色目者有一六二人次，而蒙古、色目女子嫁予漢族者僅有六十人次[143]。洪氏所舉爲一般案例，不限於士人階層。

士人家庭間的婚姻自有一些特殊因素。族群異同爲一可能因素。

（續）

141 張邦煒，《婚姻與社會・宋代》（成都：四川人民出版社，1989），頁121-186。

142 蕭啓慶，〈元代科舉與菁英流動〉，頁155-202。

143 〈元代漢人與非漢人通婚問題初探〉表1及表2，洪氏原有統計爲漢人娶非漢人一六〇例，漢人嫁非漢人二七九例。但洪氏所採漢人、非漢人之定義與本文不同。洪氏將契丹、女眞、渤海、高麗列爲非漢人，而本文則按元代通例視上述諸族爲漢族。故此處所引僅爲兩表中所列蒙古、色目案例，而將上述諸族排除。

漢族士人確有對異族通婚懷有成見者，如《至正直記》著者，出於孔氏南宗的孔克齊及其父文昇便是如此。孔文昇誓不以女嫁異族，並說：「娶他之女尚不可，豈可以己女往事，以辱百世之祖宗乎？」[144]孔克齊贊同其父之說並加以引伸。但在當時政治社會環境中，像孔氏父子這樣堅持己見者究屬少數。當時蒙古、色目人政治社會地位高於漢族甚多，漢族與之聯姻應合乎家庭利益。孔克齊所引金陵王起岩以女嫁予錄事司達魯花赤便是一例，而孔克齊之兄娶畏兀兒氏亦爲孔文昇所說「娶他之女尚不可」提供反證[145]。除去實際利益外，不同族群士人間的共同文化教養更爲聯姻提供一有力基礎。從蒙古、色目人觀點言之，本族群人口遠少於漢族，士人家庭數目尤其如此，自漢族士人家庭選擇結婚對象，不僅較爲便利，而且由於「人物相當」，有利於子女教養及家族文化之傳承。

蒙古、色目娶漢族婦女，依男女雙方或其家族的士人化程度及相關記載明確與否可分下列三類：

(一)男女雙方或其家族均爲士人

男方爲蒙古者有：

1. 忽都達而母馮氏、妻矗氏

忽都達而(1296-1349)，字通叟，捏古觪氏，居湖廣澧陽。出身下級蒙古官員家庭。祖火者，任泰興縣達魯花赤。忽都達而爲延祐五年(1318)右榜狀元，官至婺州路總管。其母馮氏，蜀人，宋某路提點刑獄馮立孫女。其妻矗氏，河東人，祖矗光亦任宋某路提點刑獄[146]。忽都達而可能因母教而好學，以致成爲狀元，而其子捏古思則中至正七年

---

144 《至正直記》卷3，頁85-86，〈不嫁異俗〉。
145 《至正直記》卷1，頁13-14，〈婦女出遊〉。
146 《金華黃先生文集》卷27，頁13上-16上，〈捏古觪公神道碑〉。

山東鄉試[147]。

2. 泰不華娶石抹繼祖女

　　蒙古伯牙吾氏泰不華之妻爲石抹繼祖(1281-1347)之女。石抹氏，契丹人，屬廣義漢人。繼祖世襲沿海上萬戶府副萬戶，鎮臺州，雖然出身將家，卻師事四明道學者史蒙卿(1247-1306)，著有《抱膝軒吟》，爲一儒將[148]。泰不華中狀元時，年方十八歲，石抹繼祖以女妻之，當在登第後。一方面由於臺州地緣，一方面由於不華前程無量，另一方面也可能由於繼祖欣賞泰不華之才華。至正十一年方國珍崛起後，其子石抹宜孫(？-1359)守溫州，與泰不華共同抵抗方氏，固然由於職守，可能亦因戚誼。

　　男方爲色目人者有：

1. 康里不忽木家族

　　不忽木，康里人，是色目人中較早之儒者與曲家，亦是世祖晚期及成宗初期的朝廷重臣。其家族原係康里部大人，歸降蒙古後，其父燕眞以質子入侍拖雷妃、忽必烈汗母唆魯忽帖尼，後成忽必烈藩邸侍臣，忽必烈配以高麗美人金長姬，爲廣義漢人，但不知是否出於士人家庭。生不忽木。不忽木之熟諳漢學，主要由於忽必烈之刻意栽培，使之從學大儒王恂及許衡，官至昭文館大學士、平章軍國重事[149]。不忽木元配寇氏，生回回(1291-1341)，早卒，繼娶王氏，生巎巎(1295-1345)[150]，寇、王二氏皆出自漢人士族。寇氏應出於中

---

147 《金華黃先生文集》卷27，頁13上-16上，〈捏古馲公神道碑〉。

148 《金華黃先生文集》卷27，頁4下-8下，〈沿海上副萬戶石抹公神道碑〉；
　　《元史》卷188，頁4303。

149 《趙孟頫集》卷7，頁158-161，〈文貞康里公碑〉。

150 趙孟頫，〈文貞康里公碑〉。

山安喜儒士寇氏家族。陳旅〈稼亭記〉云：巎巎曾言，寇幹臣爲其舅氏，「蚤歲讀書有志節」，曾守滄州，並任湖州路總管[151]。所謂「舅氏」乃指其嫡母兄弟，而非生母昆季。幹臣之父爲寇元德，元德之父寇靖(1195-1247)，曾中大蒙古國時代戊戌(1238)之試，隱居未仕。元德早歲以「文學名天下」，仕於忽必烈潛邸，官至兩浙都轉運使[152]。此段姻緣或係因元德與不忽木之父燕眞共事潛邸而結成。

　　王氏則爲王壽(1251-1310)女，王壽爲雄州新城人，官至集賢大學士，曾與不忽木同侍忽必烈太子眞金東宮。吳澄〈魯國太夫人王氏神道碑〉敘述壽女王氏(1275-1310)歸於不忽木的經過說：

> 會康里公喪初配，議者咸曰：「貴族重臣，有學有行可妻，宜莫如公。」遂以夫人歸焉[153]。

王氏婚後生巎巎。巎巎生於成宗元貞元年(1295)，其父母結褵當在此前。其時不忽木已任中書平章政事，位高權重，王壽以女爲其繼配，自然不免有巴結上官之嫌，但也因爲不忽木之「有學有行」。王壽本人雖然出身胥吏，卻是士人[154]。可見不忽木二妻皆出於漢族士人之門。回回官至陝西行省平章，巎巎累官至翰林承旨，二人皆爲著名書法家。

---

151 陳旅，《安雅堂集》(元代珍本文集彙刊)卷7，頁10上。

152 劉因，《靜修先生文集》(四部叢刊)卷17，頁4上-5下，〈處士寇公墓表〉。

153 《吳文正公集》卷73，頁7上。

154 《元史》卷176，頁4103，〈王壽傳〉。

　　回回娶史氏、王氏、崔氏[155]，應皆漢族，家世皆不可考。回回
有五子，其中之一娶江南畫家任仁發(1254-1327)女。巎巎跋任仁發
所繪〈張果見明皇圖〉云：「余之三姪大年，月山之婿也」[156]。回
回爲巎巎僅有之兄弟，故巎巎之姪必爲回回之子，但不知爲何人。跋
中所云月山乃指任仁發，松江(上海)人。字子明，號月山，早年中宋
朝郡試，以擅長水利，仕元官至都水庸田使[157]。仁發善書，繪畫尤
著名，傳世作品尚多。回回與仁發可能由於對於翰墨之共同興趣而爲
子女締結姻緣[158]。

　　回回之孫太禧奴(泰熙奴)，不知其父名，中至正十四年(1354)進
士，亦善書(見下文)。

　　總之，不忽木家族累代與漢族通婚，雖然大部分所娶漢族婦女之
家世不見記載，但有部分可以肯定出自士人家庭。

2. 汪古馬氏家族

　　馬氏在元代政治地位雖不及康里不忽木家族，士人化程度則尤有
過之，爲元代最成功的科第世家之一。汪古原與中原往來較密。原
有漢文士人之存在。馬氏家族在元代以馬祖常最爲知名。其高祖馬
慶祥仕金爲鳳翔兵馬都統判官，娶金太尉王明德之女，王氏可能爲
一士人家族。曾祖月忽乃，於忽必烈初年任禮部尚書。馬祖常稱月

---

155 《宋濂全集》第1冊，頁267-274，〈康里公神道碑〉。

156 《石渠寶笈續編》，頁244。

157 《元代畫家史料匯編》，頁226-235。

158 任氏另一次與異族通婚之案例：仁發之孫士文娶欽察臺守貞。守貞(1316-
　　1353)，欽察氏，爲平宋將領完者都(1239-1297)曾孫女。此家世襲高郵上
　　萬戶達魯花赤，爲一將門，是否已士人化，則不可考，故未列入，但由此
　　可知任氏常與色目人通婚。參看沈令昕等，〈上海青浦縣元代墓葬記
　　述〉，《文物》1982年第7期，頁54-60；《程雪樓文集》卷6，頁2下，
　　〈林國武宣公神道碑〉。

忽乃「世非出於中國，而學問文獻過於鄒魯之士」，而其家「衣冠
之傳，實肇於我曾祖也」，故其家族早已士人化[159]。月忽乃妻白
氏，家世不詳[160]。祖常之祖世昌（？-1282），任行尚書省左右司郎
中，妻張氏。父馬潤官至漳州路同知，著有《樵隱集》。妻楊氏
（1256-1287），中書郎中楊琰女。而楊琰之母爲月忽乃之姊[161]。故
馬、楊二氏實係兩代姻緣，楊琰當爲漢族士人。馬潤又娶李氏，爲
祖常六弟國子生釋褐出身的祖善之母，當亦漢族。祖常與弟祖孝同
登延祐二年(1315)進士第。祖常官至樞密副使，爲當代詩文大家。
祖常二娶，其中之索氏，爲其父任職武進時同僚常州錄事判官索某
之女[162]。馬氏顯然累代所娶多爲漢族婦女，與不忽木家族情形相
似，至少有部分所娶婦女可以肯定出身士人家庭。

3. 高克恭家族

　　高克恭，字彥敬，號房山，祖先爲西域人，族屬仍有爭議，或云其
爲回回，或云其爲回紇，據王頲考證，應爲回紇，亦即畏兀兒人[163]。
克恭爲元朝早期最負盛名的山水畫家之一，官至刑部尚書[164]。鄧文
原所撰〈行狀〉述其家世云：

　　　　祖樂道。父亨……公之父嘉甫，以力學不苟媚事權貴，爲六

---

159 《石田先生文集》卷13，頁236-239，〈故禮部尚書馬公神道碑〉。

160 《元史》卷134，頁3244-3245，〈月合乃傳〉。

161 《清容居士集》卷26，頁16上-20上，〈開封郡伯馬公神道碑〉；《石田先
　　生文集》卷13，頁245-246，〈梁郡夫人楊氏墓誌銘〉。

162 《滋溪文稿》卷9，頁138-145，〈馬文貞公墓誌銘〉。

163 王頲，〈元代回紇畫家高克恭史事考辨〉，收入王氏，《西域南海史地探
　　索》，頁202-218。

164 《元代畫家史料匯編》，頁1-47。

部尚書器重，歸以其女，因奉母夫人翟氏居燕。時皆知名
士，嘉甫朝夕講肄，遂得大究於《易》、《詩》、《書》、
《春秋》及關洛諸先生緒言[165]。

由此可知克恭祖母爲翟氏，應爲漢族。克恭父亨，已「力學」，對儒
家，尤其道學諸家著作涉獵頗廣。高氏儒學傳統實始自高亨，可能受
其母翟氏影響。高亨岳父「六部尚書」，據馬明達考證，乃指曾任北京
路行六部尚書的史秉直[166]。史秉直(1175-1245)，爲蒙元時代重要漢軍
世家眞定史氏之創始人，忽必烈開國初年中書右丞相史天澤(1202-
1275)之父。若此一考證屬實，克恭之母應爲天澤同輩姊妹[167]。

　　至於克恭之婚姻，〈行狀〉說：先娶曹氏，再娶劉氏，而劉氏
「實爲便宜公之孫」。馬明達認爲此一「便宜公」即劉仲祿，仲祿因
受命成吉思汗詔迎全眞大師丘處機至雪山講道而知名，其子孫成爲大
都之名門。邱樹森則認爲此一「便宜公」爲劉敏(1201-1259)[168]。劉
敏出身成吉思汗宿衛，歷仕四朝，官至燕京行尚書省事[169]。其長子
世亨襲其職。據夏文彥《圖繪寶鑑》，劉敏與世亨皆善畫墨竹[170]。

---

165 《巴西鄧先生文集》，頁774，〈刑部尚書高公行狀〉。

166 馬明達，〈元代回回畫家高克恭叢考〉，收入湯開建、馬明達主編，《中
　　國古代史論集》（上海：上海古籍出版社，2006)第2集，頁133-165。《全
　　元文》第2冊，頁344，劉祁，〈故北京路行六部尚書史公神道碑銘〉。

167 但史氏相關婚姻資料中，無此項婚姻記載。見蕭啓慶，〈元代幾個漢軍世
　　家的仕宦與婚姻〉，收入蕭氏，《內北國而外中國》（北京：中華書局，
　　2007)上冊，頁276-345。

168 邱樹森，《中國回族史》上冊，頁323。

169 《元史》卷153，頁3659-3661，本傳。

170 夏文彥原著，近藤秀實、何慶先編著，《圖繪寶鑑校勘與研究》（南京：江
　　蘇古籍出版社，1997)卷5，頁3上。

便宜公究為何人，有待進一步探討。但高氏三世皆與漢族通婚，而且研習漢學甚早，則不容置疑，克恭之擅長詩、畫，當與此基礎有關。

4. 李世雄娶崔彧女

李世雄(1272-1302)，唐兀氏，出於西夏王室，為神宗之曾孫。其家族在元代為將門，父惟忠，為平宋大將，行省荊湖。世雄雖曾襲職為萬戶，卻是一介士人，曾與張伯淳(1242-1303)共事於翰苑。伯淳稱他「溫其如玉人也」。其妻為中書平章崔彧(？-1298)女[171]。彧，弘州人，為世祖時代力抗聚斂之臣的著名諍臣[172]。

5. 廉方娶趙密女

廉方出於另一重要色目政治世家，也是漢化先驅的高昌廉氏[173]。廉氏系出忽必烈母唆魯忽帖尼之家臣及姻戚布魯海牙(1197-1265)，布魯海牙九子五十三孫，類多顯赫，其中廉希憲為忽必烈朝儒相[174]。廉方，字士矩，曾就讀國子學，元統元年(1333)進士，曾任翰林檢閱官[175]。《元統元年進士錄》稱廉方之父為廉甫，不知出於廉氏何支[176]。其岳父趙密(1261-1334)，元初漢軍將領趙柔之孫，官至鷹房都總管，為大儒劉因弟子，「劉公告以聖賢之訓，歲餘盡去豪習」，為一儒

---

171 張伯淳，《養蒙先生文集》(元代珍本文集彙刊)卷4，頁131-132，〈管軍萬戶李公墓誌銘〉。

172 《元史》卷173，頁4038，〈崔彧傳〉。

173 關於高昌廉氏，參看陳垣，《元西域人華化考》卷2，頁9下-10上。Ch'i-ch'ing Hsiao, "Lien Hsi-hsien," pp. 480-499；王梅堂，〈元代內遷畏兀兒族世家——廉氏家族考述〉，《元史論叢》第7輯(1999)，頁123-136。

174 元明善，〈平章廉文正王神道碑〉，收入蘇天爵，《國朝文類》(四部叢刊)卷6，頁1上-16下。

175 王沂，《伊濱集》(四庫全書)卷15，頁16上-17上，〈送廉縣尹序〉。

176 蕭啓慶，〈元統元年進士錄校注〉。

將[177]。

6. 曹知白女嫁火魯忽達

曹知白是任仁發之外的另一位著名松江畫家，亦與色目士人聯姻。知白(1272-1355)，字貞素，號雲西，華亭人，善畫山水，師法李成、郭熙。僅曾一任縣學教諭，基本上爲一布衣，與任仁發久歷官場不同。但其家富甲一方，家中有園池花木之盛，而其結交之廣，與倪瓚、顧瑛齊名[178]。台北故宮博物院所藏曹氏山水畫二幀，即皆贈予異族士大夫[179]。顧清《正德松江府志》火魯忽達小傳云：

> 火魯忽達，漢名魯得之，西域康里人，平章冀國公保八之子也。性重厚，安貧好學，弱冠爲館甥於小蒸曹氏，挈家入燕，中乙亥大都鄉試。以父蔭授晉寧治中，改監長興州。秩滿，仍居小蒸。歷漕運萬戶、浙東元帥，入爲利用監大卿以卒。子企賢，由直省舍人仕至吏部尚書[180]。

由此文可知：火魯忽達是曹知白之女婿(館甥)[181]，其父平章冀國公保八[182]。火魯忽達曾中元統三年(1335)大都鄉試，以父蔭入仕，歷

---

177 《滋溪文稿》卷15，頁248-249，〈總管趙侯墓碑銘〉。

178 《元代畫家史料匯編》，頁595-606。

179 石守謙，〈衝突與交融：蒙元多族士人圈中的書畫藝術〉，頁208。

180 顧清，《正德松江府志》(天一閣藏明代方志選刊續編)卷31，頁7上-7下，〈人物·游寓〉。

181 貢師泰，〈貞素先生墓誌銘〉稱，曹氏女婿之一爲常德路達嚕噶齊哈喇哈達，哈喇哈達一名係經四庫館臣竄改，原作火魯忽達，見《玩齋集》(四庫全書)卷10，頁15上-17下；《元代畫家史料匯編》所引南湖書墊刊本之墓誌銘缺女婿名。

182 武德，《寶豐金石志》(石刻史料新編，卷18，頁11上-11下)著錄〈元保八

任要職，其子亦仕至吏部尚書。此段記載尚有數點須加補正：(一)元統三年鄉貢進士因右丞相伯顏廢科舉而未能參加會試，故火魯忽達以父蔭入仕並非因科場失利。(二)關於火魯忽達之族屬及學歷，此處云其為康里人並僅言及其中鄉試一次。楊維楨撰〈長興州重興學宮記〉則稱其為州長魯忽達侯(一處誤植魯忽遠侯)，「字得之，世家北庭，平章保□公之適子也。嘗遊成均，兩膺鄉薦」[183]，則火魯忽達系出北庭世家，曾為國子生，並二度成為鄉貢進士。按〈重興學宮記〉係楊維楨應火魯忽達之請而撰寫，當較《正德松江府志》更可依據，則火魯忽達為北庭，即畏兀兒人，而非康里人。火魯忽達尚有〈謁解州關廟〉詩傳世[184]。總之，曹知白雖然為江南一布衣，卻有一出身色目高官家庭的士人為女婿。

7. 也速答兒赤娶左祥女

也速答兒赤，哈祿魯(哈剌魯)人，忽必烈初年千夫長抄兒赤之曾孫，三世戍建昌，也速答兒赤從郡人李宗哲學進士業，娶左祥女。左祥攜其至大都，拜謁中朝名流揭傒斯，傒斯以序贈之，稱其「貌粹而氣和，才清而氣銳，他日必為名進士」[185]，為一青年士人。也速答

(續)————————————

墓碑〉，係火魯忽達立石，此一保八必為其父。該處保八官銜為「大元贈光祿大夫、河南江北等處行中書省平章政事」，則平章政事為追贈。又據《元史・仁宗紀》(卷18，頁537)記載，仁宗即位前於至大四年(1311)曾誅一右丞保八，當為另一人。

183　楊維楨，《東維子文集》(四部叢刊)卷12，頁8下-9下；此碑亦收入石刻史料新編本阮元編，《兩浙金石志》(卷17，頁47上-49下)及陸心源編，《吳興金石記》(卷15，頁20上-23下)，兩處魯忽遠皆作魯忽達。

184　此詩見引於賀新輝等撰，〈歷代名人詠晉詩選〉(續)，《山西大學學報》1980年第3期，頁4-9。

185　揭傒斯著，李夢生標校，《揭傒斯全集》(上海：上海古籍出版社，1985)卷4，頁311-312，〈送也速答兒赤序〉。

兒赤之岳父左祥，盱江人，曾供職翰林國史院十五年，後歷香山縣
尹、潮州路經歷、增城縣尹。大儒吳澄曾應其請撰〈廣州路香山縣新
建夫子廟記〉，而揭傒斯亦先後爲其撰〈增城三皇廟記〉及〈廣州增
城縣學記〉[186]，乃因左祥爲吳、揭二氏之舊日翰苑僚屬。左祥所撰
〈香山縣勸學文〉仍存[187]，又曾刊行宋應俊輯《琴堂諭俗編》，今有
《四庫全書》本，可見左祥頗爲注意教化，當爲一由吏入仕之士人。

　　以上所述蒙古、色目娶漢族女共九案。其中三案爲家族，即康里
氏、馬氏、高氏。其他爲個人。三個家族累世常與漢族聯姻，而康里
氏、馬氏聯姻對象可證明爲士族者皆在二例以上。

　　所舉九案中，除高克恭、曹知白外，男女雙方皆爲官宦之家。但
是，高克恭之祖、父二代雖無仕進記載，但其父亨曾蒙忽必烈「召見
便殿，奏對皆經世要務，而嘉甫(亨)雅不樂仕，歸老房山」[188]，顯
然高氏並非一普通布衣之家。而曹知白爲富甲一方的知名士人，故能
招色目高官之子爲婿。除去官宦背景外，男女雙方皆具士人的共同文
化素養，應是聯姻的重要因素。

(二)母親教導有方

　　在此類婚姻中，男方蒙古、色目人原非出於士人家族，女方漢族
婦女，或出身士人家庭，或背景缺乏記載，但皆教導有方，導致其子
孫成爲士人。

　　女方出身士人家庭見於記載者，有下列四案：

1. 答祿乃蠻家族

---

186 《揭傒斯全集》卷5，頁324-325；卷6，頁342-343。
187 鄧遷修，《嘉靖香山縣志》(日本藏中國罕見地方志叢刊，北京：北京圖書
　　館出版社，1992)卷7，頁16上-17下。
188 《巴西鄧先生文集》，頁772-774，〈刑部尚書高公行狀〉。

　　蒙古答祿乃蠻氏，系出乃蠻塔陽罕弟屈出律。屈出律之孫抄思（1205-1248）係由成吉思汗三皇后古兒別速扶養，窩闊臺汗時授萬戶，鎮潁州[189]。妻張氏（1215-1284）、康里氏，張氏爲代州石門良家子。子別的因（1229-1309）係康里氏所生，由張氏教養。別的因「深自飭厲，至於有立者，張夫人之教也」[190]。別的因官至臺州路達魯花赤，妻梁氏（1237-1329），「大名貴族，自爲處子時，好誦釋氏書」，張氏、梁氏顯然都是出身士族。別的因之子囊家歹，漢名答祿文圭，字章瑞，「篤學而尚志」，江南士人方回有〈題答祿章瑞淨香亭〉詩[191]、任士林也曾爲其淨香亭作記[192]。可見答祿文圭爲一頗受敬重的士人。文圭子姪中之守恭、守禮分別爲至順元年（1330）及泰定四年（1327）進士，孫輩中的與權爲至正二年（1342）進士、亦爲元季明初著名士人。可見答祿家族之成爲科第世家，應是出於張氏、梁氏兩位漢族婦女之啓導。

2. 察罕（1245？-1322？）

　　祖籍西域班勒紇（Balkh），其父伯德那（1208-1280）於大蒙古國時代任官解州[193]。母京兆李氏（1222-1288），爲金進士李君寶之女，旭烈兀麾下將領重合剌之養女。李氏「靜秀豐整，不動聲色而教被姻

---

189 關於答祿家族，尤其是答祿與權的歷史，參看楊鐮，〈答祿與權事跡鉤沉〉，《新疆大學學報》1993年第4期，頁97-103；Henry Serruys, *The Mongols in China during the Hung-wu Period*（Bruxelles: Institut belge des hautes etudes chinoises, 1980）, pp. 262-274, "Ta-lu Yu-ch'uan".

190 《金華黃先生文集》卷28，頁12上-17下，〈答祿乃蠻氏先塋碑〉；《元史》卷121，頁2292-2295，〈抄思傳〉。

191 《桐江續集》（四庫全書）卷27，頁15下。

192 《松鄉集》（四庫全書）卷2，頁17上-18上。

193 《程雪樓文集》卷18，頁1上，〈河東郡公伯德那神道碑〉；《元史》卷137，頁3309，〈察罕傳〉。

族，不出閨閫而化行邑里」[194]，察罕爲其長子，爲元代中期重要史學家與翻譯家[195]。

3. 伯顏不花的斤爲鮮于樞(1256-1301)外孫

伯顏不花的斤，出身原畏兀兒統治家族，其父朵爾的斤爲駙馬都尉，封荊南王[196]。伯顏不花的斤，官至江東廉訪副使，守信州，至正十九年城破，自刎死。精於書畫，其畫作〈古壑雲松〉今存放台北故宮博物院[197]。《書史會要》稱其「鮮于太常甥……草書似其舅氏」，而《元史》本傳更明言：「其母鮮于氏，太常典簿樞之女也」，可見伯顏不花的斤爲鮮于樞之外孫而非外甥。但其父既爲駙馬，其母應非元配。

其母爲書法大家鮮于樞之女。伯顏不花的斤以工畫龍著稱，亦善書，「草書似其舅氏」[198]。伯顏不花的斤之長於藝術顯然受鮮于樞之影響。

4. 哈剌臺

蒙古哈兒柳溫臺氏，祖馬馬(？-1321)，任千戶達魯花赤，祖母張氏(1256-1340)爲黃岡儒者張泰魯之女，其孫哈剌臺便是經張氏期勉其孫「讀書登高科」，登泰定四年(1328)進士第，蘇天爵〈長葛縣君張氏墓誌〉說：

> 初，皇慶科舉詔下，哈剌臺甫十餘歲，縣君(張氏)呼而教之

---

194 《程雪樓文集》卷20，頁3下，〈河東郡公伯德公夫人墓碑〉。

195 楊志玖，〈元代回回史學家察罕〉，收入楊氏，《元代回族史稿》，頁204-210。

196 《元史》卷195，頁4409-4411，〈忠義傳・伯顏不花的斤傳〉。

197 石守謙等編，《大汗的世紀》，頁101，圖Ⅱ43。

198 《書史會要》卷7，頁19上；《圖繪寶鑑校勘與研究》卷5，頁90。

曰：「我昔居父母家，歲時親戚小兒來者，吾親必祝之曰：
『長大作狀元』！自我爲汝家婦，恒在軍旅，久不聞是言
矣！幸今朝廷開設貢舉，汝能讀書登高科，吾復何恨？」於
是悉資給之，俾從師受業，泰定三年(應爲四年之誤)策試進
士，哈剌臺果中第二甲第一人[199]。

張氏孫男七人中，除哈剌臺外，又有三人亦「治進士業」。此一軍官
家庭之轉化應是張氏影響。

女方家庭背景無明確記載，但具有文化素養，顯然亦出身士族，
存下列二案：

1. 哈八石(1284-1330)

回回氏，原籍于闐，父剌馬丹(勘馬剌丁，1239-1297)，仕至廣
海鹽課提舉，娶耶兒干(牙里干)氏、蔣氏、周氏、龍氏，哈八石爲龍
氏所出，蔣氏所養，蔣氏「賢而讀書」[200]。後哈八石與其子慕萵分
別登延祐二年(1315)及元統元年(1333)進士第[201]，哈八石官至山北
等道廉訪司僉事，而且善詩，其同年許有壬稱其「作歌行，豪宕如其
人，古詩清粹，皆可傳也」[202]。

2. 何伯翰

唐兀人，祖爲僧官，父早喪，家於杭，翰幼依舅氏，因而從母
姓。據楊維楨說：其母「素賢，通文史。既寡，以節自擔，教翰有

---

199 《滋溪文稿》卷21，頁359-361，〈長葛縣君張氏墓誌〉。
200 《至正集》卷51，頁25上-26下，〈漁陽縣男于闐公碑銘〉。
201 《至正集》卷51，頁25上-27上，〈于闐公碑銘〉。
202 《至正集》卷68，頁22上-24上，〈哈八石哀辭〉。

法，日出就外傅，夜歸課其業」，當出於漢族士人家門[203]。伯翰年十六，受經於楊維楨，於至正十九年(1359)中江浙鄉貢進士[204]。曾增補其師詩集《古樂府》[205]。故伯翰係由其母教養成材，母何氏。

　　以下六案中之漢族婦女的家庭背景雖不可考，但皆能督促子孫讀書，促成其家庭之士人化，可能也是出身士族。

1. 烏也而(吾也而，1163-1258)

　　蒙古珊竹氏，為成吉思汗開國名將，官至北京兵馬都元帥。娶張氏，家世不詳，應為漢族。張氏教其子撒里讀書，為此家浸沉漢學之始[206]。撒里累官河間路總管，其子拔八忽(1245-1308)，所娶為漢軍世家真定史氏之史楫(1214-1272)女。拔八忽仕至江東宣慰使致仕居真、揚間，曾請名儒張壄、吳澄教其子，並為張壄刊行文集，而他本人亦「朝夕聞頌其說，遂致知義理之學而篤行之」[207]。

2. 徹里(1260-1306)

　　出於蒙古燕只吉臺將門，官至中書平章。家於徐州，其母蒲察(即漢姓李)氏，女真人，屬廣義漢族，教子讀書，以致徹理「六經二氏，悉涉源委」[208]。

3. 拜降(1251-1311)

　　一作伯行[209]，玉呂伯里氏，屬欽察族[210]。出身將門。家於大名

---

203 《東維子文集》卷8，頁6下-7上，〈送何生序〉。

204 《東維子文集》卷1，頁8上-8下，〈送三士會試京師序〉。

205 《東維子文集》卷8，頁6下-7上，〈送何生序〉。

206 江蘇通志館編，《江蘇金石志》(石刻史料新編)卷19，頁49上-53上，姚燧，〈珊竹公神道碑〉；此碑亦收入《全元文》第9冊，頁725-729。

207 《吳文正公集》卷9，頁21下-22下，〈張達善文集序〉。

208 《牧庵集》卷14，頁10下，〈平章政事徐國公神道碑〉。

209 《元史·拜降傳》(卷131，頁3200)稱其名拜降，而袁桷的〈玉呂伯里公神道碑〉(《清容居士集》卷26，頁4下)則稱其為伯行，譯名不同。

清豐，幼孤，全賴母徐氏鞠育教誨，據說其母「每日：『吾惟一子，
已童丱矣，不可使不知學』。顧縣僻左，無良師友，遂遣從師大名城
中。郡守每旦望入學，見拜降容止講解，大異常兒，甚愛獎之」[211]。
拜降後仕至工部侍郎，所歷多文職。頗知保護士族，禮遇儒者，如任
慶元路治中時便師事名儒王應麟(1223-1296)。因而頗得士人愛戴，
如陳著便曾撰文，讚其德政[212]，在其卒後，浙西著名士人鄭元祐亦
曾賦詩輓之[213]。而且「所至率招師訓諸子」，長子和上，任御史，
「儒雅善正」，次貌罕眞，習儒業[214]。其母可能出於漢人士族，其
家族之士人化顯然由其母開始。

4. 荀凱霖(約1255-？)

系出阿魯渾(Arghun)氏，屬回回之一支。父哈散爲大名課稅提
領，凱霖幼孤，與其兄皆「鞠於外家，攻儒書，長則習禮訓」，其外
公爲漢人荀元帥，對凱霖兄弟之成爲士人顯然有其甚大影響[215]。

5. 西夏遺民王翰

父也先不花，任淮西宣慰副使。王翰生母夏氏，爲降元宋大將夏
貴之後，翰五歲而生母卒，不久其父亦卒。其繼母孫氏，合肥人，家

(續)────────

210 《元史・拜降傳》稱其爲北庭人，而袁桷撰〈神道碑〉則稱其爲玉呂伯里
　　氏，按玉呂伯里爲山名，位於今哈薩克斯坦烏拉爾河及俄羅斯伏爾加河之
　　間，爲原欽察族伯牙吾臺氏居地，欽察人多以此爲籍貫。應從〈神道
　　碑〉。拜降爲欽察伯牙吾臺氏，而非北庭畏兀兒氏，屠寄《蒙兀兒史記・
　　拜降傳》(卷119，頁2下)即作如是説，茲從之。

211 《元史》卷131，頁3200。

212 陳著，《本堂集》(四庫全書)卷51，頁6下，〈慶元路治中貝降奉議德政
　　記〉。

213 《僑吳集》卷5，頁6上，〈輓順議貞惠公〉。

214 《清容居士集》卷26，頁4下，〈玉呂伯里公神道碑〉。

215 《至正集》卷53，頁39上-41下，〈哈只哈心碑〉。

世不詳。在其夫卒後，孫氏不僅刻苦持植門戶，而且鞠育翰如己出，翰之長大成材全賴孫氏訓誨[216]。王翰仕元官至潮州路總管，明初爲遺民逾十年，洪武十一年(1378)明廷辟書至，翰賦詩明志，自殺而亡。先娶夏氏，當爲其生母族人。後娶劉氏，子王偁(1370-1415)爲劉氏所生[217]。翰卒時，偁才九歲，亦賴其母教養，偁於永樂初薦授翰林檢討，進講經筵，任《永樂大典》副總裁，爲明初著名學者[218]。總之，王翰祖先雖出於漢族，但已成西夏人，並在元代世襲軍職，但早與漢族通婚，爲一跨越元、明兩代的士人家族。

6. 溥博

即浦博，字仲淵，阿魯溫人。祖道吾，溫州路同知。父剌哲，未仕。宋濂稱溥博：「浦君性穎悟，父與其母聶夫人訓之尤篤，去從名師傅，通《詩》毛氏箋而折衷以朱、呂之傳，發爲文辭，其光燁然也」。中至正二十二年(1362)鄉試備榜，授教諭，籍嘉興。明洪武四年(1371)禮部考試中式，授侍儀使，後遷起居注。溥博改姓浦，娶蕭山沙氏，生四子[219]。

以上三類共十二案，不論是否確知其出身士族，或其本身教養是否見於記載，但對其家庭之士人化皆扮演積極角色。

(三)母親角色缺乏記載

有的蒙古、色目士人之母親爲漢族，而其家庭背景及其在教養子弟之角色皆不見於記載，但其子孫皆爲士人，這些母親也可能出身士族。現有蒙古人童童、蕘克篤、月魯不花、色目人師克恭、張吉及丁

---

216 《閒過齋集》卷5，頁13下-15下，〈故王將軍夫人孫氏墓誌銘〉。

217 《閒過齋集》卷5，頁11下-13上，〈友石山人墓誌〉。

218 李清馥，《閩中理學淵源考》(四庫全書)卷42，頁3上-4上。

219 《宋濂全集》第2冊，頁706-707，〈西域浦氏定姓碑文〉。

鶴年等例：

1. 童童

　　字南谷，蒙古兀良哈氏，成吉思汗西征名將速不臺(1176-1248)之玄孫，平宋主帥阿朮(1234-1287)之孫。父爲不憐吉歹，曾受業大儒許衡，當爲國子生。累官河南行省左丞相，封河南王[220]。《宋元學案》列入〈魯齋學案〉[221]。娶胡氏，生童童[222]。童童官至太禧宗禋院使，能詩、畫、並善作曲，爲一多才多藝的蒙古王孫[223]。

2. 鶿克篤(1245-1301)

　　酎溫臺氏。父忽珊，從伐宋有功。生母爲葉氏，當爲漢人。鶿克篤官至福州新軍達魯花赤[224]。《至順鎮江志》稱其雅尙儒術，延名師訓其子[225]。後其子萬嘉(家)閭(1278-1342)與那海(諾懷)皆邃於漢學。嘉閭，字國卿，官至河間路總管。與許有壬爲摯友，有壬稱他「讀書好文」，「天資穎悟，喜交儒士，灼然有見於道義，故確然無間於吾徒也」[226]。曾在雲南、河間等地廣建廟學，提倡儒學不遺餘力。那海，字德卿，任江浙行省都鎮撫，雖身歷行伍，卻善於書法。《書史會要》稱他「善大字，郡之扁牓，多其所書」[227]。後二人之甥海直爲至治元年(1321)進士[228]。

3. 月魯不花(1308-1357)

<hr>

220 《蒙兀兒史記》卷91，頁6上，〈不憐吉臺傳〉。

221 黃宗羲，《宋元學案》(國學基本叢書)卷90，頁144。

222 《石田先生文集》卷6，頁133，〈追封河南王夫人制〉。

223 〈元代蒙古人的漢學〉，頁616，634。

224 《至正集》卷56，頁60下-62下，〈鶿克篤公神道碑〉。

225 俞希魯，《至順鎮江志》(宋元方志叢刊)卷19，頁13下。

226 《至正集》卷57，頁5下-8上，〈萬公神道碑銘〉。

227 《書史會要》卷7，頁19下。

228 《至正集》卷56，頁62上，〈鶿克篤公神道碑〉。

字彥明，蒙古遜都思(Suldus)氏，為成吉思汗四傑之一的赤老溫之五世孫。月魯不花雖然出身將門，卻是元統元年(1333)進士，並且能詩善文，並精書法，為一全能士人[229]。父脫帖穆耳(1261-1344)任蘄縣萬戶府上千戶所達魯花赤，鎮慶元、紹興[230]，娶哈魯氏、高氏、朱氏。《元統元年進士錄》僅列朱氏為其母，朱氏當為其生母，應屬漢族。脫帖穆耳有五子，月魯不花為其三子，四子篤列圖(字彥誠)，亦為至正五年(1345)進士。

4. 師克恭

唐兀人，蒙古滅夏，祖某年十四，駙馬昌王憐而養之，迨長，出銜使命，定居濮陽，妻惠氏。父某，崇尚儒術，教子諄切，未仕，妻王氏。師克恭為長子，仕至江西廉訪使。先後娶王氏、蕭氏、拜葉倫氏及周氏，子師恒、師晉、師昇出身國子學。弟脫脫木兒，未仕，娶乃蠻氏。子師字羅，亦出身國子學，為泰定元年(1324)進士，授濬州同知，字羅與從兄師恒、師晉皆為國子生，同為柳貫弟子。登第後，授濬州同知，字羅同輩族兄弟九人，「其四皆掇文科，餘亦有仕資」[231]。丑閭與字羅即為表兄弟，泰定四年(1327)進士，故師氏家族已為一國子、科第家族。歷代所娶具漢姓者頗多，可能為唐兀人，也可能為漢族。

5. 張吉

貫杭州，西夏氏。原名長吉彥忠(一作「中」)，改姓張，以張吉

---

229 〈元代蒙古人的漢學〉，頁163-64，198，151-152。

230 《金華黃先生文集》卷35，頁8下-11上，〈上千戶所達魯花赤遜都臺公墓誌銘〉。

231 《柳待制文集》卷10，頁21下-24上，〈師氏先塋碑銘〉。

之名登至正十四年(1354)進士第[232]，授宣城錄事。因亂棄官，奉母慈溪黃氏教授華亭，其兄俊德任教諭，可能為鄉貢備榜，亦士人[233]。

6. 回回詩人丁鶴年

　　其家並無漢學傳統。嫡母王氏、生母馮氏[234]，家世不詳，應皆為漢族，後來不僅鶴年成為著名詩人，其兄愛理沙亦成進士[235]。而鶴年之姊月娥亦知書達禮，成為烈女，已如前述。此家之士人化，或與其母相關。

　　以上六案中，嫁入蒙古、色目家庭中的漢族婦女之背景及角色雖缺乏記載，但其子孫多成為士人，這些婦女亦可能知書達禮，來自士人家庭。

　　總之，蒙古、色目家庭娶入漢族婦女者甚多。以上共舉二十七案。在這二十七案中，頗多案例可證明男女雙方均來自士族，文化背景相同應為婚姻構成的一個因素。有的蒙古、色目家庭原非士族，所娶卻為漢族士人之女，通曉詩書，促成這些家庭之士人化。有的所娶漢族婦女家世不可考，卻在教養子孫方面具有積極貢獻。更有的漢族婦女不僅家世不可考，而其教養角色亦不見於記載，但其子孫卻也成為士人，這些漢族婦女也可能出身士族並在其家庭之士人化扮演一定角色。

232　《成化杭州府志》卷39，頁22下，〈選舉志〉。
233　《梧溪集》卷5，頁546上，〈儉德堂懷寄〉之第四首小注；卷4，頁489上，〈贈張俊德教諭彥中錄事〉云：「吾友兩孝張，其先西夏氏」，可見張氏兄弟為西夏人。
234　烏斯道，〈丁孝子傳〉，收入丁生俊，《丁鶴年詩輯注》，頁320-322。
235　《丁鶴年集》(琳琅秘室叢書)附錄1，頁3上，愛理沙小傳；《九靈山房集》卷19，頁1下-2下，〈高士傳〉。

三、漢族士人娶蒙古、色目士族女

蒙古、色目士族女嫁予漢族士人之例較少，現僅有以下九案：

(一)耶律希圖娶安藏女

安藏（？-1293），字國寶，官至翰林學士承旨。出身畏兀兒佛教世家，早年以佛法見知於忽必烈汗，卻兼通漢學。曾勸忽必烈汗宜親經史，深受敬重，譯有《尚書·無逸篇》、《貞觀政要》、《申鑑》、《資治通鑑》、《難經》、《本草》，程鉅夫稱其學，「孔、釋之道，克協於一」。其女婿耶律希圖[236]，為窩闊臺汗時中書令耶律楚材（1190-1244）之孫，忽必烈時代中書右丞相耶律鑄（1221-1285）之子，官至荊湖北道宣慰副使[237]。耶律氏雖以漢學傳家，但由於耶律鑄長大於蒙古宮廷，亦有蒙古化傾向，其子女婚姻對象頗為多元，與安藏聯姻即為一例。

(二)廉希愿女嫁孔某

廉希愿，出身高昌廉氏，為希憲六弟。平宋前後即任江東行省左丞之職[238]。其婿孔某，歷任浙東宣慰使、湖廣行省左丞及中書平章

---

236 《程雪樓文集》卷9，頁3上-5上，〈秦國文靖神道碑〉。

237 《元史·耶律鑄傳》（卷146，頁3465）云：鑄子十一人，僅列九人之名，「餘失其名」，希圖或為其中之一。劉曉〈耶律鑄夫婦墓誌札記〉所錄近年發現之耶律鑄夫婦二人墓誌中亦未提及希圖（《暨南史學》第3輯〔2004〕，頁144-154）。劉氏另一文〈耶律希逸生平雜考〉（《暨南史學》第2輯〔2003〕，頁173-183）中提及希逸弟希圖娶安藏女，但係根據本文上注所引程鉅夫撰安藏神道碑。可見此一婚姻不見於現存之耶律家族史料中。又參看Igor de Rachewiltz, "A Note on Yehlu Chu and His Family," in 郝時遠、羅賢佑主編，《蒙元史暨民族史論文集——紀念翁獨健先生誕辰一百周年》（北京：社會科學文獻出版社，2006），頁269-281。

238 《至正金陵新志》卷6，頁166。

政事。此一婚姻締結甚早。孔氏應爲漢族士人[239]。

(三)趙世延女嫁許有壬

　　許有壬續弦趙鸞(1308-41)爲汪古人趙世延之女。世延以其女嫁與有壬乃因師生關係。世延爲延祐二年會試讀卷官，有壬爲其大力拔擢之門生。陳旅〈故魯郡夫人趙氏墓誌銘〉說：

> 魯公(指世延)文學政事重海內，爲國元老，而女又賢明，選婿之稱難其人。初參政(指有壬)以進士廷對，魯公參預中書爲讀卷官，其對在第三等。謂同列曰：「此人言磊落可行」，力爭文置第二等，世以公爲知人。及參政爲兩淮轉運使，喪偶且期，值魯公還金陵別業，因請好，於是夫人歸焉[240]。

以後翁婿二人在政治及學術上合作頗多。這是科舉中座師、門生聯姻之一例。

(四)趙期頤娶荅祿乃蠻氏

　　趙期頤出身汴梁宦門，泰定四年(1327)進士，累官西臺治書侍御史，詩文及篆書皆甚出色[241]。其妻荅祿乃蠻氏[242]，爲荅祿守恭、守禮之姊妹，守禮爲期頤之科舉同年，兩家可能因此而聯姻。

(五)孔希學娶月魯不花女

　　孔希學(1335-1381)，曲阜人，孔子五十六代孫，元季襲封衍聖公，曾任秘書卿，明初仍保持其爵位。宋訥〈襲封衍聖公神道碑〉

---

239 《金華黃先生文集》卷37，頁3上-5下，〈縠城縣尉蔣君墓誌銘〉。
240 《安雅堂集》卷11，頁15上-17下。
241 《元史》卷186，頁4272，〈歸暘傳〉；《書史會要》卷7，頁8下。
242 《金華黃先生文集》卷28，頁12上-17下，〈荅祿乃蠻氏先塋碑〉。

說：希學「繼室孫氏，爲前進士遼陽行省平章彥明女」[243]，掩蓋了其繼配出自蒙古名門的事實。孔繼汾編《闕里文獻考》則云希學之繼室爲「孫都思氏」[244]，可見「孫氏」乃「孫(遜)都思氏」之簡寫。孔希學之繼室顯然爲前述的月魯不花之女，因月魯不花既爲遜都思氏，亦爲進士，卒贈遼陽行省平章政事，其生平與宋訥所記全然相合。蒙古四大家族之一的赤老溫後裔爲孔氏注入血輪，可說衍聖公家族史中意外而有趣之一頁。

(六) 馮文舉娶馬祖常孫女

馮文舉，成都路什邡縣(今四川什邡)人。至正八年進士[245]。歷雲南儒學提舉。其妻爲馬中丞孫女，馬中丞乃指馬祖常。明玉珍攻雲南，文舉與其妻並自縊死[246]。

(七) 劉克憲娶廉思蘭

劉克憲，高州人，其父道中任廉訪使，克憲承蔭入仕，累遷陝西行臺御史。元末亂起，克憲妻廉思蘭避地蘇州，撫養其子宏成人。詩人王逢撰〈素節堂詩〉讚美之，有句云：「夫是劉西臺，祖稱廉孟子」[247]，按：「廉孟子」指廉希憲，思蘭當爲希憲之後裔。王梅堂考證如此，當不誤，但王氏又認爲思蘭即希憲之長女嫁予蒙元初年漢軍將領天成劉黑馬(1200-1262)之孫劉緯者[248]。事實上，劉緯活躍於

---

243 宋訥，《西隱集》(四庫全書)卷7，頁3下-16上。

244 孔繼汾，《闕里文獻考》(乾隆二十七年刊本)卷9，頁4上。

245 陳循，《寰宇通志》(台北：廣文書局，1968)卷6，頁24上，〈成都府〉。

246 虞懷忠等纂，《萬曆四川總志》(四庫全書存目叢書，台南：莊嚴文化事業公司)卷8，頁26下，〈人物〉。

247 《梧溪集》卷5，頁24。

248 王梅堂，〈元代內遷畏兀兒族世家——廉氏家族考述〉，頁123-136。

世祖中期[249]，與克憲相隔近百年，必非一人。克憲一族未必與天成劉氏有關，但無疑爲一漢族士人家族。

(八)戴良娶河西李氏為妾

戴良(1317-1383)，字叔能，婺州浦江人，爲元明之際著名詩人[250]。其妾李氏(1347-1366)，河西人，河西人即唐古人。南臺治書侍御史篤魯迷失之妻姪女及養女，篤魯迷失卒，其妻攜此女改嫁維楊董氏，董氏「亦河西貴族」，與唐古儒學世家高智耀後裔及康里氏儒臣達識帖睦邇家皆姻婭相聯，顯然亦爲一士人家族。戴良以淮南儒學提舉，避地吳中。至正二十五年，李氏年十九，嫁予戴良爲妾，僅半年即夭折，戴良悼亡甚痛，既爲其撰〈亡妾李氏墓誌銘〉，又賦〈傷李氏妾〉詩[251]。〈墓誌銘〉稱李氏平日行爲「無違禮，家庭之素習然也」，可見有良好之家庭教養。

(九)丁月娥嫁葛通甫

丁月娥，回回氏，爲詩人丁鶴年之姊[252]。四明士人烏斯道(1317-1383)根據鶴年所敘其姊生平作〈月娥傳〉[253]，據云：月娥少聰慧靜幽。其諸兄學舉子業，月娥隨而誦說，通其奧義。鶴年幼時讀書，皆

---

249 關於天成劉氏，參看蕭啓慶，〈元代幾個漢軍世家的仕宦與婚姻〉，頁276-345。

250 《九靈山房集》外集，趙友同，〈故九靈先生戴公墓誌銘〉。

251 《九靈山房集》卷14，頁9上-9下；卷9，頁1上-1下。參看張斐怡，〈元代非漢族婦女形象的漢化——蒙古、色目女子碑傳史料的分析〉，《東吳歷史學報》第12期(2004)，頁291-292。

252 關於丁氏，參看王頲，〈鶴零舊里：西域詩人丁鶴年傳記考辨〉，頁405-422。

253 烏斯道，《春草齋集》(四明叢書)卷7，頁14上-15下，〈月娥傳〉；陳垣，《元西域人華化考》卷7，頁122上-122下；張斐怡，〈元代非漢族婦女形象的漢化〉，頁288-291。

月娥口授。月娥後嫁予蕪湖葛通甫，治家如禮法。後陳友諒軍自龍興
(江西南昌)東下，月娥率諸婦女避兵郡城，城陷，月娥抱所生女赴水
死，家中婦女從死者九人。當地父老合葬之，名曰：「十節墓」。
《明史》列其事跡於〈列女傳〉[254]。其夫葛通甫身家不詳，當爲一
士人。

以上九案多發生於元代中後期，值得注意的是其中四案皆與科第
家庭有關。其中趙世延之女嫁於許有壬、趙期頤娶答祿乃蠻氏都是宋
代科舉擴大以來典型的座師、門生、同年家庭之間的互爲婚姻。出身
蒙古、色目士人之家的婦女多有良好教養，如戴良妾河西李氏、葛通
甫妻丁月娥皆然。而許有壬所娶趙世延女鸞更是經乃父世延調教而顯
得多才多藝：

> 幼時，古文歌詩入耳，輒能記。七歲倍誦《周易》，善屬
> 對，九歲使顓學女事，則《論語》、《孟子》、小學書皆成
> 誦矣[255]！

趙鸞通陰陽書，而《書史會要》更說她「能琴書，善筆札」[256]，可
謂才女，與有壬匹配甚當。有壬前妻遺一子名楨(即燕山)，趙鸞「子
之如己子」，此子應是由她教養成人，有助於延續家庭士人門風。

四、蒙古、色目士人間之聯姻

蒙古、色目人之婚姻，原以家庭之「根腳」(門第)爲首要考量，

---

254 《明史》(北京：中華書局，1974)卷301，頁7691，〈列女傳〉。
255 《安雅堂集》卷11，頁15上-17下，〈故魯郡夫人趙氏墓誌銘〉。
256 《書史會要》補遺，頁15下。

與宋代以前中原情形相似。自元代中期起，尤其科舉擴大之後，這兩族群中士人日益增多，文化亦成一考慮因素。蒙古、色目士人之間互通姻婭者亦有跡可尋，茲擬六例如次：

(一)貫氏與廉氏聯姻

著名曲家貫雲石之父江西行省平章政事貫只哥所娶爲平章政事廉希閔女[257]。希閔爲廉希憲之長兄。雲石文化取向應受其母影響。雲石早年襲父職爲武將，後棄武就文，北上大都，即得當時文壇祭酒姚燧之激賞而收爲門生，可見其學藝水平已高。在大都又因其外祖之介，得廣交館閣名流，詩文造詣更高，成爲色目人中最負盛名之文藝名家，並不意外。

(二)偰哲篤娶月倫石護篤

偰哲篤(？-1358)字世南，畏兀兒氏，延祐二年首科進士，官至吏部尚書、江西行省右丞。出身高昌偰氏，偰氏爲元代最成功的科第世家，哲篤兄弟子姪二代之間登進士者多達九人。哲篤妻月倫石護篤(1301-1341)，字順貞，出身於另一畏兀兒名門——古速魯氏[258]。其父爲福建道宣慰使都元帥達(八)里麻吉而的(1268-1329)，母親則出於高昌廉氏[259]，爲中書右丞廉希恕(廉卜魯凱牙，亦作布魯迷失海牙)之女，亦即廉希閔、希憲之姪女。達里麻吉而的於仁宗延祐初任饒州路達魯花赤，奉命與哲篤之父、廣德路總管偰文質(？-1340)共同經理田賦，二人因而結交，導致二家間的姻緣。月倫石護篤家族亦

---

257 《國朝文類》卷59，頁1上-10下，姚燧，〈湖廣行省左丞相神道碑〉；《圭齋文集》卷9，頁19下-23上，〈貫公神道碑〉。參看楊鐮，《貫雲石評傳》（烏魯木齊：新疆人民出版社，1983）。

258 《金華黃先生文集》卷39，頁17上-18下，〈魏郡夫人偉吾氏墓誌銘〉。參看楊志玖，〈古速魯非回回辨〉，收入楊氏，《陋室文存》，頁389-391。

259 《危太樸文續集》卷5，頁1上-4上，〈古速魯公神道碑〉。

已士人化，其兄弟丑閭(字時中)、觀閭(觀驢，？-1367，字元賓)皆為長於詩、書之士大夫[260]。月倫石護篤之長子百遼遜即有詩與二位舅父相唱和[261]。

月倫石護篤本人亦是知書達禮，黃溍〈魏郡夫人偉吾氏墓誌銘〉說：

> 夫人生而聰慧，稍長，能知書，誦《孝經》，《論語》、
> 《女孝經》、《列女傳》甚習。見前史所記女婦貞烈事，必
> 再三復讀而嘆慕焉[262]！

可見月倫石護篤之漢學造詣不下於漢族士人家庭之女性。其子七人，或登進士第，或肄業國學，或登鄉貢。諸子之成材及偰氏門風之延續，月倫石護篤教養之功不可沒。

(三)偰懿寧嫁於廉咬咬

偰哲篤、月倫石護篤之女懿寧則嫁與希憲從曾孫咬咬，可說是世相婚姻[263]。

(四)篤列圖娶馬祖常妹

篤列圖(1312-1348)，字敬夫，蒙古捏古(Negüs)氏，父卜里雅禿思(1283-1341)官至靖州路總管，母王氏[264]，當為漢族。篤列圖膺至

---

260 《梧溪集》卷5，頁526，〈夢觀閭元賓〉。

261 百遼遜與二位舅父唱和詩共有三首：〈過宋邱太師宅種德堂〉、〈奉次二舅元賓使君見寄之韻〉、〈留鍾山寄呈二舅元賓使君〉，皆見所撰《近思齋逸稿》。

262 《金華黃先生文集》卷39，頁17上-18下，〈魏郡夫人偉吾氏墓誌銘〉。

263 《金華黃先生文集》卷39，頁17上-18下，〈魏郡夫人偉吾氏墓誌銘〉。

264 此據虞集，〈靖州路總管捏古臺公墓誌銘〉，《道園類稿》卷46，頁23下-

順元年(1330)右榜狀元[265]。其妻爲馬祖常之妹。至順元年祖常知貢
舉，篤列圖即爲其拔擢之門生。篤列圖與祖常之妹聯姻即係因此。元
季詩人王逢詠其生平即有「瓊林宴狀元，銀屛會佳婿」之句[266]。其
後篤列圖族弟帖哥從其學，登至正五年(1345)進士第。而篤列圖之子
揭毅夫爲至正二年(1342)進士[267]。故此家亦已士人化。

(五)泰不華妹嫁三寶柱子

據唐元爲元明間名醫滑壽所撰〈攖寧生傳〉云：「三寶廉使仲子
之妻，泰不華尚書妹也」[268]，曾請滑壽診病。三寶廉使乃指三寶
柱。三寶柱，字廷珪，畏兀兒人[269]，爲不華科舉同年[270]，曾任浙西
廉訪副使[271]。長於詩，戴良〈丁鶴年集序〉稱其爲元代十二著名色
目詩人之一[272]。不華與三寶柱既爲科舉同年，又皆善詩，因而締結
兩家姻緣，不華係少年狀元，年齡必小於三寶柱，故其妹嫁予三寶柱
之子。

(六)完迮溥化(完迮不花)娶萬嘉閭之女

(續)
  31上。另王逢在〈故內御史捏古氏篤公挽詞〉中則稱生母爲媵妾潘氏，見
  《梧溪集》卷3，頁463-464。

265 《道園類稿》卷46，頁23下-31上，〈靖州路總管捏古臺公碑〉。

266 《梧溪集》卷3，頁98，〈故內御史捏古氏篤公輓詞〉。

267 《元詩選癸集》丙集，頁346，〈內御史篤列圖〉。

268 程敏政輯，《皇明文衡》(四部叢刊)卷59，頁2下。〈攖寧生傳〉不見於四
  庫本唐元《筠軒集》。參看王頲，〈蒙人兼善：伯牙吾氏泰不華事跡補
  考〉，頁423-444。

269 《南村輟耕錄》卷9，頁111，〈題屛謝客〉。

270 關於三寶柱登科年次之考證，參看桂栖鵬，〈元代色目人進士考〉，收入
  桂氏，《元代進士研究》(蘭州：蘭州大學出版社，2001)，頁181-195(頁
  184)。

271 陳善等，《萬曆杭州府志》(中國方志叢書)卷9，頁4-3，〈職官表〉。

272 《九靈山房集》補編卷下，頁436。

完迸溥化，蒙古忙兀臺氏，出身下級官吏之家，兄弟或爲進士，或登鄉貢，而溥化爲泰定元年進士[273]。萬嘉閭(1278-1342)，字國卿，出身酙溫臺氏將門[274]。自宿衛入仕，官至河間路總管。許有壬稱他「讀書好文」，「天資穎悟，喜交儒士，灼然有見於道義，故確然無間於吾徒也」[275]。爲有壬之好友。故爲一士人。其女嫁予完迸溥化。

(七)唐兀崇喜家族

崇喜家族主要以同一軍人社區的家庭爲聯姻對象，其中有蒙古、有色目，也有漢族[276]，令人注目的是這些蒙古、色目家庭多已士人化。如崇喜之子理安，亦國學生，娶名儒伯顏宗道之女。他與崇喜家族之聯姻固然由於同屬此一軍人社區，但與雙方之士人身分亦具關聯。崇喜之弟卜蘭臺，亦任百戶，「攻習儒書及蒙古文字」，其長女適國子生燕山。另弟換住之女嫁予儒士閭閭。可見楊氏婚姻對象往往是蒙古、色目士人。崇喜之另一姪冀安，以楊大本之名於明洪武初年任禮部侍郎[277]。此一家族以後在明朝又出了幾位舉人、進士[278]。

以上蒙古、色目士人家族間互婚共七案。前三案固然皆與男女雙方門第有關，但廉氏、偰氏、古速魯氏皆爲畏兀兒族中浸潤於士人文

273　《元代進士輯考》，〈元統元年進士錄校注〉、〈泰定元年科〉。

274　蕭啓慶，〈元代蒙古人的漢學〉，頁126。

275　《至正集》卷57，頁5下-8上，〈萬公神道碑銘〉。

276　張迎勝，〈楊氏家族婚姻關係芻議〉，收入何廣博主編，《〈述善集〉研究論集》，頁125-137。

277　《元代西夏遺民文獻〈述善集〉校注》，頁274，平昇，〈「道光五年」楊氏重修家譜序〉；李景隆等，《明太祖實錄》(台北：中央研究院歷史語言研究所，1966)卷64，洪武四年四月癸未。

278　《元代西夏遺民文獻〈述善集〉校注》，頁274，平昇，〈「道光五年」楊氏重修家譜序〉。

化中較早較深者，而這些婚姻皆加深這些家族的士人化。第四、五、六三案為典型的科第家庭間的互婚，不必贅言。第七案則反映士人化現象在蒙古、色目族群中由上層向下層的延伸。

由本節看來，過去學者所說：元代禁止異族通婚，與事實不符。本文所舉各族士人家族之間相互通婚共四十二案，已足以說明各族群士人階層之婚姻甚為普遍。這些婚姻往往因共同文化修養、品味與士人身分而締結良緣，突破族群藩籬。各族士人家庭之聯姻不僅加深彼此間的情誼，並起了加速蒙古、色目家族士人化的作用。

第三節　師生

一、引言

師生關係在儒家倫理中，與天、地、君、親並列，極為重要。「五倫」之中雖無師生，但除夫婦外，其他四倫均可自師生關係中找到擬制關係。師生之間可以親如父子、兄弟，嚴若君臣，也可近似朋友，關係具有多重性。有如唐代大儒韓愈（768-824）所說，老師的功能不僅在於授業、解惑，而且在於傳道，包括「人師」與「經師」的雙重角色[279]，促成知識與倫理傳承，乃至文化生命的代代相傳。在重視生育、教育、養育之恩的中國文化傳統中，「一日為師，終身為父」。這種關係在士人的社會網絡中是最初的、也是最為經久的一環。

教學原是士人的重要志業，近世以來更是如此。宋代教師的人數

---

279 高明士，《中國教育制度史論》（台北：聯經出版公司，1999），頁89-111。

及所受尊崇較前皆大為增進。一方面，科舉制的擴展與教師供求的增大緊密關聯。科舉制導致對教師的大量需求，而數目龐大的落第考生成為教學行業源源不絕的生力軍。當時這些以教人子弟者被尊稱為「鄉先生」[280]，到元代仍是如此[281]。另一方面，自從中唐古文運動、儒家復興以來，韓愈等將「師」與「道統」相連，主張尊師以傳道。宋代道學興起後，「尊師重道」更蔚然成風，不少士人以教授生徒，授業傳道為職志。教育遂成為登科入仕以外的一個獨立價值[282]。宋人較前更重「師友淵源」，這一概念不僅指涉師生同門關係，亦表達學術傾向以及士人的群體歸屬[283]。元朝士人繼承了宋代士人重振師道與著重師友淵源的風尚。

　　老師在漢族王朝時代的主要角色是文化傳承，在征服王朝時代則更肩負傳播斯文、「用夏變夷」的使命。中原文化在蒙元時代遭逢空前的危機。戰爭的破壞、蒙古人的輕蔑與忽視以及外來文化的巨大衝擊，皆對中原文化的存續構成嚴重的威脅，而士人的菁英地位更岌岌可危，以致當時人以「天綱絕，地軸折，人理滅」來形容此危機[284]。

280　梁庚堯，〈南宋教學行業興盛的背景〉，收入田餘慶主編，《慶祝鄧廣銘教授九十華誕論文集》(石家莊：河北教育出版社，1997)，頁561-569；鄧重華，〈鄉先生——一個被忽略的宋代私學角色〉，《中國文化研究所學報》新第8期(1999)，頁139-162。

281　片山共夫，〈元代の鄉先生について〉，《モンゴル研究》第15期(1984)，頁15-28。

282　Thomas H.C. Lee(李弘祺)，*Education in Traditional China. A History*(Leiden: E.J. Brill, 2000), pp. 268-271, 291-297；陳雯怡，《由官學到書院：從制度與理念的互動看宋代教育的演變》(台北：聯經出版公司，2004)，頁310-381。

283　陳雯怡，《師友概念在宋元時期的發展與意義》，國科會研究計劃NSC：97-2410-H-001-026-MY2。

284　《國朝文類》卷57，頁22下，宋子貞，〈中書令耶律公神道碑〉。

　　士人自古即有強烈的憂患意識與歷史使命感，蒙元時代更是如此。元初的重要漢族士人深信，唯有勸說蒙古統治者採行「漢法」──即是中原傳統的禮樂文獻、典章制度──生民始可得救，斯文才能保存。但欲使漢法能被順利採行，必先誘導統治菁英瞭解中原主流文化──儒家──的主要內容及其優點。啟迪與教導蒙古、色目菁英遂成為漢族老師不可避免的責任。當時儒師或執教於國學，或授徒於鄉校，身分雖有差異，卻皆肩負「文明的使命」（civilizing mission）。

　　蒙古、色目人研習漢學的需要隨著政治環境的變化而逐漸增大。大蒙古國時代(1211-1259)的政治重心仍在草原地區，蒙古、色目人移居中原者不多，而其子弟研習漢學的誘因不大。忽必烈(1260-1294在位)立國中原後，朝廷採行部分「漢法」，遂倡導菁英子弟研習漢學，求師問學者大為增多。及至元朝中葉，仁宗(1312-1320在位)採行科舉制度，科舉成為根腳以外的一個重要用人管道。對蒙古、色目子弟──尤其是中下層──研習漢學具有甚大激勵作用。從師就學，更形踴躍。

　　漢學原為漢族人士的專擅，蒙古、色目人為後進。而且當時各族仕進機會頗有軒輊，蒙古、色目人士機會較佳，須靠舌耕謀生者較少，擔任教職者因而不多。以致在元代前、中期師生關係方面，大都係漢人為師，蒙古、色目人為生。但在元代後期，蒙古、色目人漢學造詣日深，熱心辦學，教學者日多，故有蒙古、色目人為師，漢族人士為生的情形出現。反映中原文化傳播於異族已產生明顯的效果，而且中原文化的維護亦已獲得生力軍的有力增援。

　　本節旨在探討多族士人間的師生關係及其所起作用。第二、三節分別考述漢族士人為師，蒙古、色目士人為生及蒙古、色目為師，漢族為生的史實，兼及師、生的社會、文化及政治背景，藉以展示斯文

傳播之進展。第四節描述師生關係所起傳播斯文、「用夏變夷」的作用。第五節則簡述師生關係對元廷採行漢法所起的促進作用。

二、漢族士人為師

由於元朝為一征服王朝，教育制度趨於多元。除儒學體系外，尚有蒙古與回回學體系，與漢族王朝時代不同。但儒學體系吸引蒙古、色目子弟最多，也是漢族士人與蒙古、色目士人建立師生關係的主要場域。

蒙古、色目人研習漢學的機會甚多。相較於宋、金兩代，元朝的教育制度並未萎縮，而且道學在元朝奠定官學的地位，使蒙古、色目子弟能有研習中原主流學術的機會。

關於教育在元朝的發展與道學地位的上升，忽必烈潛邸舊臣中北方道學家竇默（1196-1280）、姚樞（1203-1280），尤其是許衡（1209-1281）的貢獻最大。許衡等人之倡設學校係遵循朱熹藉普及教育以達到德化天下的理念，也是他們向忽必烈勸行漢法的一部分。忽必烈雖未能全面推行漢法，卻接受了許衡普設學校的建議。大體採用宋、金制度，中央設有國子學，地方則普設有路、府、州、縣學校官學。而南宋時代興起於江南的書院則向北方擴散。

自教育內容言之，元代官學與私學實屬單一體系，皆以教授程朱道學為主。許衡執教國子，教學方法悉遵朱子，但更簡化。其教授以小學、四書為主要教材，視為「入德之門」，然後及於五經[285]。官學、書院的規制及教學內容皆係模仿國子學[286]。元仁宗恢復科舉

---

285 陳正夫、何植靖，《許衡評傳》（南京：南京大學出版社，1995），頁248-274。

286 陳高華，〈元代的地方官學〉，《元史論叢》第5輯（1993），頁160-189。

時，道學在朝野已居上風。因而科舉程序大體依據朱熹構想，重經學而輕詩賦，而經學考試限於四書、五經，限用朱氏及其他宋儒之注釋。道學自此遂成為科舉取士的主要內容並因而取得官學地位。

元代學校教育及科舉考試可說是對道學內容的高度簡化。狄百瑞（William T. de Bary）認為：這種簡化一方面是道學內部長期提煉與壓縮的結果，另一方面則為道學對蒙元時代多元族群與多元文化環境的自我調適，去繁就簡，保留一個能廣被接受的士人文化修養的最低要求，也是一個不可再行壓縮的核心[287]。對蒙古、色目學子而言，學習的困難應該減輕不少。

《宋元學案》說：「元儒唯魯齋之門有以蒙古從學者，此外唯有白雲而已」[288]。事實上，擁有異族弟子之漢儒極多，不止許衡、許謙二人，現知者也有不少。

(一)私學

私學可分家塾及門館二類[289]。另有「問學與拜師」的關係，雖不經由學校而建立，但亦屬私人間學問之傳授，故亦列入私學。

蒙元早期，尤其是在北方，舊有官學多毀於戰火，新置者則不普遍，教育主要倚賴私學，而父兄之督課尤為重要[290]。當時蒙古、色目人中，唯有少數唐兀（前西夏人，如高智耀、斡扎簀家）、汪古（馬

---

287 William T. de Bary, *Neo-Confucian Orthodoxy and the Learning of the Mind-and-Heart*(New York: Columbia University Press, 1981), pp. 53-66.

288 黃宗羲原著，全祖望修補，陳金生、梁運華點校，《宋元學案》(北京：中華書局，1986)卷82，頁2794，〈北山四先生學案〉。

289 片山共夫於〈元代の家塾について〉(《九州大學東洋史論集》第29輯〔2001〕，頁29-65；第30輯〔2002〕，頁86-125)中認為「家塾」與「門館」難以區分，故在該文中混而論之。筆者則認為兩者頗有差異，故予分列。

290 韓志遠，〈元代私學初探〉，《元史論叢》第9輯(2004)，頁79-88。

氏)家庭在徙居中原之前即已具有漢文家學。此外，亦有爲數不多嫁
入蒙古、色目家庭的漢族婦女可以督教其子孫，不假外傳。此外絕大
多數蒙古、色目子弟皆須跟隨漢族老師從頭學起。

1. 家塾

　　家塾多是富室爲教導子弟而設置，聘有專職教師，有時亦兼收鄉
里子弟。蒙古、色目官宦家庭聘請漢儒爲子弟師，在大蒙古國時代即
已開始。這些先驅家族或因原具漢學背景，或因移居中原較早，早已
體認研習漢學的重要，包括汪古馬氏、高昌廉氏及偰氏：

　　汪古馬氏：汪古馬月合乃於蒙哥汗初年佐治燕京，其孫祖常稱他
「世非出於中國，而學問文獻過於鄒魯之士」[291]，可見月合乃深通漢
學。月合乃羅致敬鉉「授業館下」[292]。敬鉉，易州人，爲金朝進士，
元初著名儒師[293]。自此以後，馬氏當持續聘請漢族士人教授子弟。

　　高昌廉氏：蒙元時代廉氏的始祖布魯海牙(1197-1265)爲忽必烈
母唆魯忽帖尼之家臣，其家族極爲顯赫。據其子廉希憲的神道碑說：
他在1240年前後即延師教子[294]。所延當爲漢儒。希憲諸昆季當自此
時起陸續從師就學[295]。

　　延師甚早而又具有一貫性的是高昌偰氏。偰氏祖先徙入中原甚
早。蒙哥汗時代合剌普華(1246-1284)已兼習畏兀兒書及《語》、
《孟》、《史》、《鑑》文字，應有漢師教導[296]。元朝平宋後，其

---

291 《石田先生文集》卷13，頁236-239，〈故禮部尚書馬公神道碑〉。
292 《元史》卷134，頁3245，〈馬祖常傳〉。
293 《元史》卷175，頁4096，〈敬儼傳〉。
294 元明善，〈廉文正王神道碑〉，收入蘇天爵編，《國朝文類》卷65，頁1
　　上-16下。
295 Ch'i-ch'ing Hsiao, "Lien Hsi-hsien," pp. 480-498.
296 《圭齋文集》卷11，頁3上-13下，〈高昌偰氏家傳〉。

子偰文質(？-1340)於大德(1297-1307)中任江西行省理問，居住隆興
(今南昌)東湖，其子姪在此成長。名儒劉岳申(1260-？)曾造訪偰
宅，目擊文質「出領諸子就外傅，書聲琅琅東湖之上，晝夜不絕」，
印象深刻[297]。他指出偰氏延攬「外傅」早於延祐科舉復興十年，故
文質子姪在科舉中取金紫如拾芥，並不意外。

　　偰氏在隆興早期的塾師不見於記載。後期可考者則有曾文偉。文
偉為文質之孫百遼遜兄弟之教師，至正元年(1341)卒於錢塘[298]，當
為一江南儒師。

　　偰氏後來徙居浙西溧陽。文質之子哲篤承襲乃父家風，聘師教
子。其溧陽同鄉孔克齊《至正直記》說：

> 世南(哲篤)有子九人，皆俊秀明敏，時長子熹(原注：本名
> 偰百遼遜)年將弱冠，次子十五六，餘者尚幼……一日，予
> 造其書館，館賓荊溪儲惟賢希聖主之，見其子弟皆濟濟有
> 序，且資質潔美，若與他人殊者[299]。

偰哲篤甚得孔克齊之讚佩，稱其「教子有法，為色目本族之首」。其
塾師儲惟賢出身宜興書香世家，兩中鄉貢進士[300]，為一本地青年教
師。總之，偰氏嚴於擇師教子，以致在文質兄弟之子孫二輩中，九人
登進士第，一人為鄉貢進士，四人為國子生，無疑是元朝最成功的科
第世家。

---

297 《申齋劉先生文集》卷5，頁8下，〈三節六桂記〉。
298 偰百遼遜，《近思齋逸稿》，〈哀曾先生〉。
299 《至正直記》卷3，頁116-117，〈高昌偰哲〉。
300 《宋濂全集》第3冊，頁1529-1530，〈儲君墓誌銘〉。

　　忽必烈立國中原後聘請漢師的蒙古、色目家庭大爲增加，現知尚有：

(1)蒙古家庭

　　拔不忽家族聘請李康伯、周正方、張翬、吳澄：拔不忽(1245-1308)，蒙古珊竹氏，開國名將烏也而(1163-1258)之孫，幼師李康伯，繼師翰林學士周正方，其時當在憲宗時期及世祖初年。拔不忽官至江東道宣慰使。至元二十年(1283)退休後，居眞、揚間，禮聘大儒張翬(1236-1302)、吳澄(1249-1333)爲諸子師[301]。張翬，四川人，居江南，金華大儒王柏弟子，後任孔、顏、孟三氏教授[302]。

　　闊不花師事李註：靖安王闊不花(？-1335)爲忽必烈子鎮南王脫歡之後。早年從李註(1244-1308)習經義。註，雄州新城人，早年任太子眞金東宮宿衛。闊不花爲註書寫〈孫眞人所號海霞子卷〉，稱註爲「吾師」[303]。

　　阿魯威聘李昱：阿魯威，蒙古人，官至翰林侍講學士，著名散曲家。退隱杭州後，聘李昱(1314-1381)教其子。徐一夔〈國子助教李君墓誌銘〉云：「阿魯翬公，元室文獻之老，自翰林侍講學士退居郡城之東，聞君才名，延教其子」。昱任教前後三年[304]。李昱，婺州永康人，後仕明，爲國子助教。

　　脫脫家族聘吳直方、鄭深：馬札兒臺(1285-1347)、脫脫(1314-1355)父子，蒙古蔑兒乞氏，順帝時之權臣。早在泰定(1324-1328)時

---

301 《江蘇金石志》卷19，頁49上-53上，姚燧，〈珊竹公神道碑〉。
302 《吳文正公集》卷9，頁21下-22下，〈張達善文集序〉。
303 蒲道源，《閒居叢稿》(元代珍本文集彙刊)卷10，頁7下-8上，〈跋海霞子卷〉。
304 《始豐稿》卷12，頁22下。

期馬札兒臺即聘浙東儒者吳直方(1275-1356)教其二子，即後日之右丞相脫脫及御史大夫也先帖木兒(？-1355)，脫脫兄弟因而深受儒學陶冶[305]。後至元六年(1340)，脫脫發動政變，推翻其伯父伯顏(？-1340)統治。取得政權後，脫脫任中書右丞相，大行「更化」，推行儒治。在此期間，直方贊謀畫策之功居多。後脫脫又聘出身浦江鄭氏義門的鄭深(1314-1361)教其子哈剌章，鄭深「教以《書》、《詩》，得師道甚，太師(指脫脫)稱譽弗置口」[306]。鄭深因教導有方，獲薦任宣文閣授經郎、鑑書博士，侍太子硯席凡七年，而其弟子哈剌章則於元末官至中書平章。

帖木兒聘戴胄：帖木兒，元末任左丞，應為蒙古人，聘戴胄(1291-1363)教其子。戴胄，臺州天臺人，精於易學，亦諳醫藥、兵刑、律曆之學[307]。

(2)色目家庭

田尚書聘請劉因：劉因(1249-1293)容城人，元初大儒。據說，田尚書居京師，「西域貴族，頗尚文學，聞先生名，厚禮請教其子」，劉因卻以需遷祖先墳塋，不克分身辭謝而未就[308]。田尚書之〈請劉先生教子疏〉仍存[309]。此一田尚書應為窩闊臺汗時任中書右丞相的鎮海子孫。鎮海亦稱田鎮海，為蒙古、色目人中漢學先驅之一，頗為關注子弟教育。

高子安聘劉光遠：高子安，回回氏，著名畫家高克恭之兄。克

---

305 《宋濂全集》第1冊，頁292-297，〈榮祿大夫致仕吳公神道碑〉。

306 《宋濂全集》第4冊，頁2108-2113，〈僉憲鄭君墓誌銘〉。

307 《宋濂全集》第3冊，頁1660-1661，〈戴府君墓誌銘〉。

308 《滋溪文稿》卷8，頁112，〈靜修先生劉公墓表〉。

309 劉因，《劉文靖公文集》(北京圖書館古籍珍本叢刊)卷2，頁4-5。

恭〈眠食安好帖〉云：「劉光遠先生飽學老成，今春留兒子安處授徒」[310]。同帖指出劉光遠爲同鄉。光遠後應江西何瑋之請，克恭爲其向張楄(1259-1325)求序送行[311]。而克恭之父亨已研習《易》、《詩》、《書》、《春秋》及關洛諸先生緒言，並蒙忽必烈召見[312]，高氏當爲色目人中漢學先進家族。

　　余闕聘賈良：至正十一年余闕駐安慶，聘舒城人賈良教授其子弟。其時長子得臣，年十八，能熟記經書。闕殉國後，賈良作〈余忠宣公死節記〉[313]。

　　大都名師嚴威的眾多異族弟子：嚴威(1280-1355)，字元友，一字吉甫，人稱吾廬先生，吉安泰和人。博學能文。北遊大都，與吳澄、虞集、揭傒斯善。執教大都幾五十年。全阿剌與撒里平章聘爲館師。全阿剌似爲畏兀兒人，爲乞臺薩里後裔[314]。其館來學者眾，成材甚多，如丞相阿塔罕、大夫脫歡、平章全帖木兒不花、太尉高納麟、丞相賀太平、大夫脫脫、院使三旦八、平章兀即哈臺、桑哥失里等皆是，以上諸人，除賀太平外，皆爲蒙古、色目人。而由國子學、進士進者甚多[315]。可見在漢族教師之中，嚴威造就之蒙古、色目大臣之多，無人能及。

310　此帖見載於卞永譽，《式古堂書畫彙考》(四庫全書)卷17，頁13下。

311　馬明達在〈元代回回畫家高克恭叢考〉中，疑劉光遠即元初以書法知名的劉房山，光遠爲其名(《陵川集》卷35，頁789上-789下)。王頲在〈元代回紇畫家高克恭史事考辨〉中已予辨正，指出劉房山自有其人，諱伯熙，字善甫，而非劉光遠。

312　《巴西鄧先生文集》，頁772-774，〈刑部尚書高公行狀〉。

313　張楷，《康熙安慶府志》(中國方志叢書)卷26，頁19上-22下。

314　錢大昕撰，田漢雲點校，《元史氏族表》，《嘉定錢大昕全集》第5冊，頁151-153。

315　《全元文》第57冊，頁634-637，劉楚，〈吾廬嚴先生墓碣銘〉。

　　貴族高官之外，大多數蒙古、色目家庭缺少聘請塾師的條件，其子弟或從師門館，或就讀於官學，亦有家庭以其子弟附學於漢族家塾者：

　　馬祖常就讀陶氏家塾爲蔣捷弟子：馬祖常父馬潤任常州路武進縣長官時，曾就讀當地陶氏家塾，從蔣捷學[316]。陶氏爲南宋文獻世家。蔣捷，字勝欲，號竹山，宜興人。宋末咸淳十年(1274)進士，入元隱居，任陶氏塾師，著有〈竹山詞〉一卷[317]。祖常與陶氏子靖同窗，祖常在南臺欲薦靖爲官而靖無意仕途。

　　札剌里丁就讀趙氏家塾：札剌里丁出身於一個寓居嘉興崇德州的回回布衣家庭[318]。早歲就讀於松江烏泥涇趙弘毅家學[319]。趙氏爲當地大姓，聘名師以教子弟，「生徒遠至者皆館殼之」，後如珪之孫庭芝登至治元年進士第，札剌里丁亦成元統元年進士[320]。可見趙氏家塾水平甚高，札剌里丁則爲一受益之異族子弟。

　　此外，亦有官宦家庭因仰慕某些漢族家塾之名而將其子弟送入寄讀，如色目人火魯忽達弱冠就讀於松江曹氏學館[321]，前文已述及，不贅。

　　總之，當時富有財力的蒙古、色目達官貴人甚多，往往聘請漢族士人教其子弟。由於子弟長幼不一，塾師不必皆爲碩學大儒。上述之敬

---

316 《東維子文集》卷9，頁9上-9下。
317 《元詩選癸集》甲，頁39，〈竹山先生蔣處士〉。
318 蕭啓慶，〈元統元年進士錄校注〉，收入《元代進士輯考》。
319 《正德松江府志》卷32，頁18上，〈遺事〉。
320 唐錦，《弘治上海志》(天一閣藏明代方志選刊續編)卷8，頁7下。
321 石守謙，〈有關唐棣(1287-1355)及元代李郭風格發展之若干問題〉，收入石氏，《風格與世變：中國繪畫史論集》(台北：允晨文化公司，1996)，頁131-180。

鉉、張翥、吳澄固然是著名儒者，儲惟賢、李昱、賈良等在任教時仍爲無名青年教師。但聘有漢師家庭之子弟在學習上處於有利地位。廉氏、偰氏及馬氏皆成爲文學或科第世家，其他各家族亦產生不少士人。

2. 門館

「門館」乃指學者公開教授生徒之處，講授程度深淺不一。或爲村里學究開設的村塾，招收當地子弟，僅授啓蒙性質的讀寫知識。或爲聲名遠播的大儒講學之處，以講研經學義理及科舉之學爲主。蒙古、色目子弟就讀於村塾鄉校者爲數定然不少，但現存文獻往往不具其師姓名，僅稱之爲「里儒」、「鄉師」，而在碑傳中留名者則多爲碩學名師。

(1)蒙古弟子

魯古訥丁受業安熙：魯古訥丁，奈曼和利氏，官至監察御史，爲安熙(1270-1311)門人。安熙，眞定藁城人，爲北方大儒劉因(1249-1293)私淑弟子，家居教授數十年，「四方之來學者，多成就」，爲一北方名師[322]。

泰不華師事周仁榮、李孝光：見前文。

月魯不花、篤列圖師事韓性：月魯不花(1303-66)兄弟，系出遜都思氏名門，爲成吉思汗「四傑」之一赤老溫之裔。其父脫帖穆爾(1265-1344)以千戶戍明州與婺州。月魯不花兄弟皆爲韓性(1266-1341)弟子[323]。韓性，紹興人，精於性理之學，屢卻薦舉，家居講學，四方學者受業其門，「戶外之履至無所容」[324]。月魯不花與篤

---

322 《元史》卷189，頁4327-4328，〈儒學傳一〉；安熙，《默庵先生文集》（元人文集珍本叢刊）卷4，頁234，〈御史和利公名字序〉。

323 《元史》卷145，頁3448-3451，〈月魯不花傳〉。

324 《金華黃先生文集》卷32，頁4下-7下，〈安陽韓先生墓誌銘〉。

列圖分別爲元統元年及至正五年進士。月魯不花，長於詩，撰有《芝軒集》，亦善書。

哈剌不花、普化帖睦爾師事許謙：許謙（1270-1337）字益之，號白雲，金華人。爲金履祥弟子，在東陽八華山開館講授道學，「爲學者師垂四十年，著錄殆千餘人」[325]，是浙東名師，也是著名道學家。其異族弟子可考者有哈剌不花、普化帖睦爾。哈剌不花，怯烈宜氏，至正四年任徽州路達魯花赤[326]。普化帖睦爾，字白野，族屬不詳，但應爲蒙古、色目人。至正六年（1346）任南臺監察御史，曾行文浙東廉訪使，請刊行乃師著作。許謙所著三部著作遂得行世。

答祿與權從學李問：李問，容城人。以經學教授鄉里，尤善科舉之學。與權從其學[327]。答祿與權（？-1378後），答祿乃鑾氏，出身早已漢化的將門[328]。與權爲至正二年進士，官至河南廉訪僉事。

武恪之蒙古、色目弟子：武恪，字伯威，宣德人，早年入國學，選爲明宗潛邸說書。屢拒出仕，退居京師陋巷，授徒於家，喜讀《易》，尤好邵子之學[329]。著有《水雲集》。「從之學者多所成，佛家奴爲太尉，完者不花僉樞密院事，皆有賢名」[330]。佛家奴、完者不花應爲蒙古、色目人。

囊加臺受學瞿炳：囊加臺，字秉彝，蒙古人，居澧州，受學於瞿

---

325 《金華黃先生文集》卷32，頁8上-13上，〈白雲許先生墓誌銘〉。

326 鄭玉，《師山集》（四庫全書）卷7，頁3上-4上，〈哈剌不花去思碑〉。

327 李繼本，《一山文集》（北京圖書館古籍珍本叢刊）卷6，頁749，〈李栖翁傳〉。

328 《金華黃先生文集》卷28，頁12上-17下，〈答祿乃鑾先塋碑〉；楊鐮，《元西域詩人群體研究》，頁445-464。

329 《危太樸集》卷6，頁11上-12上，〈武伯威詩集序〉。

330 《元史》卷199，頁4480，〈隱逸傳〉。

炳，至正間進士，官至河南行省參政[331]。

　　迺穆泰師趙贄：迺穆泰，字景春，蒙古人。至正末任延平路南安縣達魯花赤。爲貢師泰(1298-1362)門人趙贄之弟子[332]。

(2)色目弟子

　　廉惇受業蕭𣂏：廉惇字公邁，畏兀兒人，世祖朝名臣希憲(1231-1280)幼子，工詩文，著有《廉文靖公集》，其詩存者仍多[333]。自世祖開國後，希憲常服仕大都，但因他早年曾任陝西宣撫使，京兆置有庭園。他有幾個兒子在京兆長大，從師受業，廉惇即其一。蕭𣂏(1241-1318)，字維斗，號勤齋，關中大儒，也是京兆名師[334]。蘇天爵稱廉惇爲其門人。蕭𣂏卒後，廉惇爲其請制及諡號。而蕭𣂏《勤齋集》中又有二題贈廉惇，可見師生之情頗篤[335]。

　　也速答兒赤受業李宗哲：也速答兒赤，合祿魯(哈剌魯)人。出身將家，三世戍建昌。也速答兒赤從郡人李宗哲學進士業[336]。也速答兒赤與松江沙氏同出於松江萬戶府達魯花赤抄兒赤(即沙全)[337]。

　　余闕從學張恒：張恒，河南人，爲大德七年吳澄在揚州郡學的學

331　鍾崇文，《隆慶岳州府志》(天一閣藏明代方志選刊)卷14，頁84下。

332　陽思謙，《萬曆重修泉州府志》(中國史學叢書，台北：臺灣學生書店，1969)卷10，頁23上。

333　《元史》卷126，頁3096，〈廉希憲傳〉；楊鐮，《元西域詩人群體研究》，頁234-240。

334　《滋溪文稿》卷8，頁114-121，〈蕭貞敏公墓誌銘〉。

335　《勤齋集》(四庫全書)卷5，頁8上；卷6，頁4上，〈送公邁〉、〈送廉公邁覲省之燕〉；參看王梅堂，〈元代畏兀兒詩人廉恒及其詩〉，《西域研究》2007年第2期，頁108-112。

336　《揭傒斯全集》卷4，頁310，〈送也速答兒赤序〉。

337　《元史》卷132，頁3217-3218，〈沙全傳〉；《正德松江府志》卷25，頁458，〈科貢〉。

生，而余闕從之學[338]。

伯顏宗道受業黃坦：伯顏宗道早年受業宋進士黃坦，坦本籍建安，講學江淮，聚徒數十人，伯顏往師之。伯顏後成爲理學名師。

昂吉幼師陳克履：昂吉（1317-1366），唐兀氏，居永嘉（今浙江溫州）[339]。漢姓高，字起文（亦作啓文）。至正八年進士，官至福建行省檢校官。昂吉幼師事鄉先生陳克履，受《尙書》，善詩文[340]。陳克履，字履常，生平不詳，今有詩存《元詩選癸集》中[341]。

迺賢受業鄭覺民、高岳：元末著名詩人迺賢，居鄞縣，自幼從鄞縣鄭覺民（1300-1346）、高岳遊。覺民字以道，講究陸氏心學，至正中任龍游縣學教諭，著有《求我齋集》[342]。高岳，家居鄞縣東湖。高岳所著《樵吟稿》詩集，即由迺賢所編輯[343]，劉仁本序《樵吟稿》，認爲迺賢「以善詩得譽，足可傳世」是由於「馳騁於先生之軌轍」。

丁鶴年師事周永言：周永言，字懷孝，又字孝思，南昌（古稱豫章）豐城人，爲至治元年進士周尙之（1268-1328）之子，能詩，爲武昌名師，「執經問難者比肩立」[344]。鶴年之詩文基礎係由周永言所奠定。鶴年後有〈奉懷先師豫章周孝思先生〉七律，首末二聯云：「先生有道負清時，經濟何由見設施……鳴鳳不聞人亦去，生芻一束起遲

---

338 袁冀，《元吳草廬評述》（台北：文史哲出版社，1978），頁165。

339 王瓚，《弘治溫州府志》（天一閣藏明代方志選刊續編，上海：上海書局，1990）卷13，頁624，〈人物〉。

340 唐肅，《丹崖集》（續修四庫全書）（上海：上海古籍書局，1995）卷8，頁7上-8下，〈檢校官高君墓誌銘〉。

341 《元詩選癸集》己下，頁897，〈陳克履〉。

342 胡文學輯，《甬上耆舊詩》（四庫全書）卷3，頁18下，〈鄭先生以道〉。

343 劉仁本，《羽庭集》（四庫全書）卷5，頁17下-18下，〈樵吟稿序〉。

344 《九靈山房集》卷19，頁1上-4上，〈高士傳〉。

思」[345]，可見周永言一生未能施展抱負，而鶴年此詩是作於乃師卒後之悼亡詩。

就讀門館的蒙古、色目弟子大部分出身於官宦家庭(月魯不花、篤列圖、答祿與權、也速答兒赤、丁鶴年)，也有小部分來自下級軍人或貧寒之家(泰不華、伯顏宗道、余闕、迺賢)。而在門館講學的教師中不少是宿學名儒，其中安熙、韓性、周仁榮、許謙、武恪、鄭覺民等都是著名道學家，而李孝光、高岳、周永言則長於文學。蒙古、色目弟子長期受這些名師的教導，學業上自有較大之長進。

3. 拜師與問學

拜師與問學都是在學校範圍之外建立師生關係的方式。拜師的學生應已成童，學業已有基礎。老師或為著名學者，或為以學藝著稱之地方官，而非專業教師。問學者則多已成年，學業已完成，有的已享有頗高社會地位，但為更上層樓而向名師請求指點。拜師者受業的時間往往較長，得到老師多方指點，問學者與老師的接觸時間可能較短，請益範圍則多以一經一藝為主，在史料中兩者不易區別，但其為師生關係則一。

(1)拜師

蒙古士人拜漢儒為師者有：

阿榮從學宋本、吳元德：阿榮(1303-1335)，字存初。出身怯烈世家，以宿衛入仕，官至奎章閣大學士[346]。幼年從學宋本。宋本(1281-1334)，大都人，長於南方，至治元年左榜狀元。阿榮年輕時又從名滿湖湘之詩人吳元德遊。阿榮亦善詩，而且才藝甚廣。

---

345 《丁鶴年詩輯注》，頁87。
346 《元史》卷143，頁3420-3421，〈阿榮傳〉。

變理溥化師事揭傒斯：變理溥化出身斡羅納兒貴族之家，卻由科第晉身，泰定四年(1327)登進士第。為揭傒斯(1247-1344)弟子[347]。傒斯，江西豐城人，官至翰林侍講學士，為元詩四大家之一。

篤堅不花受業黃清老：黃清老(1290-1348)，邵武人，泰定四年(1327)進士，累官湖廣儒學提舉。篤堅不花，出身蒙古宦家，登進士第，曾任浙東道廉訪僉事。蘇天爵列其為清老門下「執經受業」之士[348]。

色目士人則有：

忻都受業胡長孺：忻都，回回氏，受經於胡長孺，中延祐元年(1314)江浙鄉試榜首[349]。長孺(1249-1323)，永康人，為元初江南著名學者，初事朱學，晚年深慕陸學。歷任翰林修撰、揚州教授[350]。

安普、關寶、何伯翰、寶寶師事楊維楨：楊維楨(1296-1370)，紹興人。泰定進士，官至江西儒學提舉。為元季兩浙詩壇領袖，門人極多。其蒙古、色目弟子可考者有上述四人。安普，一作孔安普，字行之，唐兀氏，父任天臺僧綱，因而家於天臺(今浙江天臺) [351]。安普師事楊維楨及其兄維翰，楊氏弟兄曾任天臺縣尹及縣學教諭[352]。安普於至順元年(1330)登進士第，累官諸暨州判官[353]。關寶，北庭(即畏兀兒)人，為維楨科舉同年安慶之子，至正十四年進士，曾任臨

---

347 〈元代蒙古人的漢學〉，頁129。

348 《滋溪文稿》卷13，頁209-212，〈儒學提舉黃公墓誌銘〉。

349 《水東日記》卷12，頁26，〈胡石塘送諸生詩序〉。

350 《元史》卷190，頁4331-4334，〈儒學傳二〉。

351 《天臺山方外志》卷10，頁5下，〈隱士考〉。

352 《東維子文集》卷24，頁12下-14上，〈亡兄雙溪書院山長墓誌銘〉。

353 沈椿齡，《乾隆諸暨縣志》(中國方志叢書)卷21，頁18下，〈職官表〉。

安縣達魯花赤[354]。何伯翰，西夏人，祖父任杭州僧錄，伯翰年十六受經於維楨，至正十九年(1359)鄉貢進士[355]。寶寶，蒙古人，至正二十三年(1363)右榜進士第一。

(2)問學

　　問學於漢族名儒現知者多為色目士人：

　　薛昂夫師從劉辰翁：薛昂夫(約1270-約1344)，原名薛超吾，字昂夫，號九皋，漢姓馬，故亦稱馬九皋。葛邏祿(哈剌魯)氏，出身宦家，生長於隆興(南昌)，累官衢州路達魯花赤。昂夫早年執弟子禮於劉辰翁(1232-1297)[356]，辰翁，廬陵人，為元初著名遺民詩文家，尤以詞著名。其子將孫(1257-？)，亦著名詞人。昂夫師友二人，因而長於文學，為元代著名散曲家。

　　廉惇師事熊朋來：廉惇任江西行省參政時，師事熊朋來(1246-1323)，終身稱門人。朋來，豐城人，宋進士，宋亡不仕，講授朱子之學，生徒受學者常百數十人，為江西影響力頗大之儒者[357]。

　　闊里吉思問《易》於吳鄹：闊里吉思(？-1298)，汪古氏，為元室駙馬，封高唐王。喜讀書，雖信奉景教，卻好嗜儒術，築萬卷堂於私第，日與諸儒討論經史[358]。曾問《易》於吳鄹。鄹，江西永新人，宋末避仇山西，改名張應珍，精於《易》學，後仕元為秘書少

---

354 《東維子文集》卷2，頁2上，〈送關寶臨安縣長序〉。

355 《東維子文集》卷1，頁8上，〈送三士會試京師序〉；卷8，頁7上，〈送何生序〉。

356 《趙孟頫集》卷6，頁134-135，〈薛昂夫詩集序〉；參看楊鐮等，《元曲家薛昂夫》(烏魯木齊：新疆人民出版社，1992)。

357 《元史》卷190，頁4334-4336，〈儒學傳二〉。

358 《元西域人華化考》卷2，頁23下-24上。

監，或係出於闊里吉思推薦[359]。

貫雲石問學於姚燧：貫雲石(原名小雲石海涯，1286-1324)，畏兀兒人，平宋大將阿里海涯之孫。早年襲軍職，後棄武就文，北上大都，問學於翰林學士承旨姚燧(1238-1313)[360]，姚燧爲當代詩文大家。他認爲雲石「古文峭厲有法，歌行古樂府慷慨激烈，大奇其才」[361]。可見雲石詩文早有根基，復經姚燧指點，成爲色目人中最負盛名之文藝名家。

贍思求正王思廉：贍思，回回氏，家眞定。其父斡直已治儒學[362]，贍思弱冠以所業就正於翰林承旨王思廉(1237-1320)，由是學業大進，學問淹博，著作之多，在蒙古、色目人中甚爲罕見。官至浙東廉訪僉事。王思廉亦眞定人，爲金元之際大儒元好問弟子[363]。

巎巎從遊趙孟頫：巎巎(1295-1345)，康里人，爲至元晚期、成宗初年儒相不忽木之子。不忽木父子與趙孟頫同朝爲官，有兩代厚誼。趙孟頫(1254-1322)，吳興人，宋宗室，仕元官至集賢學士，是元代聲譽極高的全能士人。於書畫皆提倡「復古」，書法上以晉人書風爲尚，影響極大。其書法弟子中以巎巎最享盛譽，時人有「南趙北巎」之稱。延祐初，巎巎爲孟頫在集賢院之下屬，得以從後者學習書法。元明之際的名僧來復(1319-1391)有詩云：「灑翰親從魏國游，

---

359 鄧秉恒修，《順治吉安府志》(康熙刻本)卷25，〈儒行傳〉；王士點、商企翁編次，高榮盛點校，《秘書監志》(杭州：浙江古籍出版社，1992)卷9，頁171。

360 參看楊鐮，《貫雲石評傳》。

361 《圭齋文集》卷9，頁19下-23上，〈貫公神道碑〉。

362 《元史》卷190，頁4351-4353，〈贍思傳〉。

363 《元史》卷160，頁3765-3767，〈王思廉傳〉。

題遍宣麻數千幅」[364]。詩中魏國即指孟頫，可見二人之師生關係。
巙巙書法與孟頫雖是一脈相承，卻互有異趣[365]。其風格挺勁剛健，
俊逸灑脫，與孟頫的典雅秀逸不同。

　　馬祖常問學張壄：汪古馬祖常，年十八，曾向張壄請教經典疑
義，亦為張昇(1261-1341)之門生。昇字伯高，平州人，官至奎章閣
大學士，祖常為昇之祖父昂霄撰墓誌，自稱是昇之門生[366]。

　　金哈剌師事王塤：金哈剌(1305？-？)，字元素，汪古人，為馬
祖常族弟，至順元年(1330)進士，官至知樞密院事。哈剌善詩，今有
《南遊寓興詩集》傳世[367]，另有《玩易齋集》已佚[368]。哈剌師事王
塤。塤，字仲肅，婺源人，累官臺州路判官。哈剌《詩集》中有二詩
呈獻其師[369]。

　　以上所列「拜師」、「問學」二類色目士人共十六人，大都出身
達官之家，但亦有少數家世較為寒微(如安普、何伯翰)。拜師的對象
多為成名士大夫，而問學對象的老師則更享有崇高的地位。拜師的年
輕蒙古、色目士人經過漢師較為長期的教導，立下堅實的學問基礎。

---

364 釋來復，《蒲菴集》(禪門逸書初編)卷2，頁30上，〈題趙松雪巙子山二公
　　墨跡卷後〉。

365 任道斌，〈唯餘筆硯情猶在：論趙孟頫與元代少數民族書畫家〉，收入
　　《趙孟頫國際書學討論會論文集》(上海：上海書店，1994)，頁14-32；黃
　　惇，《從杭州到大都──趙孟頫書法評傳》(上海：上海書畫出版社，
　　2003)，頁57-58。盧慧紋則認為釋來復時間甚晚，所記未必可靠。見盧
　　氏，《元代書家康里巙巙研究》(台北：國立臺灣大學藝術史研究所碩士論
　　文，1996)，頁65-66。

366 《石田先生文集》卷11，頁212-215，〈參知政事張公神道碑〉。

367 蕭啓慶，〈元色目文人金哈剌及其「南遊寓興詩集」〉，收入蕭氏，《元
　　朝史新論》，頁299-322。

368 釋來復，《澹遊集》(續修四庫)卷上，頁219。

369 《南遊寓興詩集》，頁26下，45下。

如何伯翰，幼孤，少時就學外傅，年十六，受經於楊維楨而通《春
秋》、《毛詩》，尤長於《易》，遂登鄉試榜。問學的士人大都學業
有成，經過名師指點乃成大器。如貫雲石問學於姚燧，贍思求教於王
思廉，得到姚、王二氏的啟發而成為文藝與學問名家。

(二)官學

　　元代官學有國子學、地方官學及書院三種。層級不同，教學內容
深淺亦有差異。

1.國子學

　　國子學是中國歷代培植貴冑子弟的機構，元代亦是如此，但學生
以蒙古、色目官宦子弟占多數。

　　蒙元初設國子學早在窩闊臺汗五年(1233)。但是此一國子學主要
是給予蒙、漢官子弟語文訓練，旨在培養通事，而且是由全真教士所
掌握，學校目的及性質與後來的國子學差異甚大[370]。

　　元朝國子學的真正胚胎形成於忽必烈的潛邸時代。早在其兄蒙哥
汗即位前，忽必烈以一旁系宗王的身分，即已命令諸王子及蒙古、色
目家臣子弟從儒者學習漢文經典，培養治理中原人才。如在乃馬真稱
制三年(1244)命闊闊、廉希憲從金狀元王鶚學[371]。其後又命冑子孛
羅等人受學於張德輝[372]、蒙古生十人受教於趙璧[373]。而未來之皇太
子真金則先後由李德輝(1218-1280)、姚樞(1201-1278)、許衡等負責
教導[374]。姚樞執教時，伴讀學生有木土各兒、不華吉丁、買奴等。

---

370 蕭啟慶，〈大蒙古國的國子學〉，頁63-94。

371 《元史》卷134，頁3250，〈闊闊傳〉。

372 蘇天爵輯撰，姚景安點校，《元朝名臣事略》(北京：中華書局，1996)卷
　　10，頁207，〈宣慰張公〉。

373 《元史》卷134，頁3747，〈趙璧傳〉。

374 《國朝文類》卷60，頁14上-15上，〈姚文獻公神道碑〉；《元朝名臣事

教師之中，姚樞、許衡皆爲北方最早之道學家。學生之中，闊闊，蒙古蔑里乞氏，官至大名路宣慰使。廉希憲則出身高昌廉氏，官至中書平章政事。木土各兒，出身蒙古忽神氏，成吉思汗開國元勳博爾忽之曾孫，官至丞相。不華吉丁、買奴族屬皆不明，分別官至右丞、司徒等。這些都是最早受到儒學薰陶的蒙古、色目菁英子弟。

　　國子學的重建於至元七年(1270)。執教國子學的多爲漢族名師碩儒，前後甚多，各有弟子。茲以許衡、吳澄、虞集等著名師長爲例，說明國子學的師生關係。

　　許衡是元朝影響最大的道學家與教育家，亦是國子學的創始人，兩度出任祭酒。其時國子學爲一規模極小之菁英教育機構，學生大都爲忽必烈親選的宮廷蒙古、色目侍臣子弟。許衡認爲：「蒙古生質朴未散，視聽專一，苟置之好伍曹中，涵養數年，將來必將爲國家用」[375]，因而設計一套深入淺出、循序以進的教學方法，注重道德踐履，使學生便於領會[376]。希望藉此陶冶未來統治菁英的儒家傳統品格及文化素養。他在國子學不過兩年，確實造就出不少未來政治領袖。其國子學弟子可考者有堅童、不忽木、禿忽魯、野仙鐵木兒、不憐吉歹等人。堅童，蒙古蔑里乞氏，與其父闊闊皆從王鶚及張德輝遊。既長，入國子學[377]。不忽木、禿忽魯皆爲康里氏。不忽木爲忽必烈潛邸近臣燕眞之子，後來成爲儒相[378]。禿忽魯則官至樞密副使[379]。野仙鐵木兒氏

(續)━━━━━━━━━━━━━

　　　略》卷11，頁213。

375 許衡，《魯齋遺書》(北京圖書館古籍珍本叢刊)，頁441，耶律有尚，〈國學事蹟〉。

376 白鋼，〈許衡與傳統文化在元代的命運〉，《元史論叢》第5輯(1993)，頁198-217。

377 〈元代蒙古人的漢學〉，頁111。

378 《元西域人華化考》卷2，頁10。

族不詳，其人「深知治國用賢之說」，官至中書平章。而不憐吉歹爲蒙古兀良哈氏，爲大將速不臺(1176-1248)、阿朮(1234-1287)之子孫，累官河南行省左丞相，封河南王[380]。這些學生多爲忽必烈晚期及成宗朝的重要儒臣。

吳澄，撫州崇仁人，爲朱熹四傳弟子，名聲極高，有「北許南吳」之稱。他歷任國子監丞及司業，前後約四年，地位不及許衡。而且由於主張「朱陸和會」，頗受同僚攻訐，不能久安於位，故在國子學之影響較小。其色目弟子可考者有巎巎、阿魯丁及廉充三人。巎巎，家世如前述，吳澄爲其繼母王氏撰〈墓誌〉云：「常卿(即太常卿)與予游，予國子師，而狃國子生也」，狃即巎巎，可見巎巎之兄回回與吳澄爲同僚，而巎巎則爲學生[381]。阿魯丁，回回人，字元鼎，以玉元鼎一名見稱，至治、天曆間爲翰林學士，長於散曲。而廉充則係廉希憲家族子弟，皇慶元年(1312)授浙西廉訪司照磨[382]。

虞集，先後任國子助教與祭酒，官至奎章閣侍書學士。他雖爲吳澄弟子，但其詩文聲名極高，爲元詩四大家之冠，其對弟子在詩文方面影響較大。其國子學弟子可考者有斡玉倫徒(都，？-1329)、劉沙剌班、孛顏帖木爾(卜顏帖睦爾)等人。劉沙剌班、斡玉倫徒皆爲唐兀人，亦皆詩人。沙剌班，字伯溫，漢姓劉[383]。官至西臺侍御史。曾參修《金史》。斡玉倫徒字克莊，出身西夏儒學世家，後登進士第，官至侍御史，善於書畫[384]。孛顏帖木爾，蒙古人，曾官江西廉訪副

(續)
379 《元史》卷134，頁3251，〈禿忽魯傳〉。
380 〈元代蒙古人的漢學〉，頁111-112。
381 《吳文正公集》卷37，頁6下，〈魯國太夫人王氏墓誌銘〉。
382 同上，卷19，頁3上。
383 《道園類稿》卷42，頁1上-7下。
384 《元史》卷133，頁3254，〈朵兒赤傳〉；《書史會要》卷7，頁22下-23上。

使[385]。

　　總之，國學老師皆為漢族名公碩儒，學生因親炙名師而學有所成者較多，政治上亦有較好前程。

2. 地方官學

　　地方官學包括路、府、州、縣各級學校。兼收當地各族官民子弟。各地學生名額多寡不一，少者十數人，多者一、二百人[386]。重要地區的官學規模較大，師資較優，當地官員子弟往往就便入學。如集慶路學學生多達兩百人，因該地是江南行御史臺所在，「凡御史臺郎子弟悉從授書」[387]。

　　蒙古、色目子弟在地方官學及書院中受業於漢師者應有甚多，可惜現存記載甚少。就讀官學者僅知：

　　劉沙刺班、廉惠山海牙從學胡助：胡助，婺州東陽學者，至大、皇慶間任集慶路學學錄[388]，頗多蒙古、色目弟子，包括劉沙刺班及廉惠山海牙。廉惠山海牙，畏兀兒氏，為廉希憲之姪，至治元年進士，官至宣政院使[389]。

　　伯顏子中從學夏溥等：伯顏(1327-1379)，字子中，畏兀兒人，占籍江西進賢，自幼就讀郡學，從夏溥習，後又問學於江西進士劉聞、李廉、毛元慶。夏溥，字大志，淳安人，至治三年鄉貢進士，曾任龍興路教授[390]，伯顏子中當為其路學弟子，四度中江西鄉試。歷

385　〈元代蒙古人的漢學〉，頁196。

386　陳高華，〈元代的地方官學〉，頁160-189。研究元代地方官學者尚有胡務，《元代廟學：無法割捨的儒學教育鏈》(成都：巴蜀書社，2005)。

387　胡助，《純白齋類稿》(叢書集成)卷18，頁162-165，〈純白先生自傳〉。

388　同上。

389　《元史》卷145，頁3447，〈廉惠山海牙傳〉。

390　楊守仁，《萬曆嚴州府志》(日本藏中國罕見地方志叢刊)卷15，頁37下，

任東湖書院山長及建昌路教授，元末官至吏部侍郎，著有《伯顏子中
詩集》，爲一詩人[391]。其問學之師劉聞，字文廷，安福人，至順元
年進士[392]。李廉與毛元慶皆至正二年進士，前者字行簡，安福州(今
江西安福)人；後者字文在，吉水州(今江西吉水)人[393]。

伯睦爾師從梁寅：梁寅(1303-1389)，字孟敬，江西新喻人。
先後任教南昌宗濂書院，後以薦授建康路儒學訓導。明初徵入京考
禮制[394]。伯睦爾爲其任集慶路學時之學生，至正九年遊鍾山，從遊
弟子中有高昌伯睦爾[395]，則伯睦爾亦畏兀兒人。

以上就讀地方官學者四人中，皆色目人。劉沙剌班、廉惠山海牙
出身官宦家庭。沙剌班後來入國子學，廉惠山海牙則登進士第，並因
此而出仕，而伯顏子中屢中鄉試，亦曾入仕。而諸人在地方官學之老
師：胡助、夏溥、梁寅等皆爲享有區域性聲譽的江南儒者。可見蒙
古、色目士人至少在某些地區之官學中得到良師教導，亦有不惡的前
程。

3. 書院

書院原是學者講學之所。南宋書院的擴張與道學之勃興互爲表
裡，原爲在野學術勢力的堡壘[396]。元朝書院大體已官學化。講授內

(續)————————————————

〈人物志‧文苑〉。

391 朱善，《朱一齋先生文集》(四庫全書存目叢書)卷6，頁216，〈伯顏子中
傳〉；郎瑛，《七修類稿》(台北：世界書局，1984)卷16，丁之翰，〈伯
顏子中傳〉。

392 《元代進士輯考》，〈至順元年科〉。

393 李廉與毛元慶皆見《元代進士輯考》，〈至正二年科〉。

394 梁寅，《新喻梁石門先生集》(北京圖書館古籍珍本叢刊)卷首，頁1上-5
上，石光霽，〈石門先生行狀〉。

395 《新喻梁石門先生集》卷4，頁30上-30下，〈遊鍾山〉。

396 Linda Walton, *Academies and Society in Southern Sung China*(Honolulu:

容與官學並無不同，而教師與地方官學同爲官僚系統的一部分[397]。僅有少數書院保持獨立講學精神。

蒙古、色目子弟就讀書院者現僅知二例：

(1)哲理野臺就讀西湖書院

哲理野臺，字子正，蒙古脫托歷氏，出身西湖書院[398]。後中至順元年進士，任丹徒縣達魯花赤[399]。

(2)雅志就讀宗濂書院

雅志，畏兀兒氏，爲梁寅在宗濂書院之學生，中至正七年(1347)江西鄉試《易經》考試第一[400]。雅志爲伯顏子中之弟[401]。伯顏(1327-1379)，字子中，爲元明之際的著名遺民，畏兀兒人，貫進賢[402]。雅志之族屬及里貫應相同。梁寅有〈送貢士顏子中〉詩[403]，可見梁寅與子中亦有交誼。

以上二人中，蒙古、色目各一名。後皆走上科舉之路，一爲進士，另一爲鄉貢進士。總之，書院與地方官學相同，並非學生求學之終站，不少蒙古、色目學生升入國子學或自科舉入仕[404]。

前文顯示：蒙元朝廷雖未專爲外來統治族群設計特殊機制，研習

（續）

　　　University of Hawaii Press, 1999), pp. 199-214.

397　關於元代院，參看張斐怡，《元代江南書院的發展》，新竹：國立清華大學歷史研究所碩士論文，1998；徐梓，《元代書院研究》(北京：社會科學文獻出版社，2000)。

398　金涓，《青村遺稿》(金華叢書)，頁2上，〈送楊仲彰歸東陽詩卷序〉。

399　《至順鎮江志》卷16，頁5上。

400　《新喻梁石門先生集》卷首，頁1上-5上，石光霽〈石門先生行狀〉。

401　《朱一齋先生文集》卷6，頁216，〈伯顏子中傳〉。

402　蕭啓慶，〈元明之際的蒙古、色目遺民〉，頁119-154。

403　《新喻梁石門先生集》卷4，頁30上-30下。

404　梁庚堯，〈宋元書院與科舉〉，收入宋史座談會編，《宋史研究集》(台北：蘭臺出版社，2003)，頁49-124。

蒙古、色目子弟融入中原固有教育體系。但在現存機制中，蒙古、色目子弟仍有足夠就學、拜師或問學的機會。透過這些機制，漢族老師造就了不少蒙古、色目漢學人才，引入士人文化之主流。但在從師研習的歷程中，蒙古、色目族群的上下層卻有求學機會多寡的不同及時間先後的落差。蒙古、色目官宦子弟研習漢學起步較早，求學機會較多，因而轉化為士人者時間較早，人數亦眾。而下層子弟研習漢學起步較晚，獲得良師教導的機會亦較少。不過，蒙古、色目下層子弟仍是屬於征服族群，在漢族士人所設門館、州縣學校及書院中仍有一定求學機會，非漢族下層子弟可以比擬。以致在元代中後期，不少出身中下層之蒙古、色目子弟因受漢師教導，亦諳通漢學，躋身士人行列。

三、蒙古、色目士人為師

元朝早期蒙古、色目士人任教者甚少，但在中後期卻有很大變化，蒙古、色目人在漢學中浸潤日深後，不少士人或擔任學官，或開館講學，或創建書院以培植子弟，教化鄉里，更有少數學術藝文享有盛譽者而為漢族士人之業師。

(一)私學

1.家塾與門館

開館授徒的蒙古、色目人大都出身中下層家庭，究其執教原因，多屬下列三類：

第一，平民學者：這類教師既無家世憑藉，又乏科場志趣，現知有李公敏與伯顏宗道二人：李公敏，于闐人，據說其學「日肆以衍，浸漬乎六經，汪濊乎百家，蔚然而為儒者」，「教授於青齊之間」，

因而聞名並獲薦入仕[405]。

伯顏宗道的師從黃坦已久見述。學成後，講學於家。潘迪〈伯顏宗道傳〉對其講學的情況描述頗詳：

> 講授之際，令弟子執書冊，侯(指伯顏)端坐，剖析朗然，其傍子、史與其注文，皆哩識無遺，由是人大服之。所居有小齋曰「友古」，學者雲集，村落寄寓皆滿，其後來者日眾，則各爲小房，環所居百餘間，檐角相觸，駢集如市……於是顏先生之名溢於河朔，雖田夫市人亦皆知之[406]。

可見伯顏宗道是一位生徒極眾的河朔名師，講學的盛況不亞於當代漢族大儒。後被召爲校官，不就。至正四年詔徵爲翰林待制，與修《金史》，書成，以疾辭歸。陳垣稱讚伯顏宗道說：「伯顏學無師承，崛起鄉里，講求實用，自成一家，譬之清儒，於顏元爲近，而魄力過之，所謂平民學者也」[407]。

第二，年輕貧士：現知有余闕、邁里古思。余闕出身廬州布衣家庭，少年喪父，年十三始能就學。早年授徒養母[408]。邁里古思(？-1358)，西夏人，居松江(今江蘇松江)，早年亦因家貧而授徒養母[409]。余闕、邁里古思後皆登科第而放棄教職，可見開館授徒是貧寒蒙古、色目年輕子弟爲維持家計而採取的不得已措施。

---

405 《石田先生文集》卷9，頁182，〈送李公敏之官序〉。
406 潘迪，〈伯顏宗道傳〉，頁226-227。
407 《元西域人華化考》卷2，頁15下。
408 《宋濂全集》第1冊，頁245-248，〈余左丞傳〉。
409 《東維子文集》卷24，頁6上-7下，〈西夏侯邁公墓誌銘〉。

　　第三，離亂士人：這類士人雖具有家世或科名，卻因戰亂而執教，有張吉及丁鶴年：張吉，原名長吉彥忠，西夏氏，貫杭州。登至正十七年進士第[410]。授宣城錄事，因亂棄官，奉母教授華亭[411]。丁鶴年於大亂起後，避亂東下，流落浙東，「旅食海鄉，為童子師」[412]。

　　以上顯示：執教私學的蒙古、色目士人大都出身中下層家庭。有的因家貧或戰亂而任教。有的則不欲出仕，而以弘揚斯文為己任。

2. 問學與授業

　　與漢族著名士大夫相似，少數成就卓著，聲譽較高的蒙古、色目士人雖未擔任教職，卻有漢族門人追隨，傳承其藝文：

　　高克恭，郭畀師事之，甚得其筆法[413]。畀，丹徒人，江浙行省掾史，善畫竹石窠木[414]。其題〈高尚書秋山暮靄圖〉有句云：「高侯丘壑心，點墨悟三昧」[415]，甚為欽佩。

　　貫雲石為元代著名曲家。據說南曲四大聲腔之一的海鹽腔係由貫雲石所創製，而由楊梓所推廣。楊梓，海鹽人，出身澉川海運世家，累官杭州路總管，擅長劇曲[416]。與貫雲石的關係在於師友之間，這段友情有助於海鹽腔的創始[417]。

---

410 《萬曆杭州府志》卷56，頁23上，〈選舉志〉。
411 《梧溪集》卷5，頁546上，〈儉德堂懷寄〉之四；卷4，頁489上，〈贈張俊德教諭彥中錄事〉。
412 《九靈山房集》卷19，頁1上-4上，〈高士傳〉。
413 《元詩選》二集上，頁340，〈郭掾郎天錫〉。
414 《圖繪寶鑑校勘與研究》卷5，頁8下。
415 郭畀，《快雪齋集》（台北：臺灣學生書局，1973），頁16-17。
416 楊鐮，《貫雲石評傳》，頁44，199-202。姚桐壽，《樂郊私語》（鹽邑志林），頁7上，〈楊氏樂府〉。
417 另說海鹽腔係由南宋張鎡所創製，出於明李日華，《紫桃軒雜綴》，楊鐮已證明該說不確。

巎巎是元代書學大家，擁有不少漢族弟子。明初解縉〈書學源流詳說〉云：「子山(巎巎字)在南臺時，臨川危太樸(素)、饒介之(介)得其授傳。而太樸以教宋璲仲珩、杜環叔循、詹希元孟舉。孟舉少親受業子山之門。介之以授宋克仲溫」[418]。總之，巎巎之書藝又經由危素(1303-1372)、饒介(？-1367)之傳承而成為元末、明初的主流[419]。

回回、巎巎兄弟與楊載父子互為師生：前文指出：書法大家巎巎曾從趙孟頫遊，請教書道。此事藝術史學者多知之。但巎巎早年之老師為何人則無人言及。近在唐桂芳〈贈陳生自新序〉中發現下列記載：

> 猶記編修楊公仲弘(仲原誤作何)以詩顯，高弟平章喀喇子山
> 得楊公之學而益顯。編修歿，平章盡以家學傳其子遵道，凡
> 經指畫口講，悉有法度可觀，平章之力也[420]。

按喀喇即康里，為巎巎之族屬，子山為其字。可見巎巎為楊載弟子。楊載(1271-1323)，錢塘人，字仲弘，元詩四大家之一。早年薦授翰林編修。後登延祐二年(1315)進士第。官至寧國路推官。亦曾受業於趙孟頫[421]，故與巎巎既為同門，又為師生。楊載有子三人，選、

---

418 解縉，《文毅集》(四庫全書)卷15，頁17上-20上。
419 盧慧紋，《元代書家康里巎巎研究》，頁88-99；黃惇，《中國書法史·元明卷》(南京：江蘇教育出版社，2001)，頁79-82。
420 唐桂芳，《白雲集》(四庫全書)卷5，頁17下。
421 楊載，〈趙公行狀〉，明初刻本《松雪齋集》附錄，收入《全元文》第25冊，頁579-587。

遵、迪[422]。唐桂芳所謂「遵道」，當即楊遵，遵，字宗道，善篆、隸[423]。其弟楊迪又爲巎巎之兄回回門生，任吏於績溪。回回卒後，迪爲其撰寫行狀[424]。回回(1291-1341)，字子淵，官至中書右丞。楊載《楊仲弘集》中有關巎巎家族的詩篇頗多，可見楊載與此一顯赫之色目家族關係極爲密切。回回、巎巎兄弟與楊載父子間兩代互爲師生，爲元代多族士人圈中之一佳話。

盛熙明，曲先(今新疆庫車)人，官不過奎章閣書史，卻多才藝，《書史會要》稱其「篤學多材，工翰墨，亦能通六國書」[425]。著有《法書考》，是一部書論匯編，曾進呈順帝，留中備覽。其弟子中有葉芝，寧海人，爲宋季參政葉夢鼎之後[426]。或亦傳其書學。

余闕爲元朝後期才藝較廣，政治地位較高的色目士大夫，而且喜教導弟子，「每解政，開門授徒，蕭然如寒士」[427]。其漢族弟子有汪廣洋、郭奎、吳去疾、程文等人。汪廣洋(？-1379)，字朝宗，高郵人，居太平，後爲明太祖開國功臣，官至中書右丞相[428]。郭奎(？-1365)，巢縣人，嘗從余闕治經，後入朱元璋幕，至正二十五年被處死，著有《望雲集》，余闕之文集即爲其所編[429]。吳去疾，安慶人，至正十三年知泰和州[430]。程文(1289-1359)，字以文，婺源人，

---

422 《金華黃先生文集》卷33，頁4上-5上，〈楊仲弘墓誌銘〉。
423 《書史會要》卷7，頁13上。
424 《宋濂全集》第1冊，頁267，〈康里公神道碑〉。
425 《書史會要》卷7，頁17上；陳高華，〈曲先學者盛熙明〉，頁444-446。
426 《羽庭集》卷2，頁13下，〈三秀齋爲寧海葉芝賦〉。
427 《宋濂全集》第1冊，頁245-248，〈余左丞傳〉。
428 錢謙益，《列朝詩集小傳》(上海：古典文學出版社，1957)，頁78。
429 《明史》卷285，頁7311，〈文苑傳〉。
430 唐伯元，《泰和志》(中國方志叢書)卷9，頁8上，〈名宦傳〉。

以禮部侍郎致仕，有〈奉寄安慶師青陽公(三首)〉[431]，可知其爲余闕弟子。

斡玉倫徒的高麗弟子朴仲剛：朴仲剛，高麗密陽人。至正六年仲剛持翰林應奉張翥(1287-1368)之書拜謁朱德潤(1294-1365)，稱其爲淮西廉訪使斡玉倫徒之門人。除向德潤問學外，又告以其父質夫守其祖母盧墓事，德潤爲其作〈盧墓圖〉，並撰記表揚朴質夫之純孝出於天性[432]。斡玉倫徒字克莊，出身西夏儒學世家，後登進士第，官至侍御史，善於書畫[433]。朱德潤爲一畫家，又善詩，並曾任征東行省儒學提舉，諳於高麗事務，這或爲張翥引介之原因。元代高麗爲廣義之漢人。

脫寅與其弟子陳士文：脫寅(因)，字正己，一字宗道。自號蒙谷子。蒙古氏，家於隨州。據說他「爲人豪邁，衣冠仍本俗，而所守方介，讀書論道，恬然自樂」[434]。至正三年(1343)朝廷以遺逸召，授集賢待制，以大臣禮數未盡而辭歸[435]。名士大夫揭傒斯爲他著〈蒙谷子傳〉，梁寅爲他題〈蒙谷子圖〉，而劉基與他唱和，稱他「索居守寒素，久已忘世機」[436]，顯然爲一漢族士人尊敬的蒙古隱士。陳士文爲其門生，任江西省掾，梁寅題〈蒙谷子圖〉即出於士文之請求。

上列爲師的九人中，高克恭、貫雲石、嶧嶧、回回、余闕、斡玉

431 佚名編，《詩淵》(北京：書目文獻出版社，1984)第1冊，頁692。

432 《存復齋續集》，頁11下-12下，〈密陽朴質夫盧墓圖記〉。

433 《元史》卷133，頁3254，〈朵兒赤傳〉；《書史會要》卷7，頁22下-23上。

434 《新喻梁石門先生集》卷4，頁29下-30下，〈題蒙谷子圖〉。

435 權衡著，任崇岳箋證，《庚申外史箋證》(鄭州：中州古籍出版社，1991)，頁49。

436 劉基著，林家驪點校，《劉基集》(杭州：浙江古籍出版社，1999)卷20，頁356-357，〈次韻和脫因宗道感興三首〉。

倫徒不僅爲地位頗高的官宦，而且在學術、文學或藝術的領域中皆有甚高成就，足以與當時第一流漢族士大夫相頡頏，其能吸引年輕漢族士人爲門生，並不意外。盛熙明雖然屈身小吏，但在書學上有特殊成就，爲當代漢族名公士大夫所盛稱[437]。而脫寅雖爲一隱逸，卻也負有朝野敬重的盛名。

（二）官學

元朝採行科舉後，投身場屋的蒙古、色目子弟數以萬計，其中大多數在鄉試或會試中名落孫山，無法入仕。元廷爲安撫落第士人，尤其是新興的蒙古、色目士人，屢次頒布「恩例」，優待鄉試中式而在會試落第的鄉貢進士，及至正年間增置的鄉試備榜，授予學官[438]。學官之職，位低祿微。世家子弟對此自然不值一顧，但對不享蔭襲特權而又無法考中進士的中下層子弟而言，仍不失爲一出路。

現知江浙行省蒙古、色目鄉貢進士或備榜出任學官者有：

答瀾，字天章，畏兀兒人，至治三年(1323)鄉貢進士，授鎮江路學正[439]。

哲馬魯丁，字師魯，回回人。兩中鄉試，泰定三年(1326)任鎮江教授[440]。

察罕不花，字君白，蒙古人。三中鄉試，泰定三年(1326)任江陰教授[441]。

伯顏，字守仁，蒙古氏，籍淳安，至正四年(1344)、十年(1350)

---

437 盛熙明，《法書考》(四部叢刊)卷首虞集、歐陽玄、揭傒斯序。
438 《元史》卷81，頁2026-2027，〈選舉志〉。
439 《至順鎮江志》卷17，頁20下，〈學職〉。
440 《至順鎮江志》卷17，頁20上，〈學職〉。《元詩選癸集》上冊，頁335。
441 陸文圭，《牆東類稿》(四庫全書)卷17，頁4上，〈察罕布哈教授滿別〉。

兩中鄉試，歷任宗晦等書院山長、平江路教授[442]。

邁里古思，初中鄉試備榜，授黟縣教諭[443]。後於至正十四(1354)年登進士第。

買閭，字兼善，回回人，家上虞，至正二十二年(1362)鄉貢進士。歷任尹和靖書院山長，嘉興路儒學教授[444]。

浦博，字仲淵，漢姓浦，阿魯溫人。至正二十二年江浙鄉試一榜，辟德清教諭，轉嘉興[445]。

卜元吉，唐兀氏，鄉試副榜，任翁州書院山長[446]。

博淵泉，蒙古人，原名不詳。屢中鄉試。任集慶路學教授[447]。

阿魯溫沙，字守中，燕山人，應爲回回，任高節書院山長[448]。

江西行省出任學官之鄉貢進士及備榜亦有不少：蒙古人燕直鐵睦(貫新建縣，至元元年〔1335〕任龍興路學正)、賽輔庭(龍興路錄事司，至元元年任瑞州路學正)、哈直(龍興路錄事司，至正四年〔1338〕四舉任南豐路學正)、囊加德普化(龍興路錄事司，至正四年，任盱江書院山長)、德禮悅實(龍興路錄事司，至正四年，任袁州南軒書院山長)[449]。

河南行省現知僅有完迮□先(1305-？)，字進道，蒙古忙兀臺

---

442 〈元代蒙古人的漢學〉，頁180-181。

443 《東維子文集》卷24，頁6上-7下，〈西夏侯邁公墓誌銘〉。邵亨貞，《野處集》(四庫全書)卷2，頁4下-5下，〈進士吳善卿赴黟縣教諭釀鹽序〉。

444 《梧溪集》卷4，頁517，〈贈買閭教授〉；卷5，頁524，〈懷哲操〉。

445 《宋濂全集》第2冊，頁706-707，〈西域浦氏定姓碑文〉。

446 《天臺山方外志》卷10，頁5下，〈隱士考〉。

447 陶安，《陶學士集》(四庫全書)卷5，頁18下，〈送集慶教授博淵泉〉。

448 《滄遊集》卷上，頁254。

449 葉舟，《康熙南昌郡乘》(北京圖書館古籍珍本叢刊)卷21，頁317，〈選舉〉。

氏，貫沔陽府景陵縣。中至治三年(1323)河南鄉試，授陳州學正。後登元統元年進士第。

總之，後期學官中，以鄉貢進士或備榜身分出任的蒙古、色目士人甚多[450]。上列十八人，主要出身江浙、江西，而河南亦有一人。按規定：其他各省的情況亦應如此，可惜缺乏記載。出任學官固然多因在科場中未能揚眉，但也反映出甚多出身中下層家庭之蒙古、色目士人已充分掌握漢學，勝任漢族子弟之教師。

(三)建置書院

蒙古、色目人以地方官員的身分修建不少書院及地方官學，但這僅是履行職責，未必是熱心文教，更不可能長期贊助，在此略而不論。以下僅論列以私財創建書院及義學的蒙古、色目人。

創建書院者之蒙古、色目人有：

勗實帶(1257-1311)，怯烈氏，世為砲手軍總管，居河南鳴皋鎮。早年從軍平宋，所至唯取圖書，歸後建立學校。為屋五十楹，割田千畝，以為學產[451]。其子慕顏鐵木復建稽古閣，貯書達萬卷。延祐間，奉敕賜名「伊川書院」[452]。勗實帶善詩，著有《伊東拙稿》。

紐憐，字達可，為生長四川之蒙古人，官至秘書太監[453]。以私財於文翁之石室、揚雄之墨池及杜甫草堂分別建立書院。更遍歷東南，收書三十萬卷，連艘載歸，一時傳為盛事。名儒劉岳申應邀撰寫〈西蜀石室書院記〉[454]，名流虞集等皆賦詩歌頌。

---

450 此外，亦有失意士人暫時以教職棲身。詩人迺賢即為一例。《羽庭集》卷5，頁45上，〈送陸德陽攝東湖書院序〉。

451 《程雪樓文集》卷22，頁6下-8上，〈故砲手總管克烈君墓銘〉。

452 〈元代蒙古人的漢學〉，頁124。

453 〈元代蒙古人的漢學〉，頁127。

454 《申齋劉先生文集》卷6，頁24下-26上，〈西蜀石室書院記〉。

千奴(1254-1325)，欽察伯牙吾氏，出身將家，武宗時拜平章政事，地位甚高，延祐五年(1318)致仕。退居濮上，於歷山(河南范陽)下，聚書萬卷，出私田百畝給養之。延曹州范秀爲師。其子弟「凡勝衣者悉就學」，其「鄉鄰凡願學者皆集」。元廷賜額稱歷山書院，並由程鉅夫作記，稱千奴「篤於學問，博通古今，有經濟之具」[455]。

亦納脫脫(1272-1327)，出於康里氏國王家族，武宗潛邸舊臣，官至中書左丞相，權勢頗爲顯赫[456]。脫脫於皇帝所賜宣德(河北宣化)官家莊建立精舍，延師教其二子及鄉人子弟，元廷賜額「景賢書院」，並設學官[457]。

唐兀崇喜建義學爲書院事，已前見文，茲不贅。

義學初興於北宋，含有推廣教化與以富資貧的意義[458]。但性質與書院差別不大。元代義學往往是書院之基礎，經朝廷賜額後即成爲書院。興建義學之色目人有馬祖常、張訥及沙班：

馬祖常於元統元年辭歸故里光州後，捐其祿賜之入，置田畝一百五十號，曰「賜金莊」。至元四年(1338)祖常逝後，其子構築學舍其上[459]。

張訥，西夏氏，居保定，官至河南行省參政，以母憂棄官。後至元四年(1338)建義學於其家[460]。

---

455 《元史》卷134，頁3257-3259，〈千奴傳〉；《程雪樓文集》卷12，頁13下，〈歷山書院記〉。

456 《元史》卷138，頁3321-3326，〈康里脫脫傳〉；《金華黃先生文集》卷28，頁1上-12上，〈康里氏先塋碑〉。

457 《金華黃先生文集》卷8，頁10下-12上，〈丞相冀寧文忠王祠堂記〉。

458 梁庚堯，〈宋代的義學〉，《臺大歷史學報》第24期(1999)，頁177-224。

459 《伊濱集》卷19，頁8上-9上，〈賜金莊義學記〉。

460 《申齋劉先生文集》卷6，頁21下-23上，〈瑞芝堂記〉。

　　沙班，字子中，色目人。泰定四年(1327)進士，歷任建寧、建康路經歷、縣達魯花赤。既致仕，熱心興學，至正十一年(1351)於杭州創立中興義塾。劉基撰〈沙班子中中興義塾詩序〉讚美其事[461]。陳垣稱讚沙班爲「離卻政權而特注意於社會教育者」[462]。

　　以上蒙古、色目人創建書院及義學者共八例。創建者大都爲達官貴人。可見不少蒙古、色目官貴已具有建立學校以教導子弟並教化鄉里之使命感。這些學校所收學生應多爲漢族，但得益最多者當爲創建者之子弟，以致其子弟多具有較高之漢學造詣。如千奴之子孛顏忽都爲泰定四年進士[463]。沙班子中之子善材、善慶同登至正十一年進士第。亦納脫脫之子鐵木兒塔識(1302-1347)與達識帖睦邇(？-1364)皆爲順帝朝儒相。而唐兀崇喜之姪楊大本更於明初膺任禮部侍郎[464]。皆與其祖先重視教育有關。

　　在上述書院創建者之中，情形最爲特殊也最具歷史意義的是唐兀崇喜。其家族之最高官職不過百戶，爲一下級軍官家族。卻盡三代之力建成崇義書院，教育鄉里子弟。其本家子弟，亦晉身士人階層，延續至明代。楊氏家族的歷史顯示建校興學並不侷限於高官貴族之間，而在元末的中下層蒙古、色目人之中已成爲一個新的社會文化動向。

　　蒙古、色目士人躋身教師的行列是元代中期，尤其是後期的新現象。這一現象顯示：蒙古、色目人中，不僅研習漢學者日眾，而且精通士人文化者日多，足以成爲漢族子弟之師表。這些成爲師表的蒙

---

461 《劉基集》卷2，頁67。

462 《元西域人華化考》卷2，頁11上。

463 《東維子文集》卷24，頁16下-17上，〈孛元卿墓誌銘〉。

464 《元代西夏遺民文獻〈述善集〉校注》，頁274，平昇，〈楊氏重修家譜序〉。

古、色目士人，有些是漢學傳統累積深厚的世家子弟，有些則是出身中下層家庭的貧士，反映蒙古、色目士人已達到可觀的數目，而士人文化在這兩個族群之中已具有較為廣闊的基礎。

四、師生之情誼

由於族群等級制度的影響，蒙元時代漢族與蒙古、色目人之間原有明顯的政治與社會區隔，師生關係卻為族群交融提供突破口，以士人文化成為族群間交往的一個基礎。

師生關係是一種學問與倫理的結合，不因族群歧異而有所不同。漢族老師不因學生屬於異族而在教學方面有所怠忽，而蒙古、色目學生亦不因族群政治地位的優越而減少對漢族老師的崇敬。如王鶚、許衡所教皆為貴族子弟，而其弟子對他們皆甚崇敬。

王鶚受忽必烈之命教導蒙古生闊闊等，王鶚南返，闊闊「思慕號泣，不食者累日，世祖聞而異之」[465]。後王鶚再度任教，闊闊每日盛裝赴學，鶚責之曰：「誇衒鮮華以益驕貴之氣，恐窒於外而塞於中，道義之言，無自而入，吾所不取也」。據說闊闊深自悔悟而素服受教。可見闊闊對其師極願聽從教誨。

許衡執教國子，恪守師道，對學生「待之如成人，愛之如子，出入進退其嚴若君臣」。學生對他極為敬畏，康里不忽木即是如此。姚燧撰不忽木神道碑說：

> （指許衡）每令諸生值日，以謝客至。公（指不忽木）則持書崇朝放夕，坐中門不移，否則擁篲播灑，褰帘操杖。（許衡）出

---

465 《元史》卷134，頁3250，〈闊闊傳〉。

則乘馬導前，無馬徒從，循循安之，其敬以孝，猶子事父，
唯恐斯須仁義之言不聞，道德光輝不接也[466]。

不忽木對許衡不僅「其敬以孝，猶子事父」，而且唯恐錯失聆聽其道
德教訓的機會。不忽木對許衡之崇敬，亦可自其在忽必烈面前維護乃
師之言看出。據趙孟頫之記載：忽必烈對不忽木表示，許衡論述治道
的見解不及不忽木。不忽木爲乃師辯解說：

臣師見理甚明，臣之所聞知，何足以跂其萬一，第臣師起於
布衣，君臣分嚴，進見有時，言不克究。臣賴先臣(指其父
燕眞)之力，陛下撫臣兄弟如家人、兒子，朝夕左右，陛下
又幸聽其言，故得盡言至此[467]。

在這段對白中，不忽木指出其本人及乃師與大汗之關係親疏不同，發
言效果因而有異。實際上，自己的學識見解不及老師的萬分之一。這
段辯解有力化解忽必烈對許衡見解不高的疑慮。不忽木後來成爲重要
儒相，與許衡之教導大有關聯。

漢族門人對於多才多藝的蒙古、色目老師亦是同樣欽佩，可由戴
良(1317-1383)對余闕態度看出。戴良，浦江人，原爲浙東名學者柳貫
(1270-1342)、黃溍之弟子。他於余闕任浙東廉訪僉事時拜其爲師[468]。
所撰〈余闕公手帖後題〉對余闕之學藝所作評價爲：

---

466 《元朝名臣事略》卷4，頁61，此碑不見於姚氏《牧庵集》。
467 《趙孟頫集》卷7，頁159-160，〈文貞康里公碑〉。
468 《九靈山房集》卷30，頁428-430，趙友同，〈戴公墓誌銘〉。

良獲拜於雙溪之上，而師焉焉問，於是知公學問該博，汪洋無
涯。其證據今古，出入經史百子，疊疊若珠比鱗列。爲文章操
紙筆立書，未嘗起草，然放恣橫從，無不如意。至古詩詞，尤
不妄許可，其視近代諸公蔑如也。他若篆、隸、眞、行諸字
畫，亦往深到，有漢、晉作者之遺風。嗚呼，其盛矣[469]！

可見戴良對余闕學藝之博，造詣之高，極爲佩服。他向余闕請教的是
作詩之法，遂成爲元明之際著名詩人。

　　各族師生間的情誼反映於詩文唱和上，茲以虞集及其學生、遒賢
與其老師分別代表國子學及民間師生間的關係。

　　在其國子學弟子中，虞集與劉沙剌班交往最密。沙剌班歷官各
地，始終與虞集唱和不輟，至正五年(1345)任江西廉訪使，其時集已退
隱家居，二人過從尤密。《道園類稿》中所載與沙剌班唱和及相關詩文
多達八篇，包括爲其父作神道碑，爲其詩集作序，畫像作贊等[470]。雖
然沙剌班詩文現已失傳，無法窺見其對虞集之觀感，但由虞氏詩文看
來，師生之間情誼極篤。斡玉倫徒與虞集唱和之密不下於沙剌班。虞集
曾爲斡玉倫徒之祖先西夏大儒斡道沖之畫像作贊，贊中提及「奎章閣典
籤玉倫都嘗以《禮記》舉進士，從余成均，於閣下又爲僚焉」[471]。故
虞、斡二人間，不僅有國子學之師生關係，亦爲奎章閣之僚屬。斡玉

---

469 《九靈山房集》卷13，頁199-200。
470 《道園類稿》卷4，頁21下，〈題劉伯溫監憲所藏雪山圖〉；卷5，頁2下，
　　〈次韻劉伯溫送王止善員外詩四首〉；卷8，頁1上，〈題劉伯溫行卷〉；
　　卷8，頁21上，〈謝劉伯溫〉；卷15，頁26下，〈劉伯溫畫像贊〉；卷19，
　　頁1上，〈劉公伯溫學齋吟稿序〉；卷39，頁19下-24下，〈江西僉憲劉公
　　去思碑〉；卷42，頁1上-7下，〈彭城郡侯劉公神道碑〉。
471 《道園學古錄》卷4，頁20下，〈西夏相斡公畫像贊〉。

倫徒自號「海樵子」，集爲之作「海樵說」[472]。並曾爲作硯銘。虞集的蒙古學生孛顏帖木爾在集晚年鄉居時任江西廉訪副使，曾往謁訪。集所賦詩中有「韋編猶記成均舊」，「師友道存風義重」之句[473]，正顯示師友關係是基於道義的結合並且歷久而彌新。

詩人迺賢半生布衣，長年鄉居，始終與其師鄭覺民維持親密關係。至正五年迺賢離鄞北赴大都覓職，覺民撰〈送迺賢易之游京師序〉壯其行色。在此序中，覺民首先敍述二人之關係：

> 予之與易之也，固未嘗有一言之益，一善之及也。而易之屬
> 屬焉視予而相師之。予固貧病之甚者，無名聲祿位可以借貸
> 於人，易之甘心若將終身焉！是能以道義扶世教、敦薄俗
> 矣！得不舉其善而贊之，發其未及而進之乎[474]？

可見二人之師生關係以道義，而不以勢利爲基礎。接著規勸迺賢遠遊在外應以志盈氣矜爲戒。

迺賢滯留大都期間，曾賦〈病中送楊仲如度文歸四明兼簡鄭以道先生〉七律，末兩句爲「鄭公鄉里若經過，爲道相思夜雨前」[475]，表達其對老師想念之情。

至正二十三年(1363)迺賢再次離鄉，受召出仕任翰林編修。覺民

---

472 《道園類稿》卷39，頁1上。
473 《道園遺稿》(北京圖書館古籍珍本叢刊)卷8，頁38上，〈憲副孛顏帖木兒行部過訪〉。
474 王應麟撰，葉熊輯，《四明文獻集》(上海：上海書店，1994)卷21。
475 迺賢，《金臺集》(汲古閣元人十種詩，北京：中國書店，1990)卷2，頁18上。

又爲其撰寫〈送迺賢易之赴任編修序〉[476]，勗勉其弟子當有用於天下。可惜別後一年，覺民即已逝世，而其後四年迺賢亦死於敗軍之中，下距元亡不過三月而已。覺民次子鄭真於明初訪求迺賢末年事跡，並詳記於〈濠梁錄〉中，可謂兩代情誼[477]。

　　師生之情不因死生間隔而中斷。老師卒時，學生自然表露沉痛悼念，如偰百遼遜之塾師曾文偉死於杭州，百遼遜因不能奔喪而寫下〈哀曾先生〉詩：

　　盧墓事終慚子貢，麥舟誰復是堯夫。
　　吞聲獨有巫陽些，欲託江流知聽無[478]？

百遼遜在詩中表達不能與爲孔子守喪的子貢相比而又招魂無術的愧意。

　　畏兀兒詩人伯顏子中死前對其老師夏溥的訣別詩，也反映師生間的死生情誼。子中於元亡後堅拒仕明，遁跡江湖凡十年。最後因抗拒徵召而飲酖自盡，以全志節，死前作〈七哀詩〉，哭別父、母、師、友，其五「哭師」：

　　我師我師心休休，教我育我靡不周。
　　四舉濫叨感師德，十年苟活貽師羞[479]。

---

476 《四明文獻集》卷21。
477 鄭真，《滎陽外史集》（四庫全書）卷98，頁8上；楊鐮，《元西域詩人群體研究》，頁416-444。
478 《近思齋逸稿》（無頁數）。
479 《朱一齋先生文集》卷6，頁216，〈伯顏子中傳〉。

既感謝培育之德，亦表示未能及早盡節而使老師蒙羞，故以「嗚呼我師今毋我惡，舍生取義未遲暮」作結，顯示捨生取義亦是爲報答師恩。

讀書、著書與刊書是士人的立命所在與主要活動。各族師生間的共同志趣與深厚情誼最能反映於相互贈序題跋及編刊著作。下文將有較詳之論述，在此從略。

師生關係亦構成各族士人間其他關係的基礎，如姻戚、同門等。如火魯忽達早年就讀於松江曹知白學館，而曹知白以女妻之[480]。知白雖未必親自執教，但身爲家塾主人，與火魯忽達具有師生關係。又如回回詩人丁鶴年深得其師周永言之喜愛。永言欲妻以愛女。雖然鶴年由於家庭因素並未聽從師命[481]，但是不見於記載的這類姻緣應有不少。

凡屬同一師門之各族士人應有一定程度之情誼，如元統元年(1333)右榜進士月魯不花與同年左榜狀元李齊(1301-1353)皆爲韓性弟子，月魯不花出身蒙古四大家族之一的遜都思氏，門第潢貴，而李齊則爲一「家甚貧，客授江南」的漢人子弟[482]。二人之背景雖然迥異，對其老師卻皆敬愛。韓性晚年，李齊任南臺御史，曾向朝廷「力舉其行義」，而月魯不花則在乃師身後以御史身分爲其請得「莊節先生」的諡號[483]。總之，師生關係顯然有助於破除族群、地域、社會等級的隔閡，成爲多族士人圈的重要基石。

---

480 《玩齋集》卷10，頁15上-17下，〈貞素先生墓誌銘〉。
481 《九靈山房集》卷19，頁1上-4上，〈高士傳〉。
482 《元史》卷194，頁4394，〈忠義傳二〉。
483 《元史》卷190，頁4343，〈儒學傳二〉。

五、結語

蒙元時代百餘年間，師生關係在多元民族社會中發揮重大的作用。在多民族、多文化的接觸與激盪中，漢族老師扮演文化傳播、「用夏變夷」的主力。在他們引導下，不少蒙古、色目人走入中原文化的主流，其中一小部分並登入其殿堂。在蒙古、色目族群中，這一過程不斷擴散，由社會上層蔓延至下層，形成一個人數不少的士人群體，成為維護士人文化的生力軍。當時漢族在政治上處於弱勢地位，而士人文化受到蒙古統治者的忽視與外來文化的挑戰，卻始終能維持主流的地位，蒙古、色目生力軍的協力護持是一重要因素。

師生關係不僅為士人圈提供文化基礎，而且在儒家倫理規範下，也成為其最強固的一環。師生關係本身超越族群鴻溝，而且具有擴散性，可向同門、姻戚等關係發展，使士人社會網絡更趨緊密。這一網絡是當時族群統合的主要力量，而師生關係正是這股力量的來源。

第四節　座師門生與同年

一、引言

隋唐時代，科舉制度下座主、門生及同年之關係是士大夫政治社會網絡的重要部分。唐朝座主與門生利害相結很深。宋人華鎮說：「當是時謂南宮主文為『座主』，謂登第進士為『門生』，上之人榮得士之明，下之人懷藻鑑之德，揚揄品目，至於終身，敦尚恩紀，子孫不替」[484]。明大儒顧炎武(1613-1682)認為這種「受命公朝，拜恩

---

[484] 華鎮，《雲溪居士集》(四庫全書)卷24，頁7上，〈上門下許侍郎書〉。

私室」(華鎮語)的關係是朋黨之禍的由來[485]。北宋爲加強君主專制，強力壓制這種師生關係，廷試制度創立的一個宗旨便是消除門生爲座主報恩的基礎，卻並未能鏟除座主與門生間的恩情。至於同年關係可說與座主、門生關係相平行。北宋柳開(947-1000)說：

> 同時登第者，指呼爲「同年」。其情愛相視如兄弟，以至子孫累代，莫不爲暱比，進相援爲顯榮，退相累爲黜辱。君子者成眾善，以利民與國；小人者成眾惡，以害國與民[486]。

同年的聚會，除去聯誼外，亦有政治結盟的意蘊[487]。

元朝的科舉制度不及唐宋重要，施行時間甚短，規模始終不大。元朝開科甚晚，乃因當時環境對科舉取士頗爲不利。元世祖忽必烈(1260-1294在位)立國中原後，表面上採用中原的中央集權官僚制，但未揚棄蒙古傳統的「家產制」，在官僚制的表象之下，政府用人著重「根腳」(根源、出身)，高官厚祿幾乎爲少數「大根腳」家族所壟斷[488]，輔以具有實用才能的胥吏。故其用人方法與科舉之著重憑才取人，可說南轅北轍，難以吻合。即在元仁宗愛育黎拔力八達(1311-

---

485 顧炎武，《日知錄集釋》(台北：世界書局，1962)卷17，頁407-409，〈座主門生〉。

486 柳開，《河東集》(四庫全書)卷9，頁3上，〈與朗州李巨源諫議書〉。《四部叢刊》本《河東先生集》卷9所錄微見異文，引文中「以至子孫累代，莫不爲暱比」即作「以至子孫親屬，多不爲暱比」，文意大不相同，應以《四庫全書》本爲是。

487 歐陽光，〈宋元科舉與文人會社〉，收入歐陽氏，《宋元詩社研究叢稿》(廣州：廣東高等教育出版社，1996)，頁15-28。

488 蕭啓慶，〈元代四大蒙古家族〉，收入蕭氏，《內北國而外中國》下冊，頁509-578。

1320在位)採行科舉後,錄取進士始終不多,其法定名額爲每科一百人,前後共舉行十六次,其中十五次所取皆不足原定之數。前後共錄取進士一一三九人,平均每科僅錄取七十一‧二人,每年平均僅錄取二十一‧一人[489]。與兩宋相較,相差五六倍之巨。兩宋科舉出身者(包括特奏名)約占官員總人數的三分之一強[490]。而元朝科舉出身者僅占仕途總額的百分之四強而已[491]。即在科舉施行之後,元朝絕大多數之官員仍係由怯薛、恩蔭及吏員出身,進士從未成爲文官之主流。而且晚唐、宋、金三朝的進士構成宰執的一個主要來源,元代進士位至宰執者則寥寥可數[492]。

科舉對元代政治雖未能起多大作用,卻加速當時蒙古、色目族群的社會、文化變化。科舉的施行導致漢學研習與仕進機會發生連鎖,激勵更多蒙古、色目子弟研習漢學。有如清顧嗣立(1665-1722)所說:「自科舉之興,諸部子弟,類多感勵奮發,以讀書稽古爲事」[493],「棄弓馬而就詩書」的蒙古、色目子弟日益增多,這兩族群中士人群體因而擴大。

本文的主旨在於展示:元代科舉制度的採行是多族士人圈加速成長的重要因素,而座主、門生、同年關係超越族群藩籬,成爲多族士人社會文化網絡的重要一環,加強各族群菁英階層的交融。本節是筆者近年來兩項研究計劃的交會點,一爲元代科舉制度研究及進士輯

---

489 蕭啓慶,〈元代科舉特色新論〉,頁1-36。
490 李弘祺,《宋代官學教育與科舉》(台北:聯經出版公司,1994),頁160及258表16。
491 姚大力,〈元朝科舉制度的行廢及其社會背景〉,頁48。
492 桂栖鵬,〈元代進士仕官研究〉,收入桂氏,《元代進士研究》,頁4-48。
493 《元詩選》初集庚,頁1729。

錄，另一爲元代多族士人圈的研究。本節一方面反映元代科舉多元族
群的特色，另一方面則顯示此一制度確實有助於族群間藩籬的消減，
促成多族士人圈的發展。

二、科舉的多元族群機制

　　漢族王朝時代的科舉原是以漢族士人爲對象，即使有少數民族人
士參加也爲數不多[494]。各征服王朝爲保存固有文化與族群認同，或
者禁止本族人士參加科舉，或者別設本族語文的考試供其族人參加。
元代科舉則是一個空前的多元族群機制，就考生配額、考試內容、進
士前途及考官成分而言，皆是如此。

　　自考生族群成分言之，鄉試、會試、廷試中各族群皆有固定錄取
配額。各級考試皆分左右二榜，右榜含蒙古、色目，左榜含漢人、南
人。全國共錄取鄉貢進士三百人，每一族群各七十五人。會試、廷試
錄取進士一百人，每一族群各二十五人。因此，依規定，鄉貢進士或
進士的數目都是四大族群人數相當。在實際的層次，由於各族群文化
水平參差不一，右榜錄取人數往往少於左榜，而在左榜之中，漢人又
少於南人，但四大族群在錄取人數上仍有一定程度的代表性，與漢族
王朝時代漢族在科舉中占壓倒性多數的情形大不相同。

　　就考試內容而言，右、左榜所試皆爲漢文、漢學，與金朝設置的
女眞進士科及清初的八旗科舉各以女眞文、滿文考試的情形不同。元
代右、左榜雖然所考難易頗有歧異，但各族進士所受教育內容及其培
養之文化品味與世界觀並無不同。

　　就進士前途而言，各族群約略相等。在元代科舉制度之下，右、

494　本節論述主要根據蕭啓慶〈元代科舉特色新論〉。

左榜同甲進士初授品級相同,因而在官場中出發點相同,雖然以後之升遷,蒙古、色目進士平均略快於漢人、南人,而且榮辱浮沉往往因人而異,不盡相同。但在著重根腳與族群差異的元代社會中,科舉制度爲各族士人提供一個平等交往之基礎。

就考官族群成分而言,由於科舉係以漢學爲考試內容,考官應爲精通漢學的名宦宿儒,漢族士人自然占大多數,但也不乏蒙古、色目人。即使在延祐二年(1315)首科考試,便有汪古人趙世延任廷試讀卷官,後又於至順元年(1330)擔任同一職務[495]。世延是蒙古、色目人中研習漢學的先驅者,博通經術文學[496]。以後不少蒙古、色目進士紛紛擔任後科考官,如同爲出身汪古部的馬祖常於泰定四年(1327)以翰林直學士任會試同知貢舉,並任廷試讀卷官,至順元年又以禮部尚書任知貢舉[497]。至正五年(1345)翰林修撰余闕(1303-1358)[498]及工部侍郎斡玉倫徒分任會試考試官及廷試讀卷官[499],兩人皆爲唐古人(即西夏遺民),余闕爲元統元年(1333)進士,斡玉倫徒出身科次已不可考。蒙古、色目士人在考官中所占比率雖然不大,但仍饒富意義,即歷科考試中未必是漢族士人爲座主,蒙古、色目爲門生,相反的情形也有不少。

總之,元代科舉的族群配額制雖然違反考試公平的原則,卻爲各族士人提供一個平等交往的基礎與有力紐帶。

---

495 《至正集》卷72,頁58下-59上,〈跋首科貼黃〉。

496 《元史》卷180,頁4163-4167,〈趙世延傳〉。

497 《滋溪文稿》卷9,頁141,〈馬文貞公墓誌銘〉。

498 《滋溪文稿》卷3,頁30,〈國子生試貢題名記〉。

499 《滋溪文稿》卷30,頁506-507,〈跋延祐二年廷對擬進貼黃後〉。

三、同年小集

　　元代進士繼續唐、宋的傳統，歷科師生爲聯誼或其他目的而往往舉辦活動。記載同年聚會的文字現存不多，僅有關於泰定元年(1324)及四年(1327)兩科的寥寥數篇。

　　有關泰定元年科的文獻皆係宋褧(1294-1346)所撰。宋褧，字顯夫，大都(今北京市)人，官至翰林直學士。著有《燕石集》，今傳[500]。所撰〈同年小集詩序〉記述其在京座主與同年於天曆三年(1330)聚會的情況說：

> 天曆三年二月八日，同年諸生謁座主蔡公於崇基萬壽宮寓所。既退，小集前太常博士藝林使王守誠之秋水軒，坐席尚齒，酒肴簡潔，談詠孔洽，探策賦詩。右榜則前許州判官粵魯不華、前沂州同知曲出、前大司農照磨諳篤樂、奎章閣學士院參書雅琥。左榜則前翰林編修王瓚、前翰林修撰張益、前富州判官章穀、翰林應奉張彝、編修程謙。疾不赴者，前陳州同知納臣、深州同知王理、太常太祝成鼎[501]。

此科共取進士八十六人，參加此次小集者十一人，因疾不赴者三人，共十四人[502]。此次拜會之座主蔡文淵，東平人，官至中書參政，係

500　《滋溪文稿》卷13，頁204-207，〈文清宋公墓誌銘〉。

501　宋褧，《燕石集》(北京圖書館古籍珍本叢刊)卷12，頁209上-209下。

502　關於泰定元年進士，參看陳高華，〈元泰定甲子科進士考〉，收入南京大學元史研究室編，《內陸亞洲歷史文化研究：韓儒林先生紀念文集》(南京：南京大學出版社，1996)，頁148-164。

以翰林學士身分擔任此科會試考試官。參與者十四人中，右榜五人，
其中雅琥、納臣為色目人。其他三人族屬皆不可考，應為蒙古或色
目。左榜九人，其中王守誠（1296-1349）、王瓚、張益、張彝、王
理、宋褧為漢人，章穀、程謙為南人，成鼎籍貫不詳。此次聚會中，
各人曾分韻賦詩。宋褧所作〈同年小集探策賦詩得天字〉五古仍存，
此詩先敘當年登第時之歡娛及其後各人遭際之不同。最後則敘述重聚
之快樂：

> ……
>
> 重來情翕翕，復會語綿綿。
> 問夢觀青鬢，遨嬉駐彩騑。
> 但思傾玉斝，那復計金錢[503]。

泰定元年科另一次集體活動則為悼念座師王結（1275-1336）。這種對座
師的祭奠也可算是進士的一種不定期的同年小集。王結，字儀伯，易
州定興人（今河北定興），為仁宗潛邸舊臣，官至中書左丞，著有《文
忠集》，以吏部尚書身分任本科讀卷官。後至元二年（1336）卒[504]，在
京門生聯合祭奠，而由宋褧作祭文。聯名者有國子監丞張彝、戶部員
外郎王守誠、翰林修撰宋褧、應奉塔不臺、程詠、典籍諳篤樂、濱州
同知伯顏（蕭伯顏）及大樂署令伯顏等八人，其中四人為漢人、南人，
四人為蒙古、色目[505]。祭文中說：「甲子廷對，庸菲愧懇，公位□
□，天子有敕，公預讀卷，品第無惑，載沐教誨，均被培植，疾草憂

---

503 《燕石集》卷5，頁149。
504 《元史》卷178，頁4143-4146，〈王結傳〉。
505 《燕石集》卷13，頁216上-216下，〈祭中書左丞王儀伯文〉。

疑，訊至痛毉」，表達了對座師品第及教誨恩情的感謝。

與泰定元年科相似，泰定四年(1327)科留京同年十人於至元三年(1337)在大都南城小集[506]，黃清老(1290-1348)有七律二首記其事，其詩題爲：

> 丁丑三月七日，會同年於城南。子期工部、仲禮省郎、世文編修、文遠照磨、學升縣尹、子威主事、克成秘書、至能照磨、子通編修凡十人，二首[507]。

作者黃清老，字子肅，邵武人(今福建邵武)，官至湖廣儒學提舉[508]。清老詩飄逸，有盛唐風。著有《樵水集》，同年張以寧(1301-1370)爲之序[509]。此次與會十人中，蒙古人有篤列圖(字克成)，色目人有畏兀兒氏偰善著(字世文)、唐古氏觀音奴(字至〔志〕能)，漢人有汴梁宛丘(今河南淮陽)趙期頤(字子期)、浮光(即光州，今河南羅山附近)羅允登(字學升)、左榜狀元潁州阜陽(今安徽阜陽)李黻(字子威，1298-1352)，南人則有黃清老。仲禮、文遠、子通三人之名貫則不可考。會上每人賦詩二首，黃清老之詩仍存，因此次爲登科十年之後的同年聚會，故清老詩中有「曾記城南尺五天，重來攜手宴同年……瓊林十載多離別，欲拂金徽思渺然」之句。

由上可見，元代科舉的師生與同年之會，皆是各族群共同參與，

---

506 關於泰定四年進士，參看沈仁國，〈元泰定丁卯科進士考〉，《元史及民族史研究集刊》第15輯(2002)，頁76-90。

507 《元詩選》二集下己，頁759，〈樵水集〉。

508 《滋溪文稿》卷13，頁209-212，〈黃公墓碑銘〉。

509 張以寧，《翠屏集》(四庫全書)卷3，頁10下-12下，〈黃子肅詩集序〉；今其詩存於《元詩選》二集下己，頁747-763，〈樵水集〉。

聚會的聯誼性質顯然大於結盟。

四、延祐二年科

　　歷科考試各族師生、同年之間平時亦多個別交往，反映於詩文之中。茲以延祐二年(1315)及元統元年(1333)兩科為例說明。

　　延祐二年為元代科舉之第一科，情形較為特殊。因當時蒙古、色目人漢學造詣達到水準者仍然不多，以致右、左兩榜錄取進士數目相去懸殊。此科參與會試者僅一百三十五人[510]，錄取進士五十六人[511]，其中，右榜僅十六人[512]。左榜四十人中，「漢人賜緋者十有一人」[513]，餘皆南人，可見不僅右、左榜錄取人數相去懸殊，漢、南人的比率也頗有軒輊。右榜十六人中，姓名現尚可考者僅有蒙古人護都答(沓)兒、護都，色目人馬祖常、馬祖孝、偰哲篤、哈八石、張翔、忻都等八人[514]。

　　本科會試考官現可考知者有知貢舉、中書平章政事李孟(1255-1321)[515]、禮部侍郎張養浩(1270-1329)[516]。考試官為翰林侍講學士元明善(1269-1322)[517]、翰林學士承旨劉賡(1248-1328)[518]。廷試監

510　《國朝文類》卷35，頁2上-3下，元明善，〈送馬翰林南歸序〉。

511　《元史》卷81，頁2026，〈選舉志一〉；卷25，頁568，〈仁宗紀二〉。

512　《至正集》卷33，頁32下-33上，〈張雄飛詩集序〉。

513　北京圖書館金石組編，《北京圖書館藏中國歷代石刻拓片匯編》(鄭州：中州古籍出版社，1990)第49冊，頁194，歐陽玄，〈許熙載神道碑〉。

514　蕭啓慶，《元代進士輯考》。

515　《金華黃先生文集》卷23，頁10上，〈文忠李公行狀〉；《元史》卷175，頁4089，〈李孟傳〉。

516　《元史》卷175，頁4091，〈張養浩傳〉；《燕石集》卷15，頁236，〈廷對貼黃引〉；錢大昕，《元進士考》，收入陳文和主編，《嘉定錢大昕全集》第5冊，頁38。

517　《石田先生文集》卷11，頁207，〈元文敏公神道碑〉；《元史》卷181，

試官爲李孟[519]，讀卷官則爲元明善、集賢學士趙孟頫[520]、中書參知政事趙世延(1260-1336)[521]。

　　本科會試及廷試考官與異族門生之間留有文字往來記錄者有李孟、元明善、趙孟頫與趙世延。李孟，字道復，號秋谷，漢中人，是仁宗的老師與謀士，科舉的施行主要出於他的策動[522]。他的色目門生馬祖常有〈秋谷平章生日〉及〈壽故相秋谷〉兩詩於其生前及死後爲他頌壽[523]。馬祖常與弟祖孝皆爲李孟本科門生，後累官樞密副使、江南、陝西行臺御史中丞，亦是當代詩文大家。他在前一詩中既頌揚李孟功業、文章，亦祝他登於壽域。後一首則有句云：「人間宰相青霄近，天上神仙白髮長」，稱讚其座師昔爲「人間宰相」，今成「天上神仙」。

　　元明善，字復初，大名清河(今河北清河)人，官至翰林學士，爲元代古文大家。馬祖常登第，明善曾告其「修辭幾於古矣，然於質實則過之，於藻麗則乏矣」[524]。祖常與其弟祖孝於登第後返光州省親，明善撰〈送馬翰林南歸序〉以壯行色，並誡以「毋慕高遠，毋忽

(續)───────────────

　　　　頁4172，〈元明善傳〉；《元進士考》，頁38。

518　《道園學古錄》卷17，頁12下，〈翰林學士承旨劉公神道碑〉。

519　《金華黃先生文集》卷23，頁10上，〈文忠李公行狀〉；《元史》卷175，頁4089，〈李孟傳〉。

520　《至正集》卷72，頁58下-59上，〈跋首科貼黃〉；《燕石集》卷15，頁236上，〈廷對貼黃引〉；《石田先生文集》卷11，頁207，〈元文敏公神道碑〉；《元史》卷181，頁4172，〈元明善傳〉；《元進士考》，頁38。

521　《至正集》卷72，頁58下-59上，〈跋首科貼黃〉。

522　陳得芝，〈耶律楚材劉秉忠李孟合論：蒙元時代制度轉變關頭的三位政治家〉，收入陳氏，《蒙元史研究叢稿》(北京：人民出版社，2005)，頁631-664。

523　《石田先生文集》卷2，頁33；卷3，頁50。

524　《石田先生文集》卷9，〈楊玄翁文稿序〉，頁186。

卑近，盡心於其所試，而我者湛乎其中存」[525]。六年後，祖常退居家鄉，曾有〈田居〉二首寄奉明善[526]。明善卒後，其〈神道碑〉即係由祖常所撰。碑文係以稱頌明善為「有元古文之宗」開端，最後又說：「祖常曩從公游，又（應作及）公考士，又辱茅（亦作第）下列」[527]，透露祖常不僅是明善的科舉門生，亦是早年門人。

大名鼎鼎的全能士人趙孟頫亦為本科讀卷官。馬祖常曾有詩題孟頫之〈枯木竹石圖〉、〈墨竹〉[528]。兩詩皆是就畫而言，不及私誼。祖常為孟頫之畫題詩固然可能由於孟頫之藝術成就，但未必全無師生情誼在內。另翰苑名臣四明袁桷（1266-1327）有〈題伯庸所藏子昂「竹石」〉六絕[529]，所題應即〈枯木竹石圖〉，可見祖常對所藏孟頫之畫作甚為寶重，故央請前輩品題。

色目座主趙世延與漢族門生許有壬之間具有密切關係。趙世延為許有壬之科舉座師。後來有壬喪偶，世延妻以愛女趙鸞[530]。至治元年（1321）世延受權相鐵木迭兒（？-1322）之陷害入獄，有壬曾上疏請予平反[531]。世延退隱金陵後，其寓所後圃之瓜一蒂生五瓜，時人視為禎祥，有壬曾撰〈瑞瓜頌〉為賀，並言「有壬以諸生擢科，公實座主，行非鮑宣，過辱桓公之知，既厚且親」[532]，可見關係之密

525 《國朝文類》卷35，頁3下。
526 《石田先生文集》卷1，頁15。
527 《石田先生文集》卷10，頁206-208，〈元文敏公神道碑〉。
528 《石田先生文集》卷2，頁23-24，〈題趙承旨枯木竹石圖〉；卷4，頁77，〈題趙子昂承旨墨竹〉。
529 《清容居士集》卷14，頁8上。
530 《至正集》卷72，頁58下-59上，〈跋首科貼黃〉。
530 《安雅堂集》卷11，頁483-488，〈故魯郡夫人趙氏墓誌銘〉。
531 《至正集》卷76，頁342上-342下，〈辯平章趙世延〉。
532 《至正集》卷68，頁308上。

切。而有壬之同年黃溍(1277-1357)亦作〈題趙涼公瑞瓜圖〉祝賀世延[533]。

知貢舉張養浩、考試官劉賡皆無與異族門生互動之記錄。養浩之文集《歸田類稿》仍存，其中即無任何與異族門生唱酬之作。據說，此科放榜後，養浩對詣謁之進士，皆不納，而且使人戒之曰：「諸君子但思報效，奚勞謝為！」[534]養浩這種謹小慎微，謝拒拜謁的態度，可能是他與門生互動不多的主要原因。

此科各族同年間之關係亦頗密切。蒙古、色目進士中唯有馬祖常有文集傳世。在其漢族同年中，祖常與許有壬交往最密。《石田集》中有〈陪可用中議祠星於天寶宮〉五律係記載二人共同祠星事[535]。有壬亦有詩記敘同一事[536]。《至正集》與祖常唱和詩多達十餘篇，更能反映二人交往之密切。兩人登第後，有壬以墨贈祖常，且有詩句云：「春風聯轡出瀛州，兄署玉堂我倅州」，蓋指祖常初授翰苑之職，自己則任州同知[537]。祖常卒後，其神道碑係由有壬撰文，歐陽玄(1283-1357)書寫，張起巖篆額[538]。此碑雖係奉敕製，但三人皆係同年，自有特殊意義。有壬在碑文中指出：「三人皆文貞公(指祖常)同年進士，而有壬託知尤厚」。祖常卒後三年，有壬即曾撰詩懷念故友：「當年筆陣掃千軍，要繼先秦兩漢人。孤塚此時多宿草，九原何

---

533 《金華黃先生文集》卷4，頁10上。
534 《元史》卷175，頁4091，〈張養浩傳〉。
535 《石田先生文集》卷2，頁36。
536 《至正集》卷14，頁88下，〈泰定乙丑閏正月七日同伯庸少監捧御祝香祠天寶宮以苕色連修竹為韻分賦得苕字〉。
537 《至正集》卷8，頁61下，〈以墨贈伯庸〉。
538 《至正集》卷46，頁225上-226下，〈馬文貞公神道碑〉。

處覓停雲」[539]，可見有壬對祖常文才之欽佩及二人的情誼。

　　祖常與同年王沂（約1290-1345後或1358前）、焦鼎、楊載、歐陽玄、趙箅翁亦曾唱和，其中王、焦爲漢人，楊、歐陽、趙爲南人。王沂，字師魯，貫眞定（今河北正定）。歷任翰苑、國子等職[540]。其父死，即央請祖常作墓銘[541]。在其《伊濱集》中有詩數首與祖常唱和，又有〈賜金莊義學記〉及〈祭馬中丞〉二文[542]，前者記述祖常退隱返鄉後捐貲興辦義學始末，而後者則爲祖常卒後之祭文。焦鼎，字德元，單父（今山東單縣）人[543]。祖常有〈送焦德元先還大都監金經及省問家事二首〉贈之[544]。楊載[545]有〈題畫兔呈馬伯庸學士〉，爲一題畫詩，祖常不以善畫知名，〈畫兔〉當爲其收藏[546]。歐陽玄，字原功，號圭齋，瀏陽（今湖南瀏陽）人，官至翰林承旨[547]。馬祖常有〈歐陽原功銘馮少府墓〉[548]，此一墓誌銘不見於今本《圭齋文集》中，已佚。趙箅翁，字繼清，寓山陽（今江蘇淮安）[549]，累官蘄州路總

539 《至正集》卷19，頁114上，〈天臨索錄事出伯庸詩求和伯庸薨三年矣〉。

540 王樓占梅，〈「伊濱集」中的王徵士詩〉，《史學彙刊》第12期（1983），頁57-76。

541 《石田先生文集》卷13，頁234-236，〈監黃池稅務王君墓碣銘〉。

542 《伊濱集》卷19，頁8上-9上；〈祭馬中丞〉一文不見於《伊濱集》，見《永樂大典》卷14046，頁5下。

543 徐悔齋，《曹南文獻錄》（民國六年曹縣徐氏刊本）卷15，頁14上，〈列傳〉。

544 《石田先生文集》卷4，頁89-90。

545 《元史》卷190，頁4340-4341，〈儒學傳二〉。

546 楊載，《楊仲弘詩集》（四部叢刊）卷8，頁7下-8上。

547 《元史》卷182，頁4196-4199，〈歐陽玄傳〉；《危太樸文續集》卷7，頁561上-566上，〈圭齋先生歐陽公行狀〉。

548 《石田先生文集》卷4，頁79。

549 《類編歷舉三場文選》甲集卷1、丙集卷1、庚集卷1。

管[550]。《石田集》中有〈送同年趙繼清尹安陸〉，有句云：「席帽文場裡，於今十七年⋯⋯高才多晚達，未可嘆迍邅」[551]，此詩作於二人登第十七年後，其時祖常已貴爲中朝大員，而篔翁仍不過一介縣尹，故有末兩句以慰藉之。

此外，祖常文集中雖無與另一同年黃溍唱和之記載，但黃溍於至順二年(1331)由諸暨州判官內調爲翰林應奉係出於祖常的推薦[552]。黃溍，字晉卿，婺州義烏(今浙江義烏)人，早年長沉州縣卑職，自此成爲翰苑名臣。而黃溍亦曾爲祖常家族撰有〈馬氏世譜〉[553]，二人當然頗有情誼。

漢人進士許有壬與色目同年哈八石、張翔交往亦密。哈八石(1284-1330)，字文苑，漢姓丁。回回氏[554]，官至山北廉訪僉事。有壬與哈八石實係兩代世交。二人之父曾共事湖廣，而有壬與哈八石又數度爲同僚，並曾一度同時退寓於鄂州(今湖北武漢)[555]。哈八石亦善詩，有壬稱「作歌行，豪宕如其人，古詩清粹，皆可傳也」[556]。二人在鄂州時，「獨相往來。鵠山楚觀之絕頂，梵宮琳宇之僻地，荒城、廢壘、村居、墊池靡不至焉。時絕江登大別，宿郎官湖，賦詩談

---

550 《兩浙金石志》卷17，頁7下，趙篔翁，〈元覺苑寺興造碑〉。

551 《石田先生文集》卷2，頁45。

552 宋濂，〈金華黃先生行狀〉，《金華黃先生文集》附錄，頁2上。關於黃溍之交遊，參看許守泯，〈元代江南士人的社會網絡：以金華黃溍爲例〉，收入蕭啓慶、許守泯編，《蒙元的歷史與文化：蒙元史學術研討會論文集》(台北：臺灣學生書局，2001)下冊，頁655-679。

553 《金華黃先生文集》卷43，頁1上-5上。

554 《至正集》卷51，頁244上-244下，〈于闐公碑銘〉。

555 《至正集》卷51，頁244上，〈于闐公碑銘〉。

556 《至正集》卷68，頁309下-310下，〈哈八石哀辭并序〉。

論無虛日」[557]，極得友朋遊覽唱和之樂，今《至正集》中尚有〈和丁文苑同年同遊漢陽韻〉及〈次同年丁文苑韻〉[558]。有壬曾受文苑之邀爲乃父勘馬剌丁撰墓碑[559]。文苑卒後，有壬又應其子元統元年進士木屑(一作慕蒿，1308-？)之請爲文苑作〈哀辭〉，述及兩家世誼，哀慟極深[560]。哈八石與黃溍、王沂皆有友誼，黃溍及王沂亦分別作〈題丁文苑同年哀詞後〉及〈挽丁文苑〉，既是呼應有壬之作，亦表達了同年情誼[561]。

　　張翔，字雄飛，唐古氏。歷任西臺及南臺御史、浙東及湖南廉訪僉事，善詩而多產，許有壬撰〈張雄飛詩集序〉稱其「尤工於詩，往往膾炙人口，佳章奇句，不可悉舉」[562]。《至正集》中與張翔唱和之詩多達九首。如〈雄飛喜作詩而例禁不得相見作此調之〉云：「張子能詩擅士林，無時無地輒搜尋」[563]，反映同年老友間唱和與調侃之樂。王沂《伊濱集》中與張翔唱和之詩亦有五首之多[564]，其中〈寄南臺張雄飛〉有「不見張都事，詩名到處傳」之句，亦係稱頌其詩名[565]。又科舉一度遭權臣伯顏廢止，有壬曾力抗之，在至正二年(1342)科舉恢復後有壬與張翔分任知貢舉及監試官，王沂任考試官，有壬甚爲興奮，因科舉既得恢復，又有同年三人共事於科場，故賦詩

557 《至正集》卷68，頁309下-310下，〈哈八石哀辭并序〉。

558 《至正集》卷3，頁41上-41下；卷23，頁131上。

559 《至正集》卷51，頁44上-44下，〈于闐公碑銘〉。

560 《至正集》卷68，頁309下-310上，〈哈八石哀辭并序〉。

561 《金華黃先生文集》卷6，頁1下；《伊濱集》卷9，頁16下-17上。

562 《至正集》卷33，頁174下-175上。

563 《至正集》卷20，頁119上。

564 《伊濱集》卷6，頁1上；卷7，頁1上-1下；卷10，頁2下；卷12，頁6上-6下。

565 《伊濱集》卷10，頁2下。

〈考官王師魯博士監試張雄飛御史皆同年也因成鄙句以寫舊懷〉：
「仁皇下詔急求賢，糠粃當時偶在前。兩榜復科新大比，三人聯事舊
同年⋯⋯但使得才今勝昔，吾儕寧復嘆華顛。」[566]詩中既回憶當年
共同登第，如今一起主持考試，最後更以爲國選取英才共勉而不以華
髮爲意。

　　偰哲篤(？-1358)出身著名的畏兀兒族官宦世家高昌偰氏，自哲
篤起，偰氏二代之間登進士第者九人，爲元代最成功之科第世家。哲
篤亦善詩文，現尚有少數詩文傳世，其詩今附見於《元詩選》中其兄
偰玉立《世玉集》[567]。哲篤與同年友好唱和之詩文必多，可惜皆已
不存。但是，其家族重要碑傳皆係由同年撰寫。如述其家族歷史之著
名文獻〈高昌偰氏家傳〉係由歐陽玄執筆[568]、其祖合刺普華(1246-
1284)之墓誌銘及神道碑分別由許有壬、黃溍撰寫[569]，而其妻月倫石
護篤(1301-1341)之墓誌銘亦出於黃溍手筆[570]。他們願爲偰氏家族樹
碑立傳，皆因與哲篤有同年之雅。

　　本節顯示：延祐二年首科之漢族座師李孟、元明善、趙孟頫，色
目座師趙世延與異族門生具有密切關係，張養浩與劉賡之與門生全無
互動記錄則爲例外。至於本科進士間之互動，本節係以色目人馬祖
常、漢人許有壬爲中心，說明異族同年之間的廣泛與親切的互動。同
年之中，即使官位懸殊，仍然不失情誼。位居中樞要職的馬祖常對同
年黃溍曾加援引，不過當時黃溍之學問、文學皆已頗有聲譽，祖常之

---

566 《至正集》卷20，頁119下。
567 《元詩選》三集庚，頁379。
568 《圭齋文集》卷11，頁3上-13上。
569 《至正集》卷54，頁255下-256上；《金華黃先生文集》卷25，頁1上-5下。
570 《金華黃先生文集》卷39，頁17上-18下，〈魏郡夫人偉吾氏墓誌銘〉。

援引未必出於同年私誼。

五、元統元年科

　　元統元年是元代科舉的第七科。此科情形頗有特殊之處，第一，前後各科錄取進士皆不足額，此科會試、廷試皆取滿百人，係出於會試知貢舉、殿試讀卷官宋本之力爭[571]。此科右、左二榜各取五十人，四大族群名額皆遵循當初制度設計，平均分配，《元史》因而盛稱此科：「科舉取士，莫盛於斯！」[572]第二，元代科舉十六次中，唯有此科尚有完整進士錄傳世[573]，可供稽考。

　　此科會試考官有知貢舉禮部尚書宋本、考試官國史編修官王沂[574]。廷試讀卷官宋本[575]、中書參議張起巖(1285-1353)[576]、國子監丞揭傒斯(1274-1344)[577]、集賢侍講學士張昇(1261-1341)[578]。國子助教陳旅(1287-1342)則任簾內掌試卷官[579]。

　　宋本所著《至治集》已佚，《元詩選‧二集戊》所收其詩僅寥寥數首而已。此科異族門生與他有關之作品今僅見余闕〈宋祭酒輓歌〉二首，為悼念其座師之作[580]。

---

571 《燕石集》卷15，頁233上，〈國子祭酒宋公行狀〉。
572 《元史》卷81，頁2026，〈選舉志一〉。
573 〈元統元年科進士錄校注〉；蕭啟慶，〈元代科舉與菁英流動〉，頁155-202。
574 《伊濱集》卷15，頁17下-18下，〈送余闕之官泗州序〉。
575 《燕石集》卷15，頁233上，〈國子祭酒宋公行狀〉。
576 錢大昕，《元進士考》，頁58，誤作「洪」起嚴。
577 《金華黃先生文集》卷26，頁20下-21上，〈文安揭公神道碑〉。
578 《元史》卷177，頁4128，〈張昇傳〉。
579 《安雅堂集》卷4，頁173-174，〈送李中父使征東行省序〉。
580 《青陽先生文集》卷1，頁13上。

王沂事跡如前述，在其《伊濱集》中有與余闕、丑閭（1305-
？）、廉方、壽同海涯（1306-？）及烏馬兒（1307-？）等五位色目門生的
贈酬之作。余闕，字廷心，唐古氏。官至淮南行省左丞，後壯烈殉
國，明太祖下詔立廟，與明朝開國元勳劉基（1311-1375）乃是本科進
士中兩大名人[581]。余闕於登第後授泗州同知。王沂撰〈送余闕之官
泗州序〉[582]，序中一方面以座主身分表明在閱卷時便激賞余闕之對
策，另一方面則對後者未能留在館閣而外放州縣加以慰解，認爲「君
子貴乎全者，無所處而不宜也」。廉方，畏兀兒氏，字士矩，出身漢
化顯宦世家高昌廉氏，爲廉希憲之從孫，初授翰林檢閱，在其轉任五
河縣尹時，王沂撰〈送廉縣尹序〉以壯其行[583]。丑閭，字時中，唐
古氏，王沂曾爲其作〈送丑時中之西臺照磨〉[584]、〈送宋翼卿西臺
照磨寄丑時中管勾〉[585]。前一詩中有「恩賜猩袍如昨日」之句，乃
回憶當年丑閭登第時之情形。壽同海涯，字弘毅，畏兀兒氏，初授翰
林應奉，由王沂〈壽弘毅和韻有酒筒花擔之句再和答之〉一詩觀之，
師生二人似乎流連詩酒，時相唱和[586]。烏馬兒，字希說，回回人，
累官翰林待制、將作院判官[587]，王沂有〈送烏希說編修之會稽降

---

581 《宋濂全集》第1冊，頁245-248，〈余左丞傳〉；第3冊，頁1577，〈題余
廷心篆書後〉；《朱一齋先生文集》卷6，頁80上-83上，〈余廷心後
傳〉。《元史》卷143，頁3426-3429，〈余闕傳〉；《元西域人華化考》
卷4，頁53下-54上，71上-71下。

582 《伊濱集》卷15，頁17下-18下。

583 《伊濱集》卷15，頁16上-17上。

584 《伊濱集》卷8，頁7下-8上。

585 《伊濱集》卷8，頁8上。

586 《伊濱集》卷7，頁3下-4上。

587 〈元統元年進士錄校注〉。

香〉一篇贈之[588]。

　　掌試卷官陳旅，字眾仲，福建莆田人。在其《安雅堂集》中有詩文多篇分贈本科進士，包括蒙古人和里互達、色目人余闕。和里互達，字兼善，別號天山，蒙古燕只吉臺氏[589]，陳旅〈送達天山江浙省檢校〉即指此人[590]，江浙行省檢校爲其登第後初授官職。贈予余闕之詩爲〈送余廷心同知泗州二首〉，第一聯云：「元統龍飛歲，承恩入殿廬。觀君廷對策，當代賈生書」[591]，意即自己有幸擔任此科考官，而將余闕之廷試策比擬爲西漢賈誼著名之〈治安策〉。

　　本科漢、南人進士中，僅有劉基之《誠意伯文集》、李祁之《雲陽集》及李穀之《稼亭集》傳世。劉基，青田(今浙江青田)人，仕元官至江浙行省郎中，後改仕明朝[592]。李祁(1299-1368)，字一初，茶陵(今湖南茶陵)人，官至南臺御史，入明後隱居江西永新[593]。李穀(1298-1351)，高麗韓州人，在元代屬漢人。李穀中第後，初授翰林檢閱，明年返高麗，後封韓山君[594]。

　　上述三位漢、南人之文集中牽涉蒙古、色目同年之詩文僅各有一篇。劉基所撰爲〈自都回至通州寄普達世理原理〉詩二首[595]，係唱和之作。普達世理(1308-？)字原理，畏兀兒氏，官至湖廣行省參

588　《伊濱集》卷8，頁7上。

589　〈元統元年進士錄校注〉；陳遹聲修，《光緒諸暨縣志》(中國地方志集成)卷21，頁8下，〈職官表〉。

590　《安雅堂集》卷2，頁62-63。

591　《安雅堂集》卷2，頁52-56。

592　劉基，《劉基集》，頁631-636，黃伯生，〈誠意伯劉公行狀〉。

593　李東陽著，周寅賓點校，《李東陽集》(長沙：岳麓書社，1984)卷24，頁361-362，〈族高祖希蓬先生墓表〉。

594　李穀，《稼亭集》(韓國文集叢刊)，附錄，〈稼亭先生年譜〉。

595　《劉基集》卷20，頁330。

政，後殉國[596]。李穀〈送同年達兼善檢校浙省〉詩一首，有句云：
「瓊林初見秀瓊枝，更憶同遊玉禁時」之句[597]，可見兩人為同年，
此一達兼善即前述之和里互達。李穀記載同年雖然不多，其子李穡詩
集中則有〈成侍郎宅見余廷心先生退而志之先人同年右榜第二有能文
名〉一詩[598]。李穡(1328-1396)為至正十四年進士[599]，因在其父另一
同年成遵宅中遇見余闕，賦此詩以記余氏與其父同年之誼。前兩聯
為：「清標真玉樹，早歲秀瓊林。臺閣文章妙，江山興味深」，係稱
頌余氏早歲以巍科登第，文章佳妙。末一聯則云：「小雨遮城句，回
頭東海潯」，後附注說明「小雨遮城」出處：「先生題稼亭，有『小
雨遮城』之句」，稼亭指其父李穀，可見余闕曾贈詩李穀。李穡之詩
印證了本文開端時所引柳開同年之誼，延及子孫的說法。

李祁為余闕撰有〈青陽先生文集序〉，此序係李祁撰於其暮年成
為遺民後，其時余闕已殉國。序云：

> 頹齡無幾，朋舊凋落已盡，呻吟疾痛中，忽得同年余君廷心
> 詩文一帙讀之，輒泫然流涕而嘆曰：「嗚呼！世安得復有如
> 吾廷心者哉？廷心文章、學問、政事、名節，雖古之人有不
> 得而兼者，而廷心悉兼之，世豈復有斯人哉？」[600]

此序中，李祁認為余闕在各方面皆有甚高成就，卻不惜以身家殉國，

---

596 〈元統元年進士錄校注〉。
597 《稼亭集》卷16，頁2上。
598 李穡，《牧隱先生詩文稿》(韓國文集叢刊)詩稿卷1，頁4下。
599 《牧隱先生詩文稿》詩稿卷首，頁1上-9下，權近，〈李文靖公行狀〉。
600 李祁，《雲陽集》(四庫全書)卷3，頁3上-5上。

而自己則因「母憂竄伏鄉里」，而感到「余之去廷心又大相遠矣」！
此序一方面反映出李祁之遺民情結，另一方面則顯示二人之年誼。而
在同一序中，李祁將余闕與改仕明朝，享受尊榮之劉基在鼎革之際的
行為做一強烈對比：「使皆為世之貪生畏死、甘就屈辱，而猶靦然以
面目視人者，則斯文之喪，蓋掃地盡矣，豈非廷心之罪人哉？」有如
學者楊訥所說，序中所說「貪生畏死、甘就屈辱」，斯文喪盡之「罪
人」，雖然不是專指劉基，卻包含劉基在內[601]。可見李祁對二人之
評價不因同年私誼而有妨君臣大義，亦不因族群差異而有不同標準。

　　余闕之《青陽先生文集》為本科蒙古、色目進士現存之唯一完整
詩文集。集中贈酬各族同年多達九人。其中漢人有成遵（1304-
1359）、許寅（1304-？）等二人。成遵，字誼叔，鄧州穰縣（今河南鄧
縣）人，在此科漢族進士中最為顯達[602]。余闕自至正十二年（1352）起
困守安慶，抵禦陳友諒軍長達六年之久，其間曾遣使赴大都求救，附
函致其同年成遵，成遵時任中書參政，地位重要。書中因而有「諸所
請求，惟閣下是賴，倘蒙朝廷俱賜准報，不惟此邦之幸，未破城邑孰
不以安慶自勉，國家亦有利也」，所言乃軍國重事，無關私誼[603]。
許寅，字可賓，晉寧臨汾（今山西臨汾）人，累官秘書少監[604]。余闕
為其作〈梯雲莊記〉，稱頌其家「三時力田，一時為學，褒衣博帶，

601 楊訥，〈劉基事跡七考——兼析「誠意伯劉公行狀」的撰寫時間與作
　　者〉，收入蕭啓慶、許守泯編，《蒙元的歷史與文化》，頁56-57；蕭啓慶
　　〈元明之際士人的多元政治抉擇：以各族進士為中心〉，收入蕭氏，《元
　　代的族群文化與科舉》，頁211-270。
602 《元史》卷186，頁4278-4282，〈成遵傳〉。
603 《青陽先生文集》卷5，頁6上，〈與中書參政成誼叔書〉。
604 〈元統元年進士錄校注〉。

出入里巷之間，其族數十家化之，皆敦於禮」[605]，余闕顯然意在表
揚許氏之家爲一布衣書香。

余闕唱酬之南人對象則有許廣大(1309-1354)與張兌(1304-？)等二
人。許廣大，字具瞻，臺州天臺(今浙江天臺)人，出身科第世家[606]。
至正中，廣大由武義縣尹轉任鄞縣尹，余闕所作〈送許具瞻序〉云：
「具瞻，余同年進士也，其行端潔，其材勇以幹」[607]，乃爲同年壯行
色。張兌，字文說，普州安岳(今四川安岳)人[608]，初授茶陵州同
知，余闕曾爲其父杏孫(1286-1339)撰〈張同知墓表〉[609]。

月魯不花與亦速歹(？-1365)兩位蒙古進士雖然屬於同一族群，
但二人情誼值得再附帶一提。月魯不花，字彥明，蒙古遜都思氏，爲
成吉思汗勳臣、四傑之一赤老溫五世孫，累官山南廉訪使[610]。亦速
歹，字鼎實，號西炯，札只剌歹氏，官至松江達魯花赤[611]。官位不
低，卻甚清貧，在其死後，交遊廣闊的慈溪定水寺住持釋來復(1319-
1391)爲其殯葬並度其子爲僧[612]。月魯不花曾賦詩謝之，詩序云：
「同年鼎實監州，將挈家赴任，客死於鄞，貧不能喪。見心買山以
葬，使其存歿皆有所託。感其高義，因成一律以謝」，見心即來復。
詩中有句云：「買山葬友開神道，度子爲僧奉母居。方外高風敦薄

---

605 《青陽先生文集》卷3，頁8上。
606 〈元統元年進士錄校注〉。
607 《青陽先生文集》卷4，頁11下。
608 〈元統元年進士錄校注〉。
609 《青陽先生文集》卷7，頁2下-3下。
610 《元史》卷145，頁3448-3451，〈月魯不花傳〉。關於其家族之歷史，參看
蕭啓慶，〈元代四大蒙古家族〉，頁509-578。
611 《滄遊集》卷上，頁220。
612 《羽庭集》卷3，頁3上-3下，〈贈僧鉉二首〉。

俗，同年感激更何如」[613]，月魯不花是以同年的身分感激來復的義
舉。

　　本科座師皆爲漢族，與蒙古、色目門生頗多唱酬。各族同年中，
漢族劉基、李祁、李穀與異族同年之間亦多唱和。李祁高度讚揚余闕
之壯烈殉國，而對劉基之改事二朝頗有針砭，不因族群差異而對出處
持不同標準。李穀之子李穡對余闕之詩則反映同年情誼延及子孫。余
闕《青陽集》也顯示他與異族同年之關係頗爲密切。

六、結語

　　過去學者多強調，元代族群間鴻溝甚深，而且科舉制度缺乏重要
性，發揮作用不大。本文顯示：科舉制度的採行雖然在政治上所起作
用不大，卻是多族士人圈加速成長的重要因素，而座主、門生、同年
關係超越族群藩籬，成爲多族士人社會文化網絡的重要一環。

　　元代科舉是一個空前的多元族群體制，這一體制一方面誘使大量
蒙古、色目子弟研習漢學、奮身科場，另一方面產生甚多學養、品味
與世界觀相似的各族進士，而且各族進士在官僚體制內起點相同，因
而爲各族士人提供一個平等交往的基礎與有力紐帶。

　　元代科舉制度下座主與門生及同年之間的關係與漢族王朝時代大
體相似。師生、同年間不僅有集體聯誼活動，個別進士之間的情誼亦
反映於彼此詩文唱酬之中。這些詩文中，有的是純粹唱和酬答，有的
是樹碑立傳，但都以師生之情或同年之誼爲基礎。元代科舉制下的師
生同年關係與漢族王朝時代的主要差異有二：一是這種關係是以多元
族群爲範圍，而不限於漢族。另一是由於進士從未構成元代官場的主

---

613 《元詩選》三集庚，頁322-323，〈謝見心上人并序〉。

流，因而座主、門生與同年的關係不足以形成主宰政治、威脅君權的
派閥，其主要性質是基於共同文化素養與品味的聯誼。

第五節　同僚──以翰林院與奎章閣爲中心

一、各機構之族群多元性

　　元朝政府是一個多族群的官僚組織。雖然「族群等級制」造成各
族群菁英權力分配與入仕機會的不均，卻未阻止漢人、南人的入仕。元
朝中期共有品官二二四九○人，其中百分之三十‧一爲蒙古、色目人，
百分之六十九‧九爲漢人、南人，可見官僚組成的族群多元性[614]。

　　官員的族群成分因機構層級高低與性質差異而有所不同。一方
面，機構層級愈高，蒙古、色目人愈多。另一方面，有些機構功能特
殊，遂成爲蒙古、色目人的堡壘，如怯薛(Kesig)、徽政院、大宗正
府、樞密院、宣政院、太禧宗禋院等，或主管宮廷事務，或經管軍政、
軍令，或掌理藏傳佛教及土蕃事務，或管理皇家寺院，漢族士人很難插
足其間。但是，此外的機構皆是各族兼用而不限於蒙古與色目。而主管
文史、教育及圖書典藏的機構中，漢族官員則占多數。翰林國史院、集
賢院、國子學[615]、秘書監、奎章閣與宣文閣等皆是如此。據日本學者
山本隆義統計，翰林國史院中，漢人、南人官員約占百分之五十二，蒙
古、色目占百分之三十一，而族屬不明者則有百分之十六[616]。秘書監

614　不著撰人，《大元聖政國朝典章》(台北：國立故宮博物院，1976)卷7，頁
　　27上。

615　王建軍的《元代國子監研究》一書對國子監(含國子學)列有〈元代國子監
　　人物一覽表〉研究甚詳，惜未對國子學官員的族群組成做出研析。

616　山本隆義，〈元代に於ける翰林學士院について〉，《東方學》第11輯
　　(1955)，頁19-28。張帆認爲山本氏對蒙古、色目翰苑人員的估計太高，因

官員之名錄仍存，據初步統計，各族官員之比率與翰林國史院相似[617]。

　　蒙元前期，由於語言與文化的差異，各族同僚不僅不易建立友誼，溝通亦甚為困難。有如馬祖常所說，同一機構中的各族官員「連位坐署，闃然語言，氣俗不相通」[618]，唯有倚靠翻譯人員的協助，始能討論公事，以致元廷在各級機構中遍設職司口譯與筆譯的通事與譯史[619]。但是，此種情形在中期以後發生甚大的改變。在蒙古、色目官員漢語、漢文化水準提高以後，各族官員間隔閡大為減少。以致元季各官署所設通事大都裁撤。就文化層次而言，各機構——尤其是文化、教育機構——任用之官員，多經漢文化薰陶，與漢族官員具有共同的文化修養，交流交融甚少障礙。

　　茲以仁宗、英宗、泰定時代之翰林院、文宗與順帝初年的奎章閣學士院為例，說明各機構同僚間之交往。

二、翰林兼國史院

　　翰林國史院職司草擬詔令、編修國史、備供顧問及講授經筵[620]。

（續）————————————

　　　與蒙古翰林院人員相混，見張帆，〈元代翰林國史院與漢族儒士〉，《北京大學學報》1988年第5期，頁75-83。可惜兩者皆未列出其資料，無法覆按。

617 《秘書監志》卷10，11，頁191-231，〈題名〉。

618 《石田先生文集》卷13，頁244-245，〈霸州長官忽速剌沙遺愛碑〉。

619 蕭啓慶，〈元代的通事和譯史：多元民族國家中的溝通人物〉，收入蕭氏，《元朝史新論》，頁323-384。

620 關於翰林國史院，參看山本隆義、張帆前揭文；道上峰史，〈元朝翰林國史院考〉，收入明代史研究會編，《明代史研究會創立三十五年記念論集》（東京：汲古書院，2003），頁419-456；薩兆溈，〈元翰林國史院述要〉，《北京行政學院學報》1999年第1期，頁66-70；劉宏英、吳小婷，〈元代翰林國史院中的詩文考論〉，《河北北方學院學報》第25卷第5期（2009），頁3-6；楊亮，〈文化傳統的繼承與發展——以元代翰林國史院士

設官自翰林學士承旨至編修凡九級，總計三十七人[621]。其設官原寓有尊賢養老之意，固有不少不識之無的蒙古、色目顯宦因酬庸而置身翰苑，但多數官員皆爲各族士人，對文學翰墨具有共同興趣。

自仁宗皇慶(1312-1314)至泰定帝(1324-1328在位)期間，供職翰苑的蒙古、色目士人先後有貫雲石、散散、李岊、阿魯威、馬祖常、護都沓(答)兒等，與漢族同僚交往皆頗密切。至於在此期間亦曾任職翰苑的忽都魯朵兒迷失及趙世延留在下文論及奎章閣時再說，以免重複。

貫雲石於皇慶二年(1313)二月入翰林院，而於延祐元年(1314)三月退隱南下，前後不過一年。初入翰苑時，不過二十七、八歲，故有「小翰林」之稱。但因他出身畏兀兒世家，曾以萬戶高位讓於其弟，又曾任仁宗潛邸說書，故逕任從二品的翰林侍讀學士，地位崇高。而且由於他是翰林前長官姚燧之弟子，對詩歌、散曲、書法皆有甚高造詣，據說「一時館閣之士，素聞公名，爲之爭先快睹」，甚受歡迎[622]。

雲石與院中負有盛名的文苑前輩劉敏中、程鉅夫、趙孟頫、李孟、袁桷、張養浩、元明善、陳儼等相處甚得，備受重視。劉敏中(1243-1318)，字端甫，濟南章丘人，仕至翰林學士承旨(從一品)。程鉅夫(1249-1318)，原名文海，後以字行，號雪樓，建昌新城人。世祖朝即爲出身南人的顯宦，仁宗時任翰林學士承旨(從一品)。趙孟頫(1254-1322)，字子昂，湖州人，爲元代最傑出的全能士人，仁宗任翰林學士承旨。李孟(1255-1321)，字道復，號秋谷，漢中人，爲

(續)————————————
　　　人的生活方式爲中心〉，《船山學刊》2010年第1期，頁149-151。

621 《元史》卷87，頁2189-2190，〈百官志〉。

622 《圭齋文集》卷9，頁19下-23上，〈貫公神道碑〉；楊鐮，《貫雲石評傳》，頁58-73。

仁宗之老師，擁立武宗、仁宗有定策之功，拜中書平章兼翰林承旨。
袁桷(1266-1327)，字伯長，出身四明官宦書香世家，大德間獲薦入
翰苑，自檢閱而至侍講學士(從二品)，前後二十餘年。張養浩(1270-
1329)，字希孟，號雲莊，濟南歷城人，仁宗時歷任翰林待制、直學
士(從三品)。元明善(1263-1332)，字復初，大名清河人，亦爲仁宗
潛邸舊臣，仁宗即位後累遷翰林待制、直學士、侍讀學士(從二品)。
陳儼，號北山，魯人，仕至翰林學士(正二品)。小雲石海涯任職翰苑
期間，曾與程鉅夫、元明善等參與科舉制度恢復的研議。程鉅夫又曾
爲雲石題其詩文：「妙年所詣已如此，況他日所觀哉！」[623]對雲石
期許甚高。袁桷有〈寄貫酸齋侍讀〉詩與雲石唱和[624]。而雲石亦曾
爲陳儼寫過一組五首題扇詩[625]。

　　雲石與翰苑同僚友誼的最佳見證爲其〈翰林寄友〉五言長詩[626]。
此詩寫於其退隱江南之後，卻對翰苑諸友仍然懷念不已。此詩前二聯
爲：「興來何所依，唯杖歸而已。夢遊白玉堂，神物撼青史」，末二
聯則爲：「諸公襄盛時，參會總知己。濃頭一杯外，相思各萬里」。
其間各聯所涉有李孟、程鉅夫、陳儼、趙孟頫、元明善、張養浩、劉
敏中等人[627]。李孟是仁宗之師，而雲石在詩中亦稱他「我師秋谷
叟，秦楚可豈篝」，甚爲尊敬。對當時業已退休之程鉅夫則說「珍重
白雪樓，涕唾若行水」，乃希望鉅夫(號雪樓)長壽。陳儼亦已歸隱，
雲石之詩句爲「北山已東山，高臥呼不起」。對於勝國王孫，多才多

623　《程雪樓文集》卷25，頁7上，〈跋酸齋詩文〉。
624　《清容居士集》卷10，頁11上。
625　《元詩選》二集上，頁270，〈酸齋集・題陳北山扇五首〉。
626　《永樂大典》卷14383，頁13下，〈貫酸齋詩翰林寄友〉；參看楊鐮，《貫
　　　雲石評傳》，頁113-114。
627　其中尚有字文郁、公諒之二人，不可考。

藝的趙孟頫，雲石以「諸孫趙子昂，揮遍長安紙」來形容，對於年高德劭的另一承旨劉敏中的寄語則為「中菴四海名，贏老久無齒」，而對元明善、張養浩的評述則分別為「復初執高節，鬚鬢修清美」與「希孟文氣澀，道義淪於髓」。此詩酬贈之同僚，皆為當時名望最重之漢族士大夫。在詩中雲石除了表達對他們的崇敬外，亦不失僚友調侃之趣。總之，貫雲石出身色目將門，二十餘歲入翰苑，卻因其本身多才多藝，而與漢族名公雅士建立敦厚之友誼。他之辭職歸隱，不是由於他與翰苑同僚相處不洽，而是由於「宦情素薄」，策杖歸去。

散散，畏兀兒人，忽必烈太子真金東宮近臣、宣政院使潔實彌爾（1253-1315）之子[628]。泰定年間任翰林侍讀學士、學士（正二品），與大儒吳澄及虞集共事，時吳澄任翰林學士，虞集則為直學士（從三品）。泰定三年（1326）吳澄辭歸臨川，散散曾郊餞送別。明年，澄作〈回散散學士書〉，中說：「學士質美而學不倦，僕雖衰耗，亦賴以自勵焉。諸書雖間有鄙見，未見學徒抄出，俟有錄本，續當寄呈。」[629] 可見散散為一士人，在其致吳澄信中曾索求近著。吳澄為散散之父撰述神道碑，即是由於同僚之誼。散散與虞集共事時曾邀宴後者，當時並有歌伎順時秀吟唱散曲〈折桂令〉助興，頗為風雅[630]。至正四年（1344），散散奉使宣撫江西、福建，此時虞集已隱居家鄉，仍為他撰寫〈右丞北庭散公宣撫江閩序〉[631]，亦是由於翰苑舊誼。

李屺出身西夏將門，屺，蒙文名徹（薛）徹干，字伯瞻，號熙怡[632]。

---

628 《吳文正公集》卷32，頁14下-18上，〈齊國文正公神道碑〉。

629 同上，卷8，頁9上。

630 《南村輟耕錄》卷4，頁52。

631 《道園類稿》卷21，頁33上。

632 張沛之，〈元代唐兀李氏家族探研〉，收入張氏，《元代色目人家族及其文化傾向研究》，頁141-193。

李峴爲李世安(1253-1331，蒙文名散朮夕)子，世安官至江西行省平章，已是「務學友士，誦習經史，希古聖賢」。其弟世雄(蒙文名囊家眞)大德年間已供職翰苑，以致李峴漢學造詣更高[633]。峴於泰定間任翰林直學士，並講讀經筵，與大儒吳澄共事[634]。吳澄退隱後曾撰〈與李伯瞻學士書〉，推薦其同鄉士人吳尙[635]。澄又有〈跋李伯瞻字〉一文，稱「伯瞻博儒術，精國語，又工晉人書法，世冑之良也」[636]，可見李峴通儒學、蒙古文、善書。此外，尤善散曲，今仍有其散曲小令八闋存世[637]。故爲吳澄所重。吳澄曾爲李峴之祖父〈家傳〉撰〈後序〉，即是基於兩人共事之誼[638]。

　　阿魯威爲元代最負盛譽的蒙古散曲家，字叔重，號東泉。據孫楷第考證，曾任延平路、泉州路達魯花赤，泰定間爲翰林侍講學士，天曆元年(1328)任同知經筵事，同年掛冠，退居杭州[639]，曾參與《資治通鑑》與《世祖聖訓》之譯述。其散曲存世者仍多達十九闋[640]。明朱權《太和正音譜》卷上〈古今群英樂府格勢〉論列元曲家，稱「阿魯威之詞如鶴唳青霄」，甚爲推崇[641]。而明初名儒徐一夔則稱阿魯威爲「元室文獻之寄」[642]。

633　《吳文正公集》卷85，頁7下，〈平章政事李公墓誌銘〉。
634　《道園學古錄》卷11，頁10下-11下，〈書趙學士簡經筵奏議後〉；孫楷第，《元曲家考略》，頁94-98。
635　《吳文正公集》卷8，頁4上。
636　同上，卷31，頁2下。
637　隋樹森編，《全元散曲》(北京：中華書局，1964)，頁1290-1291。
638　《吳文正公集》卷24，頁1上，〈李武愍公家傳後序〉。
639　孫楷第，《元曲家考略》，頁8-9，46-47。〈元代蒙古人的漢學〉，頁161，166-168。
640　隋樹森，《全元散曲》，頁682-687。
641　朱權，《太和正音譜》(北京：中國戲劇出版社，1959)，頁19。
642　《始豐稿》卷12，頁7上，〈國子助教李君墓誌銘〉。

　　阿魯威在翰苑與直學士虞集、編修(正八品)王沂(約1290-1345後或1358前)頗多往來。今虞集諸集中有寄酬阿魯威詩三首，皆作於阿魯威退隱江南後。〈寄阿魯翬學士〉中之「問詢東泉老，江南又五年」[643]，〈奉別阿魯威東泉學士遊甌越〉中之「憶惜同經幄，春明下玉除」等句，可看出二人之友情[644]。另一首〈寄魯學士〉七律[645]，此一「魯學士」雖未明言爲阿魯威，但詩中有「泉南五馬傳燈後，天上群龍進講餘」之句，蓋指阿魯威由泉州內調爲翰林侍講的經歷。而且時人稱阿魯威爲魯東泉，故稱其爲「魯學士」頗爲合理。王沂，字師魯，貫汴梁路(今河南開封)，延祐二年(1315)首科進士[646]。其《伊濱集》中〈醉鄉詩爲阿魯威學士賦〉七古中，有「不獨文章高一世，由來道誼重千鈞」之句係稱讚阿魯威之文章、道義，「惟以壺觴留好客，卻拋軒冕樂閒身」之句則是羨讚其退隱生活[647]，可見阿魯威退隱江南後，其翰苑漢族諸友仍與他魚雁互通，不時唱和。

　　汪古族人馬祖常，爲王沂同科進士，任翰林應奉文字一年有餘。英宗至治二年(1322)起至泰定四年(1327)又歷任翰林待制、直學士約五年，故其在翰苑前後長達六年餘。在此期間與漢族同僚袁桷、王士熙、貢奎、文矩等唱和極密[648]：

---

643 《道園學古錄》卷2，頁10下-11上。

644 《道園遺稿》卷2，頁30下。

645 《道園學古錄》卷29，頁14下。

646 王沂生卒年係根據王樓占梅〈「伊濱集」中的王徵士詩〉(頁57-76)。

647 《伊濱集》卷10，頁11上。又貢奎有〈送魯威元帥〉及〈寄廣東阿魯威元帥〉詩二首(《雲林集》〔四庫全書〕卷2，頁19下；卷3，頁18下)，似與「阿魯威元帥」頗多唱和，但後一首中有「伏波投老爲將軍，勒功銅柱何足云」之句，將他比擬爲東漢伏波將軍馬援，應爲一將領，與翰林學士之阿魯威應非同一人。

648 關於馬祖常與同僚間的關係，參看張沛之，〈馬祖常之社會網絡〉，收入

　　1. 袁桷：蘇天爵所撰〈墓誌銘〉稱桷「公爲文辭，奧雅奇嚴，日與虞公集，馬公祖常、王公士熙作爲古文論議，迭相師友，間爲歌詩唱酬，遂以文章名海內」[649]。祖常登第前三年北訪大都，即與袁桷結識[650]，袁桷年長祖常十三歲，又是他翰苑上官，故他對袁桷甚爲崇敬，桷對這位科舉首科異族探花也很器重。二人文字往來甚多，祖常《石田集》中，存有和袁桷唱酬詩十一首，又曾上疏薦舉袁桷[651]。而袁桷文集中與祖常唱和的詩歌更多達四十七首。又曾應祖常之請爲其父馬潤作神道碑，文中特別指出「桷辱爲文字，知且深，特來請銘」[652]。又曾爲祖常所居石田山房作辭[653]。

　　2. 王士熙，字繼學，東平人，世祖朝翰苑名臣王構(1245-1310)之子。歷任翰林待制，中書參政、南臺御史中丞等職，長於樂府歌行[654]。祖常《石田集》中，以與他的唱酬爲最夥，多達十六首。而士熙詩集失傳。《元詩選》所輯〈江亭集〉中也收錄與祖常唱酬詩三首[655]。可見二人交往甚密。

　　3. 貢奎(1269-1329)，字仲章，號雲林，舒城人。曾四入翰苑，延祐、至治間兩爲翰林待制，與馬祖常共事當在此時，奎後升集賢直

（續）────────────

　　　張氏，《元代色目人家族及其文化傾向研究》，頁274-293。

649 《滋溪文稿》卷9，頁133-137，〈袁文清公墓誌銘〉。

650 《清容居士集》卷26，頁7上-8下，〈漳州路同知朝列大夫馬公神道碑〉。

651 《石田先生文集》卷7，頁154，〈舉翰林待制袁桷等〉。現存疏文似不全，因內文並無薦舉袁桷文句。

652 《清容居士集》卷26，頁7上-8下，〈漳州路同知朝列大夫馬公神道碑〉。

653 《清容居士集》卷2，頁7上，〈石田山房辭〉。

654 門巋，〈元曲家王繼學仕履考〉，收入門氏，《元曲管窺》(天津：人民出版社，1993)，頁318-323。

655 《元詩選》二集上，頁537-557。

學士。著有《雲林集》，今存[656]。貢奎卒後，祖常爲其撰神道碑，雖係奉敕，但碑中有「師謙(奎子)知臣於其父宿有好也」之句[657]，反映二人頗有私誼。祖常集中有〈貢待制文修撰王都司同賦牡丹分得色字〉、〈貢仲章待制寵和次韻〉及〈送貢仲章學士〉三詩[658]，前二首係同在翰苑時的唱酬，後者則爲在貢奎轉任集賢時受命往祠三鎭時送別之作。而貢奎集中亦有〈讀馬伯庸學士止酒詩〉、〈和馬伯庸學士送史正翁赴嘉興幕官〉及〈送馬伯庸學士赴上都〉三詩[659]，前兩者爲日常唱酬之作，後者則係爲祖常扈從元帝赴上都避暑的送別詩，故有「人間六月沸炎波，上國清涼樂事多」之句。

4. 文矩，字子方，長沙人。延祐間任翰林修撰，與祖常共事。至治初受命招諭安南國。吳澄所撰墓誌稱頌文矩：「文章歌詩，雖疏宕尚氣，有陳事風賦之志焉，惜其未傳而遽止也」[660]。他與祖常共事翰苑的時間不長。但《石田集》中有詩二首與文矩相關[661]。而《元詩選》中文矩〈子方集〉所錄其詩不過七首，但亦有〈送馬伯庸御史奉使關隴〉一首[662]，雖係作於祖常轉任御史之後，但二人係結緣於共事翰苑時。

護都沓(答)兒，蒙古托托里氏，延祐二年(1315)首科狀元[663]。五年任翰林待制，與院中同僚趙孟頫、劉賡(1248-1328)等奉敕題跋

---

656 四庫全書本。

657 《石田先生文集》卷11，頁208-212，〈敕集賢學士貢文靖公神道碑銘〉。

658 《石田先生文集》卷1，頁6；卷6，頁57，頁64，〈送貢仲章學士〉。

659 《雲林集》卷2，頁19上；卷4，頁15上；卷5，頁6下。

660 《吳文正公集》卷42下，頁6-12下。

661 《石田先生文集》卷2，頁27，〈過文著作家〉；頁28，〈送文著作往鄂州諭南使〉。

662 《元詩選》二集上，頁336-339。

663 蕭啓慶，〈元代蒙古人的漢學〉，頁194-196。

王羲之〈快雪時晴帖〉，原跋眞蹟仍存，現藏台北故宮博物院[664]。
趙孟頫、劉賡皆爲護都沓兒之科擧座師，時皆任翰林學士承旨。護都
沓兒跋中既讚美羲之墨跡「當爲天下法書第一」，又歌頌元仁宗之
「博古尙文」。

　　皇慶至泰定間，貫雲石、散散、李屺、阿魯威、馬祖常、護都沓
(答)兒等蒙古、色目官員曾在翰林國史院供職。以上藉他們六人與漢
族同僚間在工作上的合作、詩文唱酬及爲對方先人撰寫墓誌，證明翰
苑中各族士人的交流與交融。

三、奎章閣學士院

　　奎章閣學士院是由文宗(1328-1332在位)所創建的一個獨特文化
機構。文宗建立此院的動機主要有二：第一，此院可說是他個人興趣
的投射。文宗能詩、能書、又能畫，而且對品鑑古文物有濃郁的興
趣，因而在元朝諸帝中最爲風雅，有人將他比擬爲宋徽宗(1100-1126
在位)與金章宗(1189-1208在位)。第二，由於他以弑兄而奪取大位，
創建此院是爲塑造合法繼承者及崇尙文治的中原帝王形象，提高自己
在漢族人民中的地位與威信[665]。

　　奎章閣創建於天曆二年(1329)[666]，而於順帝至元元年(1335)改

---

664 國立中央故宮博物院共同理事編纂委員會編纂，《故宮法書》第1輯(台
　　北：國立故宮博物院，1962)，頁5。

665 關於奎章閣，參看姜一涵，《元代奎章閣及奎章人物》；傅申，《元代皇
　　室書畫收藏史略》；陳韻如，〈蒙元皇室的書畫藝術風尚與收藏〉，收入
　　石守謙、葛婉章主編，《大汗的世紀》，頁266-285；邱江寧，〈奎章閣文
　　人與元代文壇〉，《文學評論》2009年第1期，頁31-41。

666 關於文宗的漢學造詣，參看神田喜一郎，〈元の文宗の風流に就いて〉，
　　頁477-488；吉川幸次郎，〈元の諸帝の文學〉，頁232-313。

置爲宣文閣，前後十一年。其全盛時期是文宗在位的五年。至順三年
(1332)文宗逝世，奎章閣失去主要支撐，開始衰落。當初文宗設置奎
章閣的功能在於聚集文人學士，鑑賞書畫，編刊典籍，教育貴族子
弟，並備皇帝諮詢。先後供職於此一機構之官員共有一一三人，可說
是當時各族士人薈萃之地。

奎章閣蒙古、色目官員具有漢學造詣，而與漢族同僚交往見於記
錄者有大學士(正二品)忽都魯朵兒迷失、趙世延、阿榮、承旨學士(從
二品)巎巎、參書(從五品)雅琥、典籤(從六品)泰不華、幹玉倫徒、授
經郎(從七品)畢申達、照磨(無品級)甘立等人，下文將考述他們與漢
族同僚的關係。至於大學士達識帖木兒、沙剌班、侍書學士(從二品)
鐵木兒塔識、朵爾直班、典籤全普庵撒里等人皆通漢學，而侍書學士
(從二品)撒迪、承制學士朵來則可能不通漢學，皆缺乏與漢族同僚交
往的記載，只能割愛。至於燕鐵木兒、伯顏皆是以權臣的身分兼領大
學士，位高權重，並不與其他閣臣平等交往，本文亦予捨棄[667]。

大學士忽都魯朵兒迷失(或作忽都魯篤迷失、忽都魯篤爾彌實)，
高昌畏兀兒氏。父愛全，受知憲宗，莊聖太后尤禮遇之[668]。忽都魯朵
兒迷失歷任翰林學士承旨，後任奎章閣大學士。曾選譯《資治通
鑑》、《大學衍義節文》爲蒙文。泰定帝開經筵，忽都魯與漢儒開講
《帝範》、《資治通鑑》等書，可見他兼通蒙漢二文。虞集於仁宗時
任翰林待制，爲其僚屬。曾有〈寄忽承旨〉五律，二人已有情誼[669]。
虞集入奎章，又位於其下，曾撰〈奎章閣大學士忽公畫像贊〉，有句

---

667 關於奎章閣人員名錄，見姜一涵，《元代奎章閣及奎章人物》，頁69，表
一B。
668 《至正集》卷61，頁35下-37上，〈普顏公神道碑〉。
669 《道園類稿》卷5，頁8下-9上。

云「蒼然松柏之堅貞，繽乎圭璋之粹美；慈焉在物之春風，澹若秋淵之止水」，稱讚其恬淡[670]。

　　大學士趙世延在閣中與虞集相交既久且深。虞集亦深得文宗寵信，雲龍契合，可說是奎章閣主要規劃者[671]。趙、虞二人共同主持或參與閣中甚多活動，如天曆二年(1329)開始編纂《經世大典》[672]，即由世延為纂修，虞集副之[673]。同年閣中入藏南唐趙幹〈江行初雪圖卷〉，二人參與同仁聯銜呈進[674]。今虞集別集中有關世延之詩文多達四篇。其中三篇〈寄趙子敬平章〉為一懷寄七律[675]。〈趙平章加封官制〉[676]及〈趙平章畫像贊〉[677]，都作於至順元年。文宗因感謝世延的翊戴之功，即加封其官職，又命繪其像，而敕虞集撰制與贊。另一篇〈魯國趙公哀詞二首〉則作於至順五年(1336？)世延卒後。第一首著重世延之成就：「西北聲名世節旄，簪紳特起擅時髦。百年憂患神明相，世務頻煩志慮勞……」第二首著重二人之交誼：「早歲江東接令儀，中朝晚得近論思……每翻翰墨神交遠，惆悵西川(按：世延卒於其故鄉成都)鼓吹悲」[678]，總之，世延是虞集甚為尊

670 同上，卷15，頁20上。
671 John Langlois, Jr. , "Yü Chi and His Mongol Sovereign: The Scholar as Apologist," *Journal of Asian Studies*, vol. 38(1978), pp. 99-116.
672 關於《經世大典》，參看蘇振申，《元政書〈經世大典〉之研究》(台北：中國文化大學出版部，1984)。
673 蘇天爵，《國朝文類》卷40，頁1上-3下，〈經世大典序錄〉。
674 吳升，《大觀錄》(續修四庫全書)卷12，頁8上-8下；國立故宮博物院編纂委員會編，《故宮書畫錄·增訂本》(台北：國立故宮博物院，1965)第2冊，卷4，頁17。
675 《道園學古錄》卷3，頁12下。
676 《道園類稿》卷12，頁10上-10下。
677 《道園學古錄》卷21，頁8上。
678 《道園類稿》卷8，頁26上。

敬的政壇前輩、閣中上司，二人又有很深的翰墨因緣。

世延與閣中侍書學士許有壬的關係尤爲密切。二人不僅是座主與門生，又是翁婿。至治元年(1320)世延受權相鐵木迭兒(？-1322)之陷害入獄，有壬便曾上疏請予平反[679]。故兩人亦爲政治上之盟友。世延於天曆元年(1328)退隱金陵後，其寓所後圃之瓜一蒂生五瓜，時人視爲禎祥之兆，有壬曾撰〈瑞瓜頌〉爲賀，並言「有壬以諸生擢科，公實座主，行非鮑宣，過辱桓公之知，既厚且親」[680]，可見二人間具有多重密切關係。

大學士阿榮(1292-1333)[681]，《元史・阿榮傳》說他：「閑居以文翰自娛」，「日與韋布之士游，所至山水佳處，鳴琴賦詩，日夕忘返」，故爲一蒙古貴胄詩人[682]。入閣前即與虞集有唱和之誼，虞集有〈次韻阿榮存初參議秋夜見寄〉五律，中云：「深期謝安石，揮塵散風埃」，對阿榮期許甚高[683]。天曆初，阿榮爲奎章閣大學士並參議中書事。二人在閣中，共事機會頗多，虞集對阿榮仍有頗高評價，〈送鄉貢進士孔元用序〉稱讚阿榮說：「存初國家世臣，妙於文學，在上左右，華年方殷，斯文屬望。集老且衰，亦何補耶？」[684]二人年齡相差達二十餘歲，但同好詩文，可謂忘年之交。阿榮又曾薦其師吳元德入閣爲僚屬[685]。

---

679 《至正集》卷76，頁1上-2上，〈辯平章趙世延〉。

680 同上，卷68，頁1上。

681 阿榮之生卒年，據許正弘之考證，見許氏，〈元阿榮生卒年小考〉(待刊)。

682 《元史》卷143，頁3420-3421；蕭啓慶，〈元代蒙古人的漢學〉，頁144-145。

683 《道園類稿》卷5，頁1下。

684 《道園學古錄》卷34，頁7上。

685 《滋溪文稿》卷29，頁495，〈書吳元德詩稿後〉。

　　巎巎(1295-1345)，字子山，康里氏，爲世祖、成宗時代儒相不
忽木之子，其本人亦爲顯宦與書法大家，在書法方面，與趙孟頫爲師
生關係。巎巎於至順元年(1330)始以禮部尚書兼群玉內司，成爲奎章
閣之屬官，順帝即位後，更歷任奎章閣承制學士及大學士，與奎章閣
關係既久且深[686]。在同僚中，與虞集頗多交往。虞集有〈記子山尚
書〉及〈題康里子山尚書凝香亭六韻〉二首與他唱和[687]，大約皆作
於其入閣後。第二首詩中，有句「群玉府中香滿袖」之句，「群玉
府」乃指群玉內司而言。虞集又有〈題跋子山學士所藏永興公(虞世
南)墨跡〉及〈題李重山所藏巎子山墨跡〉二首。前者係應巎巎之請
而題[688]。而在後者之中則稱：「子山平章書法妙天下」[689]。巎巎固
然是書法名家，而虞集也是「眞、行、草、篆皆有法度，古隸爲當代
第一」[690]，可見虞、巎二人於公誼之外，在詩文、書藝方面亦能惺
惺相惜。

　　泰不華於奎章閣創建之初即任典籤，至順二年(1331)外放南臺御
史，前後不過二年。他在閣中交往較密的一爲虞集，一爲柯九思。虞
集是泰不華文壇前輩，亦爲其在奎章閣之上官。《顧北集》中〈春日
宣則門書事簡虞邵庵〉即係奉贈虞集之詩，末聯爲：「從臣盡獻河東
賦，獨有相如得賜金」，係以虞集比爲西漢司馬相如，乃是文壇領
袖。虞集歸隱江西後，不華仍作〈贈堅上人重往江西謁虞閣老〉七
律，再度表示對虞集之「詞賦」極爲傾倒[691]。而虞集亦有〈送達溥

686　關於巎巎，見盧慧紋，《元代書家康里巎巎研究》。
687　《道園學古錄》卷2，頁8下；卷3，頁21下。
688　《道園類稿》卷33，頁23上-23下。
689　同上，卷35，頁33下-34上。
690　《書史會要》卷7，頁3上。
691　羅振玉編，《元八家法書》(上海，1918)；現收入《羅雪堂先生全集》(台

化兼善赴南臺御史詩序〉[692]，係作於不華於至順二年(1331)由奎章閣轉任南臺御史時，同僚為其賦詩送行而請虞集作序，虞集在序中勉以作為臺諫之臣應以大而且急之事進言，帶有長輩勗勉之意[693]。虞氏又有〈題達兼善御史所藏墨竹〉，可能係在不華赴任南臺御史時所作題畫詩，此畫應為奎章同僚名畫家柯九思所繪，因第一句為「丹邱越人不到蜀」，丹邱為柯九思之號。後二聯為：「江南御史龍頭客，暫別那能不相憶。知君深識篆籀文，故作寒泉溜崖石」[694]，讚譽不華出身狀元並深識古文字，又表示別後將會懷念。可見虞氏對這位蒙古青年士人頗為器重。

柯九思富於收藏，精於鑑賞書畫和古器物。他結識文宗於建康潛邸。奎章閣建立後，九思先後任參書及鑑書博士(正五品)，頗受寵信[695]。他與不華既為同鄉又為同僚，在閣中交往頗為密切。除泰不華外，九思與巙巙亦有往來。至順元年(1330)，巙巙曾與畏兀兒氏畫家邊魯至九思之文玉堂中觀賞〈晉人楷書曹娥碑〉[696]。

參書雅琥，初名雅古，文宗賜以今名，字正卿[697]，也里可溫(即基督教徒)人，泰定元年進士，為一詩人[698]，《元詩選》錄其詩四

(續)────────────────
　　　北：大通書局，1973)第5編第13冊，頁5293-5294。

692 《道園學古錄》卷6，頁17上。

693 《道園學古錄》卷6，頁12下，〈送達溥化兼善赴南臺御史序〉。

694 《道園類稿》卷4，頁5上。

695 關於柯九思，參看宗典，〈柯九思年譜〉，頁193；《元代畫家史料匯編》頁322-357；姜一涵，《元代奎章閣及奎章人物》，頁26-33，158-174，217-244。

696 遼寧省博物館編，《遼寧省博物館》(北京：文物出版社，1983)，頁117，題作〈曹娥誄辭卷〉。此碑有北京文物出版社1961年影本，〈晉人書度尚曹娥誄辭〉。

697 《秘書監志》卷10，頁196，〈題名〉。

698 蕭啓慶，《元代進士輯考》，〈泰定元年科〉；陳垣，《元西域人華化

十首[699]，亦善書。至順元年由祕書監著作佐郎轉任奎章閣參書[700]，明年遭劾罷[701]，外放靜江路同知。故在閣中時間不長，但參加閣中同僚集體品鑑書畫活動而見於記載者頗多，如晉王羲之〈曹娥碑〉[702]，南唐趙幹〈江行初雪圖卷〉[703]、李成〈寒林采芝圖〉[704]，雅琥皆題觀款。又如審定重裝董源〈夏景山口待渡圖〉，由柯九思題跋，雅琥與虞集、李泂各題詩一首[705]。其詩、書與虞集、柯九思等漢族名家並列，不遑多讓。雅琥外放時，馬祖常撰〈送雅琥參書之官靜江詩序〉。祖常此時任御史中丞，不在奎章閣，但在此序中，祖常指出：館閣僚友皆曾「忻然為文，以美其行而勸其無久於外，以致其去處之情，而請余為之序」[706]。雅琥後來曾撰〈擬古寄京師諸知己二首〉，其第二首有句云：

> 東皇司造命，廣庭延群英。
> 中有三五君，生平想儀刑。
> ……

（續）————————————————————————
　　考》卷4，頁61下-63下；楊鐮，《元西域詩人群體研究》，頁337-341。
699　《元詩選》二集，頁558-567。
700　同上。梁詩正等編，《三希堂法帖》（北京：中國書店，1986），頁97-99，〈曹娥碑〉。
701　《元史》卷35，頁779，〈文宗紀〉。
702　遼寧省博物館編，《遼寧省博物館》，頁117，〈曹娥誄辭卷〉。
703　《大觀錄》卷12，頁8上-8下；國立故宮博物院編纂委員會編，《故宮書畫錄·增訂本》第2冊，卷4，頁17；石守謙、葛婉章編，《大汗的世紀》，頁28-29、289。
704　龐元濟，《虛齋名畫錄》（中國書畫全書）卷7，頁472。
705　張照等，《石渠寶笈》（四庫全書）卷25，頁3下；宗典，《柯九思史料》，頁103。
706　《石田先生文集》卷9，頁186，〈送雅琥參書之官靜江詩序〉。

　　　種種履憂患，誰能念伶仃。

　　　願假刀圭妙，白日羽翰生。

　　　微渺得攀附，柑將還帝京[707]。

此詩寄贈的對象，自然包括奎章同僚在內。由詩中內容看來，雅琥流寓在外，對京中諸友甚爲歆羨，深切希望早日返還帝京。

　　斡玉倫徒（都），唐兀氏，字克莊，號海樵子。西夏儒相斡道沖（？-1183）之裔。肄業國子學，爲虞集弟子，以《禮記》登進士第[708]。歷奎章閣典籤，後至元六年(1340)轉任南臺經歷[709]。善詩、書。陶宗儀《書史會要》稱其「文章、事業夐出人表，書跡亦佳」[710]。在奎章閣中與虞集關係最密。虞集撰〈西夏相斡公畫像贊〉稱斡玉倫徒「嘗以禮經登進士，從予成均，於閣下又爲僚焉」[711]。故二人既爲師生，又爲僚屬關係。虞集又曾爲斡玉倫徒撰〈海樵說〉[712]、〈周易玩辭序〉、〈鄭氏毛詩序〉[713]等文及〈寄斡克莊僉憲〉詩[714]。虞集退隱歸江西後，至正元年(1341)斡玉倫徒任福建閩海道廉訪副使，取虞氏門人李本等所編之《道園學古錄》五十卷刊行於福建[715]。虞集曾賦

---

707 《元詩選》二集，頁558。

708 《道園學古錄》卷4，頁21上，〈西夏相斡公畫像贊〉。《元代進士輯考》，〈科次不詳進士〉。

709 《至正金陵新志》卷6，頁41下，〈官守志〉。

710 《書史會要》卷7，頁18下。陳垣，《元西域人華化考》卷4，頁54下；卷5，頁79下。

711 《道園學古錄》卷4，頁21上，〈西夏相斡公畫像贊〉。

712 《道園學古錄》卷39，頁1上。

713 《道園學古錄》卷31，頁8上-9下。

714 《道園遺稿》卷5，頁5下。

715 《道園學古錄》，李本跋。

〈閩憲幹克莊以故舊託文公五世孫仲明(按名昕)遠徵敝文……〉、
〈送朱仲明歸建安並簡貳憲幹克莊〉二詩為謝[716]。

畢申達(亦作必申達而、必申達兒),號樵隱,唐兀人。歷任藝林
庫提點與奎章閣授經郎,為六七品之下僚[717]。虞集及揭傒斯都有與
他唱酬的詩文。揭傒斯〈送藝林庫提點畢申達棄官歸養詩序〉稱:畢
申達辭官歸濟南養親,當時閣中同仁皆賦詩送行,承制學士李泂命其
時亦任授經郎的揭傒斯為之序。序中又說:「藝林庫提點樵隱君兼才
德之長,懷忠孝之實。昔者天子既奪其養而寘之藝林矣,君不以筦庫
為卑而怠其事。又命攝授經而列於奎章矣,君不以師道為尊而貪其
榮。一旦棄官歸養,如野鶴之遇飄風,瞬息而不可留也,雖賁育之勇
不能過焉」[718],對畢申達能屈能伸而毅然棄卻功名而就養父母的美
德甚為讚賞。虞集所撰為〈題張希孟中丞送畢申達卷後〉末云:「欲
寫濟南名士傳,泉聲山影晚蕭蕭」[719],乃指畢申達之歸養濟南。張
希孟乃指張養浩,山東歷城人,雖為前輩高官,卻不在奎章閣,應係
以濟南同鄉長輩身分送行,而虞集則係以養浩官場後輩及畢申達閣中
上司題此詩卷[720]。

716 《道園學古錄》卷31,頁1上-3上。
717 參看姜一涵,《元代奎章閣及奎章人物》,頁148-149。
718 《揭傒斯全集》卷4,頁309,〈送藝林庫提點畢申達棄官歸養序〉。
719 《道園學古錄》卷3,頁21上。
720 清陳衍《元詩紀事》錄有無名氏〈訪樵隱不遇〉詩,後引《蘭溪遺事》
云:至正七年(1347),由蘭溪至浦江,道過元常觀,錄此詩於壁,並記本
末,末署「書此壁者,濟南必申達而樵隱,唐吾氏也」。蘭溪、浦江皆婺
州(金華)屬縣。不知此一記載是否出於偽託,抑畢申達於退隱後曾至浙
東?不可考,因畢申達史料不多,附載於此。見陳衍輯撰,李夢生校點,
《元詩紀事》(上海:上海古籍出版社,1987),頁886。

　　甘立(？-1343)[721]，其族屬、里貫記載頗有歧異，或稱其爲河西
人[722]，或稱其爲陳留人[723]，或稱其爲大梁人[724]，實際上爲族屬河
西，亦即唐兀，陳留、大梁皆指開封，爲其寄籍。他能詩善書，楊維
楨《西湖竹枝集》說他「少年得時譽縉紳先生，辟爲奎章閣史，至丞
相府掾卒。平日學文，自負爲臺閣體。然理不勝才，惟詩善鍊飭，脫去
凡近」[725]。《書史會要》則說他「才具秀拔，亦善書札」[726]。至順間
任閣中照磨，地位不高。在閣同僚中他與柯九思唱酬最密。甘立今存有
〈晚出西掖同柯博士賦〉[727]、〈題柯博士墨竹〉[728]、〈春日有懷柯博
士〉[729]及〈有懷玉文堂〉(原注：有懷敬仲、伯生)四詩[730]。第一首
爲二人退値同出宮掖時的唱和詩。第二首爲題畫詩，墨竹爲九思繪畫
特長，此詩係詠畫中情景。三、四兩首皆寄懷之作，當作於九思離職
南歸之後，因第三首中有「閶闔城外亂鶯啼，笠澤春深水滿陂」之
句，皆寫平江(今蘇州)情景，蓋九思南歸後初居平江。另甘立曾與閣
中同僚虞集等多人集體至柯氏玉文堂觀賞晉王羲之書〈曹娥碑〉，由
虞集題款[731]。虞集有〈答甘允從寄海東白紵〉七律，有句云：「海
國練衣雪色明，寄將千里見高情」[732]，甘以物相贈，而虞則答詩以

721　參考姜一涵，《元代奎章閣及奎章人物》，頁122-123。

722　《書史會要》卷7，頁17下。

723　孫原理，《元音》(四庫全書)卷9，頁25上。

724　《西湖竹枝集》，頁7上。

725　《西湖竹枝集》，頁7上。

726　《書史會要》卷7，頁17下。

727　《元詩選》二集下，頁897，〈允從集〉。

728　《元詩選》二集下，頁899，〈允從集〉。

729　《元詩選》二集下，頁900，〈允從集〉。

730　《元詩選》二集下，頁898，〈允從集〉。

731　《石渠寶笈》卷13，頁13下，〈晉王羲之書「曹娥碑」〉。

732　《道園學古錄》卷29，頁14下。

謝惠物的盛情。

　　一個機構中的同僚不免有合作，亦有衝突。同族者如此，異族者亦是如此。過去學者論及奎章閣者往往強調虞集、柯九思受到「世家子」的嫉妒與陷害而不安於位[733]。虞集之遭忌見於《元史·虞集傳》及《元史·文宗紀》，〈虞集傳〉說：「時世家子孫以才名者眾，患其(虞集)知遇日隆，每思有以間之。既不效，則相與摘集文辭，指爲譏訕」，傳中並指出嫉忌虞集之「世家子」有阿榮、巎巎及趙世安。柯九思之受抨擊則見於《元史·文宗紀》所記至順二年(1331)八月事。據說當時御史臺臣攻擊他「性非純良，行極矯譎，挾其末技，趨赴權門，請罷黜之」[734]。

　　事實上，虞、柯兩案不盡相同，柯九思挾書畫品鑑之「末技」，布衣入仕，深受恩寵而驟列五品，所受嫉視之大，不在話下。虞集之地位及名望與柯九思大不相同，不應受到類似之攻擊，尤其不應受到阿榮與巎巎之嫉視，原因如下：第一，自名望言之，虞集爲七朝元老，儒林祭酒，深受各族士人所崇敬，阿榮、巎巎與虞集年齡相去二、三十歲，不屬於相互競爭的夥群。第二，就政治地位言之，虞集在奎章閣中不過是侍書學士，而阿榮則爲大學士，位在集之上，而巎巎最初在閣中之地位較虞集不過略低而已。第三，就性格而言，虞集固然剛正不阿，卻也是老成持重。阿榮、巎巎雖爲世家子弟，卻是正派士人。巎巎爲一近乎迂闊的儒者，「制行峻潔」，「遇事英發，掀髯論辯，法家拂士不能過之」，「雅愛儒士甚於飢渴」[735]。阿榮多

---

733 姜一涵，《元代奎章閣及奎章人物》，頁20，31；盧慧紋，《元代書家康里巎巎研究》，頁30-32。

734 《元史》卷35，頁791。

735 《元史》卷143，頁3420-3421，〈阿榮傳〉。

才多藝，卻是精於術數，淡泊知命[736]。二人皆不是嫉賢妒能之輩。第四，就友誼而言，如前所說，虞集與二人唱和頗密而且相互勗勉有加，全無衝突之跡象。

　　文宗時代奎章閣的問題不在於內部各族士人之間，而在於整個政治大環境。當時燕鐵木兒與伯顏以扶立大功，成為二大權臣，不僅掌握朝政，而且力圖控制文宗，文宗以奎章閣為避風港，經常流連閣中，賞畫觀字，以消永晝。奎章閣中諸人所受攻擊可能係由燕、伯二人所發動[737]。當時受到攻擊者不限於漢族文人。參書也里可溫氏雅琥便遭御史彈劾[738]。至順元年(1330)，虞集因感「入侍燕間，無益時政，且媢嫉者多」而提出辭呈，這一辭呈即是與忽都魯朵兒迷失、撒迪聯合提出的[739]，文宗雖加挽留，卻明白告訴其職責為「以祖宗明訓，古昔治亂得失，日陳於前，卿等其悉所學，以輔朕志。若軍國機務，自有省、院、臺任之，非卿等責也，其勿復辭」。奎章閣創立之初在職權方面便多模稜，文宗、權臣與閣臣之體認可能不盡相同。文宗與閣臣最初皆以奎章閣可在權臣控制之下的中書省之外成為另一權力中心，但在權臣圍堵下，文宗不得不承認奎章閣不過是有關歷史先例之諮詢機構而已，無關政策。奎章閣之影響僅侷限於閣內，與政府關係不大。至順二年(1331)二月燕鐵木兒兼領奎章閣大學士，奎章閣實際上已然變質。同年八月文宗死後，奎章閣之歷史更進入另外一頁。奎章閣的紛爭主要是外來的，閣中各族文人之間的鬥爭——世家

---

736 〈元代蒙古人的漢學〉，頁144-145。

737 Ch'i-ch'ing Hsiao, "Mid-Yuan Politics," in H. Franke and D. Twitchett (eds.), *Cambridge History of China*, (Cambridge, England: Cambridge University Press, 1994) vol. 6, pp. 490-560.

738 《元史》卷35，頁779，〈文宗紀〉。

739 《元史》卷181，頁4178，〈虞集傳〉。

子孫對抗漢族士人——一說疑點頗多。在此一機構內，各族士人實際上是以合作而不是以鬥爭為關係之主調。

　　奎章閣存在的時間不長，首尾不過六年，卻是各族士人薈萃之地。這些士人以風雅天子文宗為中心，共同品鑑文物、編纂典籍、唱酬詩文。本節係以忽都魯朵兒迷失、趙世延、阿榮、巎巎、雅琥、泰不華、斡玉倫徒、畢申達、甘立等九人為主軸證明閣中各族士人的關係。過去有的學者主張：閣中的世家子弟排斥漢族士人，迫使後者紛紛請辭。筆者則認為：這種說法證據不足，閣中各族士人基於對藝文的共同愛好而聲氣相投，合作無間。

四、結語

　　元朝政府是一個多族群組成的官僚組織，各部門官員有蒙古、色目，也有漢人、南人。主管文史、教育及圖書典藏的機構中，漢族官員占多數。翰林國史院、奎章閣學士院便是明顯的兩例。在此二院中，雖然蒙古、色目官員較少，但多具有頗高的漢學造詣，往往可與漢族同僚相頡頏。本節顯示：蒙古、色目官員與漢族同僚具有共同的文化素養、價值與品味，故能密切交流與交融，構成多族士人圈的一個重要環節。

　　本章顯示，蒙古、色目士人與漢族士人之交往與漢族士人本身之交往模式甚為相似，姻親、師生、座主與同年及同僚等關係構成異族士人間交往的基礎。在婚姻方面，過去學者所說元代禁止異族通婚，並無根據。蒙古、色目士人與漢族士人之間及蒙古與色目士人之間，往往因具有共同學養與士人身分而締結姻緣之例證。各族士人家庭之聯姻不僅加深彼此間之情誼，而且具有加速涵化之功能。

　　師生關係方面，在大蒙古國時代及元朝前、中期，蒙古、色目子

弟從學漢儒者甚多，或在家塾、或在學校、或問學受業，因而得窺漢學門徑並建立終身情誼。及至後期，不少蒙古、色目士人浸潤漢學已久，造詣已深，並有傳承之熱情，或開辦學校、或擔任教職而成爲漢族子弟之教師。在座師與同年關係方面，科舉制度爲各族士人提供一個平等交往之基礎。元代各族座主與門生之間的關係以及同年之間的關係，與唐、宋時代科舉制度下漢族士人間的師生之情與同年之誼並無不同。各科師生不僅有集體聯誼活動，個別往來亦頗密切。在同僚關係方面，元代政府機構大都兼用各族。士人出身的各族同僚多能基於共同文化素養與興趣而相互交融，合作多於衝突。

總之，元代各族士人雖然族屬互異，但是文化素養相同。共同文化素養成爲士人間各種關係的基礎，這些關係更形成各族士人間密切交融的一個網絡。

第四章

文化互動

　　中原士人文化之內涵極其豐富，活動亦甚繁多。「文」與「道」原是士人文化的主要內涵。「道」——經術的研習固然是士人必具的修養，「文」——詩、文、書、畫之創作與陶冶亦爲士人不可或缺的素養，且爲其社會生活的重要工具。宋代道學興起，固然有重道輕文的趨勢，甚至有「一入文人，便無足稱」的說法，但是士人並未完全揚棄藝文修養，與詩酒盟會絕緣。士人間的藝文活動仍甚頻繁[1]。詩文唱和、雅集遊宴、觀讀書畫、題跋贈序等活動，不僅可以切磋攻錯，而且可以敦睦情誼。元代蒙古、色目士人唯有參加漢族士人之文化活動，始能與漢族文士的主流融爲一體。

　　元朝前期蒙古、色目士人不多，在漢文化中浸潤亦不深。除去高克恭、不忽木等少數漢化先進外，蒙古人參與漢族士人文化活動者並不多見。但在中期以後，參與程度大爲增加。現藉對唱酬、雅集、書畫品題與書籍編刊與序跋等活動的考述，來顯示各族士人間與社會差距之消融。

1　陳寶良，《中國的社與會》(杭州：浙江人民出版社，1996)，頁268-269；
　　王毅，《園林與中國文化》(上海：上海人民出版社，1990)，頁545-611。

第一節　詩文唱酬

一、引言

　　元代多族士人的文化互動的形式頗多，包括唱酬、雅集、書畫品題、書籍編刊與序跋題贈。「唱酬」是士人藝文活動的重要部分，乃指士人之間以詩文相互酬答，表達友誼。但是本文所謂「唱酬」專指個別士人間的詩文唱和，不包括集體活動在內。集體的藝文活動，也就是所謂「雅集」，將另節敘述。凡將在該節涵蓋的案例，或僅簡單提及，或完全略去。

　　元代各族士人間的詩文唱酬，極為繁夥，無法枚舉。現選泰不華、迺賢、許有壬、成廷珪為例。上述四人分別屬於蒙古、色目、漢人、南人四個族群，而且泰不華與許有壬皆為科舉出身的顯宦，而成廷珪終身布衣，迺賢也是大半生一襲青衫，故以四人為例，應具族群及社會階層的代表性。不過，四個族群實際為兩大族群，即漢族與非漢族，本文是以漢族與非漢族士人的唱酬為研討對象，漢族士人之間或非漢族士人之間的唱酬不在本文範圍之內。

二、泰不華

　　蒙古狀元泰不華於至正十二年(1352)在臺州路達魯花赤任內，死於對元朝時服時叛的方國珍(1319-1374)軍之手，年四十九。享年雖不永，卻也有三十年的仕宦生涯。泰不華的生活與仕宦主要有二地區，一為元京大都，一為兩浙。在大都，歷任集賢修撰、秘書監著作郎、奎章閣典籤、中臺御史、禮部侍郎、尚書，遷國子監某官，又任秘書卿、翰林侍讀學士。在兩浙地區，歷任江南行臺御史、經歷，江

浙行省郎中、紹興路總管、江東廉訪使、都水庸田使(設於平江，即蘇州)、浙東宣慰使都元帥。一生之中，唯有所任河南、淮西廉訪司僉事二職不屬上述兩個地區。因而他的交遊圈是以兩浙及大都為主。

　　泰不華之詩集《顧北集》早已散佚。《元詩選》初集所輯不過二十四首[2]，而《全元文》輯錄其文，亦僅六篇[3]。散見他處詩文亦不多[4]，故探討其唱和對象須仰賴他人著作。

　　《元詩選‧顧北集》中贈酬對象姓名可考者有虞集、宋本、宋褧、趙知彰、述律杰、祁志誠、吳善等，大都為漢族。趙知彰曾任南臺御史，為不華同僚。述律杰(？-1356)為契丹族出身的儒將，任職雲南宣慰司都元帥，卻善於吟詠，喜與中州名士唱和[5]。吳善為製墨進貢的江南墨工，祁志誠為全真教大師。其中虞集、宋本、宋褧值得一談。

　　虞集是泰不華文壇前輩，亦為其在奎章閣之上官。二人在閣中唱酬頻繁，已見上文。此外，今存不華行書〈贈堅上人重往江西謁虞閣老〉七律，係作於虞集歸隱江西後，其詩云：

昔年曾到楚江干，探得驪珠振錫還。
憶昔匡廬曾獨往，眼中秦望共誰攀。
聲華牢落金閨彥，煙雨淒迷玉笥山。

2　《元詩選》初集，第3冊，頁1729-1735。
3　《全元文》第52冊，頁64-69。
4　關於泰不華詩文現存狀況，參看楊鐮，《元西域詩人群體研究》，頁401；王頲，〈蒙人兼善：伯牙吾氏泰不華事跡補考〉，頁433-434。
5　方齡貴，〈元述律杰事蹟考〉，收入方氏，《元史叢考》(北京：民族出版社，2004)，頁247-274；陳世松，〈元「詩書名將」述律杰事輯〉，《中國文化研究所學報》新第5期(1986)，頁147-166。

絕代佳人憐庾信，早年詞賦動天顏[6]。

詩中對虞集之「詞賦」極為傾倒。

關於宋本、宋褧兄弟，《元詩選·顧北集》中有〈春日次宋顯夫韻〉及〈寄同年宋吏部〉即是與宋氏兄弟的唱酬詩。前者是和小宋之作，主要是描寫大都旖旎春色，末二句：「處處笙歌移白日，揚雄空讀五車書」，可說是觸景傷情，感嘆自己雖然治學甚廣，卻是無功於時。後者的對象則是大宋，這首詩一方面詠宋本在朝處境優越，一方面感嘆自己為時所棄：「嗟予已屬明時棄，自整絲綸覓釣磯」，顯示退隱之意。顯然這位蒙古狀元仕途遇到挫折，向同年好友表露衷腸。

宋本《至治集》今已不存，無法探知他對泰不華的感情。宋褧《燕石集》卻有詩二首與不華有關。其一為〈中秋陪謝敬德達兼善典籤誠夫兄學士會飲周子嘉如舟亭交命險韻得賞字〉，此詩為中秋夜與三五好友雅集次韻中的一首，參與者包括宋氏兄弟與泰不華，末句云：「坐客龍虎榜」，顯然指座中之兩位同年狀元[7]。其二為〈禮部侍郎泰不華兼善出守會稽分題送行得讀書堆〉，乃是至正元年（1341）不華出任紹興路總管京中諸友分題詠詩送行時所作[8]，詩中有句云；「夫君系貴族，綴緝浙江涘。弱冠登巍科，禁省久歷履」，第一句所云泰不華系出貴族，與事實不符，乃是友朋間的奉承語，其餘所說他弱冠即登巍科及歷任中樞職務則是事實。該詩又云：「遙知郡政暇，閉閣究經史。仕學能兩優，豈直野王止？」乃是期盼不華為官不忘學

6　羅振玉編，《元八家法書》，現收入《羅雪堂先生全集》第5編第13冊，頁5293-5294。
7　《燕石集》卷2，頁132-133。
8　《燕石集》卷2，頁134-135。

問，仕學兩優。又由於不華精通古文字，故希望他在這方面的造詣超越以篆隸文見長的南朝吳人顧野王(519-581)[9]。總之，不華與二宋時相過從，唱酬頻繁，並且相互欣賞與激勵。

除去《顧北集》中提及各人外，在大都與不華唱和而今有跡可尋者多爲漢族，包括袁桷、吳師道、王沂、蘇天爵、貢師泰、傅若金及柯九思等人：

袁桷是元代翰苑名臣，至治元年以集賢直學士任會試考官，爲不華的座師，也是他初任官職時的上官[10]。至治三年不華任集賢修撰時，受命出使祭祀山川，袁桷有〈送達兼善祠祭山川序〉一文壯其行色[11]。

吳師道(1299-1344)，字正傳，蘭溪(今浙江蘭溪)人，曾任國子助教、博士[12]。師道是不華的科舉同年兼浙東同鄉，有〈分韻賦石鼓送達兼善出守紹興〉[13]，應作於前述宋褧賦詩爲不華送行的同一場合。

王沂(約1290-1345後或1358前)，字師魯，貫眞定(今河北正定)。延祐二年(1315)首科進士，歷任翰苑、國子等職[14]，是不華的

9　此詩原有注：「兼善，至治辛酉科狀元，幼從周本心學野王撰《玉篇》若干卷」。
10　《滋溪文稿》卷9，頁133-137，〈袁文清公墓誌銘〉；《清容居士集》卷29，頁33下，〈江陵儒學教授岑君墓誌銘〉。
11　《清容居士集》卷23，頁5上-6上。
12　《元史》卷190，頁4344，〈吳師道傳〉；徐永明，〈吳師道年譜〉，收入徐氏，《元代至明初婺州作家群研究》(北京：中國社會科學出版社，2005)，頁303-358。
13　吳師道，《禮部集》(四庫全書)卷3，頁17上。
14　王樓占梅，〈「伊濱集」中的王徵士詩〉，頁57-76。

科舉前輩。今存所撰〈送達兼善僉憲河南〉一首[15]。

蘇天爵（1294-1352），真定（今河北正定）人，延祐四年（1317）由國子貢試入仕，歷任翰林國史院及監察系統官職，官至江浙行省參政，是元代貢獻最大的史學家。天爵〈題兼善尚書所作自書詩後〉一文說：

> 白野尚書向居會稽，登東山，泛曲水，日與高人羽客遊。間遇佳紙妙筆，輒書所作歌詩以自適，清標雅韻，蔚有晉、唐風度……然人知尚書才華之美，而不知其政術之可稱也。每當論大事、決大疑，挺正不阿，凜然有直士風。而科舉得賢之效，益可徵焉[16]。

文中對不華的才藝、人格與政術都高度稱讚。天爵亦諳道學[17]，其〈答達兼善郎中書〉係與不華討論北宋道學家邵雍（1011-1077）之學[18]。不華的老師周仁榮為南宋道學家王柏（1179-1274）再傳弟子。陳垣稱由此書信可知泰不華曾有志於邵子之學[19]。由此亦可知不華之與友人往來，不止於詩歌唱酬而已。

貢師泰（1298-1362），宣城人，字泰甫。出身國子學，仕至秘書卿，為元季詩文大家。曾任奎章閣授經郎，故與不華為閣中同僚。有〈春日同達兼善秘卿燕蘭亭分韻得工字〉[20]，為集體遊宴之作。

15　偶桓，《乾坤清氣》（四庫全書）卷12，頁2上。
16　《滋溪文稿》卷30，頁511。
17　《元史》卷183，頁4224-4227，〈蘇天爵傳〉。
18　《滋溪文稿》卷24，頁415-416。
19　陳垣，《元西域人華化考》卷2，頁13下-14下。
20　《玩齋集》卷1，頁8下。

　　傅若金(1302-1342)，字與礪，江西新喻(今新余)人。有如下文
所述之酒賢，他是北上京師以詩文干謁權貴的江南遊士[21]。有〈奉送
達兼善御史赴河南憲僉十二韻〉係爲不華送行之作[22]。

　　不華與閣中同僚柯九思唱酬甚密，前已述及，在此從略。

　　兩浙既爲泰不華幼年生長之地，亦爲其中年任官多年之處。故在
此地區師友最多。周仁榮對他教而養之，影響自然最大，不華應與仁
榮唱酬甚密，可惜現已無跡可尋[23]。又據《元史‧儒學傳》，不華又
曾師事李孝光。李孝光(1285-1350)，溫州樂清人，早年隱居雁蕩山
五峰下，四方之士，遠來就學[24]。孝光在元季東南詩壇，與楊維楨齊
名，爲古樂府詩派運動推動人之一。孝光《五峰集》中有與不華詩五
首[25]，其中〈寄達兼善〉五古中有句云：「幸逢地主賢，設擺共遮
止……忽聞故人來，如渴飲醴醴」[26]，可見二人情誼。但孝光另首
〈次達公晚過釣臺韻〉[27]，題中稱不華爲「達公」，二人關係似在師
友之間。而不華似曾向孝光請教作詩之法，算不上師生。

　　不華之兩浙友人甚多與玉山草堂有關。玉山草堂雅集是由崑山富
豪顧瑛(1310-1369)所主持的元季東南最著名的民間文藝沙龍。因在另
文中已加考述，在此不贅[28]。不華於後至元五年(1339)訪問玉山，觀賞

21　《滋溪文稿》卷13，頁213-215，〈儒學教授傅君墓誌銘〉；楊鐮，《元詩
　　史》，頁502-504。

22　傅若金，《傅與礪詩集》(四庫全書)卷7，頁10上。

23　《元史》卷190，頁4346，〈儒學傳二〉。

24　《元史》卷190，頁4348，〈儒學傳二〉。

25　《五峰集》有永嘉詞人草堂叢刻本，現用陳增杰校注《李孝光集校注》(上
　　海：上海社會科學出版社，2005)本。

26　《李孝光集校注》，頁168。

27　《李孝光集校注》，頁338。

28　蕭啓慶，〈元朝多族士人的雅集〉，《中國文化研究所學報》新第6期

經由柯九思鑑定爲曾經蘇軾品題之假山，以古篆作「拜石」二字於壇，並爲拜石壇所在之寒翠所題名，「此石之名由是愈重」[29]。此外，泰不華又爲草堂中之漁莊、金粟影、雪巢等處題匾及撰聯，在諸名公中爲草堂題匾最多[30]。又曾題顧瑛所藏水仙畫[31]。泰不華以後未能再至玉山，卻可說是草堂雅集之先驅。

在草堂雅集參與者之中與不華互有唱酬者有鄭元祐、郯韶、吳克恭、陳基、張羽等人：

鄭元祐(1292-1364)，字明德，遂昌人，在吳中講學三十餘年，善詩文，所交多當世名士[32]。不華任都水庸田使，治平江，與元祐過從甚密。所著《僑吳集》中寄酬不華之詩文、書信更多達十二篇[33]。其詩〈月夜懷十五友〉中即列入不華[34]。不華卒後，又爲文痛悼之[35]。

郯韶，字九成，吳興人。楊維楨稱其詩：「清麗而溫重，無窮愁險苦之態」[36]，是草堂雅集常客。有〈投贈兼善都水〉[37]，亦不華任都水庸田使時所結識。

吳克恭，字寅夫，毘陵(今常州)人，爲詩體格古淡，亦草堂雅集

(續)───────────────

(1997)，頁187-190。

29　顧瑛，《玉山草堂集》(汲古閣《元人十種詩》)卷下，頁8下，〈拜石壇記〉。

30　《玉山草堂集》，頁11下-15下，〈匾題附記〉。

31　錢穀，《吳都文粹續集》(四庫全書)卷26，頁10下，〈題玉山題所藏水仙畫〉。

32　蘇大年，〈遂昌先生墓誌銘〉，收入《僑吳集》附錄。

33　《僑吳集》卷4，頁7上，10上，13下；卷5，頁4下，16上；卷6，頁9下；卷7，頁8下，21上，22上，25下；補遺，頁1上，9下。

34　《僑吳集》卷6，頁9下。

35　《僑吳集》卷7，頁25下。

36　《東維子文集》卷7，頁4上-4下，〈郯韶詩序〉。

37　《草堂雅集》卷10，頁37上。

常客。有〈秘書行送達秘監〉、〈達兼善除秘書監未上而有侍郎之命賦詩奉送〉贈予不華[38]。

陳基(1314-1370)，字敬初，臨海人，曾任經筵檢討，後居吳中，也參與草堂雅集[39]，有〈次鄭遂昌韻喜雪簡白野監司〉一首[40]。

張翥(1287-1368)，字仲舉，號蛻庵，山西晉寧人，長於杭州，長年寓居揚州。晚年始受徵召出仕。劉岳申稱其詩「疏蕩有奇氣，磊落多豪舉」[41]。所著《蛻庵集》中有〈寄達兼善經歷柯敬仲博士〉[42]，乃不華任江南行臺經歷時的懷寄之作。

在草堂雅集有關者之外，與不華唱酬的兩浙士人有錢惟善、朱德潤、錢宰、楊維楨、陳高等：

錢惟善，字思復，錢塘人。至正元年(1351)鄉貢進士，官至江浙儒學副提舉。所著《江月松風集》中有詩五篇與不華唱和[43]，每遇不華轉官，惟善皆有詩相贈，可見二人交誼既久且密。

朱德潤(1294-1365)，字澤民，平江人。工詩文，為著名畫家，早年曾任征東儒學提舉，後退隱鄉居三十年[44]。今存〈送達兼善元帥赴浙東〉一首[45]。

38　二詩見於《元詩選》三集庚，頁460，463。
39　許守泯，〈吳下衣冠盡楚材：元代蘇州寓居士人陳基〉，《成大歷史學報》第30期(2006)，頁1-40。
40　陳基，《夷白齋稿》(四部叢刊)卷7，頁4下，〈次鄭遂昌韻喜雪簡白野監司〉。
41　《申齋劉先生文集》卷2，頁10上，〈張仲舉集序〉。
42　張翥，《張蛻庵詩集》(四部叢刊)卷4，頁4下。
43　錢惟善，《江月松風集》(四庫全書)卷2，頁2上；卷3，頁3下；卷5，頁6上；卷8，頁1上；卷11，頁2下。
44　《元代畫家史料匯編》，頁303-321。
45　《存復齋文集》卷9，頁6上。

　　錢宰(1299-1396)，字子予，紹興人，後登鄉貢進士[46]。當是在不華任紹興路總管時結識，當時錢宰仍是白衣書生。有〈陪白野太守遊賀監故居得水字〉一首[47]。

　　楊維楨與不華集中並無二人唱和詩文，但錢惟善有〈楊廉夫司令以詩美杜清碧先生達兼善郎中率吾曹同賦〉詩[48]，此詩當作於維楨任錢清場鹽司令而不華任江浙行省郎中時，杜清碧指杜本(1278-1305)，著名隱逸詩人。維楨既有詩讚美不華與杜本並令眾人和之，當與不華頗有情誼。

　　陳高(1315-1367)，字子上，溫州平陽(今浙江平陽)人，至正十四年(1354)進士，著有《不繫舟漁集》[49]。陳高於登第前，曾於鄉試落榜，遂向時任秘書卿的泰不華上書[50]，認為當時文風卑弱，科場之文尤其如此。希望不華登高一呼，改革文風，表達的是一個失意科場同鄉後學的期求。及至陳高登第時，不華已殉國矣！

　　泰不華殉國後，在士人間造成甚大震撼。輓祭者除前述之鄭元祐外，現存詩文四篇，皆出於江南人士手筆，包括王冕、劉基、危素及女詩人范秋蟾。其中王冕及劉基二人值得一談。王冕與不華交往最久，情誼最篤。王冕(1287-1359)，字元章，諸暨人，元季著名詩人與畫家[51]。他北遊大都時，即在不華家作客，不華欲薦之於館閣，冕卻

46　楊維新，《萬曆會稽縣志》(天一閣藏明代方志選刊續編)卷60，頁9上。

47　錢宰，《臨安集》(四庫全書)卷1，頁6上，〈陪白野太守游賀監故居得水字〉。

48　《江月松風集》卷11，頁2下。

49　《不繫舟漁集》卷16附錄，頁1上-2上，揭汯，〈陳子上先生墓誌銘〉；《弘治溫州府志》卷13，頁22下，〈人物‧科第〉。

50　《不繫舟漁集》卷15，頁7上-10下，〈上達秘卿書〉。

51　《元代畫家史料匯編》，頁550-571。

之曰：「公誠愚人哉！不滿十年，此中狐兔遊矣，何以仕祿為？」[52]
不華卒後，冕撰〈悼達兼善平章〉：

> 出師未捷身先死，忠義如公更不多。
> 豈直文章驚宇宙，尚餘威武振山河。
> 中原正想劉安世，南海空思馬伏波。
> 老我未能操史筆，懷思時復動哀歌[53]。

詩既稱讚其忠義與文章，亦表達個人的哀思。

　　劉基於不華殉國時，任浙東宣慰司元帥府都事，為不華下屬，他
與不華皆力主剿捕方國珍，與朝廷的招撫政策不同。故不華殉國後，
劉基作〈弔泰不華元帥賦〉為其「忠沉沉而不白」鳴不平。對朝廷更
做嚴屬指責：「上壅蔽而不昭兮，下貪棧而不貞」，「倒裳以為衣
兮，湟素以為玄」[54]，不華之殉國顯然加強劉基對元廷之不滿，為其
後來棄元投明種下伏筆。

　　由上看來，不華雖出身蒙古狀元，其唱酬對象主要是漢族士人。
在大都的唱酬是以科舉師友、館閣同僚為對象。在兩浙則是以布衣士
人為主。色目人士與其唱和者現僅知有嶧嶧[55]、雅琥[56]、迺賢等人[57]，

52　王冕著，壽勤澤點校，《王冕集》（杭州：浙江古籍出版社，1999），頁
　　250，〈竹齋集傳〉。
52　《王冕集》，頁3。
53　《王冕集》，頁3。
54　《誠意伯文集》卷9，頁6上；周群，《劉基評傳》（南京：南京大學出版
　　社，1995），頁47。
55　陳焯，《宋元詩會》（四庫全書）卷83，頁27下，〈分賦清風送達兼善總管
　　紹興〉。
56　《元音》卷9，頁17上，〈寄南臺御史達兼善〉。

前兩者是館閣同僚，後者則是江南遊士，也都是書法、詩文名家。

三、迺賢

哈剌魯族士人迺賢弱冠肄業國子學[58]，卻未能晉身官場，以致長年鄉居。至正五年(1345)北上大都覓職，奔走權貴之門，惜又未得一官半職，客居京華十年之後，黯然返鄉。當時大亂已起，而慶元屬於方國珍的勢力範圍，迺賢授徒自守，「居城郭中蕭然一室，不色憂」[59]。一度出長鄞縣東湖書院，直到晚年始有一命之沾。因而，他大半生都是布衣士人。

迺賢為元季著名詩人，歐陽玄稱其詩「清新俊逸而有溫潤縝卓之容，七言傑者擬盛唐焉」[60]。詩作甚多。但其早年之《金臺集》已失傳。今傳本《金臺集》原為《金臺後集》，以其北上求官期間的詩篇為主[61]，所反映者主要為在此期間的交遊。其晚年詩集《海雲清嘯集》、《鐃歌集》皆不存。

迺賢生平唱和對象主要有四方面：

(一)鄉里詩友：迺賢大半生鄉居慶元，名列當地「耆儒」，有一定聲望。因而與當地及附近地區的師友唱和頗為頻繁，即使身在大都，仍有不少詩篇與在京同鄉及故里友人相唱和。《金臺集》中贈詩師友對象有其師鄭覺民，友人徐仁則、張仲深兄弟、烏斯道、倪可與

(續)────────

57 《金臺集》卷2，頁17上，〈病起書事呈兼善尚書〉。

58 林弼，《林登州集》(四庫全書)卷9，頁6下-8上，〈馬翰林易之使歸序〉。

59 《春草齋集》卷8，頁4下，〈送馬易之編修北上序〉。

60 《金臺集》前序，頁2上。

61 陳高華，〈元代詩人迺賢生平事蹟考〉，收入陳氏，《陳高華文集》(上海：上海辭書出版社，2005)，頁242-244。

（1324-1376）、葉恒、楊祖恕、應成立、林庭立、王禕、韓璵、王冕、劉師向等人。其中唯有葉恒官縣尹，其餘皆是布衣文人。而浙東師友以詩文與迺賢相唱和的則有鄭覺民、張仲深、烏斯道、沈夢麟[62]、盛景年等人[63]。

　　迺賢與高岳、鄭覺民之間師生情誼頗為深厚。迺賢與鄭覺民前已論及，不再贅述。高岳為一詩人，所著《樵吟稿》詩集，即由迺賢所編輯[64]，劉仁本序《樵吟稿》，認為迺賢「以善詩得譽，足可傳世」是由於「馳騁於先生之軌轍」，可見其詩頗受高岳啟發。

　　徐仁則與迺賢是總角之交，字伯敬，四明奉化人。以識古文字，能鑴刻知名。他與迺賢同庚，為莫逆幾二十年，不幸於後至元六年（1340）逝世。迺賢初次自大都回鄉，僅能在仁則易簀前相見一面。後作〈徐伯敬哀詩〉，追悼亡友，有句云：

> 嗚呼徐徵君，儀表冠梧竹。
> 十三蚤喪父，孑孑影夐獨。
> 我時已識君，青燈照書屋[65]。
> ……

可見仁則早年之艱困及迺賢與其友誼之久。此詩最後說：

62　沈夢麟，《花谿集》（四庫全書）卷3，頁8下，〈鑑湖分得燕字送馬易之〉。

63　《元詩選癸集》己上，頁42上，〈待馬易之不至〉。

64　《羽庭集》卷5，頁17下-18下，〈樵吟稿序〉。

65　《金臺集》卷1，頁16下-18上。

> 九原多黃壤，宿草長新綠。
> 平生布衣情，裏難醉寒淥。

顯示遁賢在仁則墓草已宿時，對其好友之早逝念之仍極痛心。劉仁本亦有〈挽徐伯敬〉詩，原注云：「虞伯生作傳，危太樸銘其墓」，仁則為一鄉居布衣，中朝名士虞集之作傳，危素之撰墓誌，乃至劉仁本之作輓詩，應皆出於遁賢之情面。

徐仁則之外的四明友人中，遁賢與張仲深、烏斯道、倪可與相交較深。張仲深，字子淵，鄞縣人，長於詩，有《子淵詩集》傳世。遁賢在大都時即攜有仲深詩集，以之出示友人，危素〈張子淵詩集序〉說：「葛邏祿君易之至京師，常言張君子淵之美，出其詩若干首」，「易之稱之不容口」[66]，遁賢顯然對仲深推介甚力，危素之為仲深詩集撰序，即出於遁賢之請。《金臺集》中有〈南城席上聞箏懷張子淵〉云：

> 海上張家玉雪郎，錦箏銀甲醉高堂。
> 別來萬里風沙外，燈下聞箏忽斷腸。

可見其思念仲深之切。遁賢〈秋夜懷明州張子淵〉亦有句：「起看歸路銀河遠，願借張騫八月槎」，表達了遁賢南歸前重會老友的迫切心情。《金臺集》中又有子淵〈巢湖述懷寄四明張子益〉及〈送林庭立歸四明兼柬張子端兄弟〉，子益、子端應為仲深兄弟。仲深《子淵詩集》中與遁賢唱酬之作，多達五篇，皆為遁賢在京時期的懷寄及回鄉

66　張仲深，《子淵詩集》（四庫全書），危素序。

後的唱和。如〈奉寄易之在京師〉七律：

> 憶君日日共吟哦，三載懷人可奈何。
> 聲價相隨詩價長，新交應似舊交多。
> 春連宮樹鵑花合，人在瀛州歲月過。
> 十里有書如問訊，布衣仍舊住城阿[67]。

即是仲深在迺賢赴京三年後對他的懷寄。迺賢回鄉後曾送給仲深文物七品，包括危素撰〈張節婦傳〉等，仲深即爲諸物各賦律詩一首謝之[68]，可見二人交情之密。

　　烏斯道與倪可與是迺賢的另兩位布衣友人。斯道，字繼善，善詩，工古文，著有《春草齋集》。可與，字仲權，慈溪人，深諳禮文，屢辭元廷及方國珍之徵召。家有園林之盛，常偕友人遊宴吟適園池中[69]。迺賢、斯道皆爲座中常客。有一次三人與訪客畏兀兒人畫家邊魯相聚於園中花香竹影齋，是一次難得的文人雅集，詳見下文[70]。迺賢《金臺集》中有〈題羅小川「白雲圖」爲倪仲權賦〉[71]，而《春草齋集》中有〈答馬易之編修來韻〉[72]。可見三人之友誼。

　　劉仁本算不上是迺賢之老友，卻爲其自大都返鄉後的主要贊助者。仁本，字德玄，天臺人，鄉貢進士出身，學問淹博，工於吟詠。方國珍統治臺、溫、明等地，仁本即爲其主要謀士，至正二十一年

67　《子淵詩集》卷4，頁2下-3上。
68　同上，卷4，頁11下。
69　《春草齋集》卷5，頁1上-3下，〈處士倪君仲權墓表〉。
70　《春草齋集》卷11，頁17上-17下，〈題花香竹影圖〉。
71　《金臺集》卷1，頁3下-4上。
72　《春草齋集》卷4，頁9上。

(1361)任溫州路總管，而以四明爲治所[73]。仁本在此期間與迺賢交往甚密。迺賢之出長東湖書院係由其延攬[74]。仁本又曾爲迺賢《河朔訪古記》作序[75]，更有〈題馬易之韓與玉塗叔良上京紀行詩卷〉、〈次韻南陽馬易之東湖書院雜詩十首〉、〈題馬易之觀光行卷雲林圖〉等篇與迺賢唱和[76]。

　　迺賢在大都又與另外兩位浙東游士—韓璵、王禕—相唱和。韓璵，字與玉，紹興人。王禕(1322-1373)，字子充，金華人。據楊彝所作《金臺集》後序說：「與玉能書，時金華王子充爲古文。易之與二人偕來江南。京師因目爲『江南三絕』」[77]。《金臺集》中贈與韓璵者有〈古鏡篇〉及〈贈沈元方歸吳興兼簡韓與玉〉二詩[78]。給王禕者則有〈送王子充歸金華〉[79]。而王禕曾爲迺賢《河朔訪古記》作序[80]，又曾爲其詩〈潁川歌〉作書後[81]。總之，迺賢雖爲一色目士人，但是因「自其先世徙居鄞、越，則既爲南方之學者矣」[82]，故能密切融入兩浙士人圈。

　　(二)京華冠蓋：迺賢二度北上大都是在至正五年，前後滯留十年左右[83]。這次滯留京華的主要目的係通過詩文切磋而謀求一官半職，

73　《明史》卷123，頁3200，〈方國珍傳〉附傳。

74　《羽庭集》卷5，頁17下-18下，〈樵吟稿序〉。

75　《羽庭集》卷5，頁9下-10下。

76　同上，卷3，頁19上，21下-23上。

77　《金臺集》後序，頁6上。

78　《金臺集》卷2，頁16下，23上。

79　《金臺集》卷2，頁21下。

80　《王忠文集》卷2，頁8下。

81　《王忠文集》卷13，頁33上。

82　《河朔訪古記》（四庫全書），劉仁本序。

83　迺賢此次在大都滯留時間長短，楊鐮與陳高華看法不一，楊氏認爲是十年左右，陳氏則認爲約六年。

故其《金臺集》中唱和之對象，主要為士人出身的官員，有蒙古、色目，亦有漢人、南人。蒙古人有朵爾直班、月魯不花、泰不華、答祿與權。色目人則有偰哲篤(？-1358)、偰百遼遜(1319-1360)父子。以上各人皆為當時蒙古、色目士人中之佼佼者。

迺賢贈酬對象之漢人有國子祭酒趙期頤、翰林直學士宋褧、太常博士張翥、國子助教段天佑、中瑞司典簿高麗李穀(1298-1362)、秘書郎張引，南人則有太常博士危素、翰林待制楊舟、奎章閣授經郎貢師泰、翰林編修方道叡等人。多數為宮廷文學侍從之臣。

在大都友人中，迺賢與危素關係最為密切。危素(1303-1372)，字太樸，撫州金溪人。迺賢就讀國子學時已與他訂交[84]。至正四年(1344)危素奉朝命至四明訪求遼、宋、金三史史料，更加深彼此友誼，惺惺相惜。《金臺集》中之〈和危太樸檢討葉敬常太史東湖紀遊〉即係二人在四明遊覽唱和之作[85]。迺賢北上大都即係由於危素敦促，而其在大都之交遊亦係以危素為軸心。〈送危素助教分監上京〉及〈張仲舉危太樸二翰林同擢太常博士〉皆係與危素之唱酬[86]。前一詩云：

> 迢遞出恒趙，迤邐入燕薊。
> 幸託君子交，情親不予棄。
> 畏食屢就宿，下榻辱延致。
> 諄諄味道言，情匪骨肉異。

84　危素，《雲林集》係由迺賢編輯，初刊於後至元三年(1337)，見朱彝尊跋《雲林集》，收入《危太樸集・雲林集》，危詩跋，頁1下。
85　《金臺集》卷1，頁8上。
86　同上，卷1，頁15上；卷2，頁35下。

可見迺賢在大都之生活全賴危素照拂，對後者異常感激，認為情誼不異骨肉。至正十一年迺賢與危素等七人曾有大都南城之遊。此次聚會即是以危素為中心[87]。迺賢與危素之友情亦反映於雙方詩集的編輯上。危素之詩集《雲林集》係由迺賢所編[88]，而危素則為迺賢編輯《金臺集》[89]，並為迺賢之金臺前後二集作序[90]。

迺賢以一介布衣，周旋於京華冠蓋中，希冀引介得官，在不少詩篇中，自薦之心表露甚明。如〈投贈趙祭酒二十韻〉有句云：

> 鄙人自致慚無術，男子平生謾負奇。
> 久望車塵空感激，欲趨門屏愧驅馳。
> ……
> 何蕃獨重陽司業，嚴武獨憐杜拾遺。
> 懷寶山林當一出，平津正在禮賢時[91]。

趙祭酒即趙期頤，字子期，汴梁宛丘(今河南淮陽附近)人[92]。泰定四年進士。由此詩可見色目寒士必須對漢族出身的國子祭酒多般阿諛，冀求薦引。

大都士大夫贈予迺賢的詩文，至今尚無發現。但是，他在京師結

87　蕭啓慶，〈元朝多族士人的雅集〉，頁199-202。

88　嘉業堂刊本，亦即今收入元人文集珍本叢刊者，卷1及卷2前皆有「南陽迺賢易之編」云云。

89　汲古閣本《金臺集》卷一前題「南陽迺賢易之學，臨川危太樸編」，今收入《元人十種詩》。

90　《金臺集》後序，頁4上-5上，〈危素序〉。

91　《金臺集》卷2，頁20上。

92　鄭太和，《麟溪集》(四庫全書存目叢書)丁卷，頁3上，〈趙期頤〉。

交之廣、才名之高可由《金臺集》及《河朔訪古記》兩書的序跋看
出。爲《金臺集》撰序者有歐陽玄、李好文、黃溍、貢師泰，作跋者
有虞集、揭傒斯、泰不華、張起巖、程文、楊彝等，其中除揭序作於
至正三年、楊跋作於十五年外，都是撰於八年至十二年間迺賢再遊大
都時。而作者之中，只有泰不華爲蒙古人，其餘皆爲漢族士大夫。各
序跋除稱讚迺賢之詩藝外，多強調其出身西北部族而成爲詩人之特殊
成就。《訪古記》係迺賢於至正五年北上大都時沿途訪古記錄，原書
已佚，今本《四庫全書》本爲輯本。據劉仁本序云[93]：許有壬、黃
溍、危素、余闕皆曾爲原書撰序，惜已不存。

　　貢師泰〈跋諸公所遺馬編修書札〉亦可看出迺賢交遊之廣，該跋
說：

> 師泰於歐陽先生有師生之分，於黃學士有兄弟之義，於申屠
> 待制有交承之契，而張承旨、周太常、危參政、宇文僉事則
> 又朋友之厚愛者也。是皆天下名賢碩師，易之悉與之遊，書
> 問往復，纏綿若不忍一日相忘者[94]。

此跋當係師泰作於迺賢晚年已膺任編修之後，跋中所指者爲歐陽玄、
黃溍、申屠駉、張起巖、周伯琦、危素、宇文公諒，皆是「天下名賢
碩師」，而迺賢與他們皆有信札往來。

　　大都十年，迺賢之交往遍及朝野，詩名甚盛。但在求官方面則一
無所獲，故不免有「朝士誰青眼，山人尙白衣」之嘆[95]。

93　《羽庭集》卷5，頁9下-11上。
94　《玩齋集》卷8，頁45下-46上。
95　《金臺集》卷2，頁29上，〈寄上都塗貞〉。

　　(三)方外之交：迺賢信道教，與道士往來頻繁，陳垣已加論證，並認爲「實神仙服餌之派」[96]。《金臺集》中，與道士唱酬之詩篇約占十分之一。如〈虛齋爲四明王鍊師賦〉、〈送陳道士復初歸金華〉等。這些道士皆爲漢族，且多寓居浙東並善詩文。除道士外，迺賢亦有〈奉題定水見心禪師天香室〉及〈奉題定水見心禪師〉二詩與僧人釋來復(1319-1391)相唱酬[97]。釋來復爲慈溪定水寺住持，交遊廣闊，所編《澹遊集》中搜羅元季百餘位與之唱和士大夫的詩文。迺賢與之唱酬應是由於地緣，而非信仰。

　　(四)仕途患難：迺賢最後有一段短暫而極爲艱困的仕宦生涯。他在至正二十二年(1362)受命爲翰林編修，一年之後始浮海赴任。二十四年奉命至南方代祀海岳。覆命之後，即因軍勢緊急而被命佐軍京東，而在二十八年五月病卒於直沽軍中[98]。他的短暫仕途可說大半消磨於洶湧波濤與倥傯戎馬之中。

　　迺賢由布衣受命詞林，是其人生一大轉折，同鄉友人烏斯道、袁士林[99]、臨海朱右(1314-1376)紛紛贈以詩文，壯其行色。烏斯道之〈送馬易之編修北上序〉除讚美迺賢甘貧樂道之爲人外，也勉以亂世之中爲官應奮力爭先，直言世道利害[100]。一年之後迺賢南返代祀之時，沿途友人如平江陳基、杭州張昱及故里的烏斯道都曾賦詩迎送[101]，頗不寂寞。可惜迺賢此一時期的詩集已佚，只留下一首〈錢塘留別喀爾

---

96 陳垣，《元西域人華化考》卷3，頁36上-40上。
97 《澹遊集》卷上，頁226。
98 參看陳高華，〈迺賢生平事蹟考〉，頁239-242；楊鐮，《元西域詩人群體研究》，頁433-441。
99 袁士元，《書林外集》(叢書集成續編)卷1，頁17上，〈送馬易之〉。
100 《春草齋集》卷3，頁4上-5上。
101 《春草齋集》卷4，頁5上，〈答馬易之編修來韻〉。

(即康里)丞相之會稽代祀〉[102]，此詩尾聯是：「萬里兼程安敢後，四方專對每多慚。千官法仗遙相送，始覺皇恩似海涵」，透露他在元室大難來臨前夕，仍是忠心耿耿的執行使命。

迺賢的仕宦生涯五年中，在大都的歲月不長。昔日京城詩友多已星散。好友危素雖在此時已貴至宰執，卻因不願遠赴嶺北而退居房山，遂失去唱和之便。在現存記載中，大都士大夫在此時與迺賢唱和者，唯有已退休在家的老詩人張翥的〈答馬易之編修病中作〉一篇[103]。

迺賢卒後三個月，元順帝即已倉皇辭廟北奔。這位在最後仍認爲與元室同舟一命的色目詩人，其殯葬之事卻是由其漢族老友危素之子危於(字於攄，1303-1372，至正二十年進士)料理[104]，而其末年事蹟則有賴其老師鄭覺民之子明洪武初年鄉貢進士鄭眞的用心探求與記載才得存世。

泰不華與迺賢雖然同爲蒙古、色目詩人，但是二人出身不同，遭遇互異。因此，二人唱酬之對象有相同之處，亦有不同之處。相同之處是二人唱和的對象不以族群自限，而以漢族爲主。不同之處則爲：泰不華爲少年狀元出身的名宦，唱和以同僚爲主，輔以對他仰望的文人。而迺賢之唱和係以鄉土布衣及方外之交爲主，與其唱和之官員則多爲其求官之對象。

四、許有壬

許有壬(1287-1364)，字可用，河南湯陰(今河南湯陰)人。出身

---

102 《元音》卷12，頁17下-18上。

103 《張蛻庵詩集》卷4，頁20下。

104 《滎陽外史集》卷98，頁8下-9下，〈濠梁錄〉；楊鐮，《元西域詩人群體研究》，頁416-444。

於一個由胥吏而轉爲官宦的家庭。延祐二年首科進士。歷仕六朝，累任要職[105]，包括奎章閣侍書學士、中書參政、江浙行省左丞、翰林承旨、御史中丞、集賢院大學士、樞密副使、中書左丞，至正十七年（1357）致仕。位至一品，在漢族進士中官職最高。而且直言敢諫，力抗權臣。又善筆札、工辭章[106]，著有《至正集》、《圭塘小稿》及與其弟有孚等唱和合撰之《圭塘欸乃集》。

有壬交遊頗廣，因公務或私誼而與他相互唱酬的各族士人甚多。其中蒙古士人有朵爾直班、萬家閭、拔實、童童、咬咬、察伋、張彥輔等人：

朵爾直班，字惟中，札剌爾氏，出身最尊貴的蒙古家族，太師國王木華黎（1170-1223）五世孫。歷任奎章閣學士、知經筵事、翰林學士等職[107]。熟諳道學，而且精於書畫[108]。《至正集》中今有〈題駐蹕頌後【原注：翰長開府公請】〉及〈至正丙午十一月二十三日瑞雪盈尺明日恭遇太子千秋節稱賀於徽儀閣翰長開府公惟中右轄徵詩即席賦五十六字〉[109]，由後一詩題可知「翰長」乃指朵爾直班。前一詩題中所說〈駐蹕頌〉爲孛朮魯翀（1279-1338）於至治二年奉當時右丞相拜住（1298-1323）之命而撰，乃爲歌頌拜住之祖，亦即世祖時右丞相安童（1245-1293）功勳而作，安童爲朵爾直班之從曾祖[110]。朵爾直班命有壬作此詩以表揚祖先榮耀，故有句云：「元勳世豈碑傳信，厚

---

105 《元史》卷182，頁4199-4203，〈許有壬傳〉。傅瑛，〈許有壬年表〉，《信陽師範學院學報》1998年第2期，頁73-77。

106 關於有壬之文學，參看楊鐮，《元詩史》，頁315-319。

107 《元史》卷139，頁3355-3361。

108 蕭啓慶，〈元代蒙古人的漢學〉，頁135-136，190-191。

109 《至正集》卷22，頁1上。

110 蕭啓慶，〈元代四大蒙古家族〉，頁509-578。

德天教子亢宗」。後一詩則是有壬於太子生日時奉朵爾直班之命而作的應景詩，這兩首詩反映出朵爾直班與有壬爲長官與僚屬之關係。

阿榮(1303-1355)字存初，出身怯烈氏世家，由宿衛入仕，泰定初任湖南宣慰使，後官至奎章閣大學士。阿榮先後從宋本及詩人吳元德學。《元史‧阿榮傳》說他：「閑居以文翰自娛」，「日與韋布之士游，所至山水佳處，鳴琴賦詩，日夕忘返」，故爲一具有詩人氣質的蒙古高官[111]。有壬有〈次阿榮存初宣慰韻〉與阿榮唱和[112]。

萬家閭(1278-1342)，字國卿，出身酌溫臺氏將門[113]。自宿衛入仕，官至河間路總管。有壬稱他「讀書好文」，「天資穎悟，喜交儒士，灼然有見於道義，故確然無間於吾徒也」[114]。有壬早年登科前在山北廉訪司任胥吏時便與他相識，可說貧賤之交，二人「暇必相從，有酒必共……交遊厚且久，他人不及也」[115]。有壬曾爲家閭之父蔑克篤(1245-1301)及家閭本人作墓誌。《至正集》中今有〈贈萬國卿郎中〉五古一首，係作於至順三年(1332)二人重晤於揚州時，詩序云：

> 余惟二十年朋舊凋謝，觸景傷心，存而幸會合者有幾，況舊且密，莫吾二人若，則此會可不謂難乎[116]？

---

111 《元史》卷143，頁3420-3421；蕭啓慶，〈元代蒙古人的漢學〉，頁144-145。
112 《至正集》卷15，頁1上。
113 蕭啓慶，〈元代蒙古人的漢學〉，頁126。
114 《至正集》卷57，頁5下-8上，〈萬公神道碑銘〉。
115 《至正集》卷14，頁6上-7上。
116 同上，卷14，頁8下-10下。

詩中回首舊遊，感觸良多。「世事應難料，人生自有緣，一心如白水，萬事已華顛」，充分反映出這對異族友人間深厚的友誼。

拔實(1308-1350)，字彥卿，凱烈氏。以近臣子入侍仁宗(1311-1320在位)，曾任翰林直學士兼經筵官。據說他「天資穎敏，博學善為文章」，曾承詔譯唐楊相如《君臣政要論》為蒙古文，當精通蒙漢二文[117]。又能詩，尚有五篇傳世[118]。家居大都，有四詠軒，與友人唱和，輯為《四詠軒詩》，許有壬曾為之序[119]。有壬另有〈偕拔實彥卿奉使光熙門外看荷〉及〈次拔實彥卿雪中見示韻六首〉與他酬唱[120]。

童童：有壬〈題南谷平章畫像〉首聯云：「河南王孫謫仙人，騎鶴來玩人間春，控搏萬象筆有神，清冰寒玉誰能塵」，既及其家世，亦讚其才華[121]。有壬另有〈和南谷平章題李呂公亭韻〉七絕與童童唱和[122]。

咬咬，威貌氏，字正德。至治元年(1321)任工部尚書，久於官場，卻以讀書為樂[123]。於房山建有別墅，名「雲莊」。有壬任職江南行臺時與其共事，自此成為好友。有壬為他作〈雲莊記〉，稱他「所居圖書不去手，讀二氏而擷其要。援筆戲作山水畫圖，遂臻其妙。人終身功力，旬月盡之」[124]，可見咬咬為一好學而善於繪事的士人。有壬又有詩題其所繪〈山水障〉、〈青山白雲圖〉及〈山高月

---

117 蕭啓慶，〈元代蒙古人的漢學〉，頁134-135，151。

118 《元詩選癸集》丙，頁61。

119 《至正集》卷35，頁45下-46上，〈拔實彥卿四詠詩序〉。

120 《至正集》卷22，頁2下；卷29，頁60下-61上。

121 《至正集》卷7，頁10下。

122 《至正集》卷23，頁14下。

123 〈元代蒙古人的漢學〉，頁178-179。

124 《至正集》卷40，頁13下-14上。

小圖〉[125]。二人應有頗深之友誼。

察伋：有壬有〈送察士安經歷次馬明初韻〉係和友人馬熙詩並爲察伋就任南臺經歷送行[126]。

張彥輔，蒙古人，太一道士，居大都太乙崇福宮，爲元代中後期享有頗高聲名的畫家。與當時名公士大夫頗多交往[127]。泰定三年(1326)許有壬偕王士熙訪彥輔於太乙宮，未遇，有壬作七絕二首，有句云：「不是道人歸不早，我曹多事自忙歸」[128]。十一年後，「彥輔請再次前韻，以紀歲月」，有壬又作了二首七絕，可見二人友誼頗爲持久。

有壬唱酬的色目師友則有趙世延、馬祖常、哈八石、張翔、貫雲石、㟧㟧、荀凱霖與荀暗都剌兄弟、唐古德、納璘普華、薩都剌等。

有壬與趙世延的密切關係已見上文。此外，世延於天曆元年(1328)退隱金陵後，其寓所後圃之瓜一蒂生五瓜，時人視爲禎祥之兆，有壬曾撰〈瑞瓜頌〉爲賀，並言「有壬以諸生擢科，公實座主，行非鮑宣，過辱桓公之知，既厚且親」[129]，可見二人間之多重密切關係。

馬祖常、哈八石、張翔皆與有壬爲科舉同年。有壬與馬祖常唱和者多達十餘篇。兩人閏年登第後，有壬以墨贈祖常，且有詩句云：「春風聯轡出瀛州，兄署玉堂我倅州」，蓋指祖常初授翰苑之職，自己則任州同知[130]。祖常卒後，其神道碑係由有壬撰文，歐陽玄書

125 同上，卷7，頁13上，14上；卷9，頁27下-28上。
126 《至正集》卷10，頁38下。
127 〈元代蒙古人的漢學〉，頁171-177。
128 《至正集》卷26，頁36下-37上。
129 同上，卷68，頁1上。
130 《至正集》卷8，頁22下，〈以墨贈伯庸〉。

寫，張起巖篆額[131]。此碑雖係奉敕製，但三人皆係同年，自有特殊
意義。有壬在碑文中指出：「三人皆文貞公(指祖常)同年進士，而有
壬託知尤厚」。後三年，有壬又撰詩懷念故友：「當年筆陣掃千軍，
要繼先秦兩漢文。孤塚此時多宿草，九原何處覓停雲」[132]，既表達
對祖常文才之欽佩，亦可見二人之情誼。祖常《石田集》中亦有〈陪
可用中議祠星於天寶宮〉五律係記載二人共同祠星事[133]。

有壬與回回氏哈八石及唐兀氏張翔的交往前文已加考述，在此不
贅。

貫雲石與有壬結識甚早，早在至大元年(1308)，有壬仍未登科，
而貫雲石則已辭去世襲軍職，北上大都。雲石偕有壬訪其舅廉野雲於
城南廉園，野雲手指清露堂匾，命二人分別以「清」、「露」二字賦
詞。二人即席成章。雲石之詞已失傳，而有壬所賦〈木蘭花慢〉仍存
於《至正集》及《圭塘小稿》中[134]。

巙巙曾任奎章閣侍書學士、大學士，為有壬同僚。有壬有〈和康
里子山韻〉[135]、〈謝巙巙子山學士惠藤花〉二詩與之相唱和。後首
之前四聯云：

> 有賢大隱塵市居，開國相君遺此廬。
> 相君勳業照寰宇，太祝有廳才一區。
> 傳家不用金滿籯，樹藝之外皆詩書。

---

131 《至正集》卷46，頁61上-64上，〈馬文貞公神道碑〉。
132 《至正集》卷19，頁55下，〈天臨索錄事出伯庸詩求和伯庸薨三年矣〉。
133 《石田先生文集》卷8，頁36。
134 《至正集》卷78，頁37下；《圭塘小稿》(四庫全書)卷13，頁2下-3上。
135 《圭塘小稿》卷4，頁6下。

　　　　春花未了秋又實，坐看人世均榮枯[136]。

此詩頌讚巙巙父子功業彪炳，卻是生活清貧，詩書傳家。

　　荀凱霖(約1255-？)，系出阿魯渾氏(回回之一種)。凱霖幼孤，與其兄暗都剌(？-1312)自幼皆「鞠於外家，攻儒書，長則習禮訓」，其外公爲漢人荀元帥，對凱霖兄弟之成爲士人顯然有其甚大影響[137]。二人取外祖父之姓爲荀氏，並採用漢族士人的表字，兄稱平叔，弟稱和叔。凱霖兄弟與許有壬結交甚早[138]，其祖父之墓誌即係央請有壬執筆。而凱霖歷任林州及彰德路達魯花赤，乃是有壬家鄉父母官。至元、至正間，有壬兩次罷官鄉居，與凱霖時相唱遊。其《至正集》中，有關凱霖兄弟之詩文多達六篇。如〈滿庭芳‧偕察士安馬明初登荀和叔廣思樓〉二闋，即是與上述之察伋及馬熙拜訪凱霖時所作[139]。

　　唐古德，善畫鶴，任淮東廉訪經歷時，曾畫鶴寄有壬，有壬以詩答謝，有「凡夫豈敢留仙驥，卻遣御書赴九霄」之句[140]。

　　納璘普華(不花)，字文璨，號絅齋，北庭(畏兀兒)人。泰定四年(1327)進士。歷仕湘陰州判官，盱眙縣達魯花赤[141]。善詩，有壬曾作〈跋納璘文璨詩〉，語多勗勉[142]。又曾爲其作「絅齋記」，稱他

136　《至正集》卷9，頁27上。
137　《至正集》卷53，頁39上-41下，〈西域使者哈只哈心碑〉；關於此家之歷
　　　史，參看何高濟，〈元代伊斯蘭教人物——哈只哈心〉，《中外關係史論
　　　叢》第1輯(1985)，頁68-77。
138　《至正集》卷79，頁41下，〈摸魚子‧中都餞荀平叔都事赴大都〉。
139　《至正集》卷80，頁51下-52上。
140　《至正集》卷29，頁61上。
141　《元詩選癸集》庚上，頁16。
142　同上，卷71，頁49-50。

「以經學起家」，「質美而濟以文，年少而華」[143]。

上述諸蒙古、色目士人應皆有詩文與有壬相唱和，惜除馬祖常外，皆已不存。蒙古、色目士人與有壬唱和，現有作品存世者僅有薩都剌。都剌，字天錫，答失蠻（回回）氏[144]。泰定四年（1327）進士，官至燕南廉訪經歷。爲元代中期大詩人[145]，都剌有〈寄參政許可用〉，作於元統間，其時都剌任燕南廉訪司照磨，而有壬已任中書參政，地位相去懸殊。都剌詩中有句云：「紫髯參政黑頭公，日日鳴珂近九重」，「都將筆下文章潤，散作人間雨露濃」，既歆羨其地位，亦頌讚其文章[146]。不過二人之交往不僅是都剌對有壬單方面的傾慕，都剌另有〈元統乙亥余除閩憲廉訪知事末行立春十日參政許可用惠茶賦謝〉[147]，中有「紫微書寄斜封印，黃閣香分上賜茶」之句，可見有壬以皇帝所賜之茶分贈都剌，此時二人政治地位懸殊，一爲二品宰執，一爲八品地方監察人員。二人的友誼應係以詩藝切磋爲基礎。

總之，許有壬爲出身科舉的漢人，政治與文學地位均甚崇高。與其唱酬之蒙古、色目人，或爲其科舉中的師生與同年，或爲其他士人化程度甚高的官宦人士。他與蒙古士人萬家閭、色目士人馬祖常、哈八石、張翔、荀凱霖均有甚深之友誼，趙世延與他更是誼兼師生與翁婿，完全超越族群的藩籬。

---

143 《至正集》卷40，頁12下-13下。

144 張旭光，〈薩都剌生平仕履考辨〉，《中華文史論叢》1979年第2期，頁331-352。

145 楊鐮，《元西域詩人群體研究》，頁328。

146 薩都拉（剌），《雁門集》（上海：上海古籍出版社，1982）卷8，頁216-217。

147 《雁門集》卷8，頁225。

五、成廷珪

　　成廷珪（？-1366前）為一布衣詩人。揚州人，字元章（又作原
章），又字原常、禮執。奉母甚謹，終身不仕。居於市廛，而植竹庭
院間，故自號「居竹」。好讀書，尤工於詩，後成翰苑名流的詩人張
翥居揚州時，與廷珪為忘年詩友，「載酒相過，殆無虛日」。元末亂
起，廷珪於至正十八年（1358）避地吳中，「怡然與常時無異」」。卒
於松江，年七十餘。著有《居竹軒詩集》，其同時之進士鄒奕序其
集，稱廷珪雖歷罹兵革，其詩卻是「以忠厚之氣，發而為和平之
聲」，而無「一毫窮鬱不平之態」，以之與唐孟浩然相比擬[148]。

　　揚州為元代運河、長江交通樞紐，廷珪與來往各族士人頗多交
往，有如危素所說：

> 四方士之過淮東，或久留，或即去，必以君為之依。君周旋
> 款洽，曲盡其意，於是藹然長者之譽[149]。

因此，廷珪雖未出仕，卻有不少蒙古、色目朋友。所撰《居竹軒詩
集》收有不少與蒙古、色目士人唱酬的詩篇。

　　廷珪贈詩對象的蒙古人有朵爾只、拔實：

　　朵爾只（1304-1355），札剌爾氏，木華黎五世孫，江浙行省平章
脫脫之子。他嗣任木華黎家「國王」稱號，至正八年（1348）任中書右

---

148 成廷珪，《居竹軒詩集》（四庫全書）卷首，頁3上-4上。成廷珪缺少傳記資
　　料，以上根據張翥、危素、邵肅、鄒奕、劉欽等人為《居竹軒詩集》所作
　　之序。參看楊鐮，《元詩史》，頁451-454。
149 《居竹軒詩集》卷首，頁2上-3上，〈危素序〉。

丞相，曾推行儒治，可說位極人臣，有功漢法[150]。自幼「喜讀書，不屑屑於章句，於古君臣之事多所究心」，可見熟諳漢學，現雖不知他是否能詩善文，但漢族士人贈以詩文者不少，顯然爲一漢文化與士人的贊助者。朵爾只於至正十四年出討張士誠，駐節揚州，廷珪當在此時與其結識。有〈上丞相朵而只國王〉(原注：江浙省)五古一首。廷珪以一布衣，與朵爾只自無深交，詩中皆是「太祖開中國，元臣起朔方……小儒狂斐在，有頌繼甘棠」之類的仰慕語，但反映廷珪的結交之廣。

拔實事跡已見前文。廷珪集中今有〈送拔實彥卿被召之翰林直學士〉及〈寄拔實尙書〉二詩與拔實唱酬，一爲後者送別，一係別後懷寄[151]。

廷珪贈詩對象的色目士人有斡玉倫都、沙班、余闕、薩都剌、迺賢：

斡玉倫徒(都)：廷珪有〈送斡克莊僉憲調淮西道〉七律，僉憲即廉訪僉事，爲監察官，故詩中有「繡斧皇皇」之句[152]。

沙班二子同登至正十一年進士第，廷珪贈「詩以美之」，二人當爲舊識[153]。

《居竹軒詩集》中有關余闕之詩最多。余闕(1303-1358)，唐古人。元統元年(1333)進士，初授同知泗州事[154]，與廷珪結識，當在此時。闕被召爲翰林應奉，廷珪作〈送余廷心翰林應奉〉詩，有句

---

150 《元史》卷139，頁3355-3360；蕭啓慶，〈元代蒙古人的漢學〉，頁139-140。

151 《居竹軒詩集》卷2，頁18上；卷3，頁44上。

152 《居竹軒詩集》卷2，頁20下。

153 《居竹軒詩集》卷3，頁40下-41上。

154 《元史》卷143，頁3426。

云：「楓葉蕭蕭江已秋，吳船三日往揚州……征驛馬嘶風滿樹，別筵人散月當樓」之句，應是余闕道過揚州，而廷珪曾參加爲其舉行之送別筵[155]。至正十八年(1358)，余闕殉國安慶，廷珪與闕之同年進士回回氏烏馬兒等祭之，並賦詩云：

> 中臺星折天應泣，大節堂空鬼亦驚。
> 國難未平公已往，臨風西望淚縱橫[156]。

悼之甚慟。

　　蒙古、色目士人與廷珪之唱酬詩今存僅有薩都剌及迺賢詩各一首。都剌登第後赴鎮江路錄事司達魯花赤任，道經揚州，與成廷珪結識。後作〈過江後寄成居竹〉云：

> 揚州酒力四十里，睡到瓜州始渡江。
> 忽被江風吹酒醒，海門飛雁不成行[157]。

可見兩人相聚揚州時曾一同飲宴。

　　迺賢有〈寄揚州成元璋先生〉詩云：

> 先生白髮好樓居，抱膝長吟樂有餘。
> 睡起茶煙浮几席，春深竹色上圖書。
> 無因東閣論封事，有約南山共結廬。

---

155 《居竹軒詩集》卷2，頁27上。
156 同上，卷2，頁42下。
157 《雁門集》卷2，頁32-33。

千里停雲勞夢想，人來應望致雙魚[158]。

迺賢當係結識廷珪於揚州途中，此詩應作於大都，前一聯描述迺賢
印象中廷珪的閒適生活，後一聯則表達二位布衣詩人「結廬南山」
的共同隱逸思想。而廷珪〈送馬易之回四明〉七律，當是迺賢由大
都返回四明經由揚州時廷珪所贈之詩。但詩中有句云：「我憶慈溪
舊遊地」[159]，慈溪爲四明屬縣，廷珪當亦曾至四明。

　　總之，成廷珪爲一介不求聞達之南人布衣，卻與不少蒙古、色目
達官貴人相互唱酬，其間之友誼係建立於對詩歌的共同愛好。

六、結語

　　詩文唱酬是士人文化互動的一種方式。本文選取泰不華、迺賢、
許有壬、成廷珪爲例，說明元朝各族士人間詩文唱酬的頻繁。上述四
人分別屬於四個族群，其中泰不華與許有壬皆爲科舉出身之顯宦，而
成廷珪終身爲一布衣士人，迺賢也是大半生一襲青衫，故以四人爲
例，應具族群及社會階層的代表性。

　　本節顯示：泰不華出身蒙古少年狀元，在兩浙主要是以布衣士人
爲唱酬對象，在大都的唱酬則是以科舉師友、館閣同僚爲範圍。迺賢
所交多爲鄉里布衣，在大都則係以一求官游士的身分，與甚多漢族士
大夫相唱和。許有壬爲出身科舉的漢人高官。與其唱酬之蒙古、色目
人，或爲其科舉中的師生與同年，或爲其他士人化程度甚高的官宦人
士。他與甚多蒙古、色目士人均有甚深之友誼。成廷珪爲一介布衣，

---

158 《金臺集》卷1，頁20下。
159 《居竹軒詩集》卷3，頁28上。

卻與不少蒙古、色目達官貴人相互唱酬。

　　各族士人之友誼不僅跨過族群鴻溝，而且超越政治、社會地位之歧異。成廷珪固然爲一顯例，而泰不華與甚多兩浙布衣士人皆有密切之唱酬關係。此外，許有壬之與薩都剌在仕途顯晦相差頗大，卻不妨礙其友誼。總之，各族士人間的唱酬關係是建立在共同的文化修養與品味之上，超越族群鴻溝與地位差異。

第二節　雅集

　　雅集是中原士大夫文化傳統的一面。自從士大夫文化在東晉初步成立以來，雅集便是士人「嚶其鳴矣，求其友聲」，以文會友的重要方式。聚會時的主要活動或爲飲酒茗茶，或爲詩歌、詞曲、書畫之創作、品鑑與欣賞，或爲園林、山水之遊覽，可說包括士大夫文化的各個層面[160]。聚會的規模可大可小。歷史上有名的兩晉華林園、金谷園、蘭亭等大型聚會固然是雅集，二、三文人之飲酒賦詩或結伴同遊也可稱之爲雅集[161]。

　　本節係以元代不同族群士人參加之雅集爲研究對象，擬根據雅集中活動之性質，分爲文學之會、藝術之會與遊覽之會等三類，藉以顯示各族士人常因共同興趣與品味而聚會，與漢族士人之間的關係並無不同。但是，詩、詞、書、畫之創作與山川、園林的優游行樂原是士大夫文化中不可分割的幾個環節。士人雅集時之活動不必限於其中之一項。文學之會中，援筆作畫者固然不乏其例，藝術之會中，以詩詞

160　王毅，《園林與中國文化》，頁545-611。
161　胡大雷，《中古文學集團》（桂林：廣西師範大學出版社，1996），頁37-52，71-77，81-83。

題畫者尤爲習見。而在遊覽之會中，士人覽景賦詩，詠古述懷者更可視爲一種規律。總之，「文學」、「藝術」、「遊覽」三種雅集的活動具有一定程度的重疊。

一、文藝之會

文學與經術同爲儒學之核心，也是士人必具的修養。但是，雅集原是士人調適性情，表達雅趣的場合，談經論道者顯然不多，吟弄風月者則較爲習見。

文藝類的雅集可按參加人數之多寡分爲「遊宴」與「小集」二類。「遊宴」參加者人數較多，而「小集」則僅有一賓一主。但不論人數之多寡，主要之活動皆爲文學。

元代前期，蒙古、色目人之漢文化修養不高，似無人參與士人雅集。如至元二十五年(1288)舉行於大都之雪堂雅集，與會者名公士夫二十七人皆爲漢人、南人[162]。蒙古、色目之參與始於元代中期。

(一)遊宴

1. 清香詩會

清香詩會於大德元年(1297)舉行於大都。主人爲僧人沙羅(囉)巴(Šes-rab dpal, 1259-1314)，客人則爲政界耆老。

沙羅巴，出生於秦州(今甘肅天水)附近積寧的藏族，號雪岩，帝師八思巴('Phags-pa, 1235-1280)弟子，精於釋典及吐番文字[163]。譯著

---

162 《牧庵集》卷31，頁10上-11下，〈跋雪堂雅集後〉。

163 釋念常，《佛祖歷代通載》(揚州：江蘇廣陵古籍刻印社，1993)卷36，頁422-423；參看 Herbert Franke, "Sha-lo-pa," in Franke, *China under Mongol Rule*, pp. 201-222；王啓龍，〈沙羅巴譯師考述〉，《西藏研究》1997年第3期，頁62-68。

甚多，最有名者爲其師之《彰所知論》。《彰所知論》係根據1271年八思巴向皇太子眞金護送他返回薩迦時沿途所講佛法的記錄，共二卷。此書扼要敘述佛教對宇宙、人類、萬物與世界形成的基本說教及闡述佛教教義的重要典籍[164]。由於他對佛經翻譯的重要貢獻，程鉅夫(1249-1318)比擬之爲鳩摩羅什[165]。

沙羅巴又喜讀儒書，並樂與士人遊。程鉅夫詩云：「讀書誦經踰五車，洞視孔釋爲一家」，王惲(1227-1304)則說他「又喜儒書，樂與吾屬遊」[166]，可見沙羅巴爲一超越教派藩籬的色目僧人。元代藏傳佛教僧人多不諳漢學，與漢族士人交往亦少，沙羅巴是一例外。

沙羅巴於大德元年三月在江浙釋教總統任內北上大都述職，邀請王惲等五位耆老至其行邸雅集。會中主人焚香待客，佳釀數行之後，賦詩論法，「賓主兩忘，不知我之爲香，香之爲我也，而以心香爲主也」，可說是一次境界甚高之色目與漢族的僧俗聚會。王惲〈清香詩會序〉注云[167]，與會五老之年齡合計逾三百五十歲，五人之年齡分別爲：

> 傅初庵，七十五；雷苦齋，七十三；閻靜軒，六十三；王秋潤，七十一；賈評事，七十。

傅初庵名立(1223-？)，德興人，仕至集賢大學士[168]。雷苦齋名膺

---

164 王啓龍，《八思巴生平與〈彰所知論〉對勘研究》(北京：中國社會科學出版社，1999)。

165 《程雪樓文集》卷29，頁15上-15下，〈送司徒沙羅巴法師歸泰州〉。

166 《秋澗先生大全集》(四部叢刊)卷22，頁9下，〈送總統佛智師南還〉。

167 《秋澗先生大全集》卷42，頁14下，〈清香詩會序〉。

168 柯劭忞《新元史》(退耕堂刊本，北京：中國書店，1988)卷242，頁7上。

(1225-1297)，渾源人，累官集賢學士[169]。閻靜軒名復(1236-1312)，高唐人，以翰林承旨致仕[170]。王秋澗即王惲，汲縣人，官至翰林學士[171]。以上四人皆爲文名卓著的翰林、集賢大老。賈評事亦應如此，可惜不知其生平，僅知其號頤軒[172]。

清香詩會兼有僧俗詩會與尙齡雅聚的性質。僧俗詩會可上溯到東晉慧遠組織的白蓮社。該社成員共有僧俗「十八賢」，相聚「同修淨土」，遂開後世士人與僧人結詩文社的先河。邀集耆老的尙齡雅聚則是唐代以來文人的一個風雅傳統。會昌五年(845)白居易(772-846)主辦的「九老會」在歷史上傳爲佳話[173]。總之，沙囉巴主爲之清香會，顯然是結合士人雅集的兩個不同先例。

參加清香詩會的五老中，四老皆曾賦詩，而王惲則爲之序。王惲之序仍存，諸老之詩則已散佚。主人沙囉巴似乎不善詩，因而未見其賦詩之記載。

四年後，沙囉巴赴河西修葺乃師八思巴之靈塔，道經大都，又與京師文友重聚。翰林學士劉敏中(1243-1318)及程鉅夫皆參與了此次雅集並即席賦詩。劉敏中之二首七絕爲：

> 吳越名山已尋遍，秦涼孤塔動歸心。
> 乾坤萬里如來海，卻向詩人覓旨音。
> 飛錫臨將遠入秦，回頭一笑情更親。

---

169 《元史》卷170，頁3990。

170 《清容居士集》卷27，頁9下，〈閻公神道碑〉。

171 《元史》卷167，頁3932-3935。

172 劉敏中，《中庵集》(四庫全書)卷5，頁6上，〈二絕句〉。

173 李浩，《唐代園林別業考論》(西安：西北大學出版社，1996)，頁79。

定知許我歸來日，也作清香會裡人[174]。

敏中與沙囉巴為初識，敏中在詩中除了表達離情外，也希望參加沙囉巴遠行歸來後的另一次清香會。程鉅夫〈送司徒沙羅巴法師赴秦州〉一詩以「蕩蕩青天日月睟，何時能來煮春茶」作結，表達了相同的願望[175]。總之，這次聚會可說是清香詩會的延續，顯示出沙羅巴與漢族士人間的情誼。

2. 廉氏在京兆、大都廉園三次遊宴

(1)京兆廉相泉園遊宴

廉氏，為蒙古、色目人中最早士人化的家族，所至多建林園，與士大夫遊。早在1254年仍在潛邸的忽必烈任命廉希憲為陝西宣撫使。他在京兆樊川杜曲(今長安縣東南)創建後人稱之為「廉相泉園」的庭園。常與忽必烈左右及當地士人遊宴其中。駱天驤《類編長安志》載有一條〈廉相泉園〉，云：

> 元至元中，平章廉希憲行省陝右，愛秦中山水，遂於樊川杜曲林泉佳處，葺治廳館亭榭，導泉注園，移植漢沔東洛奇花異卉，畦分棋布，松檜竹梅，羅列成行。暇日，姚雪齋(樞，1201-1278)、許魯齋(衡，1209-1281)、楊紫陽(奐，1186-1255)、商左山(挺，1209-1288)、前進士邵邦用(大用)、來明之(獻臣，1183-1263)、郭鎬(左卿，1184-1268)樽灑論文，彈琴煮茗，雅歌投壺，燕樂於此……教授李庭

---

174 《中庵集》卷5，頁6上，〈二絕句〉。
175 《程雪樓文集》卷29，頁15上-15下，〈送司徒沙羅巴法師歸秦州〉。

(1194-1257)爲之記[176]。

孟繁清、邱逸凡已指出此一記載的一些錯誤。孟氏認爲建立〈廉相泉園〉的年代「至元中」肯定是一錯誤。廉希憲與姚樞、許衡、楊奐、商挺相宴樂於京兆只能是在1254至1257年之間，到至元初年楊奐業已逝世，其餘各人皆已東至大都[177]，不可能再會於杜曲。邱逸凡則從學術史之角度分析此一文本，認爲此文雖託名李庭，實爲駱天驤撰成於十三世紀末期，其時正是關中學術文章派衰落、道學派興起的過渡時期。駱天驤在此文中將兩派士人揉合在一起，表示士人間並無藩籬，期以表彰當地先賢[178]。

但是，不論此文時間的錯誤，人物是否經過揉合，但廉希憲於1250年之間常在其京兆庭園之中與漢族士大夫宴遊應無疑義。

(2)大都廉園清露堂遊宴

大都廉園爲元代前、中期當地最著名的林園。原由忽必烈潛邸舊臣布魯海牙(1197-1265)所營建[179]。該園遺址在大都南城(即金中都)彰武門內[180]。園中有池塘數畝，水石花竹之勝，牡丹品類之多，冠於京華[181]。廉氏在色目人中漢化最早且深，其家富於藏書而又好

---

176 駱天驤撰，黃永年點校，《類編長安志》(西安：三秦出版社，2006)卷9，頁267。

177 孟繁清，〈元大都廉園主人考述〉，《元史論叢》第11輯(2009)，頁94-103。

178 邱逸凡，〈元明關中學術發展與歷史記憶、文本流傳的變化〉，《史原》復刊第1期(2010)，頁153-205。

179 《元史》卷125，頁2070-2072，〈布魯海牙傳〉。

180 關於廉園遺址，參看曹子西主編，《北京通史》(北京：中國書店，1994)第5冊，頁387。

181 關於大都城南廉園，參看吳文濤，〈元大都南城花卉業與私家園林的興

客，廉園遂成爲大都重要遊覽與文化中心之一，園中之清露、萬柳二堂便是廉氏家人與各族士人不時雅聚之處。

　　元世祖至元初年，廉園主人廉希憲主持的一次雅集，見於王惲之記載。王惲〈秋日宴廉園清露堂〉之序云：

> 右相廉公奉詔分陝，七月初一日宴集賢、翰林兩院諸君，留別中齋有詩以記燕衎，因繼嚴韻，作二詩奉平章相公一粲。時坐間聞有後命，故詩中及之[182]。

主人「右相廉公」即指希憲。賓客集賢、翰林二院官員多數爲漢族士大夫，王惲即其中之一人。據孟繁清之考證，此次遊宴大約舉行於至元十四、五年(1277-1278)[183]。

(3)廉野雲萬柳堂宴集

　　元朝中期廉園之主人廉野雲，曾任中書(或行中書)左丞，在大德(1297-1307)、至大(1308-1311)時期已休致在家，程鉅夫爲野雲所作〈遺音堂記〉稱其人：「方盛而已辭歸，而友木石，狎魚鳥，玩天地之盈虛，閱寒朔之往來，泊然若無與於世」[184]。可見野雲爲一急流勇退之高官。過去學者認爲野雲即忽必烈前期儒相廉希憲或其兄長希閔[185]，或認爲是曾任玉宸樂院使的火失海牙[186]，但都證據不足。就

(續)————————————

　　　盛〉，《元史論叢》第13輯(2010)，頁66-77。

182 《秋澗先生大全集》卷22，頁3上-3下。

183 孟繁清，〈元大都廉園主人考述〉，頁96。

184 《程雪樓文集》卷13，頁7上-7下，〈遺音堂記〉。

185 傅樂淑認爲野雲即廉希憲，見所撰〈萬柳堂圖考〉，《故宮季刊》第14卷第4期(1970)，頁1-17；王梅堂亦主此說，見所撰〈元代內遷畏兀兒族世家——廉氏家族考述〉，頁123-136；而楊鐮則認爲野雲爲廉希閔，見《貫雲

年歲而言[187]，野雲應爲希憲之弟希恕[188]。

由於野雲風雅好客，廉園中之藝文活動逐達致高潮。在此期間，著名文人張養浩(1270-1329)，袁桷、姚燧、程鉅夫、許有壬等都曾爲其座上客。園中最有名之一次遊宴爲舉行於至大四年(1311)至延祐元年(1314)間的萬柳堂燕集[189]。元佚名《廣容談》云：

> 野雲廉公於都城萬柳堂張筵，邀疏齋盧處道、松雪趙子昂，
> 歌姬劉氏名解語花，賓主盡歡。劉氏折荷花，左手持獻，右
> 手擧杯，歌〈驟雨打新荷〉。松雪喜而賦詩，誠一時盛事，
> 惜全集中不載。詩云：
> 萬柳堂前數畝池，平鋪雲錦蓋漣漪。
> 主人自有滄州趣，遊女仍歌白雪詞。

(續)──────────

石評傳》，頁45，73；《元西域詩人群體研究》，頁225-230。

186 孟繁清，〈元大都廉園主人考述〉，頁99。

187 廉希憲卒於至元十七年(1280)，廉希閔爲其長兄，其卒年應不致晚於希憲過矣。楊鐮認爲布魯海牙十三子中，「年齡最大的應是廉希憲」，「廉希閔係嫡子，非年齡最長的兒子」(《貫雲石評傳》，頁73，注4)。但是，元明善〈平章政事廉文正王神道碑〉云：「司徒十三男子，魏國(夫人，指布魯海牙元配石抹氏)之男曰希閔……次即王(指希憲)」(蘇天爵，《國朝文類》卷65，頁1下)。可見希閔確爲布魯海牙之嫡長子，其爲野雲之可能性極小。

188 在現知史料中，廉氏子孫曾任「右丞」者唯有世祖晚期之廉卜魯凱牙(危素，《危太樸文續集》卷5，頁1上-4上，〈古速魯公墓誌銘〉，即希恕，見屠寄，《蒙兀兒史記》卷154，頁21下，〈氏族表三〉)。

189 關於萬柳堂燕集舉行之時間，並無明確記載。李修生認爲是在大德八年(1304，《盧摯年譜》[北京：北京師範大學出版社，1984]，頁10)，而任道斌認爲是延祐五年(1318，見《趙孟頫繫年》[鄭州：河南人民出版社，1984]，頁187)。但趙孟頫於大德八年時任江浙儒學提舉，直至至大四年始返大都，供職集賢。盧摯卒於延祐元年。故萬柳堂燕集應舉行於至大四年至延祐元年間。

手把荷花來勸酒，步隨芳草去尋詩。

誰知咫尺京城外，便有無窮萬里思[190]。

廉野雲此次邀宴的兩位佳賓皆為當時聲譽最高的漢族士大夫。盧處道即盧摯（？-1314?），趙子昂即趙孟頫。盧摯，號疏齋，涿州人，元朝前期著名作家，世稱其文與姚燧比肩，詩與劉因（1249-1293）齊名，而散曲尤為著名，官至翰林學士承旨。而宴中歌唱侑酒的順時秀則為大都赫赫有名的歌妓，「尤長於慢詞」[191]。

趙孟頫於此次盛會中，不僅賦詩，而且還作〈萬柳堂圖〉以紀其事。此圖現存台北故宮博物院[192]，圖設色，圖中園門臨水池，堂後煙柳迷茫，遙見青山城堞，堂上坐宴者三人，中立一紅衣女子左手持花，右手執盞，又有童子三人持壺桮。門外客策馬後至[193]。孟頫除在圖上題詩外，並自跋云：

野雲招飲京城外萬柳堂，召解語花劉姬佐酒，姬左手持荷花，右手舉杯，歌〈驟雨打新荷曲〉，因寫此以贈。趙氏子

---

190 佚名，《廣容談》（歷代小史），頁1上-1下。《廣容談》此條記載下，原注：「濠梁李升記」。李升，濠梁人，善繪墨竹，見《圖繪寶鑑校勘與研究》卷5，頁63上；此一記述亦見於夏庭芝著，孫崇濤、徐宏圖箋注，《青樓集箋注》（北京：中國戲劇出版社，1990），頁76-77，〈解語花〉；《南村輟耕錄》卷9，頁110，〈萬柳堂〉。

191 《青樓集箋注》，頁76。

192 國立故宮博物院編輯委員會編輯，《故宮書畫圖錄》（台北：國立故宮博物院，1990）第5冊，頁75。清乾隆帝曾有〈題趙孟頫萬柳堂閣〉詩（《御製詩集》〔四庫全書〕卷24，頁18上-18下）。

193 傅樂淑認為策馬後至者為鮮于樞，惜無證據。見所撰〈萬柳堂圖考〉，頁14。

　　昂，水精宮道人。

可見此圖原係孟頫爲解語花所作[194]，卻爲此次盛會及一代名園留下
具體面影。此圖之眞僞仍有爭議[195]，但即是此圖係後人根據《廣容
談》等書之記載而模擬，亦不能否定萬柳堂雅集之存在。

3. 周德清、瑣非等論曲律之會

　　周德清，號挺齋，江西高安人，宋朝名詞人周邦彦(1056-1121)之
後，爲一通曉音律的布衣曲家[196]。德清所著《中原音韻》爲論述北曲
體制、韻律的重要著作。其友瑣非所撰《中原音韻》序末自署：「西
域拙齋瑣非復初序」，可見瑣非，字復初，號拙齋，西域人[197]。該序
又云：「余勳業相門，貂蟬滿門，列伶女之國色，歌名公之俊詞，備
嘗見聞矣！」瑣非顯然爲一醉心劇曲之風流公子。二人是志同道合的
朋友。

　　泰定元年(1324)，周德清撰就《中原音韻》後，即與瑣非及另一
出身江西吉安的同好羅宗信舉行了一次討論曲律的雅集[198]。德清
《中原音韻・後序》云：

---

194 趙孟頫〈萬柳堂燕集〉詩未收入其文集中，傅樂淑認爲乃因孟頫十分欣賞
　　解語花，或曾有金屋藏嬌之企圖，引起其夫人管道昇之反對。其後裔編輯
　　文集時爲親者諱，乃刪去此詩(見〈萬柳堂圖考〉，頁5)。此說全無證據。

195 石守謙教授認爲〈萬柳堂圖〉可能是一個有根據的摹本，而非出於孟頫的
　　手筆，其理由有三：一、圖上孟頫題詩的書法，雖然工整，卻只得其形，
　　無其親筆神氣。二、畫本身品質也不高。三、圖上除乾隆的印章之外，全
　　無其他較早的收藏印。故他推斷是明末人所爲(2011年4月10日電郵)。

196 鍾嗣成著，王鋼校訂，《校訂錄鬼簿三種》(鄭州：中州古籍出版社，
　　1991)，頁175。孫楷第，《元曲家考略》，頁113-114。

197 《中原音韻》(台北：藝文印書館，1979)卷首，頁9上-9下。

198 羅宗信的《中原音韻》前亦有其序(頁7上-8下)。

未幾，訪西域友人瑣非復初，讀書是邦。同志羅宗信見餉，攜東山之妓，開北海之樽……復初舉杯，謳者歌樂府〈四塊玉〉，至「彩扇歌，青樓飲」……復初前驅紅袖，而白同調歌曰：「買笑金，纏頭錦」，則是矣！乃復嘆曰：「予作樂府三十年，未有如今日之遇，宗信知某曲之非，復初知某曲之是也。」……遂捧巨觴於二公之前，口占〈折桂詞〉一闋，煩皓齒歌以送之，以報其能賞音也……歌既畢，客醉，予亦醉，筆亦大醉，莫知其所云也。

可見瑣非與漢族同好談曲論韻，佳人侑酒的樂趣。

4. 禮部同仁聖安寺遊宴

　　此次遊宴為禮部同仁辦完公務後的即興之舉，大約舉行於天曆（1328-1329）、至順（1330-1332）間。巎巎所撰及所書〈聖安寺詩〉序云：

　　　去冬十二月，聖安寺提調水陸會，本部伯庸尚書及咬住尚書、梁誠甫侍郎等相訪畢，咬住尚書邀往其伯父禿堅帖木兒丞相，葫蘆套盡日，至醉而還，馬尚書作序詩。巎再拜[199]。

聖安寺位於大都南城，「輪奐之美，為都城冠」[200]。禮部同仁於參加該寺水陸會(即佛教之水陸齋)後，即往訪居於葫蘆套之禿堅帖木兒丞相並共同宴飲[201]。

199　載於《經訓堂法帖》刻本。
200　《析津志輯佚》(北京：北京古籍出版社，1983)，頁68。
201　葫蘆套為北京一地名。

　　參與此次宴飲的有禮部尙書馬祖常、巙巙、咬住、侍郎梁誠甫及
主人禿堅帖木兒丞相。除馬祖常、巙巙爲色目人外，梁誠甫不可考，
應爲漢族士人。禿堅帖木兒及其姪咬住皆爲蒙古弘吉剌氏，文宗朝之
新貴。禿堅帖木兒於天曆元年(1328)九月由江西行省平章調陞太禧宗
禋院使，明年封梁國公[202]。咬住當即岳柱，曾任懷慶路達魯花赤，
後於天曆二年任建康路總管，爲文宗興建大龍翔寺[203]。總之，參加
此次飲宴者有色目著名士人二人、蒙古二人、漢族一人。

　　馬祖常於宴中所賦之詩爲：

> 　梁國幽亭上，群賢會集時。
> 　翠濤傳美醞，白雲製新詞。
> 　暖日回春色，陽和遍柳枝。
> 　祇緣僧舍裡，不得共清期[204]。

詩中「梁國」乃指禿堅帖木兒。其時禿堅入京不久，可能寄居於聖安
寺，故祖常詩中有「祇緣僧舍裡，不得共清期」之句。

　　此次聚會雖舉行於僧舍，卻由馬祖常賦詩，而由巙巙作序並書
之，祖常之詩歌與巙巙之書法皆足以代表當時色目士人的最高水平，
可謂極佳組合。

5. 玉山草堂雅集

---

202 《元史》卷32，頁710；卷33，頁742；卷38，頁819。

203 《道園學古錄》卷10，頁11上，〈題咬住學士孝友卷〉；釋大訢，《蒲室
集》(四庫全書)卷1，頁3下，〈高門一首贈岳柱公〉；卷7，頁17下，〈送
岳柱留守還朝序〉。

204 馬祖常此詩未收入其《石田文集》中，李叔毅、傅瑛點校，《石田先生文
集》所附〈輯逸〉亦未錄入。

　　玉山草堂是元季東南最著名的民間文藝沙龍。當時東南富戶多喜結交士人，推獎藝文，其中以顧瑛(1310-1369)最爲熱心，有如明吳寬所說：「元之季，吳中多富室，爭以奢侈相高，然好文喜客者，皆莫若顧玉山。」[205]

　　顧瑛出身宦門，爲崑山豪富，一生不屑仕進，屢卻徵辟。年四十以後，將田業交付子婿，「欲謝塵事，投老於林泉」。他在崑山之西，營建以玉山草堂爲主的園林群體，包括亭臺樓榭三十六景。在此兼有湖山與建築之勝的環境中，顧瑛「日與高人俊流，置酒賦詩，觴詠倡和」。玉山草堂雅集自至正八年(1348)起，前後持續達十七年之久，而以至正八年至十四年間爲最盛[206]。參與雅集而現尚知名者六十九人，其中有達官、有布衣、有僧、亦有道，多爲名重東南的文人。

　　與顧瑛及草堂雅集有關之蒙古、色目士人共有八人。其中參與雅集者五人，爲草堂題匾者一人，與顧瑛唱和者二人。

　　參與雅集者爲：

　　泰不華，於至元五年(1339)訪問玉山，觀賞經由名書畫家柯九思鑑定爲曾經蘇軾品題之假山，以古篆作「拜石」二字於壇，並爲拜石

205　吳寬，《飽翁家藏集》(四部叢刊)卷51，〈跋桃園雅集記〉。

206　關於顧瑛及玉山雅集，參看么謝儀，《元代文人心態》(北京：文化藝術出版社，1993)，頁250-266；鈴木敬，《中國繪畫史》(東京：吉川弘文館，1989)卷中之二，頁181-194；David Sensabaugh, "Life at Jade Mountain: Notes on the Life of the Man of Letters in Fourteenth-century Wu Society," 收入《鈴木敬先生還曆記念‧中國繪畫史論集》(東京：吉川弘文館，1981)，頁45-69；"Guests at Jade Mountain: Aspects of Patronage in Fourteenth Century K'un-shan," in Chu-tsing Li (ed.), *Artists and Patrons* (Lawrence: University of Washington Press, 1989), pp. 93-100。

壇所在之寒翠所題名，「此石之名由是愈重」[207]。此外，泰不華又為草堂中之漁莊、金粟影、雪巢等處題匾及撰聯，在諸名公中為草堂題匾最多[208]。泰不華以後未能再至玉山，卻可說是玉山草堂雅集之先驅。

唐兀士人昂吉，顧瑛在《草堂雅集》中稱他「多留吳中，時扁舟過余草堂，其為人廉謹寡言笑，非獨述作可稱，其行尤足尚也」[209]。昂吉為草堂之常客，《玉山名勝集》所收其在雅集中唱和詩文甚多[210]。

聶鏞，蒙古人[211]。楊維楨《西湖竹枝集》稱他「字茂先，蒙古氏。幼警悟，從南州儒先生問學，通經術，善歌詩，尤工小樂章，其音節慕薩天錫」[212]，可見聶鏞為一少年求學南方，詩風學薩都剌(1271-1340)之蒙古詩人。他於至正八年參與〈碧梧翠竹堂題句〉[213]，又有〈寄懷玉山〉二首，與顧瑛唱和[214]。

㕦嘉問，族屬不詳，自其名判斷，應為蒙古人。他於至正九年冬參與草堂聽雪齋分韻賦詩，其詩首二句云：「我從高書記，窮冬走吳下」，高書記即昂吉，昂吉漢姓高。故㕦嘉問為昂吉友人，偕昂吉走訪玉山而參與雅集[215]。

207 《玉山草堂集》卷下，頁8下，〈拜石壇記〉。

208 同上，頁11下-15下，〈匾題附記〉。

209 《草堂雅集》卷10，頁46下。

210 《玉山名勝集》卷1，頁16上；卷2，頁15下；卷3，頁21下；卷5，頁3上；卷6，頁5下，17上；卷8，頁17下。

211 關於聶鏞，參看〈元代蒙古人的漢學〉，頁152-153。

212 《西湖竹枝集》，頁30上-30下。

213 《玉山名勝集》卷3，頁16上。

214 同上，外集，頁27下-28上。

215 同上，卷5，頁3下。

薩都剌《雁門集》中有〈席上次顧玉山韻〉[216]。薩氏於至正三年(1343)擢江浙行省郎中,在其自河南赴杭州途中,或曾走訪草堂,與顧瑛宴飲。

曾為草堂館閣題匾,而不知是否曾身臨草堂者則有馬九霄。九霄,本名唐古德,畏兀兒人,為著名散曲家馬昂夫之弟。先後出任江西行省掾、淮東廉訪司經歷。官階不高,卻與乃兄皆以文才聞名,時人比之為「二蘇」[217]。九霄善畫鶴,《書史會要》又稱其「能篆書」。九霄大約於揚州任職淮東廉訪司時與顧瑛結識,應邀為草堂「玉山佳處」及「柳堂春」二處題寫匾額及對聯。

曾與顧瑛唱和,但現無法證明其人是否身至玉山之色目士人則有斡玉倫都(徒)與孟昉。斡玉倫都,顧瑛有和〈斡克莊題壽安寺詩〉[218]。孟昉,字天暐,官至南臺御史[219],善書,尤精古文。自顧瑛〈長歌寄孟天暐都事〉七古觀之,二人當為知交[220]。

以上八位蒙古、色目士人皆曾直接或間接參與玉山草堂雅集。文學史學者陳建華認為玉山草堂雅集「在時間的延續性、地域的廣袤性、文化的多層性、藝文的結合性以及審美的世俗性多方面都是空前的」[221]。更值得注意的是其族群多元性。由其族群多元性可見即在民間雅集中,亦有不少蒙古、色目士人參加。

6. 玄沙寺雅集

---

216 《雁門集》卷12,頁322。

217 楊鐮等,《元曲家薛昂夫》,頁10-14。

218 《玉山璞稿》,頁13下。

219 陳垣,《元西域人華化考》卷4,頁71下。

220 《玉山璞稿》,頁10下。

221 陳建華,〈元末東南沿海城市文化特徵初探〉,《復旦學報》1988年第1期,頁31-40。

　　玄沙寺雅集係由宣政院使廉惠山海牙所邀集，於至正二十一年
(1361)初春在福州西郊玄沙寺舉行[222]，參加者爲戶部尙書貢師泰、
治書侍御史李國鳳（？-1367）、翰林院經歷答祿與權及行軍司馬海清
溪。五人設宴於該寺山堂，飲酣，廉惠山海牙「數起舞，放浪戲
謔」，李國鳳「援筆賦詩，佳句捷出」，而答祿與權則「設險語，操
越音，問禪於藏石師」。當時元朝已日暮途窮，各人皆因挽救危亡之
任務而至閩中。故宴席將散時，貢師泰持杯斂容說：「吾輩數人，果
何暇於杯勺間哉？蓋或召，或遷，或以使畢將歸……故得以從容相追
逐，以遣其羈旅怫鬱之懷，而非眞欲縱情丘壑泉石。」於是，諸人以
杜甫詩「心清聞妙香」句爲韻，各賦五言詩一首，假初春遊賞抒寫對
國事的憂心。

　　參加玄沙寺雅集五人，就族屬而言，包括四大族群。答祿與權爲蒙
古乃蠻氏[223]。廉惠山海牙、海清溪(一作鐵清溪)皆爲畏兀兒人[224]，屬
色目。李國鳳出身濟南官宦世家，屬漢人，而貢師泰則爲宣城人，屬
南人。就出身而言，廉惠山海牙、答祿與權與李國鳳皆爲科第之士，
分別爲至治元年(1321)、至正二年(1342)及十一年(1351)進士，而貢
師泰則由國子學晉身[225]。唯有海清溪出身不明，而且當時係以經略
行軍司馬身分至閩，不是文官。但他曾校正宋曾公亮《武經總要》，

---

222 《玩齋集》卷6，頁24上-25上，〈春日玄沙寺小集序〉。
223 〈元代蒙古人的漢學〉，頁136；楊鐮，〈答祿與權事跡鉤沉〉，頁97-
　　103。
224 《元史》卷145，頁3447，〈廉惠山海牙傳〉；海清溪，即鐵清溪，貢師泰
　　〈武經總要序〉（《玩齋集》卷6，頁10下-12上)稱其爲高昌人，即畏兀兒
　　人。
225 李國鳳見蕭啓慶〈元至正十一年進士題名記校補〉，收入蕭氏，《元代進
　　士輯考》。

並請貢師泰作序，應有不錯的漢文修養，故能與科第及國子出身的士人分韻作詩[226]。

7.西湖竹枝詞的唱和

《西湖竹枝集》是元季東南詩壇巨擘楊維楨編集的竹枝詞集。作者甚多，相互之間，或識或不識，皆以一題目吟詠。楊鐮稱之為「同體集詠」[227]，或亦可稱之為集體唱和的一種。

「竹枝詞」原是唐代劉禹錫根據巴渝民歌而發展出來的一種七絕小詩，在形象、音調、表現上都具有民歌的特點，常以俚詞入雅調，歌詠風土、士女思慕之情，似謠似諺。至正初年，維楨閒居杭州西湖七八年，與文學道士茅山外史張雨、吳興苕溪名士郯韶等放浪湖上，首倡西湖竹枝，歌詠杭州風俗、山水人物，一時蔚為風氣，「好事者流布南北，名人韻士屬和者無慮百家」[228]。維楨輯為一冊，至正八年撰序，復在詞前各繫作者小傳，敘述詩人之生平與詩風，詠集遂成為元季東南詩壇一項重要活動記錄。

《西湖竹枝集》收錄的詩人共一百一十八家，其中有宮廷文學侍從，山野名士，乃至僧道、女子，而以活躍於東南之詩人為主。蒙古、色目士人參與者有以下十一人。茲摘錄集中各人小傳如次，其中蒙古二人：

同同：「字同初，蒙古人，狀元及第，官至翰林待制。詩多臺閣體，天不假年，故其詩文鮮行於時云」[229]。

聶鏞：「字茂先，蒙古氏。幼警悟。从南州儒先生問學，通經

---

226 《玩齋集》卷6，頁9上-10上，〈武經總要序〉。

227 《元詩史》，頁639。

228 《西湖竹枝集》（叢書集成續編）卷首，頁3上，楊維楨序。

229 《西湖竹枝集》，頁5下。

術，工詩歌，尤工小樂章，其音節慕薩天錫」[230]。

色目九人：

馬祖常，「詩名敵虞(集)、王(士熙)，西夏氏之詩振始於《石田集》也。竹枝蓋和王繼(脫一學字)之作，其音格矯健如山谷老人云」[231]。按馬祖常為汪古人，而非西夏人，楊氏誤記。

薩都剌，「其詩風流俊爽，修本朝家範」[232]。

甘立，其小傳已引見前文，茲從略。

邊魯(？-1356？)，「字魯生，北庭(即畏兀兒)人。天才秀發，善古樂府詩，尤工畫花竹，然權貴人弗能以勢約之」[233]。

掌機沙，「字密卿，阿魯溫氏，禮部尚書哈散公之孫也。學詩於薩天錫，故其詩風流俊爽，觀於竹枝可以稱才子矣」[234]！另有仉機沙，字大用，回回人者，《元詩選癸集》錄其詩四首[235]，仉雖為掌之古字，但仉機沙與掌機沙之字不同，未必為同一人。

不花帖木兒，「字德新，國族，居延王孫也。以華胄出入貴游間，而無裘馬聲色之習。所為詩，落筆有奇語」[236]。按楊維楨稱其為「國族」，誤。其跋〈瑤池醉歸圖〉仍存，署作不花帖木爾，其貫為「北庭」，鈐印「悳新」[237]。不花帖木爾即不花帖木兒，可知其

---

230 《西湖竹枝集》，頁31上-31下。

231 《西湖竹枝集》，頁3上。

232 《西湖竹枝集》，頁5上。

233 《西湖竹枝集》，頁22上。

234 《西湖竹枝集》，頁24下。

235 《元詩選癸集》辛上，頁1221-1222。

236 《西湖竹枝集》，頁24下。

237 《石渠寶笈三編》錄有題詩及鈐印釋文，中國古代書畫鑑定組編《中國古代書畫圖目》(第16冊，北京：文物出版社，1997，頁169-170)收錄此圖及題跋圖影。

爲北庭人，亦即畏兀兒人。

完澤，「字蘭石，西夏人。聰敏過人，善讀書，尤工於詩律，爲平江路十字翼萬戶鎭撫(原誤作『府』)，廉謹且尙義，平汀寇實有功爲」[238]。

燕不花，「字孟初，張掖人，出貴冑而貧，貧而有操，不干謁於人，讀書爲文，最善持論，嘗建月旦人物評，人以其言多中云」[239]。

別里沙：《西湖竹枝集》頁37上，〈別里沙〉，作別里沙，並云：「字彥誠，回回人氏。早登上第，官至光州達魯花赤，學問精明，居官有政，詩尤有唐人之風云」[240]。按：「早登上第」指其爲元統元年(1333)進士。《元統元年進士錄》稱其名爲別羅沙，貫西域別失八里(今新疆古木薩爾)人氏[241]。則其爲信仰伊斯蘭教之畏兀兒人。

總之，西湖竹枝詞雖由東南漢族士人所倡導，蒙古、色目士人也廣泛參與。其中有幾人雖僅遙和，但聶鏞、薩都剌、邊魯、不花帖木兒、完澤皆曾活躍於東南，因而參加了這次集體唱和。

前列七次遊宴中，舉行於元朝中期者四次，後期者三次。中期四次中，清香詩會、廉園萬柳堂之會及聖安寺遊宴的主人皆爲蒙古、色目人，唯有《中原音韻》曲律之會係以漢族士人爲主人。後期二次中，玉山草堂雅集主人爲漢族，玄沙寺雅集則是由色目人廉惠山海牙所邀集。可見多族遊宴中，主人不限於某一族群。而在主客表現方面，清香詩會與廉園之會的色目主人是否即席賦詩，與其漢族賓客相唱和，已不可考。在其他四次聚會中，蒙古、色目士人或爲主人，或

---

238 《西湖竹枝集》，頁31下。
239 《西湖竹枝集》，頁36下。
240 《西湖竹枝集》，頁37上。
241 〈元統元年進士錄校注〉。

為賓客，而其賦詩論曲所展現的文化修養，較諸與會的漢族士人並不遜色。而西湖竹枝詞則是一種特別雅集，係由楊維楨所發起，唱和者之中包括不少蒙古、色目士人。

(二)小集

小集乃指僅有賓主各一的小型宴飲，是否有其他陪客參與現已不可得知。此類宴飲可以是好友之聚會，亦可以是官場酬酢。但是，即使是後者，主客亦皆為士人，其舉行之方式亦不溢出雅集之規範。現舉二例如次：

1. 散散邀宴虞集

散散，任翰林侍讀學士時，與虞集為交往甚密之同僚[242]。至正四年(1344)，散散奉使宣撫江西、福建，此時虞集已歸隱鄉居，仍為他撰〈右丞北庭散公宣撫江閩序〉，可見二人友誼[243]。

散散供職翰林院時，曾邀宴虞集。陶宗儀《輟耕錄》云：

> 虞邵庵先生在翰苑時，宴散散學士家，歌兒郭氏順時秀者，唱今樂府，其〈折桂令〉起句云：「博山銅細裊香風」，一句而兩韻，名曰「短柱」，極不易作，先生愛其新奇[244]。

順時秀是當時紅牌歌妓，《青樓集》稱她「姿態閑雅，雜劇為閨怨最高，駕頭、諸旦本亦得體」[245]。而《輟耕錄》則稱時秀「性資聰

242　同上，卷8，頁9上。
243　《道園類稿》卷21，頁33上。
244　《南村輟耕錄》卷4，頁73，〈廣寒秋〉。
245　《青樓集箋注》，頁102-103。

敏，色藝超絕，教坊之白眉也」[246]。

虞集聆聽順時秀歌後，即用短柱體，寫了雙調〈折桂令〉，詞云：

> 鸞輿三顧茅廬，漢祚難扶，日暮桑榆。深渡南瀘，長驅西蜀，力拒東吳。美乎周瑜妙術，悲乎關羽云殂。天數盈虛，造物乘除，問汝如何，早賦歸歟？

此詞係詠嘆蜀漢興亡，感慨天數難違。乃是因席上二人談及三國史事而作。

2. 貫雲石與張可久的飲宴

貫雲石與張可久(1280-？)出身全然不同，卻是友誼極篤，時相過從的散曲同好。雲石在二十九歲的盛年，罷官辭祿，隱跡錢塘，「談禪說道」，「世接已疏」[247]，但與張可久卻往來密切。可久，字小山，慶元人，出身胥吏，長期沉淪下僚，卻與雲石並為元朝享有盛名之散曲家[248]。雲石曾為可久散曲集《今樂府》作序，稱之為「治世之音」[249]。

張可久遺作之中，與雲石唱酬者多達八闋[250]。其中〈酸齋學士席上〉，〈酸齋席上聽胡琴〉皆係應雲石邀宴時所作。雲石精於音律，常在席上撫琴弄笛，娛樂佳賓。可久〈酸齋席上聽胡琴〉中以

---

246 《南村輟耕錄》卷19，頁281，〈伎聰敏〉。
247 楊鐮，《貫雲石評傳》，頁104-131。
248 孫楷第，《元曲家考略》，頁29-31。
249 見北京圖書館藏天一閣鈔本《小山樂府》。
250 隋樹森編，《全元散曲》，頁771，776，787，795，830，863，888，916。

「憶馬上昭君，梭銀線解冰，碎拆驪珠串。雁飛秋煙，鶯啼春院，傷心塞草邊」來描寫對雲石琴聲之感受。可見雲石琴藝之高妙，亦可見曲家遊宴與詩人、畫家之不同。

上述兩次小集，皆係異族士人基於彼此友誼及共同興趣的聚會。其中貫雲石與張可久的經常共聚小酌尤值得注意。二人族屬不同，卻因對散曲之共同愛好而建立深厚之友誼。

二、藝術之會

國畫與書法是中原特有的藝術形式，也是士大夫文化的重要內涵。文人畫自唐代王維提倡以後，中經北宋蘇軾等人的鼓吹，至元代而大盛，繪畫成為文人自我表現的工具。而書法與繪畫之間的關係更是血肉相連。楊維楨〈圖繪寶鑑序〉說：「士大夫工畫者必工書，其畫法即書法所在。」詩、書、畫因而互相連鎖，成為士大夫不可或缺的修養。徙居中原的外族人士，除去善詩外，尚須擅長書法與繪畫，始能成為全面文人。元代蒙古、色目人中便產生不少畫家與書家。這些蒙古、色目士人自不免與漢族同好時相聚會，或切磋技藝，或賞鑑古人妙品。現舉三例如次：

(一)鮮于樞邸兩次雅集

杭州是元朝統一南北之後人文薈萃之地，不少北方及蒙古、色目士人遊宦江南，喜愛錢塘山水風物，長年流連於此，而與江南士人密切交融。鮮于樞(1256-1301)便是其中樞紐人物，對南北文化交流貢獻頗大。

鮮于樞，字伯機，薊州人。自至元二十四年(1287)任兩浙轉運司

經歷，至大德六年(1302)北還，在杭州棲遲達十五年之久[251]。官爵不顯，卻是當時最有名之書法家，而且能詩善曲，並富收藏。他以北籍官僚及著名文人之身分，與寓居杭州的南北士人皆有密切交往。大德二年(1298)在其寓邸便有兩次集合南北士人的藝文盛會。

兩次盛會中，一次為文物鑑賞之會。明吳升《大觀錄》所載趙孟頫所撰王羲之〈思想帖〉書後云：

> 大德二年二月念三日，霍肅清臣、周密公謹、郭天錫佑之、張伯淳師道、廉希貢端甫、馬昫德昌、喬簣臣仲山、楊肯堂子構、李衎仲賓、王芝子慶、趙孟頫子昂、鄧文原善之集鮮于樞伯機池上。佑之出右軍〈思想帖〉真跡，有龍跳天門，虎臥鳳閣之勢，觀者無不咨嗟嘆賞，神物之難遇也。孟頫書[252]。

而清胡敬《西清札記》載〈郭忠恕雪霽江行圖〉後趙孟頫題跋云：

> 右郭忠恕〈雪霽江行圖〉，神色生動，徽廟題為真跡，誠至寶也。大德二年二月廿三日，同霍清臣，周公謹，喬簣成諸子獲觀鮮于伯機池上。是日，郭佑之出右軍〈思想帖〉，亦大觀也。趙孟頫書[253]。

---

251 關於鮮于樞及其在南北文化交融中之作用，參看 Marilyn Wong Fu, "The Impact of the Reunification: Northern Elements in the Life and Art of Hsien-yu Shu（1257?-1302) and Their Relation to Early Yuan Literati Culture," in John D. Langlois, Jr.（ed.）, *China under Mongol Rule*, pp. 371-433.

252 《大觀錄》卷1，〈魏晉法帖・王右軍思想帖〉。

253 胡敬，《西清札記》（胡氏書畫考三種)卷1。

可見此次聚會係爲觀賞晉王羲之〈思想帖〉及北宋郭忠恕〈雪霽江行圖〉。〈思想帖〉爲郭佑之所有，而〈雪霽江行圖〉則不知何人所提供。同觀者十三人之中有色目人，有漢人，亦有南人。

參與此次雅集的漢人有霍肅、郭佑之(約1248-1302)、馬昫(1244-1316)、喬簣成、楊肯堂、李衎(1244-1320)。江南士人則有周密(1232-1298)、張伯淳(1243-1303)、王芝、趙孟頫、鄧文原等。以上諸人或爲仕於江南的北方士人，或爲江南著名士人，其中多人皆以富於收藏見稱於時[254]。

此次盛會中有一色目人廉希貢之參與。希貢，字端甫，出身畏兀兒世家廉氏，爲希憲之弟。「善匾旁大書」[255]，亦富收藏[256]。此時希貢任兩浙都轉運使，而鮮于樞曾任轉運司經歷，爲其僚屬，自認知希貢最詳[257]。希貢當係因此受邀赴會。

霜鶴堂雅集則是鮮于府邸的另一次盛會。霜鶴堂爲此府邸的一所新軒，大約落成於上述盛會之同時或其後不久[258]。落成之日，鮮于樞舉行了一次雅集。陸友仁《研北雜志》說：

> 鮮于伯機霜鶴堂落成之日，會者凡十二人：楊子構肯堂、趙明叔文昌、郭佑之天錫、燕公楠國材、高彥敬克恭、李仲賓

---

254 關於以上諸人之考證，見任道斌，《趙孟頫繫年》，頁82；Marilyn Wong Fu, "The Impact of Reunification," pp. 408-409.

255 《書史會要》卷7，頁17上。

256 周密，《雲煙過眼錄》(十萬卷樓本)卷下，頁3下，32下。

257 鮮于樞，《困學齋雜錄》(知不足齋叢書)，頁6下。《雜錄》(頁7上)又云：希貢卒於至元二十七年(1290)，必然有誤，蓋希貢於大德三年(1299)始任南臺治書侍御史，見《至正金陵新志》卷6，頁39上。

258 任道斌，《趙孟頫繫年》，頁81。

衎、趙子昻孟頫、趙子俊孟籲、張師道伯淳、石民瞻岩，吳
和之文貴、薩天錫都剌[259]。

　　這次雅集之賓客十二人中與上次相同者有楊肯堂、郭佑之、李衎、趙
孟頫、張伯淳等五人。此外七人中，漢人有趙文昌，南人有燕公楠
（1241-1302）、趙孟籲、石岩（1260-？）與吳文貴。皆爲當時著名士人
或顯宦[260]。

　　參加此次雅集的色目士人有高克恭與薩都剌。克恭與趙孟頫、周
密皆有甚深之友誼[261]。薩都剌此時仍爲一布衣士人，下距其登進士
第近三十年，得以參加這次達官名士的盛會，或可反映其早年便多負
有文名[262]。

　　總之，鮮于樞府邸的兩次雅集匯集了當時寓居杭州第一流的各族
士大夫，其中有漢人，有南人，亦有色目人，皆有頗高的藝文水準。

（二）天慶寺雅集

　　天慶寺雅集是元朝規模最大的一次書畫賞鑑之會。雅集主人爲魯
國大長公主祥哥剌吉（約1282-1332）[263]。祥哥剌吉爲眞金之孫女，答

259　陸友仁，《研北雜志》（四庫全書）卷上，頁40上。

260　《困學齋雜錄》，頁22下。

261　吳保合，《高克恭研究》（台北：國立故宮博物院，1987），頁8-10。

262　薩都剌之生年仍有爭議。據薩龍光之説，都剌係出生於至元九年（1272），
　　　參加此次雅集時年已二十七歲，中進士時更達五十六歲。張德光則認爲薩
　　　氏生於大德四年（1300）左右，中進士時其年齡爲二十六七歲（見前引張旭光
　　　文）。兩者出入頗大。今暫從薩龍光説。

263　關於祥哥剌吉之家世、生平及其主持的天慶寺雅集，參看傅申，《元代皇
　　　室書畫收藏史略》，頁11-27；姜一涵，《元代奎章閣奎章人物》，頁
　　　11-16；傅申書中有關祥哥剌吉部分有Marsha Weidner英譯本，見Shen C.
　　　Fu, "Princess Sengge Ragi, Collector of Painting and Calligraphy," in M. Weidner
　　　ed., *Flowering in the Shadows. Women in the History of Chinese and Japanese*

剌麻八剌（廟號順宗）之女，武宗、仁宗爲其兄弟，英宗、文宗爲其
姪，文宗亦爲其女婿。其夫婿則爲出身蒙古弘吉剌部的濟寧王琱阿不
剌，家世可說滉貴無比。祥哥剌吉本人不僅「誦習經史」，而且雅愛
藝術，爲元朝最重要的書畫收藏家及贊助者。

祥哥剌吉於至治三年(1323)三月在大都南城天慶寺舉行雅集，到
會者皆爲「中書議事執政官、翰林、集賢、成均（即國子學）之在位
者」。「酒闌，出圖書若干卷，命各隨所能，俾識於後」，並由翰林
直學士袁桷撰〈魯國大長公主圖書記〉，以誌其盛[264]。

據藝術史學者傅申之研究，在天慶寺雅集題畫現仍可考者二十一
人，包括著名漢人士人孛朮魯翀(1279-1338)、曹元用(1268-1330)、
李洞及南人士人鄧文原、袁桷、柳貫(1270-1342)等。現知色目士人
參與此會者僅有出身汪古的集賢大學士趙世延。除世延外，此次盛會
之主人爲蒙古人，而上述各機構之「在位者」必多蒙古、色目人。因
此，天慶寺之會無疑是一次超越族群的巨型雅集。

(三) 花香竹影齋雅集

花香竹影齋雅集是元季舉行於四明的一次偶發性以布衣士人爲主
的藝文之會。烏斯道〈題「花香竹影圖」〉說：

> 倪仲權氏匾齋居之室曰：「花香竹影」，日與余燕坐其間。
> 馬君易之，邊君魯生枉駕來訪，笑語者終日。仲權聞魯生儒
> 者而畫名雅重江湖間，欲請作〈花香竹影圖〉，未敢出諸
> 口，易之度仲權意以請，遂援筆作是圖無凝滯，香影未嘗不

(續)———————————————

  Painting (Honolulu: University of Hawaii Press, 1990), pp. 56-80。

264 《清容居士集》卷45，頁10下-11下。

藹然也。觀者或病之曰：「花竹可圖，香影不可圖也」。魯
生笑而不答。余爲解之曰：「可圖則皆可圖，不可圖則皆不
可圖」……諸公皆大噱，且相與飲酒爲別[265]。

參加這次雅集的四人中，主人倪可與及其摯友烏斯道皆爲四明地區布
衣詩人[266]。兩位訪客中，馬易之即迺賢，邊魯生即邊魯（？-1356），
皆色目人。迺賢與倪、烏二人時相唱和，可見四明地區各族士人交往
之密。畫家邊魯則爲外來訪客。魯字魯生，北庭（即畏兀兒）人，曾任
南臺宣使，地位不高，卻是多才多藝[267]。夏文彥《圖繪寶鑑》稱他
「善畫墨戲花鳥」[268]，而楊維楨《西湖竹枝集》中之小傳已引見前
文。可見他是一位花鳥畫家，他不樂於爲權貴作畫，卻欣然爲倪可與
之書齋作圖，各族士人間顯然易於交融。

　　上述三次藝術之會中，鮮于樞邸及天慶寺兩次雅集，都是大型的
書畫賞鑑之會。前者主人爲漢人，賓客則爲寓居杭州的各族士人。後
者主人爲蒙古人，賓客則爲中央機構的官員。歷次聚會主人與賓客的
族屬雖然有異，對書畫之愛好則同。花香竹影齋雅集則是江南布衣士
人的一次偶發性聚會，參加者有江南士人及色目士人各二人，而援筆
繪圖者則爲色目畫家邊魯。這些聚會反映出蒙古、色目士人對士大夫
文化造詣較爲全面者不乏其人，故能與漢族士人共享藝術的雅趣。

---

265 《春草齋集》卷11，頁17上-17下。
266 《春草齋集》卷10，頁18上，〈處士倪仲權墓表〉；卷12，頁1上-9下，
　　〈別傳〉。
267 陳垣，《元西域人華化考》卷5，頁80下，86上，90下；《元代畫家史料匯
　　編》，頁657-661。
268 《圖繪寶鑑校勘與研究》卷5，頁63下。

三、遊覽之會

山水遊覽是士大夫生活的一個重要部分。優游行樂於山水之間原是儒家傳統的一部分。孔子時代的曾晳便是以沐浴於沂水之上，風涼於舞雩之下的優游行樂爲志向。魏晉以後，士人經過道家思想的洗禮，更認爲山水令人「神超形越」，可以解憂散懷，豁暢心神，遊山玩水在士人之間遂成歷久不衰的風氣[269]。士人結伴出遊，在山水之間飲酒賦詩，也可說是雅集的一種。

元朝蒙古、色目士人與漢族士人結伴出遊，頗爲習見。遊覽之會按其結合性質，可分爲下列二類：

(一)同僚共遊

元代之官僚體系原爲一多元族群之組織，政府各機構皆由不同族人士所組成，而在蒙古、色目官員之中不乏士人。因而，同僚出遊時，往往遵循中原士人傳統，除去觀賞山水外，亦有藝文活動。茲舉二例爲證：

1. 南臺官員石頭城之遊

江南行御史臺(簡稱南臺)位於集慶(今南京市)。至治二年(1322)重九，該臺部分官員集體登臨集慶名勝石頭城。許有壬〈九日登石頭城詩〉序云：

> 中執法石公、侍書郭公具酒肴登焉。監察御史劉傳之、李正德、羅君寶、八札子文、廉公瑞、阿魯灰夢吉、照磨萬國卿

269　王國瓔，《中國山水詩研究》(台北：聯經出版公司，1986)，頁120-147。

　　暨有壬佐行[270]。

　　此次登臨石頭城之南臺官員共十人。其中漢人三人，南人一人，蒙古一人，色目二人。族屬無記載者三人，其中李秉忠(字正德)、羅廷玉(字君寶)顯然爲漢族，而阿魯灰則爲蒙古或色目人。

　　漢人三人中，除許有壬外，御史中丞石珪爲安順人，忽必烈時代中書左丞石天麟(1219-1310)之子[271]。治書侍御史郭思貞，以儒業進，官至奎章閣大學士[272]。

　　南人一人即劉宗說(字傳之，1268-1336)，長沙人，官至南臺侍御史[273]。

　　蒙古一人即萬家閭，其事跡已見前文。

　　色目二人即八札(字子文)及廉公瑞。八札，畏兀兒人，官至同知宣政院事[274]，畫家朱德潤(1294-1365)爲其作〈山水圖〉，當爲士人[275]。廉公瑞，應出身畏兀兒廉氏家族，廉希憲子姪皆以「公」爲字，公瑞應爲希憲子姪。《至正金陵新志》稱其爲廉禿堅海牙[276]。以廉氏家族背景而論，公瑞應爲士人。

　　在此登臨中，「酒一再行，二公一再督詩不已」，與會各人「乃

270 《至正集》卷15，頁17下-18上。

271 蕭㪽，《勤齋集》卷3，頁13上，〈忠宣石公神道碑〉；《至正金陵新志》卷6，頁54下。

272 《蒲室集》卷5，頁2，〈送郭幹卿學士赴奎章閣〉；《至正金陵新志》卷6，頁40下。

273 《圭齋文集》卷10，頁1上，〈侍御史劉公碑銘〉；《至正金陵新志》卷6，頁37下，40下，43下，56下。

274 《元史》卷135，頁3272，〈鐵哥朮傳〉。

275 《存復齋文集》卷8，頁14下，〈爲八札御史作山水圖〉。

276 《至正金陵新志》卷6，頁54上。

各誦所記九日詩，率古作之傑出者，相與大笑傾倒，不知深杯之屢空也」。與漢族士人傳統之遊覽並無不同。

2. 福建廉訪司官員道山亭聯句

　　道山亭燕集聯句是至正九年(1349)福建廉訪司長官遊覽福州烏石山時所舉行[277]。參加者有廉訪使僧家奴，僉事申屠駉、奧魯赤、赫德爾四人，其聯句云：

> 追陪偶上道山亭，疊嶂層巒繞郡青(申屠駉)。
> 萬井人家鋪地錦，九衢樓閣畫幝屏(僧家奴)。
> 波搖海月添詩興，座引天風吹酒醒(赫德爾)。
> 久立危欄頻北望，無邊秋色杳冥冥(奧魯赤)。

諸聯敘景寫情，皆頗工整。四位詩人族屬互異，僧家奴，蒙古佗瀡沃麟氏，出身將門，官至江浙行省參政[278]。「小間經史不離手，亦不輟於吟詠」，撰有《崞山詩集》，虞集為之序，稱其詩「浩邁英蕩」，「無幽憂長嘆之聲」，可見其詩以豪放為特色。申屠駉，河南壽張人，出身進士，大儒吳澄〈送申屠子迪序〉稱他「進治簿書，退玩經史，雖公務糾紛而吟詠不廢」[279]。駉曾輯其與豫章老詩人李庭桂唱和之作為《東湖集稿》，由吳澄為之序[280]。赫德爾為蒙古人，至順元年(1330)進士[281]，嘗賦〈崴山〉詩，有「水沂巔崖流自轉，

---

277 陳榮仁，《閩中金石略》(敳莊叢書)卷10，頁3下。

278 關於僧家奴，參看〈元代蒙古人的漢學〉，頁148-149。

279 《吳文正公集》卷16，頁19上-20上。

280 《吳文正公集》卷16，頁15下-16上，〈東湖詩稿序〉。

281 《至正四明續志》卷7，頁22下，程端禮，〈重修奉化州記〉。

水移絕塞勢尤雄」之句。奧魯赤族屬不詳，其名爲蒙古文a'urughchi
之音譯[282]，應爲蒙古人，當亦爲能詩者。

(二) 朋友共遊

同僚共遊，反映的往往是公誼，而朋友之同遊更能表現出各族士
人間的友情及共同雅趣。茲舉二例如次：

1. 迺賢等大都南城之遊

迺賢以布衣文人身分於至正五年(1345)自四明北上大都，棲遲達
六年之久[283]。此行目的在於謀求官職，因而廣交各族士大夫，參加
不少次遊宴。最值一敘的是至正十一年(1351)的大都南城之遊。迺賢
〈南城詠古十六首〉序云：

> 至正十一年秋八月既望，太史宇文公、太常危公偕燕人梁處
> 士九思、臨川黃君殷士、四明道士王虛齋、新進士朱夢炎與
> 余凡七人，連轡出遊燕城，覽故宮之遺跡。凡其城中塔、
> 廟、樓、觀、臺、榭、園、亭莫不裴徊瞻眺，拭其殘碑斷
> 柱，爲之一讀，指其廢興而論之……各賦詩一有六首以紀其
> 事，庶來者有徵焉[284]。

大都南城古跡甚多。此次南城之遊主要是憑弔古跡。參加這次覽古之
遊的七人中，除迺賢爲色目人外，有南人五人、漢人一人。

---

282 「A'urughchi」，係由蒙文「a'urugh」連綴denominal noun之字尾-chi而成。
　　A'urughchi意即管營官。參看Ch'i-ch'ing Hsiao, *Military Establishment of the*
　　Yuan Dynasty(Cambridge, Mass: Harvard University Press, 1978), pp. 135-136,
　　n. 98.

283 陳高華，〈元代詩人迺賢生平事蹟考〉，頁252-254。

284 《金臺集》卷12，頁2上-2下。

　　五位南人爲危素、宇文公諒、黄玠(字瑴士，1308-1368)、王虛齋、朱夢炎(？-1380)。北人一位則爲梁有(字九思)。其中危素，撫州金谿人，時任太常博士，在元季文名甚盛，政治地位亦高[285]。宇文公諒，出身成都世家，宋季入籍湖州，元統元年(1333)進士，時任翰林應奉，能詩善畫[286]。黄玠，撫州金谿人，遊覽時仍爲布衣，後任國子助教，再任翰林待制[287]。王虛齋爲四明道士，爲迺賢同鄉，迺賢撰有〈題王虛齋所藏鎮南王墨竹〉七律。朱夢炎，龍興進賢人，至正十一年(1351)新科進士，授金谿縣丞[288]。梁有則是出身大都世家，不求聞達，以教授爲業，著有《文海英瀾》、《續列仙傳》[289]。

　　從社會關係看來，此次遊覽係以危素爲中心。黄玠、朱夢炎皆爲其江西同鄉，而夢炎尤爲其家鄉之新任父母官。宇文公諒亦爲其舊交。至正四年，危素爲訪求宋、遼、金史料南下，二人初見於杭州，至正十年(1350)，公諒增廣其族譜，即央危素爲之序[290]。迺賢更是危素之摯友，危素訪求三史史料時與迺賢訂交於四明。此後二人即惺惺相惜，危素之《雲林集》係迺賢所編，而迺賢之《金臺集》則由危素所編，可見二人友誼之篤厚[291]。四明道士王虛齋可能由於迺賢之關係而參與此次遊覽。

　　參加此次遊覽的七人，雖然有官員、有布衣，亦有道士，由「各

285 《宋濂全集》第3冊，頁1458，〈知制誥同修國史危公新墓碑銘〉；么書儀，《元代文人心態》，頁267-279。
286 關於宇文公諒，參看蕭啓慶，〈元統元年進士錄校注〉。
287 王有年纂，《金溪縣志》(稀志匯刊)卷5，頁24上，〈人物〉。
288 蕭啓慶，〈至正十一年進士題名記校補〉。
289 《金臺集》卷1，頁34下，〈寄南城梁九思先生〉。
290 《危太樸文集》卷9，頁9上。
291 《金臺集》卷一前題「南陽迺賢易之學，臨川危太樸編」。而《危太樸集》前則題作「南陽迺賢易之編」。

賦詩一有六首」看來，諸人結伴同遊乃因基於對歷史、詩文共同的興趣。

諸人所撰詩皆已亡佚，唯有迺賢〈南城詠古〉不僅收入其《金臺集》中，手書墨跡亦刻入《三希堂法帖》[292]。此一詩帖顯示迺賢詩書兩佳。其詩格高韻響，婉若唐音。書法為小行楷，字體秀逸疏朗，頗有清和雅逸之致，風格似受趙孟頫影響。此一詩帖不僅為各族士人之交流留下最佳見證，亦足以證明當時色目士人文學藝術水準之高超。

2. 荀凱霖與許有壬之遊覽

阿魯渾氏荀凱霖於至元四年偕許有壬遊覽林州名勝林慮山，有壬〈記遊〉云：

> 往返九日，遊歷四百里。清賞之餘，則有從者弦歌。馬上
> 疲憊，則聽和叔劇談，可以遣睡，餘力所及，得詩凡二十
> 八首[293]。

有壬在旅途中所作詩二十八首今已不存，但有〈同怯林(即凱霖)和叔遊西山途中口號二首〉當即作於此行[294]。途中凱霖除了陪有壬劇談遣睡外，當亦有詩唱和，惜已無法得見。總之，凱霖陪遊有壬，不僅係基於地方官招待休致在鄉中朝大員的義務，亦由於二人深厚的友

---

292 《三希堂法帖》第3冊，頁108-119，〈南城詠古詩帖〉。該帖末注「是月廿日，辱夢炎進士再訪余於金臺寓舍，索書前詠，為書之，賢記」，故此一詩帖原係迺賢為朱夢炎所書。

293 《至正集》卷41，頁18上-21下。

294 同上，卷26，頁40上。

誼。

在前舉多族士人雅集中，就人數而言，蒙古、色目往往僅占與會者的少數。在大型集會中如天慶寺雅集、清香詩會、玉山草堂雅集及鮮于樞宅的二次聚會等，尤其如此。元朝中期以後，蒙古、色目士人數目急遽增加，但與漢族士人總數相比，仍然相去甚遠，在雅集中僅占少數，並不意外。但在花香竹影齋及道山亭聯句等雅集中，蒙古、色目士人之數目或與漢族士人相等，或超過漢族士人。

在這些雅集中，蒙古、色目士人與漢族士人具有相似的主動性。清香詩會的主人為唐古僧人沙囉巴、廉園萬柳堂之會主人為畏兀兒人廉野雲、天慶寺雅集主人為蒙古人魯國大長公主祥哥剌吉、玄沙寺雅集主人則為畏兀兒人廉惠山海牙。反映出蒙古、色目士人對漢族士人「嚶其鳴矣，求其友聲」的意願。

若就其主要活動的性質而言，上述雅集中有文學之會，有藝術之會，亦有遊覽之會。在某些雅集中，蒙古、色目士人的表現並不遜色於其漢族友人。如聖安寺之會、玉山草堂雅集、玄沙寺雅集、花香竹影齋雅集、道山亭聯句、大都城南之遊等會中，馬祖常、昂吉、聶鏞、答祿與權、廉惠山海牙、僧家奴、赫德爾、奧魯赤、迺賢的詩歌、貫雲石的散曲、嶧嶧、泰不華、馬九霄、迺賢的書法及邊魯的繪畫表現，不僅足與漢族與會友人相頡頏，而且多已躋身當代名家之列。

上述諸雅集中，有的固然是因公誼而結合，有的則展現了各族士人間深厚的私人情誼。如貫雲石與張可久，瑣非與周德清、羅宗信，許有壬與苟凱霖等，都是因共同興趣而成為好友，而這些雅集是基於其友誼而舉行，亦成為其切磋藝文的最佳場合。

本節所舉元朝多族士人雅集十九例，僅占現有記載可稽之同類活

動的一小部分，但足以說明共同的文化修養與品味已使各族士人打破元朝族群等級制的藩籬而相互密切交流與交融。

第三節　書畫題跋

一、引言

　　書畫的鑑賞與品題是中國古來士人常見的活動。士人雅集小聚，或出自身作品，或出所藏當代或前代名家書畫，供友朋觀賞並加品題，這是士人間切磋藝文、敦睦友誼的一種重要方式。

　　題畫文學，就文字形式而言，不僅有「題畫詩」，亦有「題畫記」。題畫詩的文字為韻文，偏重抒情；題畫記則為散文，以記事為主。就題跋者身分而言，則有「自題」與「他題」之分。「自題」係由畫家親自在作品上題寫詩文，而「他題」則係由他人品題。就時間而言，又有「當代題」與「異代題」之分。「當代題」是畫家同時代人所作，「異代題」則是由後人品題[295]。而就內容而言，亦可分為二類，一類是唱和性的詩歌，以對畫面主題及其描繪的歌詠為主，作者多為一般士人。另一類是品評性的論述，以對書畫作品的鑑定與品評為主，執筆者多具有書畫專業知識、技能或對書畫品鑑富有經驗的士人[296]。

　　題畫文學的主要形式是詩歌，題畫詩在元代達到一個高峰，這是

295　青木正兒撰，魏仲佑譯，〈題畫文學及其發展〉，《中國文化月刊》第9期（1980），頁76-92。

296　石守謙，〈從夏文彥到雪舟——論「圖繪寶鑑」對十四、十五世紀東亞地區的山水畫史理解之形塑〉，《中央研究院歷史語言研究所集刊》第81本第2分（2010），頁229-287。

文人畫盛行的結果。主要原因有二：

第一，主流畫家身分的改變：元代以前畫院畫工是作畫者的主體，士人參與者少。元代畫壇則以士人爲主體[297]。無論身居官場，業餘作畫的元初四大家趙孟頫、高克恭、李衎、商琦，或是隱逸山林的元季四大家黃公望、吳鎭、倪瓚、王蒙，都具有士人身分。畫工的文學修養、書法造詣往往有所侷限，士人畫家大都兼善詩書。明代詩評家胡應麟說：「宋以前詩文書畫，人各自名，即有兼長，不過一二。勝國則文士鮮不能詩，詩流靡不工書，且時旁及繪事，亦前代所無也」[298]。胡氏所謂「勝國」乃指元朝而言。自元朝起，雖然像趙孟頫那樣達到詩、書、畫三絕者仍是鳳毛麟角，但這三種藝文卻是士人共同的修養與趣味。

第二，詩書畫的融通：這可分兩方面來說：一、詩畫合一：文人畫著重神似高於形似，詩境通於畫境。其內核是「寫意」，所謂寫意乃是表現畫家對自然景物神髓的領悟，加上他本人的情意與思想。文人畫又往往要求畫面含有詩的意境，「詩中有畫，畫中有詩」的理論肇始於宋代，但其實踐是元代文人畫盛行後才得完成。圖畫上不可形容的畫家之情志則須靠題畫詩來補足。二、援書入畫：楊維楨說：「士大夫工畫者必工書，其畫法即書法所在」[299]，故文人畫家多援書法入繪畫，以書法的筆法用於繪畫創作，使得書法的抽象、主觀的筆墨移植於繪畫之中。繪畫與書法的結合，使得畫上的題詩找到了完美的形式，

---

297 孫小力，〈元明題畫詩文初探：兼及「詩畫合一」形式的現代繼承〉，《上海大學學報》2005年第1期，頁36-41。

298 胡應麟，《詩藪・外編》(上海：上海古籍出版社，1979)卷6，頁240，〈元〉。

299 《東維子文集》卷11，頁9上，〈圖繪寶鑑序〉。

而畫面中的題詩、書法逐與繪畫構成渾然一體的藝術[300]。

　　題書之風不及題畫盛行。在法書之上，原無空間可供題跋，題跋或以拖尾爲之，或則另行單獨成篇，表達讀者對法書及其作者之讚賞。

　　元代，尤其中期以後，在詩、書、畫等方面成就甚高的蒙古、色目士人爲數不少，而其與漢族士人相互題跋作品之眞跡或記載現存尚多。書畫家「自題」或同一族群者相互題者可以略而不論。不同族群之士人而對彼此書畫之題跋，則可以顯示各族士人間之友誼與共同品味。

　　本文的目的不在於自藝術史的角度探討元代書畫的發展或個別書、畫家的成就，也不在於自文學史的角度，解析題畫詩文的內容。作爲元代多族士人圈研究的一環，本文主旨是要顯示：當時出現日益增多，成就或大或小的蒙古、色目書畫家，或是本身雖不善於書畫卻具有欣賞能力的蒙古、色目士人。他們因共同品味而與漢族書畫家結爲朋友，互相品題作品，即是不屬友朋，也往往以賞鑑的眼光爲不同族群的士人之作品賦詩題跋。與漢族士大夫相同，蒙古、色目士人亦爲古人傳世書畫珍品寫下款跋，一方面顯示對自己藝術來源的探索，一方面也反映他們對中原士大夫文化傳統的認同。

二、題畫

(一)漢族題當代蒙古、色目人畫

1. 蒙古

---

300 王韶華，《元代題畫詩研究》(北京：中國傳媒大學出版社，2010)，頁18-20；蕭麗華，《元詩之社會性與藝術性研究》(台北：國家出版社，1998)，頁398-456。

　　無論就畫家人數或成就言之，蒙古人不及色目人。蒙古人中最受漢族士人推崇的畫家爲張彥輔。

　　活躍於元代後期的張彥輔爲太一教道士，善寫山水，亦長於畫馬及竹石，擅長米氏筆法。順帝時成爲「待詔上方，名重一時」的宮廷畫家。由於他畫名甚高，而又廣於交遊，當代漢族名士虞集、陳旅、揭傒斯、張雨、危素皆曾品題其作品。其作品曾傳入高麗，亦受重視[301]。

　　彥輔存世唯一眞跡爲〈棘竹幽禽圖〉，現藏美國堪薩斯城Nelson Gallery-Atkins Museum。此畫係墨本，畫修竹二株，石後荊棘一枝。枝上有小鳥二隻，背向而立。石旁小草叢生。全圖用筆瘦勁尖峭，構圖平穩，疏密有致。此圖係繼承北宋以來古木竹石畫「雅逸淡遠，以簡馭繁」之風格，受到趙孟頫之影響。美國學者李雪曼(Sherman E. Lee)即稱此圖爲「趙氏藝術精巧而媚人之變異」[302]。

　　圖上有杜本、雅琥、林泉生、邵弘遠、吳叡、凌翰、潘純等七人題記。除雅琥爲色目人外，皆爲江南名士，顯然皆是應受畫者之邀約而品題。據洪再新之考證，受畫者可能即任賢能，爲著名畫家任仁發(見下文)之子，亦善繪事[303]。

　　杜本爲一著名道士，亦爲詩人與畫家。所題云：

　　余嘗見董北苑〈水石幽禽圖〉於鑑書柯博士(九思)，今子昭

---

301 關於張彥輔，參看《元代畫家史料匯編》，頁436-442；蕭啓慶，〈元代蒙古人的漢學〉，頁171-177。

302 收入Sherman E. Lee and Wai-kam Ho (eds.), *Chinese Art under the Mongols: The Yuan Dynasty (1279-1368)* (Cleveland: Cleveland Museum of Art, 1968), p. 243.

303 洪再新，〈元季蒙古道士張彥輔「棘竹幽禽圖」研究〉，《新美術》1997年第3期，頁4-16。

　　所藏，乃彥輔張君墨妙，其意蓋相似也。

文中所謂董北苑乃指董源(903-約962)，係五代時期的大畫家，為董
巨畫派之開創者。杜本以彥輔之作品與董源相比擬，顯然極為推崇。
　　其他漢族題畫者對彥輔諸作亦甚崇敬。如元季著名士大夫危素
(1303-1372)所撰〈山菴圖序〉云：

　　彥輔君，國人，隱老子法中，而善寫山水……嘗與古畫並
　　觀，幾莫可辨矣[304]！

意即彥輔畫藝足可比美古人。著名之文學道士句曲外史張雨(1283-
1350)為彥輔〈雪山樓觀〉、〈雲林隱居〉二圖所題七言古詩，稱他
「清才絕似王摩詰，愛向高堂寫雪山」[305]。將彥輔比擬為王維，可
見評價之高。又如陳基〈跋張彥輔畫「拂郎馬圖」〉則說：

　　自出新意，不受羈紲，故其超逸之勢，見於毫楮間者，往往
　　尤為人所愛重，而四方萬里，亦識九重之天馬矣[306]！

對彥輔之寫馬，可說讚譽備至。總之，彥輔之竹石、山水與寫馬在題
跋中皆受到漢族士人之肯定。

---

304 《危太樸文集》卷6，頁15下。
305 張雨所題詩帖現由北京故宮博物院收藏，見王連起主編，《故宮博物院藏
　　文物珍品全集·元代書法》(香港：商務印書館，2001，以下簡作《元代書
　　法》)，頁176-177。另有單刊，《元張雨題畫二詩》(北京：文物出版社，
　　1977)。
306 《夷白齋稿》外集，頁43下-44上。

　　張彥輔之外，蒙古畫家皆無作品傳世。今由元人文集中之題跋可知宗王小薛、鎮南王孛羅不花、右丞相脫脫、童童平章、咬咬、伯亮及伯顏(字守仁)等人亦皆能畫。其中固然不乏王公貴族乘興作畫，偶一爲之，並無多高水準，而漢人詞臣門客爲其題跋，不過助興而已。但題跋亦反映出不少蒙古畫家確實不乏造詣。如童童，曹伯啓〈題童童平章畫梅卷〉有句云：「畫出孤山清絕景，誰其作者四王孫」，童童之畫當有一定之造詣[307]。咬咬，字正德，威貌氏，號雲莊，官至工部尚書[308]。許有壬屢次題吟其畫作，讚賞其繪藝，而詩人傅若金爲其作〈雲莊行〉，有句云：「頗聞醉後王摩詰，乘興時能畫輞川」[309]，亦以他與王維相比。伯亮，元末任職福建行省，善畫龍，唐元曾題其畫，稱其爲蒙古人[310]。伯顏，字守仁，籍淳安，出身鄉貢進士，仕至平江路教授。元末退隱，以遺民自居[311]。王逢題其所繪竹石，稱他「託寫竹石以自見，志節在寒苦內，士咸高之」[312]。王逢爲浙西著名遺民詩人，其爲守仁題跋，表達對其堅貞氣節之欽佩。

2. 色目

　　元代色目畫家中，高克恭、薩都剌、邊魯、伯顏不花的斤、丁野夫皆有畫作傳世[313]。其中高克恭享名最高，受到品題最多。

　　高克恭，早年即通漢學，但在任官江南後才開始習畫。其畫工山

307　曹伯啓，《漢泉曹文貞公詩集》(北京圖書館古籍珍本叢刊)卷9，頁1上。
308　〈元代蒙古人的漢學〉，頁178-179。
309　《傅與礪詩集》卷3，頁16上。
310　唐元，《筠軒集》(四庫全書)卷11，頁17上，〈伯亮畫龍題詠跋〉。
311　蕭啓慶，〈元明之際的蒙古、色目遺民〉，頁145-146。
312　《梧溪集》卷4，頁491，〈題伯顏守仁教授竹石〉。
313　《元西域人華化考》卷5，頁85下-91上；莊申，〈元代外籍畫家的研究〉，
　　　收入莊氏，《中國畫史研究》(台北：正中書局，1959)，頁143-216。

水、墨竹。山水初學北宋米芾、米友仁父子，後學五代董源、巨然、李成，兼有諸家之長。墨竹則學金代王庭筠(1151-1202)，筆法深厚、富有生意。克恭之畫不僅在色目人中成就最高，與當代漢族名家相比亦毫不遜色。元季士人張羽所說：「近代丹青誰最豪，南有趙魏北有高」[314]，推崇他與趙孟頫爲「近代」最偉大之兩位畫家。

　　克恭亦善詩書，交遊廣闊。因而他的作品成爲漢族士人爭相題詠的對象。題畫者包括其好友趙孟頫、鄧文原、袁桷、周密、李衎，晚輩趙雍、虞集、楊載、黃溍、朱德潤、張雨、柯九思、顧瑛、危素、黃公望、倪瓚等人，不及一一枚舉，可說囊括了元代南北名士之精華。

　　克恭同輩在題詠中所展露者不僅是對其畫藝之讚佩，亦是彼此間的友誼。克恭與當時才藝最廣的江南士人領袖趙孟頫友誼最爲篤厚。趙孟頫於至元二十三年(1286)初至大都任官後不久，即與克恭結識，但其時克恭仍未作畫。至元末年到大德初年，二人又一同仕宦江南，長相過從，克恭作畫即受孟頫啓發[315]。克恭爲一天才型畫家，入門不久，即臻化境，常與孟頫切磋。二人曾共繪〈蘭蕙梅菊畫卷〉、〈奇石古木圖〉。元中期詩文大家虞集曾爲後者賦〈題高彥敬尚書、趙子昂承旨共畫一軸，爲戶部楊顯之侍郎作〉說：

　　　不見湖州三百年，高公尚書生古燕。
　　　西湖醉歸寫古木，吳興爲補幽篁妍。

314　張羽，《靜居集》(四部叢刊)卷3，頁17上，〈臨房山小幅感而作〉。

315　任道斌，〈論趙孟頫與元代少數民族書畫家〉，《新美術》1994年第1期，頁52-57；衛欣，〈高克恭與趙孟頫交往略考〉，《美與時代》2008年第1期，頁86-88。

> 國朝名筆誰第一，尚書醉後妙無敵。
>
> 老蛟欲起風雨來，星墮天河化爲石。
>
> 趙公自是眞天人，獨與尚書情最親。
>
> 高懷古誼兩相得，慘淡酬酢皆天眞[316]。

在此詩中，虞集既稱頌克恭爲國朝第一的「名筆」，又讚譽孟頫是「天人」，更指二人間高懷古誼、友情最親。

孟頫曾爲克恭所繪〈秋山暮靄圖〉、〈山村隱居圖〉、〈夜山圖〉、〈墨竹坡石圖〉、〈越山圖〉、〈竹〉等畫品題，頗多讚勉之語。如〈題李公略所藏高彥敬「夜山圖」〉：

> 高侯胸中有秋月，能照山川盡毫髮。
>
> 戲拈小筆寫微芒，咫尺分明見吳越。
>
> 樓中美人列仙臞，愛之自言天下無。
>
> 西窗暗雨正愁絕，燈前還展〈夜山圖〉[317]。

詩中對克恭之敏銳洞察力極爲讚賞，欽佩其畫在有限空間中凝聚遼闊的視野。

克恭逝世後之十一年，垂暮之趙孟頫於至治元年(1321)爲其故友之〈墨竹〉遺卷寫下：

> 蓋其人品高，胸次磊落，故其見於筆墨間，亦異於流俗耳。

---

316 《道園類稿》卷4，頁8上-8下。

317 《趙氏鐵網珊瑚》卷13，頁50下，〈敬題彥敬郎中爲公略年兄所作「夜山圖」〉；《趙孟頫集》卷3，頁52。

　　至於墨竹、樹石，又其遊戲不經意者。因見此二紙，使人緬
　　想不能已已，書東坡〈墨君堂記〉於其後[318]。

對克恭之藝術與人品皆深致懷念。孟頫對克恭之高度推崇，即是與克
恭有血緣關係的晚明大書畫家董其昌(1555-1636)也感意外[319]，他
說：「趙集賢畫爲元人冠冕，獨推重高彥敬，如後生事名宿」[320]。
孟頫對克恭的高度讚譽，除因爲欣賞其畫藝外，亦應是出於個人情
誼。

　　趙孟頫之外，李衎(1245-1320)爲克恭另一摯友[321]。衎，字仲
賓，大都人，官至集賢大學士，是元代的畫竹大師，畫風與克恭相
近。二人與商琦並列爲元代北方文人畫的大師。李衎善畫竹，受北宋
文同(1018-1079)、金代王庭筠的影響。與高克恭之畫竹皆係以
「清」爲指導原則[322]。李衎與高克恭畫藝皆高，亦有眞摯的友誼，
常相互題跋，並在跋中給對方善意之批評與鼓勵。如克恭存世之〈春
山晴雨〉即係爲李衎所繪，而由後者題跋[323]。又如李衎跋克恭晚年
傑作〈雲橫秀嶺圖〉云[324]：

---

318 《大觀錄》卷18，頁17上-17下。
319 董其昌之曾祖母爲克恭之孫女，此乃書畫史乃至民族融合史上一項趣事，
　　見董其昌，《畫旨》，收入卞永譽，《式古堂書畫彙考·畫一·畫論》卷
　　31，頁45上。另參馬明達，〈元代回回畫家高克恭叢考〉，頁127。
320 董其昌，《畫禪室隨筆》(四庫全書)卷2，頁17下，〈畫源〉。
321 張翼人，〈李衎與高克恭——元代畫家雜談〉，《新美術》1984年第1期，
　　頁74-79。
322 高木森，《元氣淋漓：元畫思想探微》(台北：東大圖書公司，1998)，頁
　　52。
323 《大汗的世紀》，頁90，313；《石渠寶笈三編》第4冊，頁1585。
324 〈雲橫秀嶺圖〉今收藏於台北故宮博物院，見《大汗的世紀》，圖II-32(頁
　　89，312-313)。

予謂彥敬畫山水，秀潤有餘，而頗乏筆力，常欲以此告之。
宦遊南北，不得會面者今十年矣。此軸樹老石蒼，明麗灑
落，古所謂有筆有墨者，使人心降氣下絕無可議者。其當寶
之[325]。

李衎在此跋中，首先指出克恭早年作品之缺點，而後凸顯〈雲橫秀嶺
圖〉之優點，可代表老友間誠實的批判與賞鑑。高克恭在自題〈墨
竹〉則說：

子昂寫竹神而不似，仲賓寫竹似而不神，其神而似者，吾之
兩此君也[326]。

克恭此題正確指出趙、李二氏寫竹風格的差異，而又毫不避嫌的突出
自己的優點，固然顯示克恭的自信，但也反映他們對畫藝探討的執
著。

後輩詩人、畫家之題跋對克恭畫藝更表讚佩。如山水畫家朱德潤
（1294-1365）〈題高彥敬尚書「雲山圖」〉：

高侯以文章政事之餘，作山水樹石，落筆便見煙雲滃鬱之
象，真所謂品格高而韻度出人意表者也[327]。

---

325 《石渠寶笈續編》第5冊，頁2755；《大觀錄》卷18，頁20上；安歧撰，張
　　增泰校注，《墨緣彙觀》（南京：江蘇美術出版社，1992）名畫，卷上，頁
　　177-178；《大汗的世紀》，頁312。
326 《梧溪集》卷5，頁534，〈高尚書「墨竹」為何生性題有引〉。
327 《存復齋文集》卷7，頁8下。

元季四大家之一的倪瓚(1301-1374)對克恭畫藝亦極欽佩，其〈高尚
書畫竹〉云：

> 石室風流繼老蘇，黃華父子亦敷腴。
>
> 吳興筆法鍾山裔，只有高騫不讓渠[328]。

則指克恭畫竹之成就足可與士大夫畫的前輩文同、蘇軾、王庭筠、王
萬慶父子等名家相比美。

　　雖然友人之題跋是基於對克恭才藝的欽佩，不視之爲外人，但在
記跋之中往往提及他的族屬。如釋大訢〈高彥敬尙書墨竹〉：「西域
高侯自愛山，此君冰雪故相看。」[329]周伯琦〈題青山白雲圖〉：
「西域才人畫似詩，雲山高下墨淋漓」[330]，危素〈題高房山畫〉：
「房山居士高使君，系出西域才超群」[331]，朱德潤〈題高彥敬尙書
「房山圖」〉：「高侯回紇長髯客，唾灑冰紈作秋色」[332]，柯九思
〈題秋山暮靄圖〉：「三代以來推盛世，九州之外有斯人」[333]，這
些題詩或指他爲西域人，或稱他爲「回紇長髯客」，或說他來自「九
州之外」，都意在凸顯克恭能夠超越族群藩籬，達致崇高的畫藝成
就。

　　回回詩人薩都剌雖不以畫見稱於當世，卻也善畫。都剌之畫現僅

328　倪瓚，《倪雲林先生詩集》(四部叢刊)卷6，頁31上。

329　《蒲室集》卷5，頁2下。

330　《石渠寶笈續編》第2冊，頁989；《式古堂書畫彙考》卷47，頁72下。

331　《趙氏鐵網珊瑚》卷13，頁64上。

332　《存復齋文集》卷10，頁7上。

333　《丹邱集》，頁104，〈題高尚書「秋山暮靄圖」〉。《石渠寶笈續編》第
　　　5冊，頁2753；余輝主編，《元代繪畫》，頁52-53。

有〈嚴陵釣臺圖〉傳世[334]，可惜畫上僅有都剌自題詩，而無當時士人題跋[335]。傅若金則有二詩分別詠都剌之〈歲寒圖〉與〈畫屏〉[336]，足可顯示都剌確實善於繪事。

出於畏兀兒王室的伯顏不花的斤，以工於畫龍見稱於當時[337]。但其畫龍諸作，皆已不存。現僅見元明之際李昱所作〈蒼巖畫龍贊〉[338]。所遺〈古壑雲松圖〉現藏於台北故宮博物院，乃是黃山著名擾龍松的實景寫生[339]。可惜此畫上僅有明代書法家姜立綱及清乾隆帝之題跋，而不見元人題詠[340]。

邊魯（？-1356？），字至愚，號魯生，原貫北庭（新疆吉木薩爾），即畏兀兒人[341]。其生前政治地位甚低[342]，卻能詩、善畫，亦善

---

334 台北故宮博物院另藏有薩都剌〈梅雀圖〉，收入《故宮書畫圖錄》第4冊，頁117-118。楊光輝已證明此畫係明人偽作，見楊光輝，〈元代詩人薩都剌繪畫史料考述〉，《文獻》2005年第4期，頁218-228，239。《大汗的世紀》未收入此圖，或即因其係偽作。

335 《大汗的世紀》，頁92，圖版II35及313-314〈解說〉。關於〈嚴陵釣臺圖〉在藝術史上之定位，參看石守謙，〈衝突與交融：蒙元多族士人圈中的書畫藝術〉，頁211-212。莊申則懷疑此圖為偽作，見莊申，〈元代外籍畫家的研究〉，頁194-195。

336 《傅與礪詩集》卷3，頁20下-21上，〈題薩天錫「歲寒圖」〉；卷4，頁9下，〈薩天錫畫屏〉。

337 《圖繪寶鑑校勘與研究》卷5，頁65。

338 李昱，《草閣詩集》（四庫全書）拾遺，頁35下。

339 石守謙，〈衝突與交融：蒙元多族士人圈中的書畫藝術〉，頁212-213。伯顏不花今有〈黃山〉詩一首尚存，見《元詩選癸集》戊下，頁660。

340 《故宮書畫圖錄》第5冊，頁133-134。

341 關於邊魯之史料，參看《元代畫家史料匯編》，頁657-661。

342 王逢稱邊魯「以南臺宣使奉臺命西諭時……竟以不屈辱死，朝廷追贈南臺管勾」（《梧溪集》卷5，頁560，〈邊至愚「竹雉圖」歌有引〉），徐建融將「宣使」解釋為二品之宣慰使，「西諭」解為出使西域（徐建融，〈元代兩畫家考辨——邊魯考辨〉，收入徐氏，《元明清繪畫研究十論》〔上海：復旦大學出版社，2004〕，頁82-90），皆誤。邊魯死後追贈之官職管

小學，其畫以花鳥見長，畫作存世者唯有近年發現的〈起居平安圖〉
（又名〈花竹錦雉〉）及〈梅花鴛鴦〉，皆爲花鳥之作。〈起居平安
圖〉現藏天津市藝術博物館[343]，徐建融認爲此畫風格近於同時人王
淵，同出於趙孟頫「古意」說的實踐。但邊魯之畫較爲蕭散，文人畫
的意趣更濃[344]。可惜畫上並無題記。至於〈梅花鴛鴦〉立軸，係
2007年在北京迎春藝術品專場拍賣會上成交[345]，現不知畫落誰家。
此畫僅有明文徵明的題記，而無元人所題詩文。但此外，元人文集中
仍有王逢、烏斯道、張以寧、楊維楨、釋英、唐元、柯九思等人爲邊
魯畫作所題詩文[346]，大都稱頌其殉國之氣節，亦可見邊魯之畫所受
江南名士之推崇。

　　丁野夫亦爲元明之際的畫家與曲家。《圖繪寶鑑》稱其爲「回紇
人，畫山水人物，學馬遠、夏珪，筆法頗類」[347]。而《錄鬼簿續編》
則稱他「善丹青，小景皆取詩意」[348]。當亦爲出身畏兀兒族的山水畫
家。野夫畫作舊有〈灌口搜山圖卷〉及〈高士觀瀑圖〉存世[349]。近年

（續）─────────────────

勾，是一種首領官，高級吏員而已。「西諭」，應是指擔任某位使者之僚
屬，招撫江西陳友諒，不屈而被殺。

343 天津藝術博物館編選，《中國歷代繪畫・天津藝術博物館藏畫集》（天津：
天津人民美術出版社，1985），頁19。

344 徐建融，〈邊魯考辨〉，頁89；參看高木森，《元氣淋漓》，頁253-254。

345 見網址：http://pm.findart.com.cn/944300-pm.html。

346 《元代畫家史料匯編》，頁659-661。

347 《圖繪寶鑑校勘與研究》卷5，頁65。關於丁野夫，參看孫楷第，《元曲家
考略》，頁87-88；蕭啓慶，〈元明之際的蒙古、色目遺民〉，頁148-
149。

348 《錄鬼簿續編》，頁172。

349 鈴木敬，《中國繪畫總合圖錄》（東京：東京大學出版會，1982-1983），
〈灌口搜山圖卷〉，編號爲A17-091，爲美國E. Elliot Family Collection收
藏。而〈高士觀瀑圖〉編號則爲JP6-051，係由日本 Takashi Yanagi
Collection收藏。

又發現其〈雪景對弈圖〉[350]與〈樓閣山水圖〉[351]，畫上皆無人品題，真偽仍待考。野夫因喜錢塘山水，寓居錢塘，與當地士人平顯為友，平顯《松雨軒詩集》中有題野夫畫之詩三首，其中〈題丁野夫畫〉云：

> 胡丁已歿四十載，化鶴來歸知是非。
> 郭外梅村更地主，筆端松石見天機。
> 一時好手不可遇，千古賞音如此稀。
> 長憶西湖舊遊處，畫船清雨白鷗飛[352]。

「胡丁」即指野夫。平顯此詩除稱讚野夫畫藝外，主要係悼念亡友並記敘二人舊遊之情誼。

現無畫作傳世，但經漢族士人品題的色目畫家則有李峴、買住。李峴，字伯瞻，唐兀人，系出西夏王室，忽必烈時代平宋將領李恒之孫。通儒學，善書，能畫，尤善散曲。任翰林直學士，並講讀經筵[353]，與許有壬為翰苑同僚。有壬《至正集》中有〈玉燭新·題李伯瞻「一香圖」次韻〉[354]，度其詞意，所繪當為水仙。由此可知李峴亦能畫[355]。

---

350 穆瑞竹，〈元丁野夫「雪景對弈圖」〉，收入孫進己、孫海主編，《中國考古集成·西北卷·宋元明清》（鄭州：中州古籍出版社，2000），頁491-492。

351 〈樓閣山水圖〉係由佳士得香港公司於2002年春季拍賣售出，畫上僅有「野夫」款識，鈐「丁野夫印」，來歷與下落不詳。見網址 http://auction.sc001.com.cn/385395.html。

352 平顯，《松雨軒詩集》(武林往哲遺著)卷6，頁3下，〈題丁野夫畫〉。

353 《道園學古錄》卷11，頁10下-11下，〈書趙學士簡經筵奏議後〉；《元曲家考略》，頁94-98。

354 《至正集》卷80，頁52下。

買住(1307-？)，字從道，亦唐兀人氏。元統元年(1333)進士，歷任安州同知、松陽縣達魯花赤[356]。陳鎰有〈買從道枯木石圖〉五絕一首，係描述圖中情景[357]。陳鎰，麗水人，曾官松陽教授，爲買住之僚屬，詩中之買從道應即買住，買住或能畫。

(二)蒙古、色目題當代漢族畫

蒙古、色目士人詩、書、畫水準提升之後，爲漢族士人書畫題跋者日益增多。

最受蒙古、色目士人歡迎，爭相題跋的漢族畫家爲趙孟頫一門(孟頫與其夫人管道昇、其子雍、其孫麟)。其次，遺民畫家錢選、鄭思肖，當代畫竹名家李衎、李士行父子，山水與高克恭齊名之商琦，爲宮廷繪界畫而馳名的王振鵬，以畫竹及墨花而飲譽的柯九思之作品亦受歡迎。此外，任仁發、張遜、康棣、黃公望、吳鎮、姚廷美、羅稚川、羅小川、王淵、釋鑑照、王冕(1287-1359)、董旭之作品亦經蒙古、色目士人之品題。上述諸位畫家大都爲南人，但亦有李衎、李士行、商琦爲漢人。

1. 蒙古

蒙古士人爲當代漢族題畫詩的則有泰不華、哲理野臺、察伋、也先溥化、篤列圖及八禮臺。

泰不華曾爲畫竹名家柯九思作〈題柯敬仲「竹」二首〉七絕[358]，係描述畫中情景。

(續)————————————————

355 張沛之，〈元代唐兀李氏家族探研〉，頁141-193。

356 蕭啓慶，《元代進士輯考》，〈元統元年進士錄校注〉。

357 陳鎰，《午溪集》(四庫全書)卷4，頁7上。

358 《元詩選》初集庚，頁1735，〈顧北集〉。

　　哲理野臺，字子正，脫脫歷氏。至順元年(1330)進士[359]。曾題
趙孟頫〈水村圖〉，該圖係孟頫為蘇州隱士錢仲鼎所作，以水墨寫江
南水村的清靜幽致，筆墨秀潤，意境清遠，為一代名作。哲理野臺自
署稱學生，當為受畫者錢仲鼎弟子。其題詩云：

　　　　四野漫漫水接天，孤村林木似凝煙。
　　　　莫言此地無車馬，自是高人遠市廛[360]。

此詩寫原圖情境頗為貼切，且借用陶淵明句，稱頌錢氏為遠離市廛的
高人。
　　察伋(1305-？)，塔塔兒氏，字士安，元統元年(1333)進士，能
詩善書[361]。曾題錢選〈秋江待渡圖〉、趙孟頫〈番馬圖〉及張遜
〈雙鉤竹石圖〉。錢選(約1239-1299)，與趙孟頫並稱為「吳興八
俊」。宋亡不仕，以書畫終其身。「善人物、山水。花木、翎毛師趙
昌，青綠山水師趙千里」[362]。主張繪畫體現文人氣質，為元代文人畫
之先驅[363]。〈秋江待渡圖〉為金碧山水，筆意蒼茫秀美，構圖平遠浩

---

359 〈元代蒙古人的漢學〉，頁150，202。
360 此圖現藏於北京故宮博物院，收入《元代繪畫》，頁39-43；《趙氏鐵網珊
　　瑚》卷12，頁32上；《大觀錄》卷16，頁16上；朱存理，《珊瑚木難》(適
　　園叢書)卷2，頁33上-33下。關於水村圖，參看王克文，〈讀趙孟頫「水村
　　圖」記〉，收入上海書畫出版社編，《趙孟頫研究論文集》(上海：上海書
　　畫出版社，1995)，頁591-602。
361 〈元代蒙古人的漢學〉，頁152，199-201；《元代進士輯考》，〈元統元年
　　進士錄校注〉。
362 《圖繪寶鑑校勘與研究》卷5，頁60。
363 《元代畫家史料匯編》，頁478-522。

渺，爲錢氏山水傑作。察伋題詩眞跡亦存[364]，茲錄其釋文如次：

> 大江微茫天未曉，散綺餘霞出雲表；
> 亂山滴翠露華寒，隔樹人家茅屋小。
> 行人欲發待渡舟，垂綸獨釣磯上頭；
> 感時撫卷寄遺意，蘆花楓葉瀟瀟秋。

其詩頗合原畫情境，而察伋之書法正中帶草，甚爲娟秀，可見察伋詩藝與書法都有甚高成就。

　　察伋所題趙孟頫〈番馬圖〉，原畫已失傳。但其所題七言古詩仍存。此詩既描述番馬雄姿，又讚譽孟頫畫馬藝術超越韓幹、曹霸[365]。此圖當時爲奎章閣收藏，察伋與閣中同僚柯九思等共題[366]。

　　察伋又有詩題張遜〈雙鉤竹石圖〉。張遜，平江人，爲元末以鉤勒法爲主的畫竹名家[367]。〈雙鉤竹石圖〉爲其畫作傳世孤本，現藏

---

364 《石渠寶笈續編》第2冊，頁965；此圖現存於北京故宮博物院，見《元代繪畫》，頁8-11。

365 日靜嘉堂文庫所藏抄本溥(原誤爲傅)仲淵《籠海詩人集》錄有〈題趙子昂天馬圖〉七言一首(頁4上-4下)。與察伋所題〈番馬圖〉詩相較，除脫落字並將題中之「番馬」誤作「天馬」外，餘皆同。按溥仲淵，即達溥化，蒙古人，登進士第，曾任江浙行省郎中。其詩馳譽東南，與薩都剌齊名，著有《笙鶴清音》，已佚(〈元代蒙古人的漢學〉，頁153-155)。靜嘉堂本《籠海詩人集》僅錄其詩十四首。錢熙彥編《元詩選補遺》(北京：中華書局，2002)乙集(頁181-185)亦錄有達溥化詩十五首，但所收與靜嘉堂本略有出入，未收〈題趙子昂天馬圖〉詩。〈天馬圖〉詩當係《籠海詩人集》舊藏者根據書畫題跋集錄入，但將作者察伋誤爲達溥化，又將畫名〈番馬圖〉誤爲〈天馬圖〉。

366 《書畫題跋記》卷6，頁12下-13上；《汪氏珊瑚網名畫題跋》卷8，頁16上-16下。

367 《圖繪寶鑑校勘與研究》卷5，頁63；《元代畫家史料匯編》，頁650-653。

北京故宮博物院。此圖即以雙鉤法畫竹，嚴謹工整，筆致勁健。尾紙
有倪瓚等十四家所題詩文。察伋所題詩云：

> 太湖山石玉巑岏，偃蹇長松百尺寒。
> 明月滿天瓓珮響，夜深露冷聽飛鷺[368]。

下署「海東樵者察伋」，鈐朱文印「察氏士安」[369]。其詩爲對畫境
的描述。

也先溥化(1306-？)，字西英，弘吉剌氏。元統元年進士[370]。所
題爲趙孟頫〈人騎圖〉，原跡仍藏於北京故宮博物院[371]。也先溥化
所題七律爲：

> 寶轡青絲碧玉環，奚官烏帽赭羅襴。
> 渥窪腰裏產汗血，大宛騋駬生羽翰。
> 千里風程飛赤電，五花雲彩散雕鞍。
> 當時曾獻唐天子，今日人間作畫看。

趙氏原圖係仿韓幹〈圉人呈馬圖〉筆意，畫一男子烏帽朱衣，乘駿
馬，緩轡垂鞭。溥化之詩意在描述此馬神采，不失工整。字跡剛中帶
柔，亦中規矩。可見也先溥化能詩善書。

---

368 《趙氏鐵網珊瑚》卷14，頁17上；《元代繪畫》，頁177-183，289。
369 《元代繪畫》，頁177-183，289。
370 〈元代蒙古人的漢學〉，頁201-202。
371 《元代繪畫》，頁24-28。此圖有單刊本《元趙孟頫人騎圖》(北京：文物出
版社，1959)。

　　篤列圖曾題董旭〈長江偉觀圖〉。篤列圖，字彥誠，遜都思氏，
為成吉思汗四傑之一的赤老溫之裔，名士人月魯不花之弟，至正五年
(1345)進士[372]。董旭，字泰初，新昌人，善作山水，所作〈長江偉
觀圖〉，係描述鎮江地區浩瀚江景，題詠者數十人[373]。篤列圖所題
為七古，既述畫中景色，兼懷舊遊[374]。

　　八禮臺，生平不詳，其為元季四大畫家之一的吳鎮繪〈墨菜圖〉
所題詩，自署為「蒙古八禮臺」，知其為蒙古人。其詩云：

　　　時人盡說非甘美，咬得菜根能幾人？
　　　莫笑書生清苦意，比來食澹更精神[375]。

此詩由菜根而喻書生之清苦，寫來不失風趣。

2. 色目

　　色目人題跋者中，有高克恭、阿沙不花、貫雲石、趙世延、巎
巎、馬祖常、偰哲篤、薩都剌、昂吉、金哈剌、迺賢、張吉、哲馬魯
丁、大食哲馬、哈散沙、烈哲、丁鶴年等人。

　　高克恭現存題畫詩極少，皆為其好友趙孟頫、管道昇夫婦所作。
曾為孟頫〈春景〉及管夫人之〈竹窩圖〉題詩[376]，皆係描述畫中情
境。其應友人姚式之請為孟頫〈水村圖〉所作題記，僅說明未能作詩

372　《元代進士輯考》，〈至正五年科〉。
373　《元詩選癸集》庚集上，頁936-937。
374　《元詩選癸集》丙集，頁346。
375　《趙氏鐵網珊瑚》卷14，頁27下-28上。
376　《元詩選》二集丙，頁300，〈題管夫人「竹窩圖」〉；頁303，〈趙子昂
　　　為袁清容畫「春景」仿小李〉。

之原因[377]，亦未觸及他與孟頫之友誼。與孟頫題克恭詩之著重情誼不同。

趙世延所跋時人畫作有王振鵬〈金明池圖〉七絕一首，乃形容競舟之態。趙世延(1260-1336)，汪古人，博通經術文學，官至奎章閣大學士[378]。王振鵬為武宗、仁宗時宮廷畫家，善於界畫，備受當時權勢甚盛之皇太后答己、皇姊魯國長公主(後稱大長公主)桑哥剌吉之賞識[379]。大長公主富於收藏，此畫即為其藏品之一，受其命題此畫之朝臣甚眾，世延即其中之一人[380]。

阿沙不花等於至大三年(1310)觀題王振鵬〈歷代聖母賢妃圖〉冊。此圖冊描述古來十位賢后事跡，寓借古繩今之意，係振鵬於此年繪呈答己太后，太后命群臣觀題。答己，弘吉剌氏，為武宗、仁宗及魯國大長公主桑哥剌吉之母。《元史‧后妃傳》稱她「性聰慧……然不事檢飭，自正位東朝，淫恣益甚」[381]，形象是負面的。但她有此觀藏圖畫雅興，其子女之雅好藝文，或許由來有自。當時觀賞此一圖冊並署名者八人，其中蒙古、色目人為阿沙不花、塔思不花、脫虎脫、孛羅帖木兒、完澤、三寶奴等六人，皆是武宗朝的大臣[382]。

---

377 《珊瑚木難》卷2，頁40上-40下。

378 《元史》卷180，頁4163-4167，〈趙世延傳〉。

379 《元代畫家史料匯編》，頁418-425。

380 《式古堂書畫彙考》卷48，頁13下。

381 《元史》卷116，頁2902。

382 此圖今存台北故宮，題作〈元王振鵬畫手卷〉，見《故宮書畫圖錄》第17冊，頁227-232；清秦震鈞《寄暢園帖》刻有此圖題跋，見容庚，《叢帖目》(台北：華正書局，1984)第2冊，頁537；王乃棟，〈西域少數民族書法家遺存作品考〉，《故宮博物院院刊》1989年第1期，頁84。但題畫者之一的阿沙不花卒於至大二年(1309)，隔年不得有題署圖卷之舉。因而此圖是否出自後人仿摹，猶待確考。參見許正弘，〈元答己太后與漢文化〉，《中國文化研究所學報》第53期(2011)，頁89-108。

　　貫雲石有詩題趙孟堅〈四香圖〉及趙孟頫之〈雙駿圖〉。趙孟堅
(1199-？)爲南宋宗室，以寫花卉竹石馳譽，尤以白描山水著名。孟
堅時代早於雲石，二人並無私誼。雲石係於延祐三年(1316)應杭州名
僧普會之邀參與雅集，〈四香圖〉爲雅集中展品，雲石題詩云：

　　　四種生香混一雲，近來無鼻爲君聞。
　　　不如閉目知花態，清與吾心表裡分[383]。

希望畫中四種高潔的花卉能起淨化心靈之作用，寫來卻十分詼諧。雲
石與孟頫則有不淺的交誼，二人結識於大都，並曾共事翰林國史院。
雲石退隱錢塘後所作〈翰林寄友〉，便有「諸孫趙子昂，揮遍長安
紙」之句[384]。孟頫〈雙駿圖〉係作於至大三年(1310)，其時，雲石方
放棄世襲軍職，在大都僅是一個伴讀青宮的年輕士人，即爲孟頫題畫，
可見孟頫對他之賞識[385]。雲石所題爲一七絕，係描圖中雙馬雄姿，而
此跋可能爲雲石草書唯一存世眞跡，筆畫細勁枯瘦，點畫疏散[386]。
　　巎巎爲時人畫作題跋者，今知有管道昇〈叢玉圖〉[387]、任仁發
(1255-1328)〈張果見明皇圖〉及周朗〈杜秋娘圖〉。巎巎於皇慶初
年(1312)任集賢待制，結識集賢侍講學士趙孟頫，二人遂成忘年之
交，孟頫復二王之古的書學思想對巎巎影響甚大[388]。巎巎爲趙夫人
題畫甚爲自然。仁發字子明，號月山，松江上海人。官至浙東道宣慰

383　《式古堂書畫彙考》卷45，頁22上-22下。
384　《永樂大典》卷14383，頁13下。
385　《石渠寶笈續編》第2冊，頁985；《大汗的世紀》，頁95，圖版II-38。
386　《大汗的世紀》，頁315，何傳馨撰，〈跋趙孟頫雙駿圖‧解說〉。
387　《石渠寶笈》卷14，頁107上。
388　任道斌，〈論趙孟頫與元代少數民族書畫家〉，頁54。

副使，善畫駿馬、人物，今仍有作品數幀傳世。他與巙巙不僅有對藝
術之共同愛好，且有姻戚關係[389]。〈張果見明皇圖〉今存北京故宮
博物院[390]。該圖係描繪傳說中「八仙」之一的張果老及其弟子觀見
唐玄宗並施展法術的故事，而巙巙及危素二人之跋則見於該圖拖尾。
巙巙跋云：「余之三姪大年，月山(仁發號)之婿也」，可見二人之戚
誼。又說：「月山宣慰所畫〈張果見明皇圖〉，筆法精妙，人物生
動，求之同時，蓋不多見……世之士大夫皆言其精於畫馬，是矣！然
因其不遇，但知此而不知彼，宜其爾也！」可見對其多方面的才藝甚
爲欣賞。

　　周朗，號冰壺，永嘉人，元季宮廷畫家，善繪士女人物[391]。其
〈杜秋娘圖〉係根據晚唐大詩人杜牧〈杜秋娘〉詩爲巙巙所繪，今存
北京故宮博物院。巙巙跋云：「至元二年(1336)歲丙子正月廿四日，
冰壺爲余畫〈杜秋娘〉，遂書杜牧之詩於其後。二月十七日，子山
識」[392]。二人政治地位頗有軒輊，當是因藝文而結合。

　　馬祖常所著《石田集》中載有不少題畫詩，包括題趙孟頫之〈枯
木竹石圖〉[393]、〈墨竹〉[394]、李衎之〈風竹圖〉[395]、〈墨竹〉[396]及

389 《元代畫家史料匯編》，頁226-235。
390 圖及跋見於《元代繪畫》，頁206-208，圖版103。亦著錄於王杰等輯，
　　《秘殿珠林續編》(續修四庫)，頁244。關於此圖之討論，參看洪再新，
　　〈任公釣江海，世人不識之：元任仁發「張果見明皇圖」研究〉，《故宮
　　博物院院刊》2000年第3期，頁15-24。
391 《元代畫家史料匯編》，頁809-813。
392 《元代繪畫》，頁224-227。
393 《石田先生文集》卷2，頁23-24，〈題趙承旨「枯木竹石圖」〉；《元代繪
　　畫》，頁49。
394 《石田先生文集》卷4，頁77，〈題趙子昂承旨「墨竹」〉。
395 《石田先生文集》卷2，頁24-25，〈息齋「風竹圖」道士華山隱得之，命予
　　賦之〉。

商琦之〈山水圖〉[397]。其中，孟頫爲其科舉座師。

　　偰哲篤所題爲商琦、李士行合作〈竹樹圖〉[398]。哲篤所題爲七律，係描述圖中情景。畫家李士行(1282-1328)，字遵道，爲李衎之子。曾任泗州及黃巖知州。早年就學於父執趙孟頫、鮮于樞[399]。

　　薩都刺(拉)《雁門集》中亦有不少題畫詩，如題龔開〈中山出遊圖〉[400]、趙孟頫〈臥雪圖〉[401]、商琦〈雨霽歸舟圖〉[402]、李士行〈江鄉秋晚〉[403]、〈竹木圖〉與〈松〉[404]、唐棣〈雲山圖〉[405]、柏子庭〈古木竹〉[406]、黃公望〈山居圖〉[407]及朱德潤之〈雪谷曉行〉[408]。其中唯有〈中山出遊圖〉、〈江鄉秋晚〉二卷仍存。按〈中山出遊圖〉係宋遺民畫家龔開(1222-1307以前)所繪，現藏於華盛頓Freer Gallery of Art。但楊光輝已辨明〈題龔翠巖「中山出遊圖」〉，乃宋旡所作，清薩龍光誤收入《雁門集》中[409]。

　　李士行因長期活動於江南，故其〈江鄉秋晚〉係採董巨筆法，繪

(續)────────────

396　《石田先生文集》卷3，頁65，〈題李仲賓「墨竹」〉。

397　《石田先生文集》卷2，頁21，〈題商德符「山水圖」〉。

398　《元詩選》三集庚，頁379，〈題商德符李遵道合作「竹樹圖」〉。

399　《元代畫家史料匯編》，頁257-273。

400　《雁門集》卷5，頁136-137，〈龔翠巖「中山出遊圖」〉。

401　《雁門集》卷13，頁362，〈題子昂畫「臥雪圖」〉。

402　《雁門集》卷7，頁199-200，〈登眾妙堂題商學士畫「雨霽歸舟圖」〉。

403　《雁門集》卷3，頁84，〈題「江鄉秋晚圖」〉。

404　《雁門集》卷4，頁90，〈題李遵道畫「竹木圖」〉、〈題李薊丘畫「松」〉。

405　《雁門集》卷10，頁266，〈閫帥資善公以息齋著色「竹」見遺余以唐子華「雲山圖」酬之並賦詩其上云〉。

406　《雁門集》卷13，頁361，〈吳僧子庭「古木竹」〉。

407　《雁門集》卷13，頁360-361，〈爲姑蘇陳子平題黃公望「山居圖」〉。

408　《雁門集》卷13，頁361，〈題朱澤民畫「雪谷曉行」〉。

409　楊光輝，〈元代詩人薩都剌繪畫史料考述〉，頁225-226。

水鄉澤國的江南風景，畫風近於趙孟頫的〈水村圖〉。原畫係士行爲
鎮江名士石巖所繪。此畫現收藏於台北故宮博物院，畫上及拖尾上之
題畫詩多達二十七則，或爲原來之受畫者所題，或爲後來的收藏者所
賦。薩都剌曾任鎮江路錄事司達魯花赤，與石巖相友善，故其詩係爲
石巖所題，係描述畫中情景[410]。

　　士人昂吉有詩題趙孟頫〈竹石幽蘭圖〉、姚廷美〈有餘閒圖〉及
張渥〈玉山雅集圖〉。〈竹石幽蘭圖〉今存，現藏Cleveland Museum
of Art，李雪曼、何惠鑑所編*Chinese Art under the Mongols*收其圖影，
未錄昂吉題詩[411]。姚彥卿爲元季出身湖州的山水畫家。其〈有餘閒
圖〉今存，亦由Cleveland Museum of Art收藏[412]。昂吉題詩見於《石
渠寶笈》，爲一七言詩，係描述畫中情景[413]。

　　繪製〈玉山雅集圖〉的張渥，字叔厚，杭州人，元季著名畫家，
以畫人物見長[414]。與昂吉同爲崑山名士顧瑛玉山草堂雅集的常客。
至正八年(1348)二月十九日之雅集上，張渥繪此圖以記盛況，楊維楨
撰〈雅集志〉紀其事，其餘賓客分韻賦詩。昂吉所賦爲一七律，有句
云：「蘭亭盛事不可見，賴有此會比當年」，將玉山雅集比擬爲王羲
之的蘭亭之會[415]。

　　金哈剌，汪古人，至順元年(1330)進士，至正十六年(1356)起，

---

410 薩題見《大汗的世紀》，頁93，圖版II-36；何傳馨，〈元代書畫題詠文化
　　——以李士行「江鄉秋晚」卷爲例〉，《故宮學術季刊》第19卷第4期
　　(2002)，頁11-40；高木森，《元氣淋漓》，頁181-187。

411 Sherman E. Lee and Wai-kam Ho (eds.), *Chinese Art under the Mongols*, p. 235.

412 *Chinese Art under the Mongols*, p. 260.

413 《石渠寶笈》卷33，頁36下，姚廷美，〈有餘閒圖〉。

414 《元代畫家史料匯編》，頁641-649。

415 《玉山名勝集》卷2，頁15下-16上。

至浙東督糧，先後任海道防禦都元帥，福建行省參政，在浙、閩棲遲六、七年之久，與當地士人交遊廣泛。他善詩能書，其《南遊寓興詩集》所錄皆爲此一時期作品[416]。集中題時人畫詩甚多，作者可考爲漢族者計有錢選〈四果圖〉[417]、〈山水〉[418]、趙孟頫〈人馬圖〉[419]、〈淵明像〉[420]、李衎〈竹〉[421]、李士行〈竹〉[422]、商琦畫[423]、柯九思〈竹〉[424]、〈小景〉[425]、釋照鑑之畫[426]及王冕之〈梅〉與〈梅竹〉[427]。以上各詩皆係應東南文友之請而題。各詩大都描寫畫景，但有的亦稱頌畫家。如〈息齋學士竹〉云：「文湖州，李薊州，二公妙筆誰能儔？」將李衎畫竹藝術與文同相比。〈柯敬仲竹〉云：「丹邱老子寫叢幽，豈減當年李薊丘」，則又將柯九思之竹比擬李衎。又如〈鑑仲明畫爲息齋老人題〉云：「浙僧能畫天下聞，放筆萬里成逶巡」，則稱元季畫僧釋照鑑譽滿天下之畫名。按照鑑，字仲明，杭州

---

416 蕭啓慶，〈元色目文人金哈剌及其「南遊寓興詩集」〉，頁299-322。

417 《南遊寓興詩集》，頁32上，〈錢吳興「四果」〉。

418 《南遊寓興詩集》，頁48上，〈毛元道收舜舉山水〉。

419 《南遊寓興詩集》，頁24下，〈子昂「人馬圖」〉。

420 《南遊寓興詩集》，頁24上，〈子昂畫淵明像並書「歸去來辭」〉。

421 《南遊寓興詩集》，頁31上，〈息齋學士「竹」〉；頁33上，〈息齋「竹」爲鄭明道處士題〉。

422 《南遊寓興詩集》，頁11上，〈李遵道竹〉；頁31上，33上，〈李遵道竹二首〉。

423 《南遊寓興詩集》，頁31下，〈商學士畫〉。

424 《南遊寓興詩集》，頁12上，〈柯敬仲「竹」〉。

425 《南遊寓興詩集》，頁12上，31上，〈柯敬仲「小景」〉；頁46下，〈柯敬仲畫〉。

426 《南遊寓興詩集》，頁31上，〈鑑仲明畫〉；頁35上，〈鑑仲明畫爲息齋老人題〉。

427 《南遊寓興詩集》，頁44下，〈王元章「梅」〉；頁49上，〈王元章「梅竹」爲省掾鄭起清賦〉。

人，元末爲僧，住惠山寺，善畫，亦能詩[428]。

迺賢所題畫有趙孟頫之子趙雍〈看雲圖〉[429]、〈挾彈遊騎圖〉及羅稚川之〈山水〉與羅小川〈青山白雲圖〉。迺賢不以書法知名於世，《書史會要》即未列其名，實善書。所題〈挾彈遊騎圖〉畫一騎馬紅衣青年，持弓回首，欲射擊樹上雀鳥。題詩眞跡現收藏於北京故宮博物院，爲七言古詩[430]，對畫中之長安遊蕩少年寫來十分生動。此詩不見迺賢《金臺集》中。而其書法筆力剛健，字形清秀，可見迺賢確是詩書雙絕[431]。羅小川，生平不詳，陳高華疑爲出身江西清江的山水畫家羅稚川之家人。迺賢所題〈青山白雲圖〉爲其友人倪仲權之收藏。

張吉題朱德潤〈秀野軒圖卷〉：朱德潤，平江人，官至征東行省儒學提舉。善畫山水，師法郭熙[432]。此圖係繪朱氏好友周馳山居實景。題者張吉，西夏氏，原名長吉彥忠(一作「中」)，至正十四年進士，授宣城錄事，亂起教授華亭[433]。爲〈秀野軒圖卷〉所題七律，係描述畫中情景[434]。

哲馬魯丁曾題錢選〈竹林七賢圖〉。哲馬魯丁，字師魯，回回

---

428 《元詩選癸集》壬上，頁1401-1402；彭蘊燦，《歷代畫史彙傳》(中國書畫全書)，頁380；魯駿，《宋元以來畫人姓氏錄》(中國書畫全書)卷36，頁813。

429 《式古堂書畫彙考》卷46，頁88下；《趙氏鐵網珊瑚》卷12，頁67上；《珊瑚木難》卷3，頁1下。

430 《石渠寶笈三編》第4冊，頁1582。原圖見《元代繪畫》，頁54，圖版16。

431 王乃棟，〈西域少數民族書法家遺存作品考〉，頁84-85。

432 《圖繪寶鑑校勘與研究》卷5，頁62；《元代畫家史料匯編》，頁303-321。

433 蕭啓慶，《元代進士輯考》，〈至正十四年科〉。

434 《趙氏鐵網珊瑚》卷15，頁70上-70下；此圖卷今藏北京故宮，《元代繪畫》(頁114-115，圖版58)收錄此卷影本，惜未收張吉題詩。

人，鎮江路儒學教授[435]，名位不高。其題錢選〈竹林七賢圖〉云：

> 吳興錢舜舉作〈七賢圖〉，輕毫淡墨，不假丹青之飾。似有
> 取於晉代衣冠雅素之美，想其儀形，摹其樂趣。觀嵇康之友
> 六人，或歌或飲，或書或琴，仰天席地，優游自得。吁！曲
> 肱飲水，浴沂舞雩，豈外是哉。珍藏之[436]。

序中稱讚此圖對七賢「想其儀形，摹其樂趣」，而能展現其「優游自得」的高致，並認為此畫的「輕毫淡墨」正足以描述「晉代衣冠雅素之美」。

烈哲曾題鄭思肖〈老子推蓬竹圖〉[437]及〈墨竹卷〉、〈畫蘭〉[438]。〈墨竹卷〉所題之後鈐印為「西域」、「烈哲」、「好問」，可知烈哲為西域人，字好問，餘不詳[439]。按鄭思肖(1241-1318)為著名宋朝遺民，字所南，福州人，宋亡隱居蘇州，藉寫蘭、竹寄託故國之思[440]。

哈散沙及大食哲馬皆曾為趙氏三代〈三馬圖〉卷題詩。此卷係由趙孟頫之〈青驄〉、其子雍〈玉花驄〉及其孫麟〈赤驥〉三幅合成[441]。

435 《至順鎮江志》卷17，頁10上，〈學職·儒學·元·教授〉。

436 《式古堂書畫彙考》卷47，頁20下；《書畫題跋記》卷4，頁3上。

437 《趙氏鐵網珊瑚》卷12，頁13下。

438 《石渠寶笈》卷32，頁94上。

439 高士奇，《江村銷夏錄》(四庫全書)卷1，頁35上。

440 《圖繪寶鑑校勘與研究》卷5，頁60；《元代畫家史料匯編》，頁523-527。

441 《汪氏珊瑚網名畫題跋》卷8，頁12下-15下。此一〈三馬圖〉現藏於Yale University Art Gallery，與由John M. Crawford捐贈，現藏於紐約Metropolitan Museum of Art的〈吳興趙氏三世人馬圖〉不同，參看李鑄晉，〈吳興趙氏三世人馬圖卷〉，收入李氏，《鵲華秋色：趙孟頫的生平與畫藝》(台北：石頭出版公司，2003)，頁99-132。

哈散沙與大食哲馬所題皆爲趙麟之〈赤驥〉。哈散沙於所題七律詩
後，自署「燕山哈珊沙」，後鈐朱文「子山圖書」。此人應即至正十
四年由杭州產生之進士合珊沙，燕山爲其郡望[442]，與後述之合珊沙
字可學者不同。另一題畫者大食哲馬，或即前述之哲馬魯丁，亦可能
爲合珊沙之同科進士哲馬字道原，亦貫杭州者[443]。大食則爲其族
屬，指阿拉伯人而言。大食哲馬所題詩云：

> 吳興妙筆傳家世，總畫天閑汗血駒；
> 萬里歸來秋露曉，圉人牽去牧龍芻。
> 太守舊圖如璞玉，拾遺新畫抵南金；
> 玉驄已向天閑老，赤驥猶懷萬里心[444]。

表達對趙氏三世畫馬絕藝之欽佩。又《式古堂書畫彙考》載有大食哲
馬題趙孟頫〈雙馬圖〉詩云：

> 舊圖如璞玉，遺墨抵南金；
> 莫向天閑老，猶懷萬里心[445]。

此詩與前詩所題畫雖不同，且一爲七言，一爲五言，但字句與前詩第
三、四兩聯幾乎相同，頗爲怪異。元詩學者楊鐮認爲兩畫均爲眞，後

---

442 《成化杭州府志》卷39，頁22下，〈科貢・進士・元〉；見《元代進士輯
    考》，〈至正十四年科〉。
443 《成化杭州府志》卷39，頁22下，〈科貢・進士〉。
444 《汪氏珊瑚網名畫題跋》卷8，頁15上；《書畫題跋記》卷1，頁32下，
    〈趙氏三馬卷〉。
445 《式古堂書畫彙考》卷46，頁38上。

一首題詩爲大食哲馬的「練筆習作」[446]。筆者則認爲〈雙馬圖〉可能爲一僞畫[447]，而題詩則無疑爲後人模擬大食哲馬而作。

　　元季明初著名詩人丁鶴年，終身布衣，亂起之後流寓浙東約二十年[448]。其詩集中所收題畫詩頗多，但爲當代或古代名家之作甚少，其題當代名家繪畫者唯有〈題會稽王冕翁畫梅〉一首：

　　　　永和筆陣在山陰，家法惟君悟最深。
　　　　寓得梅花兼二妙，右軍風致廣平心[449]。

稱讚王冕畫梅善用晉王羲之書法的筆法入畫，又兼能用梅花呈現唐宋璟(字廣平)那樣的「貞操勁質」。

　　總之，爲當代漢族士人畫作題跋之蒙古、色目士人展現了繪畫鑑賞之能力，也顯示了詩文表達之技巧。其中不僅有鼎鼎大名之士人，亦有無藉藉之名的士人。可見具有賞鑑畫作之蒙古、色目士人頗爲廣泛。

(三)蒙古、色目題漢族古畫

　　爲當代人之畫作題跋，可能由於友情，爲古畫題詠則純粹出之於讚賞。古畫得之不易，蒙古、色目人有緣題跋古畫者多爲達官權貴或

446　楊鐮，《元西域詩人群體研究》，頁366。

447　《汪氏珊瑚網名畫題跋》(卷31，頁21上)所錄趙氏爲〈雙馬圖〉題詩所署日期爲「至正二年(1342)四月廿二日」，其時趙氏下世已久，可爲此圖爲僞作之一證。又《式古堂書畫彙考》中所署日期爲「至治二年(1322)」，按卞永譽《式古堂書畫彙考》成書於汪珂玉《珊瑚網》後，《彙考》多抄錄前人書畫錄，《珊瑚網》即爲其抄錄對象之一，「至治二年」云云，當爲卞氏所修改以符合趙氏卒年，不可信。

448　蕭啓慶，〈元明之際的蒙古、色目遺民〉，頁135-140。

449　《丁鶴年詩輯注》，頁222。

藝文名家。

　　為古畫題跋者，有的是數人集體為之，多數則為個別為之。

　　集體題跋多為宮廷及皇族贊助的活動，受命題畫者多漢族士大夫，但亦不乏蒙古、色目人：

1. 天慶寺雅集

　　此一元代最盛大雅集係由元英宗之姑母魯國大長公主桑哥剌吉於至治三年(1323)主辦於大都天慶寺。大長公主出其珍藏書畫命參與諸臣品題[450]。其間時任集賢大學士的趙世延應命題北宋燕文貴〈溪風圖〉、宋徽宗趙佶〈御河鸂鶒圖〉[451]及南宋周曾〈秋塘圖〉[452]。燕文貴(967-1044)，北宋畫院畫家，善繪壁立千仞的山水，〈溪風圖〉即其一例。《石渠寶笈》著錄之，而未收錄世延詩句[453]。此圖今藏上海博物館。亡國之君的徽宗才藝頗廣，而以花鳥畫成就最為突出。周曾則為山水畫家。

2. 奎章閣藏畫賞鑑

　　奎章閣為元文宗設置的重要藝文機構，富於收藏，亦搜羅甚多精於書畫的各族士人，常為入藏書畫品題[454]。如天曆二年(1329)十一月奎章閣入藏趙幹〈江行初雪圖卷〉，聯銜諸臣有忽都魯都兒迷失、趙世延、柯九思、張景先等十一人。其中忽都魯都兒迷失、沙剌班為

450　傅申，《元代皇室書畫收藏史略》；陳韻如，〈蒙元皇室的書畫藝術風尚與收藏〉，頁266-285。

451　《石渠寶笈》卷14，頁21上。

452　唐志契，《繪事微言》(四庫全書)卷上，頁60下；《汪氏珊瑚網名畫題跋》卷3，頁9上；《大觀錄》卷13，頁38上；《式古堂書畫彙考》卷43，頁71上。

453　《石渠寶笈》卷34，頁4上。

454　姜一涵，《元代奎章閣及奎章人物》。

畏兀兒人，趙世延為汪古人，雅琥為也里可溫人，而撒迪、朵來可能
為蒙古人[455]。按趙幹（約十世紀後期），南唐後主時畫院學生。其
〈江行初雪圖〉係寫天寒初雪之際漁人作活艱難之狀。

　　又如天曆三年(1330)正月奎章閣臣審定重裝李成〈寒林采芝圖〉，
參書雅琥參與聯銜[456]。同月奎章閣諸臣跋董源〈夏景山口待渡圖〉，
由柯九思題跋，雅琥與虞集、李洞各題詩一首。雅琥題詩為：

> 嘉木千章合，晴江萬里開。
> 山雲依白日，茆屋枕蒼苔。
> 沙鳥飛飛下，漁舟泛泛來。
> 田家望霖雨，誰為浥塵埃。

其字為小行書，結法精緊，體勢修長，勁健俏麗，筆畫疏放。其詩、
書與虞集、柯九思等漢族名家並列，不遑多讓，反映出色目詞臣書畫
之頗高水準。

　　民間雅集中之書畫品題亦偶有蒙古、色目士人參與，如〈睢陽五老
圖〉係畫家朱德潤(1294-1365)八世祖朱貫所繪，北宋末年曾任兵部郎中
之朱貫組五老會，以詩文相唱酬，並繪畫以為紀念，傳為佳話[457]。德
潤易得此圖，乃邀請當代鉅公名士觀賞。蒙古士人泰不華、色目士人

---

455 《大觀錄》卷12，頁8上-8下；《墨緣彙觀》名畫卷上，頁160-161；國立故
　　宮博物院編纂委員會編，《故宮書畫錄‧增訂本》第2冊，卷4，頁17；
　　《大汗的世紀》，頁28-29，289；傅申，《元代皇室書畫收藏史略》，頁
　　45-46。

456 《虛齋名畫錄》卷7，頁472。

457 此圖現已分割，分別藏於Metropolitan Museum of Art(鈴木敬，《中國繪畫
　　總合圖錄》，A1-092)，Freer Gallery of Art 及Yale University Art Gallery。

馬祖常、斡玉倫徒皆應邀觀賞並題名[458]。

　　蒙古士人個別為古畫題跋者現僅知泰不華與木華黎二人：

　　泰不華所題為宋郭忠恕〈雪霽江行圖〉[459]，僅題觀款而未詠詩。

　　木華黎跋宋趙伯駒〈宏文雅集圖〉：趙伯駒(1123-1173)為南宋初年宗室畫家，工於山水、花果、翎毛，尤善金碧山水[460]。題畫者木華黎與成吉思汗開國功臣木華黎(1170-1223)同名，應為蒙古人，但時代顯然不同。其跋云：

> 右〈宏文雅集圖〉，為趙伯駒真跡。伯駒，宋宗室也。筆法師二李，得其三昧，世爭寶之，觀此益信。曩在天府，嘗見其〈桃源景〉長卷，與此正相類，迺神品也。元啓學士所藏名畫至多，當以此為最。
> 至正庚辰夏日，木華黎題[461]。

「二李」乃指唐代著名山水畫家李思訓、昭道父子，善繪青綠山水[462]。木華黎認為伯駒得「二李」之三昧，甚為推崇，跋中所說至正庚辰即

458 《式古堂書畫彙考》卷45，頁53下-78上；《存復齋文集》卷6，頁7上-9下。參看莊申，〈「睢陽五老圖」補述〉，收入莊氏，《中國畫史研究》(台北：正中書局，1959)，頁231-250。

459 郭忠恕的〈雪霽江行圖〉現藏台北故宮。《石渠寶笈三編》第1冊，頁482；國立故宮博物院編纂委員會編纂，《故宮名畫三百種》(台北：國立故宮博物院，1966)第2輯，圖16。

460 陳高華，《宋遼金畫家史料》(北京：文物出版社，1984)，頁38。

461 《石渠寶笈續編》第5冊，頁2702。此畫現藏北京故宮，已殘，見楊仁愷，《國寶沉浮錄》(瀋陽：遼海出版社，1999)，頁331。

462 陳高華，《隋唐畫家史料》(北京：文物出版社，1987)，頁98-110。

至元六年(1340)。此一木華黎顯然為元季人。由跋中「曩在天府」一語可知此人曾供職宮廷。

色目士人為古人畫作題跋者甚多，有貫雲石、馬祖常、薩都刺、嶁嶁、偰哲篤、斡玉倫徒、三寶柱、雅琥、金哈刺、迺賢、脫脫木兒、伯顏不花的斤、康里不花、合珊沙、月思帖木兒、不花帖木爾(兒)等人：

貫雲石曾題李成〈寒鴉圖〉、馬和之〈袁安臥雪圖〉。雲石精於賞鑑古畫，故喜作題畫詩。其題〈寒鴉圖〉詩云：

> 飢凍哀鳴不忍觀，使余一見即心酸。
> 明年豐稔春風暖，遠舉高飛羽力寬[463]。

此詩描述該圖主題甚為貼切，度其意以寒鴉喻飢民，寄寓深遠。另畫作者馬和之，錢塘人，南宋紹興中進士，善山水人物，筆法高古。所作〈臥雪圖〉係繪東漢司徒袁安僵臥洛陽雪中故事。雲石所題為一七律，係寫畫中情景[464]。

馬祖常曾題惠崇不知名之畫作[465]。惠崇，北宋建陽詩僧，工鵝雁鷺鷥，尤工小景[466]。

薩都刺所題古畫有南宋馬和之〈袁安臥雪圖〉，與前述貫雲石所

---

463 張丑，《清河書畫舫》(台北：學海出版社，1975)己集，頁26下；《石渠寶笈續編》第2冊，頁930。

464 《石渠寶笈》卷32，頁56上-56下。此圖由清宮流出，後由瀋陽李介人藏，見楊仁愷，《國寶沉浮錄》，頁330。

465 《石田先生文集》卷2，頁21，〈題惠崇畫〉。

466 《圖繪寶鑑校勘與研究》卷3，頁36；《宋遼金畫家史料》，頁220-232。

題爲同一圖。所題〈臥雪圖〉七絕一首，載於《石渠寶笈》[467]，而不見於其《雁門集》中。《石渠寶笈》中又收入薩跋董展〈三顧草廬圖〉，圖與跋皆爲後人僞作，詳見本文附錄三。

　　巙巙所題古畫有初唐宮廷畫家閻立德〈職貢圖〉、韓幹〈圉人呈馬圖〉、宋佚名(或云夏珪)〈溪山無盡圖〉及金王庭筠〈幽竹枯槎圖〉。其跋〈職貢圖〉旨在闡述賢君以德歸萬國之意，不及繪畫本身[468]。其餘三跋皆對各畫大表讚佩。韓幹是盛唐人物畫家，更是畫馬大師。巙巙題〈圉人呈馬圖〉云：

　　　余見所謂韓馬者不記幾本，未有能及此卷之精妙。仲明其珍
　　　藏之[469]。

其跋〈溪山無盡圖〉云：

　　　右〈溪山圖〉，意韻瀟灑，一見使人有煙霞之想，眞可珍
　　　藏……兵火之餘，殊不易得也[470]。

王庭筠，字子端，號黃華老人，著名墨竹與山水畫家，爲士大夫畫在

---

467 《石渠寶笈》卷32，頁56下-57上。
468 《石渠寶笈》卷32，頁3下-4上。
469 《石渠寶笈續編》第6冊，頁3155。
470 《石渠寶笈三編》第4冊，頁1535。此圖現藏於Cleveland Museum of Art。參看李雪曼、方聞合撰，錢志堅譯，〈溪山無盡——一幀北宋山水手卷及其在前期中國繪畫史上的意義〉，收入洪再辛編，《海外中國畫研究文選(1950-1987)》(上海：上海人民美術出版社，1992)，頁167-210。

金代的主要傳承者，「論者謂胸次不在米元章下」[471]。嶸嶸跋其
〈幽竹枯槎圖卷〉則云：

> 黃華先生人品、書畫，莫不精妙。是以得士大夫所寶藏珍玩
> 之。今觀此卷，使人情勢灑然。於戲，安得一夢見之，與之
> 論書哉[472]！

王庭筠爲金代書法家，其書亦宗米芾[473]。故嶸嶸於跋末有願於夢中
與其論書之語，顯然對庭筠之書、畫皆頗推崇。

　　偰哲篤曾題宋趙伯駒(字千里)〈夜潮圖〉，偰哲篤所題爲七絕，
詠圖中景物[474]。

　　斡玉倫徒題范寬〈山水圖〉：范寬(1020年左右在世)，北宋初年
山水畫先驅。斡玉倫徒，西夏名門之裔，出身進士。曾任奎章閣典
籤、南臺經歷。陶宗儀《書史會要》稱其「文章、事業夐出人表，書
蹟亦佳」[475]。所題〈山水圖〉，原名〈華嶽晴嵐圖〉，現藏Freer
Gallery of Art，斡玉倫徒所作爲觀款，作於至元六年(1340)[476]。

　　三寶柱曾題文同〈竹枝圖卷〉。題者三寶柱，畏兀兒人，長於

---

471 《圖繪寶鑑校勘與研究》卷4，頁58；《宋遼金畫家史料》，頁819-831。

472 〈草書跋王庭筠畫「幽竹枯槎圖卷」〉，京都藤井有鄰館收藏。原圖影本
　　見於大阪市立美術館編，《中國美術展シリーズ・宋元の美術》(東京：平
　　凡社，1986)，頁80，圖5-62。

473 《書史會要》卷8，頁2下-3上。

474 《元詩選》三集庚，頁379。

475 《書史會要》卷7，頁18下。《元西域人華化考》卷4，頁54下；卷5，頁79
　　下。

476 鈴木敬，《中國繪畫總合圖錄》，A15-001。

詩[477]。其題〈竹枝圖卷〉云：

> 東坡之文如長江大河，與可之竹若飛龍舞鳳，觀此卷可謂一
> 舉兩得矣[478]！

蘇軾爲文同摯友，經常爲後者題畫，此卷即其一例，故三寶柱兼及
之。

雅琥則爲唐周昉〈明皇水中射鹿圖〉題七古一首[479]，詩中評論
唐玄宗前期之英武及後期之荒瞀。按周昉，京兆人，爲唐德宗時代宮
廷畫師，善繪士女及貴族遊樂生活[480]。

金哈剌《南遊寓興詩集》中有題五代後蜀花鳥畫家黃筌(903-
965)的〈荷蟹〉[481]、北宋中期山水畫家許道寧之某畫[482]，及米芾之
子、南宋山水畫名家米友仁(1074-1153)的兩幅畫[483]。

廼賢所題僅有唐代畫家張萱〈美人織錦圖〉一幀[484]。張萱爲唐
玄宗時宮廷畫師，善繪士女。

脫脫木兒所題則爲北宋張先〈十詠圖〉。〈十詠圖〉爲北宋詞人
張先(990-1078)所繪，是一幅近年因高價標售而轟動一時的名畫[485]。

---

477 《元代進士輯考》，〈至治元年科〉。

478 《式古堂書畫彙考》卷41，頁120上；《趙氏鐵網珊瑚》卷11，頁19下。

479 《元詩選》二集戊，頁559，〈正卿集〉。

480 《隋唐畫家史料》，頁316-336。

481 《南遊寓興詩集》，頁25下，〈黃筌「荷蟹」〉。

482 《南遊寓興詩集》，頁43下，〈許道寧畫爲張彥珪題〉。

483 《南遊寓興詩集》，頁30下，〈米元暉畫二幅〉。

484 《金臺集》卷1，頁6上-6下，〈題張萱「美人織錦圖」爲慈溪蔡元起賦〉。

485 楊新，〈張先「十詠圖」：失而復得的國寶〉，《文物天地》1996年第1
期，頁2-4。此圖今歸北京故宮收藏，見金衛東主編，《晉唐兩宋繪畫·山

此圖係以慶曆六年(1046)吳興太守馬大卿會六老於南園之故事，將十
首不同內容的詩，集中於一個畫面。題跋者之一脫脫木兒，字時敏，
號松軒，高昌畏兀兒氏，出身進士，歷任秘書監典簿，至正十七年
(1357)以戶部侍郎出為奉元路總管[486]。尚有所撰草書〈帥正堂詩
刻〉存世[487]。其題〈十詠圖〉詩云：

> 吳興老子會南園，十詠於今只獨傳。
> 瀟灑丹青如一日，風流文采未千年。
> 情留去燕秋山外，興滿扁舟野水前。
> 慶曆向來詩不少，清新自覺侍郎賢[488]。

此詩乃詠六老會之故事。脫脫木兒所題與宋元名士陳振孫、顏堯煥及
鮮于樞所撰並列，其價值愈為突出。脫脫木兒題詩下鈐「清白堂」、
「五城世家」與「高昌氏脫脫木兒時敏印」。「五城」即別失八里
(Besh balik)，為高昌亦即畏兀兒舊都，指其族屬與郡望。
　　伯顏不花的斤所題跋之古畫為南宋馬遠〈板橋踏雪圖〉及李嵩
〈擊球圖卷〉[489]。馬遠(活躍在1190-1225之間)，為南宋四大畫家之
一的宮廷畫家，善繪山水。伯顏不花題其〈踏雪圖〉為七言古體六

水樓閣》（《故宮博物院藏文物珍品全集》第1冊，香港：商務印書館，
2004），頁94-99，北宋佚名，〈張公十詠圖卷〉，圖影見頁98，釋文見頁
259-260。
486 《元代進士輯考》，〈科次不詳〉。
487 武樹善編，《陝西金石志》（石刻史料新編）卷26，頁14下-15上，〈帥正堂
詩刻〉；魏錫曾，《績語堂碑錄》（石刻史料新編），頁434-435，〈脫脫木
兒帥正堂漫成詩〉。
488 《石渠寶笈續編》第3冊，頁1513。
489 潘正煒，《聽颿樓書畫記》（上海：神州國光社，1928)卷1，頁47。

句，乃詠畫中寒冬雪景。詩後有跋[490]：

> 余得此遙父眞蹟，爲生平最快意事，賦詩紀興。

過去僅知伯顏不花精於畫，由此題跋可知，其亦喜愛收藏[491]。李嵩亦爲南宋宮廷畫師，約與馬遠同時。今尚有〈貨郎圖〉等傳世。

康里不花，字普修，也里可溫氏，官至海北廉訪使。《書史會要》稱其「篤志墳籍，至於百氏數術，無不研覽，書宗二王」[492]。所題夏珪〈煙江疊嶂圖〉爲七言古體詩，係結合歷史、傳說與詩文，寫長江中游優美景物[493]。按夏珪，南宋四大家之一，寧宗時任畫院待詔，善繪山水長卷。

合珊沙(哈珊沙)題〈溪山春曉圖〉：此圖寫江南水鄉春天風光。畫上無款印，圖名與作者皆有爭議。歷代書畫錄中或稱之爲〈江南春圖〉、〈江南春意卷〉。傳爲宋惠崇作，中國古代書畫鑑定組《中國繪畫全集》否定此一說法，列爲「無款」[494]。題畫者之一的合珊沙字可學，漢名沙可學。由其原名判斷，應爲回回。貫永嘉(即浙江溫州)，至正二年進士，曾任江浙行樞密院都事[495]。合珊沙所題爲七言

---

490 《石渠寶笈續編》第3冊，頁1533。

491 故宮博物院藏宋人陳居中〈畫馬〉卷，鈐有「伯顏不花」、「江東廉訪副使」印，當亦爲其收藏，見《石渠寶笈續編》第3冊，頁1535。

492 《書史會要》卷7，頁24上。

493 《元詩選癸集》戊下，頁661。

494 中國古代書畫鑑定組，《中國繪畫全集》第3卷(杭州：浙江人民美術出版社，1999)，圖版17-18，圖版說明，頁6。

495 《元代進士輯考》，〈至正二年科〉。馬明達、陳彩雲〈元代回回人沙可學考〉(《回族研究》2008年第4期，頁42-47)對合珊沙生平鉤稽頗詳，但認爲此一合珊沙字可學者與前文之哈散沙字子山者爲同一人，實際上二人

古詩，行書，字跡娟秀。末署「古弘沙可學」[496]。

月思帖木兒、不花帖木爾(兒)題〈瑤池醉歸圖〉：圖上無款印，《石渠寶笈三編》斷其為南宋馬和之作[497]，但原作者仍有爭議[498]。該圖係描繪仙姑赴西王母瑤池宴後醉歸情景。拖尾上諸跋中，有月思帖木兒、不花帖木爾題詩。月思帖木兒所題為七絕，不花帖木爾所題為五絕，皆係描述畫上情景。月思帖木兒未著族貫，亦未鈐印，其人已不可考。不花帖木爾自署其貫「北庭」，鈐印「惠新」[499]。關於不花帖木爾，《西湖竹枝集》稱其為不花帖木兒，有其小傳，已引見前文。筆者曾因《竹枝集》中「國族，居延王孫」之語而認為他是蒙古人，大德間任江浙行省平章別不花之裔[500]。但由他自署「北庭」，

(續)————————————

原文名雖同為伊斯蘭教名Hassan shah，但表字、里貫、登第科次皆有異，應非同一人。

496 前引《中國繪畫全集》第3卷未錄入題詩。沙可學題詩墨跡影本及釋文見於：〈沙開勝的博客〉，網址：http://blog.voc.com.cn/blog php?do=showon@type=blog&uld=4270&itemid=821891。金梁《盛京故宮書畫錄》(中國歷代書畫藝術論著叢編，頁45上-50下，〈宋釋惠崇谿山春曉圖卷〉)、顧復《平生壯觀》(中國書畫全書，卷6，總頁995-996，〈圖繪・五代・惠崇〉)、古物陳列所編《內務部古物陳列所書畫目錄》(中國歷代書畫藝術論著叢編，卷5，頁21下-23上，〈宋釋惠崇谿山春曉圖卷〉)或列入沙可學之名款，或亦錄入其題詩，但皆無圖像。

497 《石渠寶笈三編》，頁1468-1470，〈宋馬和之瑤池醉歸圖〉。

498 大慶市文物管理站〈大慶市發現宋「緙織圖」等兩卷古畫〉稱：「圖係明代以後仿製品，但卷後題跋皆為宋元真跡(題跋未見宋人)，當為移配所成」(《文物》1984年第10期，頁28)。中國古代書畫鑑定組編《中國古代書畫目錄》(第8冊，北京：文物出版社，1993，編號「黑1-07」)則斷此畫為元人作，但未論證其判斷之理由。

499 《石渠寶笈三編》錄有題詩及鈐印釋文，中國古代書畫鑑定組編《中國古代書畫圖目》(第16冊，北京：文物出版社，1997，頁169-170)收錄此圖及題跋圖影。

500 〈元代蒙古人的漢學〉，頁155-156。

可確認爲畏兀兒人，而非蒙古人。此畫舊爲清宮藏品，由溥儀賜予溥傑攜出宮外[501]，後流入東北民間，現由黑龍江省博物館典藏[502]。

另有高克恭跋陸探微及李成畫，畫與跋皆係僞作，見附錄二之辨正。

總之，由於古畫較爲珍貴，爲古畫題跋之蒙古、色目人多爲著名士人，或爲宮廷品鑑，或爲友人及自己珍藏題詠。蒙古、色目士人在其題跋中或吟詠圖意，或直接表明對作者之讚佩，皆足以反映其對中原士大夫文化之認同。

三、題書

元代產生不少蒙古、色目書家。陶宗儀《書史會要》臚列元代書家較爲詳備。列名其中的有帝王四人，蒙古書家十一人，色目書家二十四人[503]。《會要》之外，蒙古書家可考者尚有二十三人，色目人一人[504]。色目書家中以貫雲石、巎巎、余闕、盛熙明等聲譽最著，而蒙古人中則以泰不華、朵爾直班之書藝最有成就。

蒙古、色目書家既多，自不免與漢族士人相互題跋，表達對彼此

---

501 國立北平故宮博物院1934年印行《故宮已佚書籍書畫目錄四種·賞溥傑書畫目》，頁7上載10月22日賞溥傑書畫，內有「馬和之〈瑤池醉歸圖〉一卷。靜字871號」云云。

502 此圖與另一南宋〈蠶桑圖〉於1947年由大慶市民馮義信家人購得於坊間，1983年捐出。見趙明勛，〈「國寶」重現記〉，《大慶社會科學》2008年第5期，頁153-154。

503 《書史會要》卷7，頁1上-2上，17上-20上；補遺，頁13上-15下。《會要》中或將蒙古書家誤爲色目，或將色目書家誤爲蒙古，陳垣、蕭啓慶已加考正，見下注所引。

504 《元西域人華化考》卷5，頁78上-85下；〈元代蒙古人的漢學〉，頁183-203。

作品之讚賞，也有不少蒙古、色目士人有幸得覽古人眞跡，讚佩之
餘，寫下題記。

(一)漢族題當代蒙古、色目人法書

漢族士人爲當代蒙古、色目書家作品之題跋，按其動機可分爲二
類。一爲頌讚貴族大臣之手跡；一爲對眞正書家作品之讚賞。

貴族大臣，偶然臨池，書藝不見得高妙，卻不免有士人爲其題
跋，或是由於趨炎附勢之心理，或是情勢不得不然。如靖安王闊不花
（？-1355）爲忽必烈之子鎭南王脫歡之裔，並無書名，卻爲其師李註
書〈孫眞人所號海霞子卷〉。李註友人關中儒者蒲道源（1260-1336）
作跋，對於靖安王稱李註爲「吾師」大爲讚賞：「《詩》所謂振振公
子，蓋本於關雎麟趾之化者，有不誣矣，嗚呼盛哉！」[505]又如順帝
朝前期右丞相脫脫，能書，《書史會要》稱其「善大字」。名士人歐
陽玄跋其爲浦陽義門鄭氏所書「白麟溪」三字說：

> 字畫方毅，酷類顏眞卿，觀者孰不改容，不待贊也[506]。

以脫脫之書與唐朝大家顏眞卿相比，顯屬過譽。

又如哈麻（？-1356），康里氏，字士廉。因讒害脫脫爲任中書左
丞相，《元史》列入〈姦臣傳〉[507]。而官至翰林承旨的李士瞻跋其
所書「尚友」二大字，稱其未當國之先，「已與士大夫日親翰墨」，

---

505 《閒居叢稿》卷10，頁7下-8上，〈跋鎭南王弟闊不花太子爲李才卿書孫眞
　　人所號海霞子卷〉。
506 《圭齋文集》卷14，頁4上，〈白麟溪三大字後〉。
507 《元史》卷205，頁4581-4585，〈姦臣傳〉。

並稱其字「筆法蒼古，意態藹然」[508]。顯然亦是對權臣的諛辭。

　　除上述貴族大臣，作品經漢族士人題跋之蒙古書家有泰不華，色目書家有貫雲石、嶧嶧、李玘、余闕。

　　泰不華爲元代最傑出之蒙古書家。其書法以篆書成就最大，正書次之，亦善行草及隸書，可謂全能[509]。蘇天爵〈題兼善尙書自書所作詩後〉：

> 白野尙書，向居會稽，登東山，泛曲水，日與高人羽客遊。間遇佳紙妙墨，輒書所作歌詩以自適。清標雅韻，蔚有晉唐風度[510]。

不僅讚美其書法，亦稱揚其風度。

　　畫家柯九思亦善書，曾題泰不華書「漁莊」篆文。漁莊爲顧瑛玉山草堂之一景。柯氏所題爲七絕，首二句云：「閒居正憶龍頭客，喜見秦人小篆文」[511]，係指不華爲科舉狀元而又擅長篆書。

　　在色目書家中，貫雲石之時代較早。《書史會要》稱他：「工翰墨，其名章俊語流於毫端者，怪怪奇奇，若不凝滯於物，即其書而知其胸中所養矣！」[512]元代後期士人陳基(1314-1370)、張昱皆曾跋其書跡。陳基跋其書〈歸去來辭〉說：「酸齋公如冥鴻逸驥，不受矰繳羈靮，而其蟬蛻穢濁，逍遙放浪而與造物者游，近世蓋未有能及之

508　李士瞻，《經濟文集》(叢書集成續編)卷4，頁5上，〈題跋吳溥泉所藏哈麻丞相書贈尙友二大字〉。
509　《書史會要》卷7，頁18上。
510　《滋溪文稿》卷30，頁511。
511　《丹邱集》，頁52，〈題達兼善書漁莊篆文〉。
512　《書史會要》卷7，頁17上。

者……觀者殆不可以尋常筆墨蹊徑求之也。」[513]張昱跋雲石名篇
〈蘆花被〉則有句云:「風流滿紙龍蛇字,傳遍梁山是此詩」[514],
雲石手書應爲草體。陳基,臨海人,黃溍弟子,其跋係作於至正十七
年(1357)。張昱,字光弼,爲元季出身江西廬陵(吉安)之詩人。二人
皆爲雲石後輩,係以崇敬心情爲其手跡作跋。

　　巎巎書藝極高,《元史》說他「善眞行草書,識者謂得晉人筆
意,單牘片紙,人爭寶之,不啻金玉」[515]。《書史會要》亦說:
「評者謂國朝以書名世者,自趙魏公後,便及公也。」[516]其書法雖
受趙孟頫影響,但不爲趙氏所侷限,而以剛健挺拔之書風與趙書之柔
媚相區別,與趙氏並列,故有「北巎南趙」之說。其作品多經漢族士
人品題。現藏北京故宮的〈草書柳子厚謫龍說〉係爲其舊友葉彥中所
書,便受題者南人士大夫周伯琦(1298-1369)與瞿智好評[517]。周伯
琦,鄱陽人,歷官翰林院、宣文閣,亦善書,「小篆師徐鉉、張有,
行筆結字,殊有隸體」[518]。所著《近光集》中,與巎巎唱和之詩頗
多,二人交往密切。伯琦題〈草書柳子厚謫龍說〉云:

　　　謫龍之事甚奇,河東(柳宗元)之文尤奇,康里公之書益奇,
　　　可謂三奇矣!康里公標望絕人,簡交際,重然諾,雖不倦與

---

513 《夷白齋稿》外集,頁44下-45上,〈跋貫酸齋書歸去來辭〉。

514 張昱,《張光弼詩集》(四部叢刊)卷6,頁22上,〈題貫酸齋蘆花被詩
　　後〉。

515 《元史》卷143,頁3416。

516 《書史會要》卷7,頁22上。

517 《書畫題跋記》卷8,頁24上-25下;《墨緣彙觀》法書卷下,頁100-101。
　　圖版見劉正成主編,《中國書法全集》第46卷(北京:榮寶齋出版社,
　　2000),頁86-91,230。

518 《書史會要》卷7,頁17下。

人作書，然非其人，終身不得也，彥中公交契之素，於是乎
見之。

瞿智，崑山人，至正間官至攝紹興錄事，博雅能詩，以書法鉤勒蘭
花，筆致妙絕。其跋云：

子山平章書似公孫大娘舞劍器法，名擅當代……展玩之，如
秋濤瑞錦，光彩飛動，可謂妙絕古今矣！

周、瞿二人對巎巎書藝皆甚欽佩。

又如張雨跋現藏於東京國立博物館的〈草書巎巎書李太白詩
卷〉：

子山承旨書〈謫僊詞〉，所謂二妙。雨嘗見太白醉書〈天地
愛酒〉詩，其辭□□集中，然□筆蹤逸邁，加之錦袍脫靴之
氣，有凌厲天下後世之為。孰若吾承旨公既以李僊為法則，
而其書乃一以皇象而下諸君相比肩，其一代之傑作者歟[519]！

張雨在此跋中稱讚巎巎之章草書法得到李白「醉書」疏放不羈的筆
法，為「一代之傑作」。

此外，如虞集、王寔及林弼皆曾跋巎巎所書柳宗元〈捕蛇者說〉
卷。虞集稱：「子山平章，書法妙天下。」[520]王寔稱讚說：「觀其

---

519 《書跡名品叢刊——元鮮于樞·康里子山集》（東京：二玄社，1967），頁
  34-36；盧慧紋，《元代書家康里巎巎研究》，頁85-86。

520 《道園類稿》卷35，頁33下，〈題李重山所藏巎子山墨蹟〉。

字畫遒勁，筆意飛動，出入大小二令間，森然晉法也。」[521]林弼也高度讚揚：「眞草書入妙品，此卷又得健筆佳紙之助，故馳騁精神，略無蹇滯，又妙中之尤妙者也。」[522]按王寔（？1303-？），錫山（今江蘇無錫）人，至正間以文名江南，曾任臨江路同知。林弼（1331-1381），龍溪（今福建龍溪）人，至正七年鄉貢進士，元末爲郡幕官。明初官至登州知府。著有《林登州集》[523]。此外，徐一夔跋巙巙所書「仙都生」三大字，稱其書「用筆圓健清潤，意態飛動，無世俗氣」[524]。而戴良〈跋康里公臨懷素「論草書帖」〉則認爲其「書名之重，不在懷素下」[525]。對於巙巙都是極度推崇。而貢師泰亦曾爲巙巙所書〈陸喜五論〉題跋[526]。

吳澄跋李屺書：吳澄曾講讀經筵，與李屺共事。李屺之祖李恒爲平定江西之主將，此後李氏即定居龍興（今江西南昌），故與吳澄亦爲鄉友。吳澄退隱後曾撰〈與李伯瞻學士書〉，推薦其同鄉士人吳尚，可見二人頗有情誼[527]。澄又有〈跋李伯瞻字〉一文，云：

> 伯瞻博儒術，精國語，又工晉人書法，世胄之良也。此卷以贈昭德，亦其好尚之同者云[528]。

---

521 《全元文》第49冊，頁82，〈題子山平章公所書柳文後（原小字：爲正夫臺郎書「捕蛇者説」)〉。
522 《林登州集》卷23，頁15上，〈書張師夔所藏康里子山書「捕蛇者説卷」後〉。
523 《元代進士輯考》，〈至正八年科・疑誤〉。
524 《始豐稿》卷14，頁12下-13上，〈題康里公書「仙都生」三大字後〉。
525 《九靈山房集》卷29，頁7上。
526 《玩齋集》卷8，頁46上-46下，〈跋子山公書「陸喜五論」〉。
527 《吳文正公集》卷8，頁4上。
528 《吳文正公集》卷31，頁2下。

跋中吳澄稱李屺「工晉人書法」，可見李屺之書藝必然不低。受李屺之書者昭德即皮滑，清江人，爲虞集女婿，能詩善書。李屺以字贈之，故吳澄稱之爲「其好尚之同者」

唐古人余闕之書法亦負盛名。《書史會要》說他「工篆隸，字體淳古」[529]。其門弟子戴良〈余闕公手帖後題〉說：「他若篆隸眞行諸字畫亦往往深到，有漢晉作者之遺風。」[530]而戴良之友宋濂跋余闕篆書云：「公文與詩皆超逸絕倫，書亦清勁。」[531]

上述諸蒙古、色目人中，闊不花與脫脫、哈麻由於位高權重而得到漢族士人之品題，泰不華、貫雲石與余闕書藝皆高，而巎巎尤爲大師，皆備受漢族士人之崇敬。而李屺雖不以書法著名，卻也受到吳澄之讚賞，亦應有一定之造詣。

(二)蒙古、色目人題當代漢族法書

漢族書法家人數之多，遠超過蒙古、色目。蒙古、色目士人因仰慕而爲漢族書家手跡題跋者應有甚多，可惜在現存史料中所見僅有數件。

1.蒙古

阿魯威跋虞集書〈虞雍公「誅蚊賦」〉：虞雍公即南宋宰相、抗金名臣虞允文(1110-1174)，所撰〈誅蚊賦〉，借蚊蟲喻奸惡，以示誅惡鋤奸之志。虞集乃其五世孫，晚年退居江西後，手書此賦以贈來訪之吳僧閑上人，閑上人東歸後，請阿魯威作跋。阿魯威之跋，前半篇闡述允文作賦之原意，後半篇則說明虞集能夠繼承家學及先人之

---

529 《書史會要》卷7，頁17上。

530 《九靈山房集》卷22，頁1上。

531 《宋濂全集》第3冊，頁1577，〈題余廷心篆書後〉。

志。末署：「和林魯威叔重父」[532]，並鈐「和林魯威氏」方印，蓋和林爲蒙古舊都，阿魯威以此爲其郡望，表明其爲蒙古人。

泰不華〈跋鮮于樞「御史箴」〉云[533]：

> 右鮮于伯機書〈御史箴〉一卷，運筆處得〈蘭亭〉遺意，結體大率仿〈瘞鶴銘〉，篆隸飛帛等法，時一出之，眞可當一代名作。松雪翁(趙孟頫)謂筆筆皆有古法，斯盡之矣！宜寶藏之。白野泰不華題[534]。

〈御史箴〉一文係金代大儒趙秉文(1159-1232)所撰。鮮于所書爲大字楷書，無論趙秉文與鮮于樞的書法皆代表北方之傳統[535]。泰不華之跋一方面表達了他對鮮于樞書法之敬意，另一方面也顯示了其書藝的功力。書法學者王連起認爲此跋：「結構嚴謹得於歐(陽詢)，筆畫舒展取法虞(世南)，兼有精緊疏朗之妙；又學得王右軍(羲之)的峭挺瘦硬，潤之以趙松雪的姿媚遒勁，所以就顯得異常飛動靈逸。」[536]

同同跋錢良右四體千字文：同同爲元統元年右榜狀元，已見前

---

532 此跋收入《趙氏鐵網珊瑚》卷5，頁38下-39上，〈虞邵菴書「誅蚊賦」〉；《水東日記》卷30，頁298-301，〈虞雍公「誅蚊賦」〉。賈敬顏，《民族歷史文化萃要》，頁136-137，〈元蒙古兩曲家〉。

533 《書史會要》卷7，頁2下-3上。

534 現藏於普林斯頓大學美術館。另有台北漢華文化公司1983年出版《鮮于樞書〈御史箴〉〈歸去來辭〉眞蹟兩種》單刊本。

535 Marilyn Wong Fu, "The Impact of the Reunification: Northern Elements in the Life and Art of Hsien-yü Shu (1257?-1302) and Their Relation to Early Yüan Literati Culture," pp. 371-433.

536 王連起，〈元代少數民族書法家及其書法藝術〉，《故宮博物院院刊》1989年第2期，頁79。

文[537]。書者錢良右(1278-1344)，字翼之，平江(今蘇州)人，工於書。同同跋云：「右四體千文，吳中錢翼之先生書也。古精於書者莫如晉，如王、如庾、謝，皆稱書聖，篆、隸、眞、草猶鮮能兼，況其下者乎？翼之道學而善書，備四體且精到」。末署「集賢同同書」[538]，可見同同對錢良右所書千字文的四體精到，甚爲欽佩。

2. 色目

巎巎跋趙孟頫楷書〈清靜經〉：巎氏草書跋趙書〈清靜經〉尚存於Freer Gallery of Art，跋云：

> 趙文敏公好書道經，散在名山甚眾。此其一焉。而王右軍法
> 書，流轉於世，唯〈黃庭〉爲稱首。今觀趙公所書〈清靜
> 經〉，飄飄然若蛻骨爲仙，凌屬霞表，前軰所稱右軍「灑素
> 寫道經，筆精妙入神」，同歸此意，宜矣[539]！

此跋以趙氏所書與羲之名帖〈黃庭經〉相比，極爲推崇。

余闕跋〈虞集等行書題蘇軾「樂地帖」〉，今藏上海博物館。原件未見。據王連起說：余氏書法點畫較爲隨意，筆致也頗蕭散，以姿致風韻爲尚[540]。

盛熙明〈跋趙孟頫「雜書三段帖卷」〉：盛熙明，其先曲先(今新疆庫車)人，《書史會要》稱其「工翰墨，亦能通六國書」，曾撰

---

537 《元代進士輯考》，〈元統元年進士錄校注〉。
538 《式古堂書畫彙考》卷17，頁82下，〈元錢翼之四體千文〉。
539 此卷及跋著錄於《墨緣彙觀》，法書卷下，頁85。中田勇次郎、傅申編，《歐米收藏中國法書名蹟集》(東京：中央公論社，1981)第3卷，頁21-22；137-138。
540 同上，頁78。

《法書考》[541]、《圖畫考》進呈元廷，今仍存。〈雜書三段〉行書，係孟頫於大德九年(1305)爲湖州計籌山升玄報德觀住持南谷子杜道堅(1237-1318)所書。跋云：

> 南谷尊師，道德輝映朝野；松雪翰林，詞翰妙絕古今。今爲計籌之寶，開卷展玩，令人不厭。古語云：「世人那得知」[542]。

跋中稱趙孟頫之書法「妙絕古今」。其書法爲行書。王連起稱熙明之書「似弱不自持而並不虧於點畫，可知是懂筆法的」[543]。

脫脫木兒題趙孟頫書《道德經》：孟頫前後書老子《道德經》數本，脫脫木兒所題爲孟頫於延祐三年(1316)六月爲貴和法師書，行楷書。脫脫木兒楷書「翰林妙筆」四字[544]。

以上題跋者共有蒙古二人，色目四人，其中除阿魯威、脫脫木兒外，皆以書法知名。作品被題的鮮于樞、虞集皆爲當代書法名家，趙孟頫更是如此，故受品題最多。題跋者除對被題作品之賞讚外，與被題之漢族士人往往具有密切的關係，如趙孟頫與巙巙爲師生，阿魯威與虞集爲同僚，各有私誼。

(三)蒙古、色目題古人法書

臨摹古人碑帖是書家必經的訓練，而觀賞古人墨跡亦是書家的一

---

541 《書史會要》卷7，頁21下；洪再新，〈從盛熙明看元末宮廷的多元藝術傾向〉，《故宮博物院院刊》1998年第1期，頁18-28。

542 此卷今藏北京故宮博物院，見王連起主編，《元代書法》，頁60。

543 王連起，〈元代少數民族書法家及其書法藝術〉，頁81。

544 張照等，《秘殿珠林》(四庫全書)卷16，頁19上-20下。

大樂趣以及追求進步之重要泉源。元代蒙古、色目書家亦是如此。

1. 蒙古

題跋者中，蒙古人有護都沓兒、泰不華、朵兒直班、篤列圖等人。

護都沓（答）兒，托托里氏，延祐二年（1315）首科狀元[545]。五年任翰林待制，與同僚趙孟頫等奉敕題跋王羲之〈快雪時晴帖〉，原跋真跡仍存，現藏台北故宮博物院[546]。跋中既讚美羲之墨跡「當爲天下法書第一」，又歌頌元仁宗之「博古尚文」。護都沓兒之字工筆細楷，並不流暢，比起趙跋之遒勁，相去甚遠。

泰不華所題宋人法書甚多，有韓琦〈尺牘〉、范仲淹（989-1052）書〈伯夷頌〉、〈與尹師魯書〉、歐陽修〈自書詩文稿〉、蘇軾〈遊虎跑泉詩卷〉及薛尚功〈摹鐘鼎彝器款識〉，皆爲北宋書家作品。其韓琦〈尺牘二帖〉跋先稱此二帖「端謹遒勁，得顏魯公法爲多」，又從顏、韓二人功業解釋書法相同之原由：「噫！魯公爲唐之忠臣，魏公爲宋之賢相，故其書法之妙，亦相彷彿若是也」[547]。其跋范仲淹〈伯夷頌〉一方面稱譽仲淹之德行功業，另一方面則頌讚其書藝：「今觀魏國所書〈伯夷頌〉，筆法森嚴，真可與〈黃庭〉、〈樂毅〉等書相頡頏，是則魏公非特於德行功業超然傑出，其於書法亦造乎其極者也」[548]。其跋〈范文正公與尹師魯書〉二帖，固然論及尹洙（1001-1047）與仲淹在政治上之情誼，但亦稱讚仲淹「二帖筆力遒

545 〈元代蒙古人的漢學〉，頁194-196。
546 《故宮法書》第1輯，頁5。
547 《石渠寶笈》卷29，頁32下。
548 《大觀錄》卷3，頁36上；《趙氏鐵網珊瑚》卷2，頁60下。

勁，有晉人遺意，尤非泛泛於書者」[549]。

〈自書詩文稿〉係歐陽修手書之〈族譜序槀〉及〈宿東閣詩〉合成，元時由其裔孫彥珍所藏。不華應彥珍之請題跋，跋文主要頌讚歐陽修之文章事業[550]。蘇軾〈遊虎跑泉詩卷〉係至正元年(1341)端陽日不華與友人伯篤魯丁等同觀於大都寬簡堂，不華時任禮部侍郎[551]。而薛尚功〈摹鐘鼎彝器款識真跡〉則係不華於至正七年(1347)所觀賞[552]。不華於此二件皆僅作觀款，而未題跋。同觀〈遊虎跑泉詩卷〉之伯篤魯丁，字至道，回回氏，與不華為至治元年(1321)同科進士，為一色目詩人[553]。

朵兒直班，札剌亦兒氏。元季胡行簡論蒙古、色目人才，言及書法之美，以朵兒直班與嶤嶤並舉，可見他的書藝甚高[554]。其題跋蘇軾〈虎跑泉詩〉云：

> 右蘇文忠公真蹟，此詩不載集中。虎跑泉一在丹陽，一在錢唐。公嘗通判杭州，則此泉蓋在錢唐者也。至正元年二月壬寅朵爾直班跋。下鈐「笞敕(剌)爾」、「太師國王世家」[555]。

此跋所云，為一小考證。所鈐二印，「笞敕(剌)爾」指其族屬，而「太師國王世家」則指其為太師國王木華黎之後裔。

---

549 《大觀錄》卷4，頁19上-19下。

550 《石渠寶笈三編》第3冊，頁1399。

551 《江村銷夏錄》卷2，頁13下。

552 《趙氏鐵網珊瑚》卷1，頁26下。

553 《元詩選癸集》丁，頁382-383。

554 胡行簡，《樗隱集》(四庫全書)卷5，頁3上，〈方壺詩序〉。

555 《江村銷夏錄》卷2，頁13下。

篤烈圖（1312-1348），捏古氏，字敬夫，至順元年（1330）進士，
為其座師馬祖常之妹夫，與前述之篤烈圖字彥誠者非同一人。《書史
會要》稱其「善大字」[556]。其題范仲淹〈伯夷頌〉為七絕一首[557]。

2. 色目

　　為古人書蹟題跋之色目士人有貫雲石、趙世延、巙巙、薩都剌、
斡玉倫徒、伯顏不花的斤、偰玉立、余闕、榮僧、迺賢。

　　貫雲石所題為北宋道學先驅石介（1005-1045）所書〈擊蛇笏
銘〉。此銘乃敘宋孔平仲於祥符間任寧州判官時以笏擊斃妖蛇，以解
民惑之事。雲石所題七律係詠嘆此一故事[558]。

　　趙世延與巙巙皆曾跋唐歐陽詢〈唐搨化度寺禪師塔銘〉。此一塔
銘全稱為〈化度寺故僧邕禪師舍利塔銘〉，唐貞觀五年（631）立，李
百藥撰，歐陽詢書。此碑為楷書，與〈九成宮醴泉碑〉並為歐陽詢之
代表作。趙、巙所題為此碑唐搨本，亦即元陳彥廉（名寶生）藏本，上
有元人盧摯、趙孟頫等十三跋[559]。世延之跋云：

> 歐書世所傳者〈九成宮碑〉、〈邕禪師塔銘〉，見者或鮮。
> 嘗觀宣和內府所藏荀公曾帖，其清勁精妙，與此帖殆無異，
> 宜乎為世所寶也[560]。

556 《書史會要》卷7，頁20上。
557 《大觀錄》卷3，頁38上；《式古堂書畫彙考》卷9，頁72上-72下。
558 《珊瑚木難》卷1，頁8上-8下。
559 此帖現存日本，見中田勇次郎，《王羲之を中心とする法帖の研究》（東
　　京：二玄社，1979），頁290-292。
560 汪砢玉，《汪氏珊瑚網法書題跋》（適園叢書）卷20，頁12上；《書畫題跋
　　記》卷2，頁1下，2下-3上。

巙巙跋云：

> 歐(陽)率更書，姜白石以爲追蹤鍾、王。今觀此石刻，尚使
> 人驚絕，矧眞蹟哉！因知白石之論爲信然。此〈化度寺碑〉
> 蓋舊本，收者宜寶藏之。

世延此跋作於至順三年(1332)，而巙巙跋於至元六年(1340)，觀賞時
間前後不一，但對此唐搨本歐陽詢書之讚嘆則相同。

巙巙又曾爲王羲之〈定武蘭亭眞本〉、〈靜心本定武蘭亭〉及
〈曹娥碑〉題跋。〈蘭亭序〉原是王羲之爲蘭亭雅集所賦詩卷而作的
序言。唐歐陽詢據王氏眞跡臨摹上石。北宋定武太守薛珦另刻一石，
其本遂稱〈定武蘭亭禊飲序〉。〈靜心本定武蘭亭〉原爲趙孟頫友人
吳森號靜心者收藏的另一〈定武蘭亭〉搨本。孟頫曾比較上述二本並
作題[561]。後奎章閣鑑書博士柯九思獲得〈定武蘭亭眞本〉，天曆三
年(1330)奉命進呈，文宗親識「天曆之寶」而賜還。巙巙乃以董源之
畫換得〈定武蘭亭〉，並題識如次：

> 〈定武蘭亭〉，此本尤爲精絕，而加之以御寶，如五雲晴
> 日，輝映於蓬瀛。臣以董源畫於九思處易得之，何啻獲和璧
> 隨珠，當永寶藏之[562]。

---

561 參看何傳馨，〈故宮藏「定武蘭亭眞本」(柯九思舊藏本)及相關問題〉，
收入華人德、白謙慎主編，《蘭亭論集》(蘇州：蘇州大學出版社，
2000)，頁331-344；黃惇，《從杭州到大都》，頁95-110。

562 《石渠寶笈三編》第6冊，頁2803。此帖現由台北故宮博物院收藏。見《大
汗的世紀》，頁34-35，290。

巙巙書法原宗二王，對此帖自然寶重。

其跋〈靜心本蘭亭〉云：

> 右〈定武蘭亭〉，乃神妙之本，其寶藏之，不可輕易與人
> 也[563]。

亦表達寶重之意。

〈曹娥碑〉傳爲王羲之或不知名之晉人所書，亦爲柯九思藏本。巙巙係於至順元年(1330)偕色目友人邊魯至柯氏玉文堂觀賞，巙巙所書僅爲觀款，未作題記[564]。巙巙於此時以吏部尚書兼領奎章閣屬下之群玉內司，遂與九思共事於閣中，二人因對書畫文物之共同興趣而交往密切。

薩都剌爲王羲之草書〈七月帖〉題行書「書聖」二字[565]。

偰玉立所題爲范仲淹書〈伯夷頌〉。玉立，畏兀兒人，延祐五年(1318)進士，前述偰哲篤之兄[566]，亦能詩善書，清陳棨仁跋其所書「泉南佛國」四字石刻云：「落墨古樸，尙能自見骨力」[567]，可見其書法風格頗爲可觀。其題〈伯夷頌〉中有句云：「文正千年士，精忠凜不亡。勳名山嶽重，翰墨日星光」[568]，既頌揚仲淹之功勳名聲，亦讚美其書法高妙。

斡玉倫徒所跋爲薛尙功〈摹鐘鼎彝器款識眞跡〉，跋云：

---

563 倪濤，《六藝之一錄》(四庫全書)卷160，頁5上。

564 遼寧省博物館編，《遼寧省博物館》，頁117，題作〈曹娥誄辭卷〉。

565 《式古堂書畫彙考》卷6，頁42下。

566 蕭啓慶，〈蒙元時代高昌偰氏的仕宦與漢化〉，頁243-297。

567 《閩中金石略》卷12，頁17上。

568 《大觀錄》卷3，頁42上；《趙氏鐵網珊瑚》卷2，頁70上。

予讀薛尚功〈集古金石文〉，常嘆其博，及見謝長源所收尚
功寫本，乃知金石刻僅得其半，而寫本字畫爲精。夫學至於
博而精，豈特論藝文而已[569]。

薛尚功爲宋朝金石文字學家，所編《歷代鐘鼎彝器款識》對金石學之
發展影響至深。斡玉倫徒所見乃尚功原摹眞跡，對古文字當有興趣。
斡玉倫徒之跋寫於至正元年（1341），七年秋畏兀兒畫家伯顏不花的斤
亦曾觀此眞跡並作觀款[570]。按斡玉倫徒，西夏名門之裔，出身進
士。曾任奎章閣典籤、南臺經歷。《書史會要》稱其「文章、事業夐
出人表，書蹟亦佳」[571]。

　　榮僧，字子仁，回紇（畏兀兒）人，出身宦門。至正十一年（1351）
進士，官至江浙行院經歷[572]。其書法楷書學虞世南[573]。其跋謝靈運
〈巖下一老公（一作翁）四五少年贊〉，對謝氏草書甚爲推崇，認爲
「豈謝公以佳詩雅韻，掩其書名耶？」[574]

　　廼賢所跋爲〈賢首禪師法書卷〉。賢首法師即唐康居僧人法藏
（643-712），爲佛教華嚴宗之創始人。書法造詣頗深，其書風「上接
晉人風致，下開米芾法門」[575]。清潘正煒《聽颿樓續刻書畫記》錄
有其〈法書卷〉，後有廼賢七律並跋，末云：「至正二十四年（1364）

---

569 《趙氏鐵網珊瑚》卷1，頁26上。
570 《式古堂書畫彙考》卷12，頁47上。
571 《書史會要》卷7，頁18下。陳垣，《元西域人華化考》卷4，頁54下；卷
　　5，頁79下。
572 《元代進士輯考》，〈至正十一年進士題名記校注〉。
573 《書史會要》卷7，頁19下。
574 《汪氏珊瑚網法書題跋》卷1，頁8上；《書畫題跋記・續題跋記》卷1，頁
　　3下。
575 王乃棟，〈西域少數民族書法家遺存作品考〉，頁81。

龍集甲辰八月二十七日夜，南陽迺賢謹書」[576]。迺賢所書爲行小楷，字體疏朗秀逸，筆畫挺勁，頗有清和雅逸之致[577]。

此外，武宗朝尙書左丞相、族屬不詳之三寶奴[578]及其同朝大臣前述之阿沙不花皆題王羲之〈七月帖〉。三寶奴之跋云：

> 逸少此帖僅二十九字，筆法圓健，而有無窮宛轉之妙。昔人評其書如龍跳天門，虎臥鳳閣，豈虛語也耶[579]。

而阿沙不花所題則爲「希世之寶」四字。對羲之手跡皆爲極端讚譽。過去學者認爲三寶奴、阿沙不花皆爲武宗攜自漠北之家臣，應該不諳漢學，但由其題跋看來，顯然亦懂書道[580]。

總之，爲古人書蹟題跋之蒙古、色目士人頗多，被題者自晉代王羲之至北宋范仲淹、歐陽修涵蓋甚廣。而王羲之的書蹟最受重視，乃因元代書家自趙孟頫之後力求恢復晉唐古法，尤推崇羲之。題跋內容除讚賞這些古人書藝高妙外，往往亦推崇其人格與功業，蓋古來論者多認爲書法爲人格之反映。

---

576 潘正煒，《聽颿樓續刻書畫記》卷上，頁493。此帖並跋刻入孔廣陶《嶽雪樓鑑眞法帖》（北京：中國書店，1997，上冊，子冊，頁57，〈隋唐・釋法藏與義想法師手帖〉）及下中彌三郎編《書道全集》（東京：平凡社，1957，卷8，頁64-65）。

577 任道斌，〈論趙孟頫與元代少數民族書畫家〉，頁55。

578 《程雪樓文集》卷2，頁7上-7下，〈榮祿大夫……封蒲國公餘如故制〉。

579 《大觀錄》卷1，頁17下。

580 《述德堂帖》卷六收有阿沙不花等人的奏稿，見王乃棟，〈西域少數民族書法家遺存作品考〉，頁84。

四、結語

書畫題跋文學起源於宋代，在元代文人畫興起後達到一個高峰。元代的題跋文學充分反映當時士人的多族結構及各族士人間的密切交往。

自元代初年迄於中期，在日益增多的蒙古、色目士人中，不僅對中原書畫藝術具有鑑賞能力者為數頗多，更有不少造詣頗高的書畫家，應可躋身當代名家之列。其中高克恭的繪畫、巎巎的書法，時人均以之與書畫冠冕當代的趙孟頫相比擬，因而極受漢族士人的崇敬。

蒙古、色目與漢族書畫家不僅具有類似造詣、共同愛好與品味，而且相互之間又往往具有師生、同僚、朋友的社會關係。故常常撰跋賦詩，互相品題對方的作品。更多雖不具書畫創作才能，卻有賞鑑能力的各族士人也常品題不同族群書畫家的作品。題跋之中，不僅鑑賞藝術，偶亦道及友情。

與漢族士人相同，蒙古、色目士人觀賞與臨摹古人書畫是生活上一大樂趣，也是增益其藝術水準的重要方法。古人書畫多不易得，有緣觀賞者多為達官貴人或著名士人。蒙古、色目士人對漢族古人書畫的讚賞反映出他們對中原歷史文化的認同。

由於元代蒙古、色目人並未移殖其本族文學、藝術至中原，而對中原文學、藝術採取全面接受、積極學習的態度，因而其書畫技能及風格與漢族士人並無二致。蒙古、色目與漢族士人對當時異族士人作品及古人遺珍的品題標準相同，亦無差異。

總之，書畫之品題反映出蒙古、色目士人已充分融入中原士大夫文化之中，與漢族士人差異不大。

附錄一　趙鸞題管道昇〈紫竹庵圖〉辨偽

　　清代以來書畫文獻中著錄管道昇〈紫竹庵圖〉並云有趙鸞題跋。按趙鸞(1308-1341)，汪古氏，趙世延之女，許有壬繼室，為一才女[581]。楊鐮《元代文學編年史》亦述及此圖，並云：「為管道昇〈紫竹庵圖〉的題詩，是僅見的趙鸞手蹟，也是僅存的西域女子的書法與詩篇」，凸顯出趙鸞題詩之意義[582]。可惜楊氏未注明其論述的史源。此圖及跋啓人疑竇，茲就其流傳及為偽作的理由略作探討。

　　元、明兩代文集及書畫錄中皆無關於此圖的記載。最早記載為清曹鎮輯錄《所藏書畫錄》、李佐賢(1809-1876)《書畫鑑影》及錢杜(1764-1845)《松壺畫憶》。現在則收藏於日本奈良大和文華館[583]。

　　關於此圖內容及題跋作者，曹鎮《所藏書畫錄》中載有本圖圖像及諸人題跋，標題作：「恭錄恩賜畫軸元管道昇〈紫竹庵圖〉」，並錄有乾隆二十二年(1757)御題詩[584]。可見曹鎮家藏此圖來自乾隆御賜[585]。此圖內容有如錢杜所描述：「用筆細秀，一庵之外皆新篁，間以靈石，庵中一僧一經卷而已，古穆淵靜之致可掬」[586]。

　　關於諸篇題跋，由《所藏書畫錄》及大和文華館藏本圖影可知，畫心有管夫人題款及詩，柯貞白題詩。詩塘之中題詩者有曹氏雪齋、比

581　《安雅堂集》卷11，頁15上-17下，〈故魯郡夫人趙氏墓誌銘〉。

582　楊鐮，《元代文學編年史》(太原：山西教育出版社，2005)，頁348-349。

583　戶田禎佑、小川裕充編，《中國繪畫總合圖錄·續編》(東京：東京大學出版會，1998-2001)，編號JM20-18。

584　曹鎮，《所藏書畫錄》，中央研究院歷史語言研究所傅斯年圖書館藏嘉慶十年(1806)歙縣曹氏石鼓硯齋曹氏稿本。乾隆題詩亦見於《御製詩集》卷73，頁21上。

585　曹鎮之父文埴(1735-1798)官至戶部尚書，頗得乾隆重用，故受恩賜。

586　錢杜，《松壺畫憶》(楡園叢刻)卷下，頁6下。

丘尼妙空、劉氏園秀、應善鸞及了凡淨人。論性別，作者及題詩者皆為女性。論諸人題詩字跡，顯然全出一人之手。至於各人身分，柯貞白之名不見於文獻中，由其詩首句「我來學道臥龍宮」，可知亦為一女尼或道姑。其餘各人中，妙空與了凡顯然皆為女尼，曹氏雪齋即錢塘才女曹妙清[587]，劉氏園秀為一歌妓[588]。至於應善鸞，應即趙鸞[589]。故其中有女尼，有歌妓，亦有名門閨秀，高低出入甚大。如此作者及題詩者陣容，在書畫史上可說空前，極為可疑。

　　大陸美術史學者趙志成認為；「此畫藝術手法精緻細膩，似出自行家之手。又管道昇款書題，書法俗劣，詞句不通，應為明人託名之作」[590]。筆者認為作偽的時間可能在盛清，作偽者欲藉管夫人之聲名以抬高此畫身價，卻是手法拙劣，為管夫人搭配了身分懸殊，族群有異的六位女性題詩者，作偽痕跡至為明顯。卻不知何緣入藏清宮，而乾隆帝不察，於其上題詩一首，並以之賜其臣曹鎮，曹氏收入家藏《書畫集》中，以致以訛傳訛。故此圖之題詩既不是「僅見的趙鸞手蹟」，也不是「僅存的西域女子的書法與詩篇」。

附錄二　高克恭跋陸探微及李成畫辨偽

　　高克恭曾跋陸探微及李成（約919-967）畫各一幀，分別出於孔廣陶《嶽雪樓鑑眞法帖》[591]及張泰階《寶繪錄》之記載[592]。李成事跡

---

587 《書史會要》卷7，頁20下；〈考評〉，頁2下。

588 《書史會要》補遺，頁15下。

589 前引〈趙氏墓誌銘〉記其字善應，《書史會要》（補遺，頁15下）則作「趙夫人鸞字應善」，

590 趙志成，〈「趙孟頫繫年」辨證〉，收入《趙孟頫研究論文集》，頁464-513。

591 《嶽雪樓鑑眞法帖》下冊，未冊，頁125-126，〈元高克恭題陸探微畫

已見前述，陸探微六朝劉宋時吳人，平生多畫古聖賢像[593]。但《嶽雪樓鑑眞法帖》及《寶繪錄》兩書所錄書畫可信度皆不高。關於《嶽雪樓鑑眞法帖》，容庚《叢帖目》引張伯英之評論：「粵之富人往往喜聚書畫，刻爲叢帖……然選擇都不甚精，筠清館之外，無不眞僞雜糅。豐於財者拙於目，造物盈虧之理固如是耶！……其他元明人書亦有誤收之贋本，無庸一一論矣」[594]。王乃棟認爲，《嶽雪樓鑑眞法帖》中克恭跋之行草「神韻不似高氏其他題畫墨跡」[595]，克恭跋爲僞託之可能甚大。至於《寶繪錄》一書可信度更低。《四庫全書總目提要》已質疑所列諸畫來歷[596]。吳修(1764-1827)《青霞館論畫絕句》附注更明白指出：「崇正(應作禎，當因避諱改)時有雲間張泰階者，集新造晉、唐以來僞畫二百件，併刻爲《寶繪錄》二十卷……余曾見十餘種，其詩跋乃一人所寫。」[597]而且，克恭之跋末署「至元元年(1335)冬十月靜觀閣鑑定房山」，而克恭早於至大三年(1310)即已逝世。顯然，二書所錄陸探微及李成畫及高克恭之跋皆爲僞託。

附錄三　薩都剌題跋董展〈三顧草廬圖〉辨僞

台北故宮博物院收藏之董展〈三顧草廬圖〉上有薩都剌題跋。

(續)──────
　　跋〉。
592 張泰階，《寶繪錄》(四庫全書存目叢書)卷19，頁4下。
593 《圖繪寶鑑校勘與研究》卷2，頁11。
594 《叢帖目》第2冊，頁846-847。
595 王乃棟，〈西域少數民族書法家遺存作品考〉，頁87。
596 永瑢等，《四庫全書總目提要》(四庫全書)卷114，頁18下-19上。
597 吳修，《青霞館論畫絕句》(美術叢書)，頁221-222。張泰階及其《寶繪錄》，相關研究可見Zaixin Hong (洪再新), "Antiquarianism in an Easy-going Style: Aspects of Chang T'ai-chieh's Antiquarian Practice in the Urban Culture of Late Ming China," 《故宮學術季刊》第22卷第1期(2004)，頁35-68。

《故宮書畫錄》云：「薩都剌之題字與其年款及跋語內容均不合，應
爲後人作品所僞託」[598]。可見收藏單位亦認爲此畫出於「僞託」，
惜語焉不詳，有進一步論證之必要。

　　薩都剌之跋云：

> 往予宦遊長安。廉訪楊孟載出所藏《道經》，變相視予，覺
> 骨氣奇偉，豐神奪目，其後有數小楷字，書「汝南弟子董展
> 敬書」……頃觀吳子壁間〈三顧圖〉，漠漠有雲霧起，人馬
> 儼如也，大非俗史所能夢見。此非凡筆，乃伯仁所作也。吳
> 子曰：「先生何以知之？」余曰：「譬之野鶴立於雞群，其
> 霜姿自然炯目。嫠婦子都，美惡奪心。」吳子乃長揖曰：
> 「非先生幾茆塞矣！」於是索錄所述，逆而不出。至正甲午
> 秋燕山天錫山人薩都剌識[599]。

此跋號稱爲薩都剌作於至正十四年(1354)，並以〈三顧圖〉爲董展作
品。

　　其實，此圖與跋皆爲「僞託」。此圖爲後人僞作的理由爲：一、
畫家董展並無其人，此名乃董伯仁、展子虔姓名的合體。按董、展二
人皆爲北朝晚期至隋代的畫家，善繪佛道、樓閣等，時人並稱爲董、
展[600]。宋徽宗敕撰《宣和畫譜》誤二人爲一人，遂名董展，字伯
仁，與展子虔並列[601]。後人不察，遂以董展爲另一畫家，僞作〈三

598　《故宮書畫錄》第4冊，卷8，頁53。

599　《石渠寶笈》卷38，頁1下-2上。

600　張彥遠，《歷代名畫記》(四庫全書)卷8，頁5上，8上-8下。

601　宋徽宗敕撰，《宣和畫譜》(藝術叢編)卷1，頁51-54。

顧圖〉者亦沿襲此誤。二、自隋至元，此畫未經著錄，亦無人題跋。自元代至《石渠寶笈》成書之前，僅有乾隆帝《御製詩集》中有〈題董展「三顧草廬圖」〉七律一首[602]，爲此圖之題畫詩。薩都剌跋爲僞作的理由則爲：一、都剌生前未曾任官長安（即西安）。二、跋文繫年爲至正十四年，晚於都剌卒年。薩都剌之生卒年頗有爭議，雖然《雁門集》編注者清薩龍光認爲薩都剌卒於至正十五年(1355)[603]，現代學者張旭光推測薩氏卒於至正七八年間(1347-1348)[604]，而桂栖鵬則主張薩氏卒年應在後至元四年與六年間(1338-1340)[605]，兩者均早於至正十四年。綜上所論，〈三顧圖〉及薩跋均係「僞託」。作僞之時間應爲清初，乾隆時入藏宮廷，由帝御筆題詩並收入《石渠寶笈》。由此畫及〈紫竹庵圖〉看來，乾隆勤於題畫而疏於鑑別，而清宮所藏頗多僞作。僞作的對象雖皆爲漢族，但蒙古、色目亦被假託爲題跋者。

第四節 編書贈序

　　讀書、著書與刊書是士人階層的主要活動。讀書與著書主要有賴士人個人的努力，而著作的刊行與序跋往往需倚恃師長、友朋、門生、子孫或鄉晚在其生前或死後的推動與揄揚。從著作的編刊與序跋的題贈應可看出士人相互間的關係與情誼。

　　本節擬從蒙古、色目士人與漢族(包括漢人、南人)士人間相互編

---

602 清高宗，《御製詩集》二集，卷64，頁6下。

603 《雁門集》卷1，頁1；卷14，頁392。

604 張旭光，〈薩都剌生平仕履考辨〉，頁331-352。

605 桂栖鵬，〈薩都剌卒年考〉，收入桂氏，《元代進士研究》，頁169-180。

刊著作及贈序題跋，來顯示各族士人互動的密切與情誼的深厚。由於
著作編刊與題贈序跋的性質與意義互不相同，茲分述之。

一、著作編刊

　　士人之著作大體可分二類，一爲其個人之詩文集，一爲專著。詩
文集多爲士人一生詩文較爲全面之匯集，亦爲其揚名後世的主要基
礎，別集出版之頌揚及紀念意義因而較大，編刊者多爲著者之門人、
子孫或同鄉後輩。專著在此泛指別集之外的一切著作，或注釋經典、
或考論史事、或爲探討醫藥、水利等等的專門著作，亦包括涵蓋甚廣
的類書。但是，不論廣狹，其出版之意義不限於對著者個人之紀念，
而且具有影響較爲廣泛的實用或教化功能。專著編刊者固然可能是著
者本人或其子孫及門生，但也可能是官方人士。

（一）詩文集

1. 蒙古、色目人爲漢族士人編刊詩文集

（1）訥懷刊印江疁《古修文集》

　　江疁，字天澤，號古修。婺源人。宋咸淳七年(1271)進士，授案
州司戶參軍，元初任晦庵書院山長[606]。所遺詩文二十餘篇，曲其友
人方回(1227-1307)爲之序，稱其「詩句妥字穩，文言雋味永，中有
詞，不爲艷體」[607]。訥懷於至元間任婺源州達魯花赤時刊此書，訥
懷，方回稱其爲平陽人，族屬不詳。曾撰〈時雨亭記〉[608]。

（2）劉沙剌班、斡玉倫都促刊虞集《道園學古錄》、《道園類稿》

---

606 程敏政，《新安文獻志》(弘治十年原刊本)卷100下，頁6下，〈江先生
　　傳〉。

607 《桐江續集》卷33，頁26下，〈江天澤古修文集序〉。

608 趙紹祖，《安徽金石略》(石刻史料新編)卷2，頁28上。

《道園學古錄》與《類稿》爲虞集最初的二種詩文集[609]。上述兩集爲唐兀士人劉沙剌班(即劉伯溫)、斡玉倫徒所編刊。兩人皆爲虞氏國子學弟子。沙剌班，字伯溫，漢姓劉[610]。官至西臺侍御史。曾參修《金史》。斡玉倫徒，事跡見前文。至正元年(1341)，斡玉倫徒任福建閩海道廉訪使，取虞氏門人李本等所編之《學古錄》五十卷刊行於福建[611]。至正五年(1345)，劉沙剌班任江西湖東道廉訪使，因《學古錄》「字畫差小，遺逸尚多」，請旨刊刻《道園類稿》五十卷於虞氏鄉居所在之撫州路[612]。可見虞氏詩文集之刊刻係由其兩位唐兀弟子所促成。

(3)變理溥化校錄揭傒斯詩文集

揭傒斯(1274-1344)，江西豐城人，官至翰林侍講學士，元詩四大家之一。元刻《揭曼碩詩集》、明正德本《揭文安公文集》卷首皆有「門生前進士變理溥化校錄」字樣，可見揭集係由變理溥化編輯[613]。變理溥化，蒙古斡羅納兒氏，泰定四年(1327)進士，當爲揭氏之座生[614]。

(4)拔不忽刊行張翥《張達善文集》

---

609 參看劉元珠，〈虞集「道園類稿」在元史研究上的價值〉，《食貨》第16卷第11‧12期(1988)，頁460-469；趙琦，〈元虞道園文集的刊本與篇目輯佚〉，《古今論衡》第18期(2008)，頁41-74。

610 《道園類稿》卷42，頁1上-7下，〈彭城郡侯劉公神道碑〉。

611 《道園學古錄》，李本跋。

612 《道園類稿》卷首，歐陽玄〈雍虞公文序〉、〈憲司牒文〉；《珊瑚木難》卷2，頁15上，歐陽玄致劉沙剌班書。

613 《揭文安公全集》。此書今有李夢生點校本《揭傒斯全集》。

614 同上，卷9，頁10上-11下，〈送變元溥序〉；《道園學古錄》卷40，頁3上-3下，〈題斡羅氏世譜〉；蕭啟慶，《元代進士輯考》，〈泰定四年科〉。

張達善，即張需(1236-1302)，受聘於蒙古珊竹氏、江東宣慰使拔不忽(1245-1308)，教其子弟。拔不忽刊行達善文集，並請吳澄作序，此一文集已散佚[615]。張需，四川人，居江南，金華大儒王柏弟子，後任孔、顏、孟三氏教授[616]。

(5)余闕、廉阿年八哈刊行柳貫《柳待制集》

《柳待制集》，柳貫(1270-1342)著。柳氏爲婺州路浦江人，官至翰林待制，爲婺州學派重要學者。據余闕序，貫爲其任官大都時之舊識，及其任浙東廉訪僉事，於貫家訪得其遺文，命貫之弟子宋濂、戴良彙次，又囑浦江縣達魯花赤廉阿年八哈刊刻之[617]。阿年八哈遂「捐俸爲倡刻，置學宮」[618]。廉阿年八哈，漢名浦，字景淵，畏兀兒人，爲世祖朝儒相廉希憲從孫、廉希恕之孫。曾任宮廷宿衛，至正十年至浦江蒞任，前後三年，頗具政績。臨行胡助爲撰〈廉侯遺愛傳〉[619]。又士人頌其政，合爲《甘棠集》，由戴良撰序。

(6)何伯翰增補楊維楨《古樂府》

《古樂府》即《鐵崖古樂府》，爲楊維楨之詩集。維楨《古樂府》爲其弟子富春吳復編輯，而由何伯翰增補[620]。伯翰，西夏人，事跡見前文。

(7)迺穆泰刊刻貢師泰《玩齋集》

615 《吳文正公集》卷10，頁30上-31下，〈張達善文集序〉。

616 《吳文正公集》卷9，頁21下-22下，〈張達善文集序〉。

617 《柳待制文集》，余闕序。此書今有柳遵傑點校本《柳貫詩文集》(杭州：浙江古籍出版社，2004)，余闕序列入附錄，頁481-482。

618 《純白齋類稿》卷18，頁18上-21上，〈廉侯遺愛傳〉。

619 《九靈山房集》卷5，頁12上-13上，〈甘棠集序〉。參看王梅堂，〈廉阿年八哈考述〉，《西域研究》2003年第4期，頁112-113。

620 《東維子文集》卷8，頁6下-7上，〈送何生序〉。

《玩齋集》，貢師泰著。師泰所著《玩齋集》係由門人謝肅等編輯，而由迺穆泰等於至正十五年(1355)刻梓。迺穆泰，蒙古人，貢氏再傳弟子，至正末任延平路南安縣達魯花赤[621]。

(8)迺賢編危素《雲林集》

迺賢與危素為摯友。危素之詩集《雲林集》即係迺賢編輯，初刊於後至元三年(1337)[622]。

(9)王俌編吳海《聞過齋集》

此集為吳海撰。吳海(？-1387)，字朝宗，號魯客，閩縣人，身處亂世而不仕元，亦不仕明，精研理學，亦長詩文[623]。與唐兀人王翰為摯友。元末仕於福建，任潮州路總管。為明初激烈派的元遺民，洪武十一年(1378)不應明廷徵辟，自決而亡。自決之後，吳海教養其遺孤俌成人。王俌於《聞過齋集》題跋中，自署「門人靈武王俌」，不忘其家源於西夏[624]。

以上漢族士人詩文集由蒙古、色目人編刊者共九種。

2. 漢族士人為蒙古、色目人編刊詩文集

(1)蘇天爵編刊馬祖常《石田文集》

汪古族馬祖常所撰《石田文集》係於亡後由蘇天爵與其弟易朔所編輯。天爵早年肄業國子學，經祖常識拔而入仕[625]。至元五年(1339)，天爵任江北淮東道廉訪使，請准刊行《石田文集》於揚州路儒學[626]。

---

621 《萬曆重修泉州府志》卷10，頁23下；貢師泰，《玩齋集》卷首。

622 朱彝尊跋，《雲林集》，收入《危太樸集·雲林集》，危詩跋，頁1下。

623 《元詩選》二集辛，頁1323。

624 《聞過齋集》，王俌跋。

625 《滋溪文稿》卷首目錄後，馬祖常跋。

626 《石田先生文集》卷首，頁2-3，蘇天爵序；頁6-7，江北淮東道肅政廉訪司

(2)郭奎等編余闕《青陽文集》

此集爲余闕之詩文集，前八卷卷首皆有「門人淮西郭奎子章輯」字樣[627]。郭奎，巢縣人，從余闕遊，後入朱元璋幕，至正二十五年坐朱文正案處死[628]，著有《望雲集》[629]，可見郭奎於元末即爲其師編輯文集。入明以後，張彥剛、張仲剛又加增補。

(3)危素編迺賢《金臺集》

《金臺集》爲迺賢之詩集。汲古閣本《金臺集》卷一前題「南陽迺賢易之學，臨川危太樸編」[630]。可見《金臺集》最初係由危素所編輯，即《金臺前稿》，危素曾爲之序。今刊《金臺集》則爲《後稿》，所含乃至正五年迺賢重訪大都後之作品。危素係以朋友身分爲迺賢編輯詩集。

(4)戴稷、釋疊鍠、向誠編丁鶴年《丁鶴年詩集》

丁丙著錄明鈔本《丁鶴年詩集》三卷，按語云：「元槧本，三卷。次行題門人四明戴稷、戴習，修江向誠、向信，方外疊鍠編次」[631]。是鶴年詩集係由五人分編。又，疊鍠似非鶴年門人，而爲靈隱大師復公弟子[632]，當爲丁鶴年之仰慕者。五位編者四俗一僧，似皆爲漢族人士。

以上漢族士人爲蒙古、色目人編刊的詩文集共四種。

（續）

　　　牒文。

627 《青陽先生文集》。

628 《明史》卷285，頁7311-7312，〈郭奎傳〉。

629 四庫全書。

630 《金臺集》，《元人十種詩》中收入此集。

631 《善本書室藏書志》（續修四庫）卷34，頁29上。

632 宋濂，《宋學士文集》卷24，頁1下-3上，〈靈隱和尚復公禪師三會語序〉；卷48，頁12下-13下，〈聲外鍠師字説〉；卷56，頁1下-3上，〈靈隱大師復公文集敍〉。

　　元代蒙古、色目人詩文成集者原本不多，今存二百五十種左右元
人詩文集中，色目士人的完整著作不過七種，蒙古人更無全帙詩文集
傳世。但在現存色目人詩文集中，由漢人編刊者達四種，比例不可謂
不高。由蒙古、色目士人編刊之漢族士人詩文集更多達九種，雖然此
一數目在當時的漢族士人詩文集總數中所占比率不大，但也值得注
意。如就編刊者與著者之關係而言，除去余闕及危素外，其餘的編輯
者皆爲著者之異族門生，可見師生之情超越種族之界限。

（二）專著

1. 蒙古、色目人刊行漢族士人專著

　　蒙古、色目人刊行的漢族前賢及時人專著現知有十種，其中五種
爲元人著作，五種爲前人著作。

（1）元代漢族專著

a. 闊里吉思刊吳鄹《周易注》

　　《周易注》，吳鄹著。吳氏爲江西永新人，宋末避仇山西，改名
張應珍，仕元爲秘書少監[633]，注《周易》。元駙馬高唐王闊里吉思（？-
1298），汪古人，篤於漢學，嘗問學吳氏，刊行其書於平陽路[634]。陳垣
疑闊里吉思所刊即《周易注》[635]。

b. 闊里吉思刊行張某《易解》

　　張君爲河南衣冠清流，多藏書，得前代易學名家著作數十種，參考
諸書之說，加以判斷，成《易解》十卷。高唐王闊里吉思命藩府板行，
賜觀中外者數十餘冊。央王惲爲之序，序作於元貞二年（1396）[636]。

633　《秘書監志》卷9，頁171。

634　《順治吉安府志》卷25，〈儒行傳〉，頁8下。

635　《元西域人華化考》卷2，頁22下-24上。

636　《秋澗先生大全集》卷42，頁13上-13下，〈易解序〉。

c. 黑閭刊行官頒《農桑輯要》

《農桑輯要》爲至元十年(1273)大司農司編成之重要農書。原書凡十門，大體係增刪賈思勰《齊民要術》、《士農必用》、《務本新書》。內容原係敘述北方農桑技術，後經多次增訂，補入南方的栽桑育蠶之術。城固縣達魯花赤黑閭與同僚捐俸刊刻此書。請蒲道源爲之序[637]。黑閭族屬不詳。此書久佚，今本係四庫館臣自《永樂大典》輯出。今有石聲漢校注本[638]。

d. 赫國寶刊《陸宣公奏議纂註》

《纂註》爲蘄春潘仁著。南臺御史上其書，中書省命館閣校刊，湖南廉訪僉事赫國寶「尤愛其書」，欲刊行之，請許有壬爲序。此一赫國寶族屬不明，許有壬序云：「國寶始作邑，即有聲，爲御史兩臺，僉江南憲，移湖南」[639]，可見歷任地方官與風憲官。可能即元統二年(1334)任南臺監察御史之赫赫，畏兀兒氏[640]，亦即至正十三年(1353)任江浙行省左丞後任集賢承旨之黑黑字國寶者[641]。

e. 買住刊印北宋陳襄《喻俗文》

陳襄(1017-1080)，字述古，號古靈，侯官人。北宋神宗朝名臣，官至樞密直學士，理學先驅。蒞宦所至，必講求民間利病。《喻俗文》即爲勸導改善污俗之作。買住，字簡齋，高昌畏兀兒氏，任信州路總管時刊行此書，由徐明善撰序[642]。

---

637 《閒居叢稿》卷20，頁7下-8下，〈農桑輯要序〉。

638 《農桑輯要校注》(北京：農業出版社，1982)。

639 《至正集》卷31，頁1上-1下，〈陸宣公奏議纂註序〉。

640 《至正金陵新志》卷6，頁61下。

641 《梧溪集》卷1，頁35上-36上，〈贈別浙省黑黑左丞國寶〉；卷5，頁35上，〈奉懷集賢黑黑承旨〉。

642 徐明善，《芳谷集》(豫章叢書)卷2，頁34上。

f. 阿殷圖校刊王應麟《玉海》

《玉海》爲宋元之際大儒王應麟(1223-1296)所纂之著名類書，初刻於後至元六年(1340)。阿殷圖，號埜堂，蒙古弘吉剌氏，至正九年(1349)任慶元路總管[643]，發現該書錯訛甚多，遂使應麟之孫厚孫校正。

g. 馬思忽倡刊王應麟《困學紀聞》

《困學紀聞》二十卷，是王應麟的另一名著，其刊刻是由馬思忽所倡導。馬思忽任浙東廉訪副使，與僉事孫楫，命刊刻此書，並請王氏門人、翰林侍講學士袁桷作序，袁序撰於泰定二年(1325)[644]。此書爲王氏晚年考據力作，涵蓋經史子集。按馬思忽，爲習見伊斯蘭教名Mas'ud之音譯，應係回回。但與詩人丁鶴年族兄、至正八年(1348)進士馬速忽字子英者非同一人，因爲此一馬思忽時代較早。

h. 普化帖睦爾促刊許謙著作三種

普化帖睦爾，字白野，爲許謙門人，至正六年(1346)任南臺監察御史，曾行文浙東廉訪使，請刊行乃師著作。許謙所著《讀書叢說》、《詩名物鈔》及《四書叢說》遂獲出版[645]。普化帖睦爾之族屬不詳，但應爲蒙古、色目人。元代漢儒著作之得以官費刊刻，多賴在位之蒙古、色目弟子推動，此爲一顯例。

i. 廉阿年八哈刊宋濂《浦陽人物記》

廉氏，畏兀兒人，見前述。至正十年(1350)任浦江縣達魯花赤，請邑人宋濂撰此書，表揚當地古來人物。全書分五目：忠義、孝友、政事、文學、貞節，凡二十九人，下迄元代，附以宋代進士題名於

---

643 《兩浙金石志》卷17，頁39下-42上，黃溍，〈慶元路重修儒學記〉。

644 《清容居士集》卷21，頁13下-15上。

645 張樞，〈白雲先生讀書叢說序〉，收入《全元文》第38冊，頁577-578。

後。廉氏又刊行此書，並請歐陽玄、鄭濤、戴良作序[646]，此書有單刊本，並收入《四庫全書》[647]。宋濂(1310-1381)，字景濂，浦江人，爲婺州學派重要後繼者，明朝開國名臣。

j. 偰玉立主纂吳鑒編《清源續志》

偰玉立，至正六年(1346)任泉州路達魯花赤，能詩善書[648]。在泉州任上，促成《清源續志》之編纂，此書之編者吳鑒所作之序述及編纂原委：「高昌偰侯來守泉，臨政之暇，考求圖誌，領是邦古今政治沿革、風土習尙變遷不同。太平百年，譜牒尙有遺逸矣！今不紀，後將無徵矣！遂分命儒生搜訪舊聞，隨邑編輯成書。鑒時寓泉，辱命與學士君子，裁定刪削爲《清源續志》二十卷，以補清源故事」[649]，可見此書係由偰玉立主纂，並延攬時寓泉州之吳鑒任主編之責。清源，五代軍鎮名，治所在泉州。宋蕭望著有《清源志》，《續志》乃賡續其書，爲一泉州方志。吳鑒，字明之，曾試進士不中。《八閩通志》卷六十二以吳鑒入〈人物‧文苑傳〉，云：「三山人。工文詞，簡潔清新，爲一時推重。其集多散逸，殘編斷簡，士大夫家往往猶有存者」[650]。所撰《吳明之集》[651]，已佚。至正十年，郡人爲偰玉立建「偰監郡生祠」，即由吳鑒撰記[652]。此前偰玉立重修譙樓，亦由吳鑒撰寫

---

646 《九靈山房集》卷6，頁2下-3下，〈浦陽人物記序〉。

647 《人物記》有金華叢書本。《宋濂全集》收入此書，但將正文、序跋、論贊分列於第3冊，頁1819-1852；第4冊，頁2171-2182，2473-2479。

648 《元代進士輯考》，〈延祐五年科〉。

649 此序原爲《清源續志》之序，誤收入元汪大淵《島夷志略》(四庫全書)之首。

650 陳道、黃仲昭，《弘治八閩通志》(四庫全書存目叢書)卷62，頁31上。

651 陳衍，《民國閩侯縣志》(中國地方志集成)卷47，頁3下，〈藝文上‧閩縣〉)。

652 《弘治八閩通志》卷59，頁15上，〈祠廟‧泉州府‧晉江縣〉。

〈譙樓記〉，今存[653]。袁桷書其文編，另爲撰〈孝思亭記〉[654]。《李孝光集校注》卷五有一詩題作：「吳明之既葬乃祖陽岡阡，楊仲宏追爲墓銘，趙子昂喜其才自爲書之。有詩名，湖海者皆爲賦詩。」[655]楊仲宏即名詩人楊載。

(2)蒙古、色目士人刊行漢族前賢的專著

a. 趙世延刊陸游《南唐書》

趙世延早年供職江南行御史臺，訪得宋陸游《南唐書》，遂加校訂鋟版，並自爲序，事當在天曆、至順初年間[656]。

b. 斡玉倫徒刊項安世《周易玩辭》

此書爲宋項安世(？-1208)著。宋代已有刻本，元時已少流傳。斡玉倫徒任淮西廉訪僉事時，促齊安(湖北黃岡)郡學刊刻，並請其師虞集爲序[657]。

c. 斡玉倫徒刊毛亨《鄭氏毛詩》

此書乃鄭元所箋漢毛亨《毛詩正義》。斡玉倫徒任福建廉訪僉事時刊刻，又請其師虞集爲序[658]。

d. 鐵清溪校刊曾公亮《武經總要》

《總要》爲北宋曾公亮(999-1078)等編纂之重要軍事典籍，元季已甚難得。鐵清溪於至正二十年(1360)於三山(福州)得之，遂加校正

---

653 黃任、郭賡武，《乾隆泉州府志》(中國地方志集成)卷12，頁20下，〈公署‧舊署‧元總管府〉。

654 《清容居士集》卷20，頁16下-17下，〈孝思亭記〉；卷50，頁16上-17上，〈書吳明之文編後〉。

655 《李孝光集校注》卷5，頁149-150。

656 《南唐書》(崇禎三年汲古閣陸放翁全集本)卷首，趙世延序。

657 《道園學古錄》卷31，頁1上-3上，〈周易玩辭序〉。

658 《道園學古錄》卷31，頁8上-9下，〈鄭氏毛詩序〉。

並彩繪圖誌，又請貢師泰作序。據貢序云，鐵清溪爲高昌氏，亦即畏兀兒人，至正十九年以經略行軍司馬至閩[659]。

e. 贍思刊行羅濬《寶慶四明志》

　　贍思，累官秘書少監，後於至元四年(1338)任浙東廉訪僉事，富於著作[660]。《寶慶四明志》爲南宋羅濬所纂，凡二十一卷[661]。雖袁桷新修《延祐四明志》超越前書，但贍思認爲：正如劉昫、歐陽修之二《唐書》可以互補，故命郡學重刻梓羅濬之書，以與袁書並行，並爲之序，時爲至正元年(1341)[662]。

2. 元代蒙古、色目士人之專著爲數不多，今知漢族士人爲之刊行者僅有一種：

　　和元昇刊行的贍思重訂《河防通議》爲一治理黃河之專著，係改編金都水監輯《河防通議》及北宋沈立《河防通議》，贍思合而爲一，「削去冗長，考訂舛訛，省其門，析其類，使粗有條貫，以便觀覽，而資實用云」[663]。成書於至治元年(1321)。和元昇曾任眞定路同知，於當地得此書，後任嘉興路總管，認爲此書有利於三吳水利之改善，故於至元四年(1338)刊行，以廣其傳[664]。元昇，陽穀人，官至兵部尚書[665]。

　　上述蒙古、色目人刊行漢族人士專著之數目遠多於漢人所刊行之

659 《玩齋集》卷6，頁9上-10上，〈武經總要序〉。

660 《元史》卷190，頁4351-4353，〈儒學傳〉；楊育鎂，〈元代贍思考述〉，《淡江人文社會學刊》第9期(2002)，頁1-26。

661 永瑢等，《欽定四庫全書簡明目錄》(四庫全書)卷7，頁5下。

662 《全元文》第32冊，頁231-232引董沛等纂《鄞縣志》(清光緒三年刻本)卷75。

663 《河防通議》(四庫全書)卷首，〈原序〉。

664 《河防通議》，和元昇，〈後序〉。

665 《滋溪文稿》卷17，頁277-279，〈眞定路總管和公墓誌銘〉。

蒙古、色目他支之人專著。究其原因，一方面由於蒙古、色目人之專著原本不多，另一方面當時蒙古、色目人身居高官者較多，可運用之資源因而較豐，凡其認爲具有流傳價值之著作即予推薦或自行刊行，而擔任地方官之蒙古、色目官員更有刊行鄉賢著作之義務。漢族官員元和昇之刊行贍思《河防通議》亦出於相同原因。以上十一例中，刊者與著者具有私誼者唯有闊里吉思之刊行吳鄒《周易注》一例。

以上顯示蒙古、色目人爲漢族士人編刊之著作共二十一種，而漢族士人爲蒙古、色目人負責編刊之著作僅有五種。兩者合計達二十六種。

二、書序題跋

「序」與「跋」是中國書籍習見的二部分。置於書前者曰「序」，刊於書後者稱「跋」。而序作爲一種文體，又有書序與贈序之別，書序爲書刊而寫，贈序則爲送別或推薦親友而作。依作者分，序與跋皆有作者自爲及他人撰寫之分別。「自序」、「自跋」可以不論。「他序」、「他跋」宗旨互不相同，而序者、跋者與著者之關係也往往有所差別。他序旨在介紹著者成就及其著作之重要性，多係著者之師長、上官或名流應邀撰寫，他跋則係敘述讀後感或對內容加以評介，往往出於著者友人、門生或後輩之手。但不論序跋，都足以反映序者、跋者與著者之情誼及序跋者對著者在學術上成就之肯定。

元代各族士人爲對方著作撰序題跋者頗多，現分「詩文集」及「專著」二類加以考述。

(一)詩文集

現知蒙古、色目士人爲漢族士人詩文集撰寫序跋者共有十七例，而漢族士人爲蒙古、色目文人撰寫序跋者亦有十八例。元朝著名文人

原以漢族人士居多，掌教國子學、位列翰苑者皆以漢人、南人為多數，蒙古、色目文人央請漢族師長或文壇前輩品題其著述，甚為自然。但是，元朝中期以後，科第出身之蒙古、色目文人漸多，政治地位亦高。詩文造詣頗高卻是身為布衣的漢族士人(尤其是南人)敦請蒙古、色目達官貴人撰贈序文以光篇幅者，自有不少。

1. 蒙古、色目士人序跋漢族士人詩文集

(1)馬祖常跋蘇天爵《滋溪文稿》

《文稿》為蘇天爵之文集。馬祖常跋見於文稿目錄之後。馬、蘇二人之師生情誼已見上文。跋中除述及當年拔擢蘇氏經過外，並云：「而吾伯修(天爵字)方讀經稽古，文皆有法度，當負斯文之任於十年後也」，語多獎掖[666]。

(2)馬祖常序袁裒《臥雪齋文集》

袁裒(1260-1320)，字德平，出身四明袁氏，為南宋著名理學家袁燮之孫、祖常舊友袁桷之族弟，任海鹽州教授[667]，卒後，其子國學生杲為其《臥雪齋文集》請序於祖常。祖常序稱其文「優柔而不嘩，典則而不質」[668]。

(3)馬祖常序周自強《周剛善文集》

周自強，字剛善，臨江新喻人，出身胥吏，官至江州路總管[669]。祖常序其文稱「質實而不窳，藻麗而不華，殫其思以志於文而未已者也」[670]。王沂亦有〈周剛善文稿序〉[671]，「文集」、「文稿」，其

---

666 《滋溪文稿》卷首目錄後，馬祖常跋。

667 《清容居士集》卷30，頁19上-21上，〈海鹽州儒學教授袁府君墓表〉。

668 《石田先生文集》卷9，頁185，〈臥雪齋文集序〉。

669 《元史》卷192，頁4369，〈良吏傳〉。

670 《石田先生文集》卷9，頁185，〈周剛善文集序〉。

671 《伊濱集》卷13，頁13下。

實一也。

(4)馬祖常序《楊玄翁文稿》

　　祖常序稱「玄翁之文，隱君子之言也」[672]。按：楊玄翁，番易
(今江西波陽)人。祖父爲宋季官，死節，玄翁爲作《忠史》，十餘年
乃成書，泰定年間至京師，欲將該書上送於朝，「有司不以聞」，三
年不遇而歸。歸前請歐陽玄、虞集爲《忠史》作序[673]。序文逕稱「楊
玄」，「翁」字乃對年長者之尊稱可見；黃虞稷《千頃堂書目》著錄
「《忠史》一卷」[674]。馬祖常於泰定年間在京城爲官，而得爲楊玄翁
作序。祖常所撰序，題爲〈楊玄翁文臺序〉，文臺不悉何意？《楊玄
翁文臺》中「文臺」恐係「文集」之訛。楊玄實非「隱君子」。

(5)阿魯威序洪巖虎《軒渠集》

　　蒙古士人阿魯威曾任泉州路達魯花赤，爲當地前輩士人洪巖虎
《軒渠集》所作後序。按洪巖虎(1239-1306)，字德章，號吾圃，莆田
人，宋咸淳三年(1267)領鄉薦，家居授徒，元初起爲興化縣教諭[675]。
有《軒渠集》，現存詩不多，附於其子洪希文(1282-1366)《續軒渠
集》中。阿魯威於序中盛讚巖虎父子希文詩藝。末署：「元延祐第五
戊午長生節日燕山阿魯威書於莆陽」，故此序係阿魯威於延祐五年
(1318)，時任泉州路達魯花赤，係以時爲地方長官身分爲近年逝世的

---

672 《石田先生文集》卷9，頁186，〈楊玄翁文臺序〉。
673 《圭齋文集》卷7，頁7上-8上〈「忠史」序〉；《道園學古錄》卷5，頁
　　19，〈《忠史》序〉。
674 四庫全書本，卷10，頁56下。
675 黃仲元，《四如集》(四庫全書)卷4，頁25上-27上，〈貢士洪德章墓誌
　　銘〉；鄭方坤，《全閩詩話》(四庫全書)卷5，頁73上-74下，〈洪巖虎洪
　　希文〉。

當地耆宿所作[676]。

(6)貫雲石序張可久《今樂府》

　　《今樂府》為張可久之散曲集。雲石序《今樂府》稱之為「文麗而醇，治世之音，音和而平也」[677]，末署「延祐己未(1319)春，北庭貫雲石序」，序見北京圖書館藏天一閣抄本《小山樂府》。

(7)貫雲石跋《陽春白雪》

　　《陽春白雪》為楊朝英所編之重要散曲選集。朝英，山東青城人，號澹齋，為元代著名曲家及曲選家。雲石於序中表達其創作思想及傾向豪放風格之主張[678]。此集大約編於皇慶年間，其時雲石任職翰林學士，朝英請其作序，不僅由於其政治地位，亦由於其創作成就。

(8)薩都剌序張一村《武夷詩集》

　　薩都剌於至元二年(1336)任閩海福建道廉訪使，道經武夷山[679]。與長期隱居該山之名文人杜本(1276-1350)同遊，夜宿萬年宮，該宮提舉張一村出示古今名人遊山題詠二峽，都剌應邀為之序。此序一方面形容武夷之形勢，認為此山乃是極佳吟詠對象，另一方面則表達對詩人與景物之間關係的看法，可說是一篇山水詩論，亦為薩都剌唯一存世之散文[680]。

(9)泰不華序王毅《松巖集》

　　王毅，臺州黃巖人，字伯宏，號松巖，博學，亦長風角。至治

---

676 《續軒渠集》卷10，頁15上-16下。

677 《貫雲石評傳》，頁127及孫楷第序，頁644。

678 《陽春白雪》(國學基本叢書)卷首。

679 張旭光，〈薩都剌生平仕履考辨〉，頁331-352。

680 此序見於董天工，《武夷山志》(中國名山勝蹟志叢刊)卷21，頁11上-12上，薩天錫，〈武夷詩集序〉。

間，薦授福州教授，遷徽州路蒙古學正，旋謝病歸[681]，當亦諳蒙古文。與兄鋆、鐘皆爲泰不華之友。毅所著《松巖集》，十卷，泰不華爲之序，今佚[682]。泰不華之序亦不存。

(10) 余闕序柳貫《柳待制集》

余闕倡刻《柳待制集》，復冠以序，稱譽柳貫之文「縝而不繁，工而不縷」[683]。

(11) 余闕序貢師泰《玩齋集》

貢師泰爲余闕任翰林應奉時之舊交，友誼極篤。至正七年(1347)，二人再度共事翰苑，余闕乃爲師泰文集作序[684]。

(12)(13) 余闕序跋楊鎰《水北小房集》及涂穎《涂穎詩集》

楊、涂二人誼爲師生，皆爲出身江西進賢的布衣士人。楊鎰，字顯民，號清白先生，精於詩，有《清白齋集》，即此處之《水北小房集》，已佚，《元詩選補遺》收錄其詩十七首[685]。余序楊集稱「其家固貧而年又將老，迺日蕭然吟詠以自樂，無少怨怒不平之氣，其殆古有道之士耶？」[686]對於其人其詩，皆甚讚賞。涂穎，字叔良，元季遊京師，不遇而歸。龍鳳年間朱元璋任命爲中書典籤、太常博士。涂穎在大都時，結識余闕，關係甚密，「同寢處凡二載」。余跋其詩集以涂詩與謝朓、孟浩然之作品相比擬，並云：「叔良年甚少，將來何可量耶」，甚爲激賞並有頗高期許[687]。《涂穎詩集》已佚，顧瑛

---

681 《臺州府志》卷125，頁5下，〈人物傳26・方伎・元〉。

682 《臺州府志》卷76，頁8下，〈藝文略13・經籍考13・集部2〉。

683 《柳待制文集》，余闕序。

684 《玩齋集》，余闕序。

685 《元詩選補遺》，頁186-194。

686 《青陽先生文集》卷4，頁7上-8上，〈楊君顯民詩集序〉。

687 《青陽先生文集》卷8，頁3上，〈題涂穎詩集後〉。

《草堂雅集》收錄其詩七首[688]。

(14)余闕序秦宗德等《聚魁堂詩》

　　至正十六年(1356)，臨江曾魯、吉安解蒙、高飛鳳、劉倩玉中江西行省鄉試，放榜後四人歡聚曾魯家，鄉人因名其家曰「聚魁堂」。魯之姻親安慶路教授秦宗德與士大夫賦詩美之，合稱《聚魁堂詩》，余闕應秦宗德之請而爲之序[689]。

(15)哈剌臺跋許有孚《圭塘欸乃集》

　　《欸乃集》，許有孚編，乃有孚與其兄有壬退隱後的唱和詩集。有孚，字可行，湯陰(今河南湯陰)人，至順元年(1330)進士，官至太常禮儀院同僉[690]。《欸乃集》卷末有跋文多篇，其中有蒙古人哈剌臺之跋。哈剌臺，哈兒柳溫臺氏，泰定四年(1328)進士[691]，跋末自署「諸生哈剌臺」，當爲有壬或有孚門生[692]。

(16)迺賢題汪元量詩集

　　汪元量(1241-1317後)，號水雲，錢塘人，宋末爲宮廷詞章之臣，善撫琴。宋亡，隨后妃被俘北上，任元廷樂師。後被釋南返，退爲黃冠，雲遊四海。撰有《湖山類稿》、《水雲詞》，具有強烈遺民思想，其詩詞多記亡國時事[693]。迺賢北遊大都，得《水雲詞》，賦律詩二首，詠其亡國之痛及爲黃冠而爲野鶴閒雲事[694]。

---

688 《草堂雅集》卷12，頁5下-8上。

689 《青陽先生文集》卷4，頁13下-14上。

690 《元代進士輯考》，〈至順元年科〉。

691 〈元代蒙古人的漢學〉，頁163。

692 許有壬、許有孚，《圭塘欸乃集》(四庫全書)，跋。

693 陳建華，《汪元量與其詩詞研究》(台北：秀威資訊公司，2004)。

694 宋緒編，《元詩體要》(四庫全書)卷11，頁12，〈題汪水雲詩集後〉。

(17)遠者圖序天如禪師釋惟則《師子林別錄》

　　釋惟則，字天如，吉安永新人。爲普應國師中峰明本弟子。按釋明本(1263-1323)，號中峰，嘗主天目山師子院，爲元代中葉名僧，卒後諡普應國師[695]。惟則開闢吳城東北廢圃爲園，有竹萬竿，竹外多怪石，軒堂臺閣，冠絕一時。因紀念明本，故名「師子」，志不忘也。侍者集惟則詩文曰《師子林別錄》。翰林學士遠者圖爲之序，稱其隨機泛應，靡所不有云[696]。遠者圖之序不存，人亦不可考。按遠者圖，應爲蒙文Oljeitu之音譯，意即有福者，通譯作完者都，或爲蒙古人。《元詩選》初集有〈師子林別錄〉收惟則詩二十二首[697]，應非原本。又釋道恂輯有名公士大夫數十人題師子林之詩文，名《師子林紀勝集》，今存[698]。

2. 漢族士人序跋蒙古、色目士人詩文集

(1)程鉅夫、鄧文原序跋貫雲石文集

　　貫雲石任職翰林國史院時，自輯其詩文，請上官程鉅夫品題，鉅夫所作〈跋酸齋詩文〉對其出身世家卻又熱愛及其詩文造詣皆大加讚許[699]，其後雲石退隱錢塘，延祐二年(1315)，翰苑前輩鄧文原又爲其撰〈翰林學士貫公文序〉，稱其詞章「馳騁上下，如天驥擺脫羈羈，一踔千里」云云[700]。

(2)趙孟頫、王德淵、劉將孫序薛昂夫《薛昂夫詩集》

---

695 《僑吳集》卷11，頁22上-26上，〈元普應國師道行碑〉。
696 《元詩選》初集壬，頁2511，〈天如禪師惟則·師子林別錄〉。
697 《元詩選》初集壬，頁2511，〈天如禪師惟則·師子林別錄〉。
698 收入四庫全書存目叢書。
699 《程雪樓文集》卷25，頁7上-7下，〈跋酸齋詩文〉。
700 《巴西鄧先生文集》，頁762，〈翰林侍讀學士貫公文集序〉。

薛昂夫《九皋詩集》約刊行於大德末，可惜已散佚[701]。但趙孟頫、王德淵及劉將孫爲此集所作序文仍存[702]。德淵，廣平永年人，官至翰林直學士，而將孫則爲昂夫之師盧陵劉辰翁之子。三人序文中對昂夫之詩皆不無稱譽獎掖之意。如趙序稱昂夫之詩「激越慷慨，流麗閑婉」。

(3)王守誠、蘇天爵、陳旅序馬祖常《馬石田文集》

蘇天爵輯刊座師馬祖常文集，除自爲一序述其本末外，又請王守誠(1296-1349)、陳旅(1287-1342)作序。守誠，太原陽曲人，泰定元年(1324)進士，官至河南行省左丞；旅爲福建莆田人，累官國子監丞。二人皆爲祖常後輩，序中對祖常揄揚之恩頗爲感激[703]。

(4)許有壬序張翔《張雄飛詩集》

張翔與許有壬有同年之誼[704]。有壬序中稱讚雄飛「尤工於詩，往往膾炙人口，佳章奇句，不可悉舉」[705]。

(5)干文傳序薩都剌《雁門集》

《雁門集》，薩都剌撰。《雁門集》有干文傳(1276-1353)之序。文傳，字壽道，平江(今江蘇吳縣)人，延祐二年進士，爲都剌前輩。序中稱都剌之詩「優詣作者之域，得與諸公相頡頏，用挽回風化習俗之大，其有功於詩，有功於世道，何如哉！」[706]對都剌詩之成

---

701 楊鐮等，《元曲家薛昂夫》。

702 《松雪齋文集》卷6，頁12下-13上，〈薛昂夫詩集敍〉；周南瑞，《天下同文集》(四庫全書)前甲集卷15，頁3下-4下，王德淵，〈薛昂夫詩集序〉；劉將孫，《養吾齋集》(四庫全書)卷10，頁9下-11下，〈九皋詩集序〉。

703 《石田先生文集》，王守誠、陳旅序。

704 《元代進士輯考》，〈延祐二年科〉。

705 《至正集》卷33，頁32上-33上，〈張雄飛詩集序〉；此集已佚，張翔詩見《元詩選癸集》丙及丁。

706 《雁門集》附錄一，〈原序跋・干文傳序〉。

就，寄望甚深。但桂栖鵬疑此序爲僞作[707]。

(6)許有壬跋納璘普華《納璘文璨詩》

納璘普華（不花），字文璨，號絅齋，高昌畏兀兒人，泰定四年（1327）進士，累官四川行省理問[708]。初官湘陰時，出詩一帙，求序於許有壬[709]。

(7)虞集序劉沙剌班《學齋吟稿》

劉沙剌班與虞集之關係已如前述。虞集序其詩稱「若其體制、音韻，無愧盛唐」[710]。此集已佚。

(8)虞集序僧家奴《嶂山詩稿》

《詩稿》，僧家奴撰。僧家奴（僧家訥），一名鈞，字元卿，號嶂山野人。蒙古侁淆(sui)沃麟人。出身開國武將之家，四世鎮山西。以世家子爲武宗宿衛。至正初官至廣東宣慰使都元帥[711]、江浙行省參政。公餘之暇，肆力文史。「小間經史不離手，亦不輟吟詠」，輯其所撰詩爲《嶂山詩稿》。虞集序稱其詩「浩蕩英邁」，「無幽憂長嘆之聲」，可見其詩以豪放爲特色[712]。此集已失傳。

(9)虞集序達溥化《笙鶴清音》

《清音》乃達溥化撰。達溥化，蒙古人，字仲淵，出身進士[713]。虞集稱其詩「清而善怨，麗而不矜……數年之前，有薩君天錫仕於東

---

707 桂栖鵬，《元進士研究》，頁169-180，〈薩都剌卒年考──兼論干文傳雁門集序爲僞作〉。

708 《至正集》卷40，頁5下，〈絅齋記〉。

709 《至正集》卷71，頁14下，〈跋納璘文璨詩〉。

710 《道園類稿》卷19，頁1上-2上，〈劉公伯溫學齋吟稿序〉。

711 《道園類稿》卷26，頁6上-13下，〈廣東宣慰使都元帥僧家訥生祠記〉。

712 《道園類稿》卷19，頁3下-5上，〈嶂山詩集序〉。

713 關於達溥化即溥仲淵，參看〈元代蒙古人的漢學〉，頁153-155。

南，與仲淵相雅好，詠歌之詩，蓋並稱焉」！可見達溥化與薩都剌在東南詩壇並享盛譽[714]。日本靜嘉堂文庫藏有《鼇海詩人集》一卷，收有達溥化詩十四首[715]。

(10)劉仁本、趙由正序《南遊寓興詩集》

　　《南遊寓興詩集》乃金哈剌於至正十六年(1356)受朝命至浙東、福建催糧六年中作品之結集[716]。此集久已失傳於中國，僅有抄本收藏於日本國立公文書館。集前有劉仁本、趙由正二序。仁本事跡見前文。由正，黃巖人，國子進士出身。二人皆爲哈剌宦遊東南時之同僚及好友，因而應邀作序。序中對哈剌之身世、詩集之由來及其詩歌之風格頗多介紹[717]。

(11)陳基、傅若金、程文等序孟昉《孟待制文集》暨蘇天爵、宋褧題跋《孟天暐擬古文卷》

　　孟昉字天暐(一作天偉)。其族屬相關記載頗有歧異。《千頃堂書目》稱其「本西域人，居北平」，陳基稱其爲西夏人，《書史會要》稱其大都人，傅若金稱其爲河東人，而蘇天爵稱其爲太原人(以上引文出處見下文)。按：西夏人爲西域人之一種，明北平即元大都，而太原地屬河東。故孟昉應爲西夏遺民，先後居大都、太原。延祐間爲國子生，中鄉試。辟憲掾史，轉南臺御史，至正十二年任翰林待制。《書史會要》稱他工書[718]，尤精古文。模擬先秦文章，多似之，享盛名。

---

714 《道園類稿》卷19，頁19上-20上，〈笙鶴清音序〉。
715 〈元代蒙古人的漢學〉，頁153-155。
716 蕭啓慶，〈元色目文人金哈剌及其「南遊寓興詩集」〉，頁299-322。
717 《南遊寓興詩集》。
718 《書史會要》卷7，頁9下。

漢族士人序跋其文稿者甚多，如蘇天爵〈題孟天暐擬古文後〉[719]、宋褧〈跋孟天暐擬古卷後〉[720]，頌讚其模擬先秦、西漢古文之佳妙。又陳基〈孟待制文集序〉云：「今孟君之文，舍峭刻而就和平，含不朽之璞，若固有之充斯道也。吾知其完璧而歸無難也。詩、文總若干首，分為若干卷。序而存之，以俟知者……至正十二年(1352)十二月乙未書」[721]。程文〈孟君文集序〉云：「又得其《己亥集》(按己亥為至正十九年，1359)者，讀之彌月而後已。其文有先秦戰國之風，馳騁上下，縱橫捭闔，極其變而不失其正，如王良造父之御然，予益喜其合於法度也」[722]。傅若金則有〈孟天偉文稿序〉云：「凡志記、敘述、銘贊、賦頌之作，各極其體，汲汲焉為古作者之度」，繼稱其文能兼採南北文體之長，「而力懲其失，其能合古之度，不亦宜哉！」[723]

以上五篇，實為二組，序跋之對象不同。蘇天爵、宋褧所言為孟昉之模擬古文卷，範圍較狹，成卷在前，而蘇、宋二人年輩亦較早。陳基、傅若金、程文所序為「文集」或「文稿」，所含不止為文，亦涵詩、賦，成書在至正十二年之後。

黃虞稷(1626-1692)《千頃堂書目》著錄《孟待制文集》，云為孟昉著，但未注出版本[724]。惜今已失傳。

(12)程國儒、李祁序余闕《青陽先生文集》

---

719 《滋溪文稿》卷30，頁503，〈題孟天暐擬古文後〉。

720 《燕石集》卷15，頁238，〈跋孟天暐擬古卷後〉。

721 《夷白齋稿》卷22，頁2下，〈孟待制文集序〉。

722 程文，〈孟君文集序〉，載於程敏政，《新安文獻志》卷20，頁4上。

723 《傅與礪文集》(北京圖書館古籍珍本叢刊)卷4，頁704，〈孟天偉文稿序〉。

724 黃虞稷，《千頃堂書目》(適園叢書)卷29，頁51上。

　　《青陽文集》載有序跋多篇，其中二序爲程國儒、李祁所撰[725]。程氏爲徽州人，至正十一年(1351)進士，於元朝官至衢州路知事。後事朱元璋，壬寅年(1362)，除知洪都府事，坐事被繫，自盡死。李祁爲余闕元統元年(1333)科第同年，貫茶陵州，官至南臺御史，明初長年隱居。二序皆盛稱闕之文學造詣及孤忠大節。

(13)歐陽玄等序跋迺賢《金臺集》

　　《金臺集》，迺賢撰。集前有歐陽玄、李好文、黃溍、貢師泰之序，卷末有虞集、揭傒斯、泰不華、張起巖、危素、程文、楊彝之跋。就各序跋作者所屬族群而言，除泰不華爲蒙古人，其餘皆漢、南人名公士大夫。就序跋撰寫時間而言，揭序作於至正三年(1343)，楊跋作於十五年，其餘皆撰於至正八年至十二年間，其時迺賢以色目布衣身分北上求官，「以詩名雄諸公間」，各序跋當係在此期間央請各名公所撰。揭序應爲迺賢至正三年前作品結集之《金臺前稿》所寫，而楊跋則作於迺賢於至正十二年南歸之後。各序跋除稱讚迺賢之詩藝外，多強調其出身西北部族而成爲詩人之特殊成就。

(14)王禮序伯顏子中《伯顏子中詩集》

　　伯顏(1327-1379)，字子中，畏兀兒人。占籍進賢，五度登江西鄉試榜，會試不第，以山長、教授起仕，官至贛州路都事。元亡後，長年隱居。洪武十二年(1379)，因抗拒明廷徵召，飲酖而亡[726]。其詩集已佚。王禮(1314-1386)撰〈伯顏子中詩集序〉，今存其《麟原文集》中。王禮，廬陵人，至正十年江西鄉試魁元，爲子中同年，序

<hr>

725 《青陽先生文集》卷首。

726 朱善，《朱一齋先生文集》卷6，頁2下-5下，〈伯顏子中傳〉；《七修類稿》卷16，頁12下-14下，丁之翰，〈伯顏子中傳〉。參看蕭啓慶，〈元明之際的蒙古、色目遺民〉，頁165-167。

云：「子中既斷髮自廢爲民，忠憤悒鬱，仰屋浩嘆，付之無可奈何，而心不能自平，時時以其慷慨之情，憔悴之色，一寓於詩」，對其遺民情操頗爲推崇[727]。

(15)戴良、釋至仁序跋丁鶴年《丁鶴年集》

至正亂起，丁鶴年避地浙東四明，與浦江戴良(1317-1383)爲忘年交[728]。良爲其詩集作序，序中譽鶴年爲繼貫雲石、馬祖常、薩都刺、余闕而起之色目大詩人，並認爲鶴年之詩多「寓夫憂國愛君之心，愍亂思治之意」，「措辭命意，絕類杜子美(甫)」，推崇甚高[729]。該集之末有虎丘澹居老人至仁之跋。釋至仁(1309-1382)，元末居蘇州萬壽寺，亦工詩。陳垣列鶴年「回回世家由儒入佛」者[730]，至仁爲其方外之交。

(16)戴良序丁鶴年編《皇元風雅》

此一《皇元風雅》與傳世之蔣易、傅習、孫存吾所編不同，乃丁鶴年所編之元詩總集。戴良序云鶴年「一旦退處海隅，與世不相關者幾廿載……而鶴年亦老矣」，此集當編成於元明鼎革之後[731]。此集今已失傳。

(17)張以寧序唐兀崇喜編著《述善集》

此書爲近年發現的一重要色目士人文獻。書前有王崇慶、張以寧二序。王崇慶(1484-1565)與唐兀崇喜不同時代，可以不計。張以寧(1301-1370)，字志道，古田(今福建古田)人，泰定四年(1324)進士。仕

727 王禮，《麟原文集‧前集》(四庫全書)卷4，頁17上-18下，〈伯顔子中詩集序〉。

728 《九靈山房集》卷19，頁1上-4上，〈高士傳〉。

729 《丁鶴年詩輯注》，頁333-335，〈鶴年先生詩集序〉。

730 《元西域人華化考》卷3，頁41上-46下。

731 《九靈山房集》卷29，頁1上-2下，〈皇元風雅序〉。

元官至翰林直學士。入明，授翰林侍讀學士。著有《翠屏稿》[732]。以寧之序作於至正十八年(1358)，其時崇喜避紅巾亂來大都，與京中士大夫遊而央請以寧撰序。序中認爲「是集之傳。秉彝好懿，人心倏同，必有感發而作興者，於斯世或有助云」[733]。

(18)陳仲述序王翰《友石山人遺稿》

　　《友石山人遺稿》，王翰著。其文集之序係陳仲述所撰。仲述，廬陵(即吉安)人，洪武十七年舉人[734]，任監察御史。此序係應王翰之子俍所請而作。由於王翰爲激烈派之元遺民，最後自決而亡，故集中之詩往往具有甚強遺民情結。陳仲述序稱其詩「詠於感慨者極忠愛之誠，得於沖澹者適山林之趣……及取其〈自決〉一首讀之，凜然如秋霜烈日之嚴，毅然如泰山巖巖之象，出處之分明，死生之理得……故凡其所作皆心聲之應，而非苟然炫葩組華者比」[735]！總之，認爲集中諸詩反映王翰謹守出處之分、勇於輕生赴死的凜然正氣。

(二)專著

　　不同族群士人爲對方專著撰寫序跋的總數略遜於爲別集所撰寫之序跋。蒙古、色目士人爲漢族士人專著撰有序者共有十四種，而漢族士人爲蒙古、色目士人專著贈題序跋者則有十八種。

1. 蒙古、色目士人序跋漢族士人專著

(1)唐兀歹、塔海序李鵬飛《三元延壽參贊書》

　　李鵬飛(1200-？)，池州建德人，自號九華澄心老人。曾參加宋咸淳四年(1268)禮部考試，故爲一士人。自云其說得自飛來峰下一老

---

732 《元代進士輯考》，〈泰定元年科〉。
733 《元代西夏遺民文獻〈述善集〉校注》，頁4-5，〈張以寧敘〉。
734 《麟原文集》後集卷3，頁1上-2上，〈送陳仲述赴會試序〉。
735 陳仲述，〈友石山人遺稿序〉，王翰，《友石山人遺稿》卷首。

人。此書自序作於至元二十八年(1291)[736]。其書五卷，所言皆攝生延壽之事，凡節嗜欲、慎飲食，神仙導引之法，俚俗陰陽之忌，因果報應之說，多所記載[737]。此書六序中，有唐兀歹、塔海二序。唐兀歹為福建行省平章，因受其診治，一藥而癒，故為之序，作於至元二十八年(1291)[738]。塔海之序作於翌年(1292)，時任饒州路總管。唐、塔應皆為蒙古、色目人，族屬不詳。

(2)薛超吾序鄭鎮孫《歷代蒙求纂註》、《歷代史譜》

薛超吾即前述哈剌魯氏曲家薛昂夫。《纂註》為汝南王芮著、鄭鎮孫註釋；《史譜》則為鄭鎮孫所著。二書皆為啟蒙讀物。鄭鎮孫為括蒼(浙江青田)儒者。至順四年(1333)衢州儒學重刊《纂註》，薛超吾時任衢州路達魯花赤，為之序[739]。《史譜》則係江南行御史臺於至正五年(1345)刊行，薛超吾於斯時已轉任秘書卿，其為《史譜》作序當因與鎮孫在衢州之舊緣[740]。

(3)察罕序黎崱《安南志略》

《志略》為黎崱編著的安南史。崱字景高，安南人，至元二十一年(1284)降元，長居中原垂五十年。《志略》乃係考述安南沿革風土及安南與元朝關係，於至順初進呈元廷。此書有察罕、程鉅夫、許有壬等序[741]。察罕事跡見上文。其序末自署「榮祿大夫、平章政事，

736 李鵬飛自序，見於萬曆刊本《三元延壽參贊書》卷首。

737 白雲霽，《道藏目錄詳註》(四庫全書)卷3，頁42上。

738 《三元延壽參贊書》(四庫全書存目叢書)卷首，頁1上-1下，3下。

739 此序見上海圖書館藏天一閣舊藏明抄本《歷代蒙求纂註》，引見楊鐮等，《元曲家薛昂夫》，頁206-207。

740 此序見台北國家圖書館藏明匪莪生訂補本《歷代史譜》。楊鐮等未見此本而推論薛超吾為《纂註》與《史譜》作序係在同一時期，不確。見《元曲家薛昂夫》，頁208。

741 《安南志略》卷首(日本樂善堂本)。今有武尚清點校本(北京：中華書局，

商議中書省事，係山白雲老人察罕書」，當係以朝廷貴官身分爲《志略》撰序。

(4)趙世延序劉大彬《茅山志》

《茅山志》係正一教茅山宗宗師劉大彬所撰山志[742]。大彬道號玉虛子，爲正一教茅山宗第四十五代宗師。志前有趙世延、吳全節及劉大彬三序，趙序作於泰定元年(1324)。趙世延信仰道教，晚年更休養於茅山[743]。劉大彬請世延撰序，不僅因其爲當朝貴官，亦因其爲同道。

(5)趙世延序程端禮《程氏家塾讀書分年日程》

程端禮(1271-1345)，字敬叔，號畏齋。慶元鄞縣人。治朱子之學，累任學官，以臺州路教授致仕。著有《畏齋集》及《程氏家塾讀書分年日程》[744]。《讀書分年日程》乃萃朱子讀書之法而推廣之。趙世延之序稱：「使家有是書，篤信而踐習如規，一旦功夫純熟，上焉者至於盡性知天，下焉者可以決科取仕，無爲功用，詎可涯邪？」[745]元代科舉取法朱子，端禮在延祐開科舉、採用朱子程序後即撰此書，對以後歷代教育與科舉具有甚大影響。

(6)趙世延序黃元吉編集《淨明忠孝全書》

黃元吉(1270-1324)，字希文，號中黃，豫章豐城人。年十五爲道士，師劉玉眞。至治三年遊京師，公卿士大夫多禮問之。卒後，虞

(續)————————————

1995)。

742 《茅山志》(光緒三年懶雲堂重刊本)卷首。

743 《元西域人華化考》卷3，頁47下-50下。

744 《金華黃先生文集》卷33，頁9下，〈程先生墓誌銘〉。

745 《程氏家塾讀書分年日程》卷首，此書今有姜漢椿校注本(合肥：黃山書社，1992)。

集爲其撰墓誌[746]。乃師劉玉眞，原名玉，字頤眞，人稱劉玉眞[747]。元吉所編《淨明忠孝全書》，乃傳劉玉眞之說。所說淨明乃是正心誠意，忠孝乃是扶持綱常。趙世延爲之序[748]。

(7)瑣非序周德清《中原音韻》

《中原音韻》，江西高安周德清著，爲論述北曲體制、韻律的重要著作。德清爲一布衣曲家，於泰定元年(1324)撰成此書[749]。其書有序，末署「西域拙齋瑣非復初序」，瑣非事跡見上文。

(8)馬祖常序張大卿《國語類記》

《類記》爲一蒙語字書，廣平張大卿編。祖常係應太僕經歷某之代請而作序言[750]。序中稱此書內容：「凡國語之引物連類，假借旁通者，斑斑具焉」，應是將蒙古語分門別類，彙集而成[751]。此書已佚。

(9)和尼赤、廉公亮序曾世榮《活幼心書》

《心書》爲小兒科醫書，曾世榮著。世榮，衡陽人，工醫，尤長於幼科。其書有和尼赤、廉公亮等序[752]。和尼赤，曾任同知海北海南道宣慰司都元帥。其名和尼赤(Qonichi)，蒙文「牧羊者」之意，可能爲蒙古人。廉公亮，即廉惠山海牙。天曆二年(1329)此書刊行時，公亮任衡州路同知，因曾氏醫治其家小兒頗見療效，乃作序以表揚之。

---

746 《道園學古錄》卷50，頁11下-12下。

747 陶成等纂，雍正《江西通志》(四庫全書)卷103，頁9下-10上。

748 《淨明忠孝全書》(正統道藏)卷首。

749 《中原音韻》卷首。

750 《石田先生文集》卷9，頁179，〈國語類記序〉。

751 洪金富，《元代蒙古語文的教與學》，頁87。

752 《活幼心書》(台北國家圖書館藏天曆二年刊抄補本)。

(10)余闕跋釋西菴《藏乘法疏》

　　釋西菴，元人，名可遂。據余闕所作後序云：「佛氏有《法疏》書，薈萃名義，而藏十二部之理無不在，誠要法也。西菴遂公罷講遊方二十年，歸，乃取而修訂之，補其所未備，去其所未安，明性相，析機宜，刊定名體，目曰《藏乘法疏》，濡需有道之士文公無學以衣資若干貫刻之版，以惠四方」[753]。由此可知，《法疏》乃佛家原有之書，乃薈萃藏經要義之作，原作者不詳。西菴加以修訂並刊行。《藏乘法疏》有明洪武十三年釋妙英刻本，今北京國家圖書館藏，但題作《藏乘法數》。余闕序文有「西菴遂公」云云，因西菴名可遂。

2. 漢族士人序跋蒙古、色目士人專著

(1)程鉅夫題約著編《里氏慶源圖》

　　約著，畏兀兒人。系出著名官宦世家高昌偰氏薩吉思的一支。薩吉思一生功業彪炳，於世祖初年任山東統軍經略使兼益都路達魯花赤[754]。約著即其孫，官隆禧院使。畏兀兒人與蒙古人一樣，原無姓。約著因懼時代久遠之後，「無命氏以相別，終亦范唐杳眇，不可知而已」，遂決定採「里」為姓，其理由為乃祖薩吉思一名之中有「從土、從里之文」，其伯、父二人名亦皆有「里」字，而春秋又有里姓。他遂上溯其族自敦欲魯之下至今九代世系編為《里氏慶源圖》[755]，並請程鉅夫作引[756]。鉅夫除敘述此圖之由來外，並稱讚約著「好學博問，於忠君親親之道，尤所慎篤」。按作引者程鉅夫(1249-1318)，原名文海，後以字行，號雪樓，建昌新城人。世祖朝即為出身南人的

753 《青陽先生文集》卷4，頁15下-16下，〈「藏乘法疏」後序〉。
754 《圭齋文集》卷11，頁3上-11上，〈高昌偰氏家傳〉。
755 若此一敦欲魯為漠北突厥汗國宰相瞮欲谷則絕非九代，代次有誤。
756 《程雪樓文集》卷11，頁17上-19上，〈里氏慶源圖引〉。

顯宦，仁宗時以翰林學士承旨致仕。

(2)程鉅夫序察罕《歷代帝王紀年纂要》

《纂要》，察罕著，係仿照北宋邵雍《皇極經世書》體例而編纂。自太皞以下諸帝王，各載其在位年數，而略述其興廢大事於每代之前[757]。程鉅夫〈歷代帝王紀年纂要序〉云：「是書既經乙覽，復徵余序」，「乙覽」即御覽，此書或是為元仁宗所撰，蓋察罕為仁宗潛邸舊臣，亦為其即位後之大臣[758]。鉅夫〈送白雲平章序〉云：「自予識公武昌，幾十五載」，可見二人原為老友[759]。明景泰中，黃諫為之增補，補入元代諸帝紀年。《四庫全書總目》評此書曰：「簡略太甚，不足以資考訂也」[760]。

(3)趙孟頫序玉元鼎《古今歷代啟蒙》

《啟蒙》著者玉元鼎即阿魯丁，字元鼎，回回人，出身國子學，善散曲，至治、天曆間為翰林學士[761]。趙孟頫《松雪齋文集》卷六有〈古今歷代啟蒙序〉，云為王元鼎作，「王」為「玉」字之訛。此書為一通俗歷史教科書，「取自三皇五帝以來事跡」，「欲以教童蒙」，今已失傳[762]。

(4)王都中、吳澄序薩德彌實《瑞竹堂經驗方》

《經驗方》之著者薩德彌實，號謙齋，回回人，貫燕山，歷任南臺、中臺御史，官至建昌路(治今江西南城)總管[763]。此書卷首有王

---

757 《歷代帝王紀年纂要》，借月山房重訂本。

758 《程雪樓文集》卷15，頁5上，〈歷代帝王紀年纂要序〉。

759 《程雪樓文集》卷15，頁9下。

760 《四庫全書總目》卷48，頁6上-6下，〈歷代帝王紀年纂要〉。

761 孫楷第，《元曲家考略》，頁518。

762 《趙孟頫集》卷6，頁138，〈古今歷代啟蒙序〉。

763 《程雪樓文集》卷29，頁1上，〈薩德彌實謙齋御史瑞竹〉；《至正集》卷

都中、吳澄二序。王都中(1278-1342)，字元俞，號本齋，福寧人，官至江浙行省參政[764]。其序說及此書內容：「考訂名醫方書常經驗者，分門別類爲一十五卷，鋟梓郡學」[765]，可見此書乃係薩德彌實匯集臨床有效之藥方而成，並由建昌路學出版。吳澄序亦述及此書由來：「守盱江之日，乃與一二醫流，相與訂正」[766]，可見薩德彌實曾與專業醫師合作。此書於明代中葉已亡佚，四庫館臣自《永樂大典》中輯出，並收入《全書》中，今流傳者即爲輯佚本。

(5)虞集序阿璘帖木兒、忽都魯都兒迷失譯《皇圖大訓》

　　《大訓》原係中書右丞許師敬申衍乃父許衡爲忽必烈進講君道之言編類而成，以供經筵進講。泰定三年(1323)，翰林學士承旨阿璘帖木兒及忽都魯都兒迷失迻譯爲蒙古文，二人皆爲畏兀兒人，元朝重要翻譯家。天曆二年(1329)文宗命藝文監刻印，虞集受命爲序[767]。此書已失傳。

(6)虞集題《斡羅氏世譜》

　　斡羅氏係蒙古斡羅納兒氏之簡稱。斡羅納兒爲成吉思汗建國功臣啓昔禮所屬之氏族。泰定四年進士燮理溥化即啓昔禮五世孫，大德名相哈剌哈孫(1257-1308)之從孫[768]，歷任舒城、樂安二縣達魯花赤，仕至某行省左丞[769]。爲揭傒斯弟子，亦與虞集善。虞集在此跋中，

(續)—————————————————

　　　33，頁30下-31上，〈瑞竹詩序〉。

764 《元史》卷184，頁4229-4232。

765 《瑞竹堂經驗方》(四庫全書)卷首〈原序〉，頁1上-2上。

766 《瑞竹堂經驗方》卷首〈原序〉，頁3上-3下；《吳文正公集》卷13，頁24上-24下，〈瑞竹堂經驗方序〉。

767 《道園類稿》卷16，頁1上-2上，〈皇圖大訓序〉。

768 《道園學古錄》卷40，頁3上-3下，〈斡羅氏世譜序〉。關於哈剌哈孫及其家族的歷史，參看《中庵集》卷4，頁295-298，〈順德忠獻王碑〉。

769 《元代進士輯考》，〈泰定四年科〉。

一方面稱讚斡羅氏「國家興王之初，以武略著功，及夫危難之間，身任社稷之寄」，當是指啓昔禮、哈剌哈孫之功勳。又稱「承平之餘，天下無事，則以文學政事顯著而繼之」，則是指變理溥化「舉進士高科，有斯文之好」而言。跋中又指出：變理溥化「仕於江右，始得見《世譜》如此」[770]，則《世譜》當非他所編著，但亦應爲其族人所爲。

(7)虞集等序盛熙明《法書考》

　　《法書考》，盛熙明著[771]。《法書考》係論述書法，於至正四年(1344)撰成後進呈。卷首有虞集、歐陽玄、揭傒斯序，三人皆南人館閣名臣[772]。盛熙明，其先曲先(今新疆庫車)人，《書史會要》稱其「工翰墨，亦能通六國書」[773]。

(8)虞集序忽思慧《飲膳正要》

　　《正要》爲一宮廷營養食譜，也是古代一部重要的食療與營養專書，係由飲膳太醫忽思慧於天曆三年(1330)進呈[774]。忽思慧，族屬不詳，當爲蒙古或色目人，虞集奉敕撰序。

(9)黃溍序朵兒質班《資正備覽》

　　《備覽》，朵兒質(直)班撰。朵兒質班於至正九年任資正院使，

---

770 虞集，〈斡羅氏世譜序〉。

771 陳高華，〈曲先學者盛熙明〉，頁444-446；洪再新，〈從盛熙明看元末宮廷的多元藝術傾向〉，頁18-28。

772 《法書考》。

773 《書史會要》卷7，頁21下。

774 《飲膳正要》(四部叢刊)。近年出版有尚衍斌等《飲膳正要注釋》(北京：中央民族大學出版社，2009)，此書又有英文譯注本：Paul D. Buell and Eugene N. Anderson, *A Soup for the Qan. Chinese Dietary Medecine as Seen in Hu Sze-hui's Yin-shan Cheng-yao*(London and New York: Kegan Paul, 2000)，皆可參考。

主理中宮事務，撰成此書，敘述資正院之由來及執掌。由翰林侍講學士黃溍為之序[775]。

(10)任士林等序保八《易體用》

　　《易體用》，保八著。保八，字普庵，號公孟，或云其為蒙古人[776]。著有《易原奧義》、《周易原旨》及《周易尙辭》，合稱《易體用》。任士林(1253-1309)〈易體用序〉注稱：「為保八侍郎作」，可知保八曾任侍郎[777]。四庫本《易原奧義》前有〈進太子箋〉，結銜為「大中大夫、前黃岡路總管兼管內勸農事」，又知曾任黃岡路總管。有车𡵺(1227-1311)序見於台北國家圖書館藏鈔本《周易原旨、易原奧義》。车序係作於大德十年(1308)。

(11)貢師泰序普化鐵木兒《中山世家》

　　貢師泰於至正二十年以戶部尚書至福建，以閩鹽易糧，海運至京師，遂在福建棲遲一年餘。於此時結識時任福建行省平章的普化鐵木兒。普化鐵木兒(？-1321)，字兼善，達魯(一譯作答祿)乃蠻氏，為乃蠻塔陽罕弟屈出律後裔，甘肅行省平章帖木哥之子[778]。普化鐵木兒以其所編家譜《中山世家》請師泰撰序。所謂「中山」者，乃指其五世祖丞相諡忠宣者佐窩闊臺汗定河北有功封中山王。其家五世以來，「凡為丞相，為平章，為御史大夫，為樞密，為將帥，為部使者，為將，為守者踵相接」，故為一官宦名門[779]。普化鐵木兒編成此譜，記載家族五代的歷史。師泰序中，一方面介紹此譜內容，另一

---

775 《金華黃先生文集》卷16，頁8下-9下，〈資正備覽序〉。

776 關於保八，見〈元代蒙古人的漢學〉，頁116-117。

777 《松鄉集》卷4，頁32下-33下，〈易體用序〉。

778 《元史》卷140，頁1378；柯劭忞，《新元史》卷217，頁852。

779 此一家族雖為屈出律後裔，但與抄思(1205-1248)之後答祿與權一族應屬不同支派。

方面稱讚普化鐵木兒「眞知尊祖敬宗之道矣」[780]！

(12)劉仁本、王禕等序迺賢《河朔訪古記》

《訪古記》係迺賢於至正五年北上大都時沿途訪古記錄，原書已佚，《四庫全書》載有輯本。劉仁本、王禕(1322-1373)之序見於二人文集中[781]。據劉序云：許有壬、黃溍、危素、余闕皆曾爲之序，惜已不存。劉仁本爲迺賢之贊助者，聘請後者主持四明東湖書院。王禕，金華人，至正八年前後與迺賢同在大都，並與會稽韓璵共享「江南三絕」之譽[782]。

(13)張桌(？)序魯明善《農桑衣食撮要》

魯明善，名鐵柱，以字行，畏兀兒氏。延祐甲寅任壽陽縣達魯花赤時撰此書，按月令列舉應做的農事，凡二百零八則，與官頒《農桑輯要》、王楨《農書》並列爲元代三大農書。至順元年(1330)任官大都時，刊行之，由其僚屬導江張桌爲之序[783]。此一張桌不知是否爲曾任孔、顏、孟三氏教授的導江張壆(1236-1302)之兄弟或子姪[784]。

(14)吳海序王翰之《家譜》

吳海序其摯友王翰之《家譜》云：元初賜西夏遺民姓唐兀氏，而《王氏家譜》中，自王翰曾祖以來舊氏與元帝所賜唐兀姓並用。吳海稱讚說：「新氏迺天子所命而不敢違，舊氏迺祖宗所傳而不可棄，故兼錄之所以尊君而重祖也」[785]。

---

780 《玩齋集》卷6，頁17上-19上 ；《全元文》第45冊，頁179-180，〈中山世家序〉。

781 《王忠文集》卷2，頁8下；《羽庭集》卷5，頁8下。

782 《金臺集》楊彝後序。

783 《農桑衣食撮要》(四庫全書)卷首，魯明善原序。

784 《吳文正公集》卷9，頁21下-22下，〈張達善文集序〉。

785 《聞過齋集》卷1，頁22上-23下，〈王氏家譜序〉。

以上漢族人士所著詩文集經由蒙古、色目士人撰寫序跋者計十七種、專著(包括古人)則有十種，合計二十七種。而蒙古、色目人之詩文集經由漢族士人贈序題跋者計有十八種、專著則有十四種，合計三十二種。兩類總數甚爲相近。爲別集撰寫序跋者，不論是蒙古、色目人或漢族士人，大都爲著者之師友，序跋的撰寫反映了著者與序跋者之間的師生之誼或友朋之情。爲專著作序跋之蒙古、色目士人與漢族士人的身分則不盡相同。爲漢人專著撰寫序跋者多係以當朝顯宦或地方官員之身分而撰寫(如察罕、趙世延、薛超吾、薩都刺)，但因與著者誼屬同好而樂爲之序者亦有之(如貫雲石)。爲蒙古、色目人專著撰寫序跋之漢族士人或係以館閣詞臣之身分受命爲敕編著作撰寫，或係以文苑前輩身分爲後進做揄揚(如吳澄)，或則爲著者之朋友因友情而爲之(如程鉅夫、劉仁本、王禕)。

三、結語

蒙古、色目人原爲漢族士大夫文化之門外漢，對漢人文籍全無興趣可言。但由蒙古、色目序跋作者人數較之漢族序跋作者並不遠遜看來，蒙古、色目人在文壇之地位可說蒸蒸日上，並不遠落於漢族之下。著作之編刊與序跋之題贈卻成爲各族士人表達情誼與共同興趣的重要媒介。上文考述各大族群士人相互編刊之詩文集與專著有三十一種，而題序贈跋之著作更多達五十九種。頻率之繁，超出想像，可見各族士人之間的公誼友情與共同興趣超越族群藩籬。

本章顯示，各族士人由於文化素養與興趣相似，常以詩文唱酬、雅集遊宴、書畫題跋及著作之編輯與序跋等方式，密切互動。詩文唱酬方面，本章所舉諸人，雖然族屬互異，地位不同，卻皆有不少異族友好，不時以詩文相唱和。雅集遊宴方面，不同族屬之士人常共同從

事文學、藝術、遊覽等活動。飲酒賦詩，創作書畫，弔古述懷構成這些活動之主要內容，反映出各族士人之共同興趣與品味。而在這些集體活動中，蒙古、色目士人所展現之才華往往並不遜色於漢族著名士人。互題書畫及爲古人名蹟題跋吟詠亦是各族士人互動的一個重要方式。相互爲藝術作品題跋所反映的不僅是各族士人之情誼，亦是對彼此藝術之讚賞。而蒙古、色目士人爲古人手蹟題跋則顯示出對古代名家之崇敬及對中原文化傳統之認同。著作之編刊與序跋之題贈則是以各族士人之共同文學與學術興趣爲基礎。本章考述分屬各大族群的士人互相編刊之別集或專著有十八種，而題序贈跋之著作更多達四十三種。顯然各族士人對彼此之著作不僅能夠欣賞，而且關切其流傳。

第五章

群體意識

第一節　引言

　　蒙古、色目士人與漢族士人所受教育相同，而且相互之間社會、文化互動密切，自不免形成相同的價值觀，對政治、社會與倫理具有同樣的想法，實踐這些觀點遂成爲各族士人共同奮鬥的目標。

　　本章分五節，第二節〈漢法的鼓吹〉顯示蒙古、色目士人對在中原推行漢法與漢族士人具有共識，雙方合作鼓吹、推行。第三節〈斯文的傳承〉指出不少蒙古、色目士人以士人文化之傳承與弘揚爲己任，或濟助士人、或創建學校、或開館授徒，與漢族士人並無不同。第四節〈綱常的扶持〉探討蒙古、色目士人改變本身的倫理與風俗以求符合儒家的綱常名教。第五節〈中原歷史文化的認同〉則對蒙古、色目士人採用中原文化的理由、態度及漢族士人對蒙古、色目士人的認同，略加討論。

第二節　漢法的鼓吹

　　古來士人即自承有明道救世、經世濟民的使命感。在蒙元時代，這種使命感更因士人面對空前的政治、文化危機而產生的強烈憂患意

識大爲增強。元初重要漢族士人多深信，當時經世濟民的迫切課題是
勸說蒙古統治者採行「漢法」，即是中原幾千年來發展出的一套禮樂
文獻、典章制度。唯有恢復「漢法」，中原生民始可得救，斯文才能
保存。而從蒙古朝廷立場言之，採行漢法是長期統治中原的必行道
路。因而，漢法的鼓吹與推進是漢族士人的希望所寄與努力方向，也
成爲他們與蒙古、色目士人合作的基礎[1]。

元初主張漢法最堅定的大儒許衡在其進呈忽必烈的奏議中指出：
漢法的採用與否是北方民族立國中原後國祚久暫的決定因素[2]。許衡
所說漢法，就是要恢復「儒治」，也就是孟子所謂「仁治」與「王
道」。唯有推行「仁治」與「王道」，才能「得天下心」[3]。忽必烈
朝中另一儒臣郝經(1223-1275)更進一步指出：忽必烈應該採取的立
國方針應爲：「以國朝之成法，援唐宋之故典，參遼金之遺制，設官
分職，立政安民，成一王法」[4]。換言之，採用漢法必須參酌蒙古傳
統與遼金往例，也就是他所說的「附會漢法」。但不論許衡的「必行
漢法」或郝經的「附會漢法」，都是當時漢族士人奮鬥的目標。

在元朝政治結構中，漢族處於權力之邊緣，單憑漢族士人之力，
既不能爲漢法造成聲勢，也不能決策推行，因而漢法之採用有賴於蒙
古、色目權力菁英的支持。有如陳垣所說：「當是之時，百漢人之

1　楊志玖，〈元西域人的華化與儒學〉，收入楊氏，《元代回族史稿》，頁
　　455-469。

2　《魯齋遺書》卷7，頁382-383，〈時務五事‧立國規模〉。

3　Hok-lam Chan, "Hsu Heng," in Igor de Rachewiltz et al (eds.), *In the Service of the Khan*, pp. 416-447；白鋼，〈許衡與傳統文化在元代的命運〉，頁198-217。

4　郝經，《郝文忠公陵川文集》(北京圖書館古籍珍本叢刊)卷32，頁762-765，〈立政議〉。

言，不如一西域人之言」，「而孔子之道之所以能見重於元者，亦純賴有多數異教西域人誦其詩、讀其書，傾心而輔翼之也」[5]。陳先生所謂「西域人」（即色目），實應包括蒙古人在內。百年之間，漢法派能夠掀起幾度波瀾，蒙古、色目士人的支持大有關係。

各族士人鼓吹漢法最初、也最艱巨的工作是對蒙古統治階層的啓蒙，即是對他們灌輸對儒家思想的內容及其價值的正確瞭解。窩闊臺汗時代耶律楚材及忽必烈汗即位前後的潛邸群臣如劉秉忠、竇默、姚樞、張德輝、許衡等人在這方面都有不少貢獻。蒙古、色目人在這方面的進言雖然不及漢族士人言論的廣泛與深入，但對當時君主的影響可能更爲深刻。

以儒學及儒士的重要性向蒙元可汗進言的以西夏士人高智耀爲最早。智耀在蒙哥汗初年進言：「儒者之所能，三綱五常，治國平天下。自古以來，用之則治，不可一日無者，故有國者籲其徭役，以養成之」[6]。蒙哥汗問他：「儒者何如巫醫？」他回答說：「儒以綱常治天下，豈方技所得比？」[7]其時蒙哥汗之弟忽必烈仍在潛邸。智耀偕未來的帝師八思巴進見，論及釋、儒二家優劣。他說：「釋教固美矣，至於治天下，則有儒者之道。」可見智耀在儒者與儒術兩方面的功用皆做了有力的陳述。

對忽必烈而言，高智耀究屬外臣，廉希憲則更爲親近。早在蒙哥汗初年，即曾向忽必烈陳說《孟子》之大旨：「性善義利之分，愛牛之心，擴而充之，足以恩及四海」，甚得忽必烈之嘉許，遂稱之爲

5　陳垣，《元西域人華化考》卷2，頁28上，〈儒學篇〉。

6　《廟學典禮》，頁10-11，〈秀才免差發〉附高智耀傳。

7　《元史》卷125，頁3072-3073，〈高智耀傳〉。

「廉孟子」[8]。

由於理財派及蒙古傳統派的抵制，漢法的推行始終趑趄難行，時進時退。漢族士人鼓吹漢法雖然十分賣力，但其採用及對抗反對勢力主要倚靠蒙古、色目士人及其同情者。

忽必烈表面採用漢法，但爲封賞貴族及四方征戰的財政需要，先後重用王文統（？-1262）、阿合馬（？-1282）、盧世榮（？-1285）、桑哥（？-1291）等爲其斂財。自此漢法派與理財派始終抗爭不絕。在與理財派的抗爭中，漢法派主要倚恃皇太子眞金(1242-1286)、右丞相安童(1248-1293)及忽必烈培養的兩個色目儒士廉希憲、不忽木的輔翼。眞金與安童是忽必烈朝蒙古貴族中對漢法瞭解最多、支持最力的兩個蒙古貴族。眞金早歲受到名儒王恂長期教導，對儒學有一定認識，而安童則受儒臣許衡的輔導，維護漢法最力。廉希憲一生出將入相，在中央及地方皆推行漢法並力抗權臣阿合馬。陳垣認爲：「元色目人中，足稱爲理學名臣者，以希憲爲第一」[9]。甚爲允當。不忽木則是支持漢法的後起之秀，他在忽必烈朝後期曾力抗盧世榮、桑哥。後來成爲成宗朝的儒相[10]。

甚多蒙古、色目士人，雖然不在執政之位，卻以翰苑、經筵之臣或東宮師輔的身分由儒者觀點進言。現知進言之蒙古士人有伯都、拔實、朵爾直班、月魯帖木兒：

伯都（？-1352），蒙古忙兀氏。平宋大將博羅歡(1236-1300)之子。延祐(1314-1320)間爲太子賓客，輔佐皇儲。上書陳古先聖帝正

8　《元朝名臣事略》卷9，頁124-142，〈廉文正王事略〉。

9　《元西域人華化考》卷2，頁9下-10上，〈儒學篇〉。

10　《元西域人華化考》卷2，頁10，〈儒學篇〉；《元史》卷130，頁3163-3173，〈不忽木傳〉。

心修身之道[11]。柳貫撰〈諡議〉稱他「啓沃之言，多本仁義」[12]。

凱烈氏拔實，順帝初任翰林直學士兼經筵官。承詔譯釋唐楊相如《君臣政要論》爲蒙文[13]。又建議行大褅、置諫官、開言路、蒙古、色目進士當明一經、改革蒙古婚姻。黃溍稱他爲「國之直臣」[14]。

朵爾直班，「留心經術，凡伊洛之書未嘗去手」，爲一道學學者。順帝時任知經筵事，編輯前哲遺言，凡四卷，討論學本、君道、臣職及國政，賜名《治原通訓》。《元史》稱他「正身立朝，無所附麗，以扶持名教爲己任」[15]。

月魯帖木兒（？-1352），卜領勤多禮伯臺氏，至正間爲翰林學士承旨、知經筵事。危素說他「歷事累朝，素諳典故。進讀之際，引經授史，本於王道，且善國語」。「議論袞袞，博究名家，扶樹名教」。可見月魯帖木兒爲一以蒙語進講儒教的蒙古大臣[16]。

進言之色目士人則有貫雲石及贍思：

貫雲石，於仁宗即位時，任翰林學士，上書條陳六事：包括：釋邊戍以修文德、教太子以正國本、設諫官以輔盛德、表姓氏以旌勳冑、定服色以變風俗、舉賢才以恢至道[17]。

贍思，至元二年任監察御史，上封事十條，建言法祖宗、攬權綱、敦宗室、禮勳舊、惜名器、開言路、復科舉、罷數軍、一刑章、

11　《吳文正公集》卷32，頁25上，〈魯國元憲公神道碑〉。

12　《柳待制文集》卷10，頁11上，〈伯都諡元獻〉。

13　《危太樸文集》卷7，頁1下，〈君臣政要論序〉。

14　《金華黃先生文集》卷25，頁5下-9上，〈凱烈公神道碑〉。

15　《元史》卷139，頁3355-3361，〈朵爾直班傳〉。

16　《危太樸文續集》卷7，頁15下；《元史》卷144，頁3433，〈月魯帖木兒傳〉。

17　《圭齋文集》卷9，頁19下-23上，〈貫公神道碑〉；楊鐮，《貫雲石評傳》。

寬禁網等[18]。

這些建言時間前後不一，都是針對當時需要而發，但大體皆自儒家立場出發，對於漢法之推行有或多或少之貢獻。

除去以上有關漢法的多方面建言外，蒙古、色目士人在下列幾方面的貢獻亦可略加考述：

(一)採用科舉：科舉是漢族士人熱切關注的一個制度。元朝前期未曾採用，採用之後又曾一度中斷。在科舉的採用與恢復上，色目士人亦曾盡力。早在至元(1264-1294)後期，著名畫家高克恭任御史，認為貢舉之未能落實，主要由於權臣賣官營私，拔引朋類而加阻擾，以致缺乏人才，因而建議急速舉行。但當時採用科舉的條件仍未成熟，這一建議未蒙採納[19]。仁宗即位後，柏帖木兒(1282-1326)曾向皇帝建議：「古有科舉之法，先朝嘗欲舉行而未果，今宜以時述祖訓，以開賢路」，據說仁宗採取其建議而命中書議行。柏帖木兒，哈剌魯氏，為仁宗潛邸舊臣，時任大都留守兼環衛官，是一發言有力人士[20]。決定採用科舉後，其規章是由小雲石海涯與程鉅夫、元明善等議定[21]。自後至元元年(1335)右丞相伯顏罷科舉後，建議恢復者之中有鐵木兒塔識(1302-1347)及巙巙。伯顏(？-1340)議罷科舉時，鐵木兒塔識任中書參議，曾拒署奏牘，後又建議復行[22]。而巙巙則進言：「古昔取人才以濟世用，必由科舉，何可廢也？」帝採其論，遂復舊制[23]。上述幾位建議者大都出身世家，科舉的實行與其家族利益衝

18 《元史》卷190，頁4351-4353，〈瞻思傳〉。

19 《巴西鄧先生文集》，頁772-774，〈刑部尚書高公行狀〉。

20 《金華黃先生文集》卷43，頁6上-16下，〈太傅文安忠憲王家傳〉。

21 《圭齋文集》卷9，頁21上，〈貫公神道碑〉。

22 《元史》卷140，頁3374，〈鐵木兒塔識傳〉。

23 《元史》卷143，頁3415，〈巙巙傳〉。

突，但因堅持儒家選賢與能的原則而維護科舉，較漢族士人更加有
力。

　　(二)抗拒喇嘛：元帝室皈依藏傳佛教，帝師、國師聲勢之盛，
「尤不可與古昔同語」，對儒者構成極大壓力。端賴蒙古、色目士人
加以抵制。例如忽必烈曾命廉希憲受戒國師，希憲對曰：「臣已受孔
子戒」。忽必烈問他何爲孔子戒？他答以「爲臣當忠，爲子當孝，孔
門之戒，如是而已」。希憲以技巧的回答躲避佛戒[24]。又如月魯帖木
兒，早年嘗與國師比牙剌失里爭辯朱子學於仁宗之前，勇於衛道，並
壓制國師的氣焰[25]。英宗迷信佛教，有言佛教可治天下者，英宗乃徵
詢其右丞相拜住之意見，拜住對曰：「釋氏之道貴清淨寂滅，可以自
治而不可治人。帝王之仁義禮樂，乃所以爲治也」[26]。

　　(三)改革地方：蒙古、色目士人就其職權範圍內在地方推行改
革。茲以泰不華爲例說明。泰不華至正元年任紹興路總管，一方面改
革財政，廢除沒官牛租、令民自實田賦，使大戶不能避役，另一方面
又行鄉飲酒禮，教民興讓，又禁止妓樂[27]。可見泰不華有志將儒學行
於政事。

　　從上文看來，蒙古、色目士人與漢族士人在採用漢法上具有共識
並且大力支持。整體言之，元代漢法的推行不算成功，並非因爲各族

24　《元朝名臣事略》卷9，頁135，〈廉文正王事略〉。

25　《危太樸文續集》卷7，頁15上；《元史》卷144，頁3434。

26　《金華黃先生文集》卷24，頁5上，〈郕王諡文忠神道碑〉。

27　蕭啓慶，〈元代蒙古人的漢學〉，頁133-134。John W. Dardess,
　　"Confucianism, Local Reform, and Centralization in Late Yuan Chekiang, 1342-
　　1359," in Hok-lam Chan and Wm. T. de Bary（eds.）, *Yuan Thought. Chinese
　　Thought under the Mongols*（New York: Columbia University Press, 1982）, pp.
　　327-374.

士人努力不夠，而是由於漢法與蒙元立國的根本原則相抵觸。漢法的目標是「仁政」與「王道」，而蒙元立國的根本原則是其少數政權的永續及其統治階層特權的保持，兩者可說南轅北轍，極難彌合。

第三節　斯文的傳承

在文化方面，不少蒙古、色目士人以斯文之傳承與弘揚爲己任，或濟助士人、或創建學校、或開館授徒，而著書立說猶其餘事。

蒙古滅金前後，甚多士人流離失所，甚至淪爲奴隸。亡金士人之領袖元好問(1190-1257)曾上書蒙古國中書令的耶律楚材，呼籲拯救士人，他指出士人之重要及不得不加以拯救的原因：「衣冠禮樂，紀綱文章盡在於是」[28]。在楚材之推動下，舉行戊戌(1238)之試，解放陷於奴籍之儒士，列之爲「儒戶」，使其享受賦役的優免[29]。但這一優免政策的落實則有賴於色目士人高智耀、馬月合乃、廉希憲等人之努力。

高智耀曾爲陷身奴籍或困於徭役的儒士請命。早在窩闊臺汗時，高智耀向鎮守夏國舊境的太子闊端(1206-1251)陳情，爲境內儒士取得免役權，時間猶早於戊戌之試。蒙哥汗即位後，智耀北上觀見，請蠲免儒戶賦役，得詔「漢地、河西儒戶，徭役悉蠲之，無所與」[30]。忽必烈時，他受命處理儒士爲奴的問題，儒者「前後得釋爲民者幾三四千人」。據說以後有權臣(可能是「聚斂之臣」阿合馬)又要將儒戶與民戶一同承擔徭役。智耀再度向忽必烈爲儒戶請命，有以下精彩的

28　《國朝文類》卷37，頁1上-3上。
29　蕭啓慶，〈元代的儒戶〉，頁1-58。
30　《廟學典禮》卷1，頁10-11，〈秀才免差發〉附高智耀傳。

論辯：

> 昔孟嘗君，一列國陪臣耳，尚養士三千，人至今多稱之。今
> 陛下富有四海，皆爲臣妾，儒在其中萬分一耳，除之何補於
> 政？然使之安意講習，幼學壯習，爲治理助，其效不亦多
> 乎？陛下何惜此而不爲也？

據說忽必烈採納其建議，而儒戶得免徭役之苦。可見自窩闊臺汗朝至
忽必烈時代，高智耀一直扮演儒戶利益維護者的角色。

汪古族士人馬月合乃於蒙哥汗初年受命料民丁於中原，推動一次
儒者甄別考試，「凡業儒者，試通一經，即不同編戶」[31]。而忽必烈潛
邸舊臣畏兀兒人廉希憲亦在陝西貫徹了「士者毋隸奴籍」的命令[32]。總
之，上述幾位色目士人協助漢族士人度過空前危機。以後元軍伐宋
時，廉希憲、阿魯渾薩里(1245-1307)亦有濟助江南儒士的措施[33]。

斯文之傳承有賴於學校。由於儒家並無教會的組織可以傳承正統
學術，凝聚信眾，在國家未能給予傳統文化足夠重視時，學術的延續
與傳播主要是靠學校，元代的學校正扮演了這樣的角色[34]。

金元之際，廟學大都毀於戰火，以致斯文之存續不絕如縷。元代
學校制度的奠基者爲許衡。許衡在至元三年(1266)所上〈時務五事〉
中，曾建議忽必烈在天下普設學校，旨在使「皇子以下至於庶人之子

31　《元史》卷134，頁3244-3246，〈月合乃傳〉。

32　《元朝名臣事略》卷7，頁125；《元史》卷126，頁3085，〈廉希憲傳〉。

33　《元史》卷126，頁3086，〈廉希憲傳〉；《趙孟頫集》卷7，頁154-157，
　　〈全公神道碑銘〉。

34　William T. de Bary, *Neo-Confucian Orthodoxy and the Learning of the Mind-and-Heart*, p. 2.

弟⋯⋯曰明父子、君臣之大倫，自灑掃應對，至於平天下之要道，十年
之後，上知所以御下，下知所以事上，上和下睦，又非今日比矣」[35]。
十年之後許衡的國子學弟子不忽木與同學多人聯名上書皇帝，請求興
學。在其中，不忽木等指出：帝王如欲化民成俗，必由學校，而古來
征服江南而建立統一國家的帝王，必定崇重學校。最後則說：

> 爲今之計，如欲人才眾多，通習漢法，必如古昔遍立學校而
> 後可。若曰未暇，宜且於大都弘開國子學。

設立國子學的方法是：

> 擇蒙古人十五以下，十歲以上，質美者百人，百官子弟與凡
> 民俊秀者百人，俾廩各有定制。選德業充備，足爲師表者，
> 充司業、博士、助教而教育之。使其教必本於人倫，明乎物
> 理，爲之講解經傳，受以修身、齊家，治國、平天下之道。
> 其下復立教科，如小學、律、書、算之類，每科設置教授，
> 各令以本業訓導[36]。

此疏實際爲南北混一後多民族國家規劃完整的教育藍圖。國子學的設
計爲近程，旨在訓練蒙古、色目貴族子弟成爲「通習漢法」的統治菁
英。眞正的目標是遍立學校，化民成俗，以成就帝王之治。不忽木等
人的建議反映其老師的想法，但由於他們是宮廷近臣子弟，發言更易

35　《魯齋遺書》卷7，頁388，〈時務五事〉。
36　《元史》卷130，頁3164-3166，〈不忽木傳〉。

爲忽必烈所接受。

除國子學外，元代儒學教育制度中，地方設有路、府、州、縣學校及書院。蒙古、色目人以地方官員的身分倡建地方官學及書院者很多。這些官員倡建學校，固然是由於職責所在，其中不少卻是出於推行教化之使命感。如廉希憲在元軍伐宋時，出鎮江陵，認爲「風教不可後也」，遂在占領區大肆興學，並修復毀於戰火的竹林書院[37]。

更能反映具有傳承斯文與推廣教化使命感的，是元代中後期出現不少以私財創建書院、義學以及擔任職業教師的蒙古、色目士人，前文已加考述，不再贅陳。

元季以傳道授業爲職志的士人以伯顏宗道最爲有名。據說他「自弱冠即以斯文爲己任」，「修輯六經，多所著述」，一生在家講學，成爲生徒極眾的河朔名師，講學盛況不亞於當代漢族大儒[38]。

唐兀崇喜、伯顏宗道二人的歷史反映元季蒙古、色目族群中一個新的社會文化動向。即是中下層出身者之中亦不乏深受儒學薰陶而「以斯文爲己任」的士人。〈伯顏宗道傳〉贊說宗道「出於窮鄉下里，非有父師君上之教督也，乃能以經訓道學爲己任，誠所謂無文王而興者歟？」[39]元朝初期唯有蒙古、色目上層熟諳儒學，及至晚期，中下層出身者的造詣亦達到一定水平，而與漢族士人同具「以經訓道學爲己任」的共識。

37　《元朝名臣事略》卷7，頁139。
38　潘迪，〈伯顏宗道傳〉，收入《元代西夏遺民文獻〈述善集〉校注》，頁226-236。
39　《元代西夏遺民文獻〈述善集〉校注》，頁228。

第四節　綱常的扶持

綱常名教是古代儒家爲維持政治與社會秩序而設計的道德觀念與行爲準則，也是個人行爲不可背離的金科玉律。儒學之綱常名教原來便很嚴謹，程朱理學更將三綱五常視爲不可觸犯的「天理」，要求較前更多束縛。

蒙古人及色目各族的倫理觀念及風俗習慣與漢族具有或大或小的差異。漢族士人往往視其差異之處爲違反綱常，因而成爲「用夏變夷」，推行漢法的一部分。如御史烏古孫良楨(？-1358)於至正四年(1344)所上奏議說：

> 綱常出於天而不可變。議法之吏乃曰：「國人(指蒙古)不拘此例。諸國人(指色目)各從本俗。是漢、南人當守綱常，國人、諸國人不當守綱常也。名曰優之，實則陷之。外若尊之，內實侮之[40]。

烏古孫良楨是漢化的女眞人。他的意見反映漢族士大夫對蒙古、色目違反綱常的批評。當時不少蒙古、色目士人因深受儒家綱常觀念的影響，對於名教或以言辭支持，或以行動踐履。

「忠君」是儒家倫理最爲重要的一環。但在古代人臣沒有爲一族一姓竭盡愚忠的義務。兩宋時代起，此一相對忠君觀爲絕對忠君觀所取代，而後者之形成則與宋代君主專制政體的強化相平行。君臣關係

40　《元史》卷187，頁4288，〈烏古孫良楨傳〉。

一經形成，永不可變。即使朝代變革，亦不可改事他主，程顥所說：
「餓死事小，失節事大」，即反映絕對化的忠君觀念。爲故國舊主守
節遂成爲人臣應盡的義務。

　　「忠君」觀念原不是中原或儒家的專利，而爲人類多數社會所共
有。成吉思汗即要求臣屬（伴當，nokod）對「正主」（ejen）須絕對忠
誠。理學的絕對忠君觀無疑加強了遊牧騎士的忠君觀。元末拜住（字
明善）的故事有助於闡明此點。拜住出身康里名族，康里爲突厥而非
蒙古，但兩者皆爲遊牧民族，倫理相近。拜住爲不忽木之孫，累官太
子司經。明兵入大都，拜住投井自殺前對家人說：

> 吾始祖海藍伯封河東公者，與太祖同事王可汗，太祖取王可
> 汗，收諸部落，吾祖引數十騎馳西北方，太祖使人追問之，
> 曰：「昔者與皇帝同事王可汗，王可汗今已滅，欲爲之報
> 仇，則帝乃天命；欲改事帝，則吾心有所不忍，故避之於遠
> 地，以沒吾生耳。」此吾祖之言也。且吾祖生朔漠，其言尚
> 如此，吾今生長中原，讀書國學，而可不知大義乎！況吾上
> 世受國厚恩，至吾又食祿，今其國破，尚忍見之！與其苟
> 生，不如死[41]。

可見拜住之選擇自殺與其曾在國子學讀書而不能不知大義之間大有關
聯。

　　元明易代之際，蒙古、色目士人的忠君觀經歷嚴峻的考驗。拙作

41　《元史》卷196，頁4431，〈忠義傳二〉。

〈元明之際士人的多元政治抉擇：以各族進士為中心〉一文顯示[42]，多數的蒙古、色目進士在國破之際做了忠於故國舊主的抉擇。在可考的蒙古、色目進士二十六人中，以不同方式表達盡忠元室者占二十六人(殉國十九人、遺民五人、北歸蒙古或東逃高麗者各一人)，遠多於背棄故國而另事他主者(出仕群雄及改仕明朝者僅各一人)。忠義及遺民在其殉國前或守節時的相關記載反映他們當時的思想，如余闕堅守安慶七年，陳友諒軍陷城，闕自刎沉水死。其妻、子皆投水死，部屬從死者千餘人[43]。死前曾說：「國家多難，授予以兵戎重寄，豈予所堪。然古人有言：『為子死孝，為臣死忠』。萬一不幸，吾知盡忠而已」[44]。後明太祖下詔立廟，歲時致祭[45]。余闕因而成為忠臣典範。又如合珊沙，回回人，至正二年(1342)進士，曾任江浙行樞密院都事。元亡隱居不仕。今存其詩〈詠懷〉，有句云：

> 萬里朔雲沙漠漠，六宮禁御草離離。
> 金輿玉輅無消息，腸斷西風白雁飛[46]。

此詩顯示出合珊沙對故國舊君的深切關懷。總之，蒙古、色目進士寧願為故國盡忠而不肯改事新君，主要由於「君臣大義」，而不是對元廷的族群之忠，與當時甚多做出同樣選擇的漢、南人進士並無不同。

42　此文收入蕭氏，《元代的族群文化與科舉》，頁211-270。又拙作〈元明之際的蒙古、色目遺民〉則研析當時之蒙古、色目遺民，包括非進士在內，收入蕭氏，《元朝史新論》，頁119-154。

43　《朱一齋先生文集》卷6，頁80上-83上，〈余廷心後傳〉。

44　《康熙安慶府志》卷26，頁19-22，蔣良，〈余忠宣公死節記〉。

45　《元史》卷143，頁3429，〈余闕傳〉。

46　《元詩選癸集》辛集上，頁1154-1155，〈沙省掾可學〉。

　　儒家倫理反映於各種禮俗。儒家儀禮最重冠、婚、葬、祭，而婚、葬二事最爲重要。而在這兩方面儒家儀禮與蒙古、色目習俗相差甚大。烏古孫良楨在前引奏議中說：

　　　國俗：父死則妻其從母，兄弟死則收其妻，父母死無憂制[47]。

烏古孫良楨所說雖僅指蒙古禮俗，實際上亦可適用於甚多色目民族。

　　漢族與蒙古、色目在婚俗方面的主要差異在於婦女再醮問題。蒙古及多數色目民族允許寡婦再嫁。而且遊牧民族古來盛行收繼婚，同輩與異輩收繼皆視爲當然[48]。漢族古來重視婦女貞節。宋代理學勃興之後，寡婦守貞不嫁成爲天經地義，至少縉紳家庭婦女改嫁者日漸減少。至於收繼婚，唐朝已明令禁止。

　　當時元廷的政策是婚姻依據各族本俗。漢南人不可收繼，而蒙古、色目人則法所不禁[49]。不僅漢族衛道之士對此情況加以攻擊，建議明令禁止蒙古、色目人行收繼婚，以免貽笑後世。不少蒙古、色目士人亦表達相同看法。如著名汪古族士人馬祖常（1279-1338）曾建議「國人暨諸部既誦周孔書，當尊諸母，以厚彝倫」[50]。又如拔實於至正初年亦建議「革蒙古婚姻之俗」[51]，皆是從儒家觀點指責收繼婚。

47　《元史》卷187，頁4288，〈烏古孫良楨傳〉。
48　洪金富，〈元代的收繼婚〉，收入中研院史語所出版品編委會主編，《中國近世社會文化史論文集》（台北：中央研究院歷史語言研究所，1992），頁279-314。
49　《元史》卷103，頁2644，〈刑法志〉。
50　《至正集》卷46，頁63上，〈馬文貞公神道碑〉；《滋溪文稿》卷9，頁143-144，〈馬文貞公墓誌銘〉。
51　《金華黃先生文集》卷25，頁5下-7上，〈凱烈公神道碑〉。

雖然由於統治多民族國家的需要，元廷始終未曾完全禁止收繼，但不少蒙古、色目婦女於夫死之後拒絕收繼或另行改嫁，而政府爲迎合宋代以來中原的社會風氣而不斷表揚節婦[52]。蒙古、色目節婦烈女固然受到漢族士人的讚揚[53]，而其本族群士人亦撰文頌讚。如蒙古軍鎮撫脫因之母欽察氏，年二十四而夫亡，撫養子女成人，孀居五十餘年，獲得朝廷褒揚，色目士人伯顏宗道與唐兀崇喜都曾撰文表彰[54]。

　　漢族與蒙古、色目的喪葬禮俗亦有甚大差異。漢人喪葬因受儒家重孝尚禮的影響，極爲繁縟，不僅殮葬須厚，孝子賢孫還需守喪三年，服官者更需告假丁憂。蒙古人喪葬較簡，「不封不樹，飲酒食肉無所禁，見新月即釋服」[55]。色目人中伊斯蘭及基督教葬禮與漢俗亦有甚大之出入。

　　元廷對喪葬之規定亦是諸族各從本俗。但是蒙古、色目人不免受到中原環境影響而改從漢俗，尤其是士人家族更遵循「古禮」或「朱氏家禮」的高標準營葬。如蒙古人拔不忽(1245-1308)及高克恭臨終時，皆囑咐家人依朱子家禮營葬。拔不忽，珊竹氏，以江東宣慰使致仕，對理學篤信而力行。又如唐兀崇喜及卜蘭臺兄弟於至正四年殮葬其父，「製棺槨、衣衾，悉遵古禮」，並爲其母預置壽器，自南方「市紫沙棺材，修盈又廣尺許」[56]。崇喜兄弟位不過百戶，對其父母可說殮葬極厚。

52　蕭啓慶，〈元代蒙古人的漢化〉，頁247-248。

53　張斐怡，〈元代非漢族婦女形象的漢化〉，頁279-322。

54　伯顏宗道〈節婦序〉與唐兀崇喜〈節婦後序〉皆收入《元代西夏遺民文獻〈述善集〉校注》，頁130-136。

55　《金華黃先生文集》卷28，頁12上-17下，〈答祿乃蠻先塋碑〉。

56　《元代西夏遺民文獻〈述善集〉校注》，頁177-178，潘迪，〈唐兀敬賢孝感序〉。

　　殯葬爲私人事務，而官員應否丁憂三年則事關政治體制，因而爭議較大。元廷政策搖擺於全面禁止蒙古、色目官員離職服喪及全面放行之間。直至元統二年規定：「詔凡蒙古、色目人行父母喪」[57]，始成定例。事實上，甚多蒙古、色目士人早已遵循漢俗實行憂制。蒙古人中遵循憂制的有別的因（1229-1309）、拔實、察罕不花等人。別的因，出身著名將門答祿乃蠻氏。其家早居漢地，漢化甚早。別的因之母張氏卒，「悉用中國禮，踰年乃從吉」，時爲至元二十一年（1284），可視爲蒙古人自動實行憂制的最早例證[58]。又如拔實，於至正間授集賢侍讀學士，朝廷一再令其免喪就職，但拔實堅辭，服闋始就職[59]。察罕不花，三中鄉試，歷任教授、廣西帥府經歷。至正二年爲父守喪三年，江陰儒者陸文圭（？1256-？1340）作詩美之，有「正氣初不限中華」之句[60]。色目士人遵循憂制者現知廉希憲、趙世延及丁鶴年等。陳垣已考述，不再贅陳[61]。

　　以上所述爲個別蒙古、色目士人對儒家禮教各項德目的遵行或鼓吹，與漢族士人相呼應。此外高昌偰氏更全面遵行儒家禮教，由於前文已加考述，不再贅陳。

第五節　中原歷史文化的認同

　　儒家文化重視歷史的鏡鑑作用。朝代的興亡可作爲當政者之借

57　《元史》卷38，頁823，〈順帝紀〉。

58　《金華黃先生文集》卷28，頁12上-17下，〈答祿乃蠻氏先塋碑〉。

59　《金華黃先生文集》卷25，頁5下-9上，〈凱烈公神道碑〉。

60　《牆東類稿》卷16，頁2下，〈察罕不花父歿王事〉。

61　《元西域人華化考》卷6，頁102下-105下。

鑑，歷史人物的善惡賢愚不肖亦是個人處世模仿與警惕的對象。自來漢族士人對歷代君王的仁暴、人臣的忠奸、著名士大夫的品德與才藝都常根據儒家倫理加以褒貶。元代蒙古、色目士人也多喜愛閱讀或評論中原的歷史及其人物。朝廷之上，君臣之間常「講論古今治道，品評人物得失」[62]。一般蒙古、色目士人在其言談及詩、文、書、畫中，亦喜品第古來人物。他們評論的對象不侷限於政治人物，而且包括文化前輩。他們對人物的品第及歷史滄桑的感喟大都與漢族士人相同。由此可看出蒙古、色目士人對中原歷史文化的認同。

一、對歷史人物的臧否

蒙古、色目士人對中原歷史人物的評論依其對象的性質可分下列四類：

(一)仁主暴君的褒貶

上古的聖君堯、舜是蒙古、色目士人稱頌的對象，而夏、商兩朝的末代帝王桀、紂則成為反面教材。英宗朝的右丞相拜住曾對皇帝說：「昔堯、舜為君，每事詢眾，善則舍己從人，萬世稱聖。桀、紂為君，拒諫自賢，悅人從己，好近小人，國滅而身不保，民到於今稱為無道之主」[63]。拜住顯然認為堯、舜因為屈己納諫而成為「聖君」，而桀、紂則因剛愎自用、親近小人而成為萬世唾罵的「無道之主」。

唐太宗是最受元朝君臣尊崇的中原帝王。忽必烈治國即以唐太宗為楷模[64]。魏徵(580-643)的直言諍諫與太宗的雅納諫言一直是元朝君

---

62 元明善，〈丞相東平忠憲王碑〉，收入《國朝文類》卷24，頁7下-8上。

63 《元史》卷139，頁3302。

64 箭內亙，〈元の世祖と唐の太宗〉，收入箭內氏，《蒙古史研究》，頁

臣間討論的話題。元英宗曾謂右丞相拜住：「今亦有如唐魏徵之敢諫者乎？」拜住答曰：「盤圓則水圓，盂方則水方。有太宗納諫之君則有魏徵敢諫之臣。」換言之，拜住期望英宗做先雍容大度的太宗，然後才可能有魏徵型的敢諫直臣[65]。唐太宗受到尊崇亦可自有關典籍譯為蒙文一事看出，仁宗朝，出身回回的中書平章察罕(1245-？)曾譯吳兢《貞觀政要》以進，又承詔譯太宗自著《帝範》[66]。順帝時蒙古人拔實又承詔譯唐楊相如《君臣政要論》為蒙文[67]，都是有關太宗朝政事之書。

　　唐女主武則天(624-705)及亡國之君商紂、宋徽宗(1082-1135)則是蒙古、色目士人譴責或嘲弄的對象。畏兀兒族出身的散曲家薛昂夫所撰【中呂‧朝天曲】〈詠史二十首〉之十六即是嘲弄武則天：

　　則天，改元，雌雞長朝殿。昌宗出入二十年。懷義陽功健。
　　四海淫風，滿朝窯變。關雎無此篇。弄權，忌賢，卻聽梁公
　　勸[68]。

此篇一方面譴責則天「雌雞長朝殿」，亦即牝雞司晨之意。另一方面批判武后政治上的專斷、生活上的荒淫、好弄權術以及任用小人，缺乏后妃之德。大體上與北宋史學家歐陽修(1007-1072)以來漢族士人

(續)
　　979-989。
65　《金華黃先生文集》卷24，頁5上，〈郢王諡文忠神道碑〉。
66　《元史》卷137，頁3311，〈察罕傳〉；楊志玖，〈元代回回史學家察罕〉，頁411-430；洪金富，〈蒙譯漢籍及蒙古字書考〉，收入洪氏，《元代蒙古語文的教與學》，頁72-90。
67　《危太樸文集》卷7，頁1下-2下，〈君臣政要論序〉。
68　楊鐮等，《元曲家薛昂夫》，頁144。

對武后的批評相吻合。

商紂與宋徽宗則爲奎章閣大學士巎巎批評的對象。巎巎不僅是大臣，亦是書法大家。他堅守儒家立場，以書畫作爲成教化、助人倫的工具，利用爲文宗（1328-1332在位）講授經學的機會，運用書畫向皇上諷諫而批評兩位末代君王。有一次皇帝欲觀覽名畫，巎巎取宋郭忠恕〈比干圖〉以進，因言商王紂不聽忠臣之諫，遂亡其國。又一次文宗看宋徽宗畫而稱善，巎巎進言：「徽宗多能，惟一事不能。」帝問，「何爲一事？」對曰：「獨不能爲君爾。身辱國破，皆由不能爲君所致。人君貴能爲君，它非所尚也。」[69]不聽諍諫的商紂、不能治國的宋徽宗都是巎巎的負面教材。

（二）賢相奸臣的臧否

歷史上忠君愛民、扶亡繼絕的賢相良將是漢族士人仰慕歌頌的對象，而禍國殃民的巨奸大憝則遭到譴責。元代蒙古、色目士人也抱持相同的態度。

上古的夔、稷、漢代開國功臣張良（？-前186）、三國爲蜀漢社稷鞠躬盡瘁的諸葛亮（181-234）、東晉謝安（320-385）、唐朝狄仁傑（630-700）、宋朝岳飛（1103-1142）皆受到蒙古、色目士人的頌揚：

忽必烈時代的廉希憲一生以儒相自勉，也勖勉其子孫以上古賢相爲榜樣。據說他臨終前訓導其子曰：「謂皋、夔、稷、契、伊、傅、周、召爲不可及，是自棄也。天下事苟無牽制，三代可復也。」[70]可見希憲認爲：事在人爲，只要努力，不僅上古賢相可以企及，傳說中的三代盛世亦可再現。

---

69 《元史》卷143，頁3414，〈巎巎傳〉。

70 《元史》卷126，頁3096，〈廉希憲傳〉；《國朝文類》卷65，頁14上-14下，元明善，〈廉文正王神道碑〉。

　　張良、狄仁傑受到察罕很高的評價。仁宗嘗問：「張良何人？」
察罕回答說：「佐高帝，興漢，功成身退，賢者也。」仁宗又問狄仁
傑如何，他說：「當唐室中衰，能卒保社稷，亦賢相也。」[71]他讚揚
狄仁傑是保存唐朝社稷的賢相，而張良不僅有興漢大功，而且是功成
身退的賢者。馬祖常亦有詩頌揚張良：

> 張良廟前流水聲，歌風臺下曉雞鳴。
> 行人舟中寐復起，此生亦欲成功名[72]。

祖常為元朝中期著名儒臣，他亦欲仿效張良成就功名。
　　隻手扶持蜀漢，延續漢室國祚的諸葛亮亦受到蒙古、色目士人的
歌頌。元代中期著名散曲家蒙古阿魯威所撰〈折桂令·懷古〉說：

> 問人間誰是英雄？有釃酒臨江，橫槊曹公，紫蓋黃旗，多應
> 借得，赤壁東風，更驚起南陽臥龍，便成名八陣圖中。鼎足
> 三分，一分西蜀，一分江東[73]。

此曲係詠讚三國英雄人物，歌頌其創業精神及業績，化用杜甫「功蓋
三分國，名成八陣圖」的詩句，歌頌諸葛亮聯吳抗曹，為三分天下建
立奇功。對魏、吳人物皆加品題，卻給予諸葛亮較高評價。而馬祖常
亦有詩讚揚諸葛亮：「蜀相功業少陵知，萬古千秋更有誰」[74]。認為

71　《元史》卷137，頁3311，〈察罕傳〉。
72　《石田先生文集》卷2，頁21，〈所過〉。
73　隋樹森，《全元散曲》，頁685。
74　《石田先生文集》卷4，頁81-82，〈鎖院獨坐書事口號七首〉。

千秋之下，功業無人能與孔明相比。出身汪古族的詩人金哈剌的〈何經歷蜀相圖〉云：「社稷尊明主，經綸屬老臣」，「丹心昭日月，素節淨風塵」[75]，係歌頌孔明的經綸之才及事主之忠。

宋朝悲劇英雄岳飛則受到詩人迺賢的詠嘆。其七言古風〈岳墳行〉以「岳王烈烈眞丈夫，才兼文武漢唐無」開端[76]，讚揚岳飛爲漢唐盛世皆無的大才。而其中有句云：

感激英雄竟誅害，萬里長城眞自壞。
但將淮水作邊關，不道中原屬蕃寨。

迺賢感嘆宋廷殺害岳飛不啻自壞長城。比較特別的是他認爲：宋廷與金朝締約造成淮水成爲「邊關」而中原淪爲「蕃寨」，可說完全採用漢族的觀點。

歷史上的權奸受到撻伐者包括漢桑弘羊(前152-前80)、唐宇文融(？-730)、東漢董卓(？-192)及南宋賈似道(1213-1275)：

桑弘羊、宇文融是忽必烈時代不忽木向皇帝諍諫時引用的反面教材。據說當時三大聚斂之臣的盧世榮(？-1285)當權前，自言可使國家財賦大增。忽必烈以此向不忽木徵詢意見。不忽木對皇帝說：

自昔聚斂之臣，如桑弘羊、宇文融之徒，操利術以惑時君，始者莫不謂其忠，及其罪諿惡著，國與民俱困，雖悔何及。臣願陛下無納其說[77]。

---

75 《南遊寓興詩集》。
76 《金臺集》卷2，頁31上-31下，〈岳墳行〉。
77 《元史》卷130，頁3167，〈不忽木傳〉。

不忽木是以歷史上聚斂之臣爲害的先例，勸阻重用盧世榮，但當時忽必烈需財甚殷，仍然任命盧世榮理財。世榮事敗之後，忽必烈對不忽木表示悔意：「朕良愧卿」。

　　董卓於東漢末年操縱朝政，殘殺朝臣、百姓，暴虐不仁。薛昂夫【中呂·朝天曲】〈詠史二十首〉之十二云：

> 董卓，巨饕，爲惡天須報，一臍燃出萬民膏。誰把逃亡照？
> 謀位藏金，貪心無道，誰知沒下梢。好教，火燒，難買棺材
> 料[78]。

此曲對董卓因作惡多端而遭到可恥下場表示快意，對貪財、殘暴的權奸予以嚴責。

　　賈似道是宋末專橫的權臣，其失政導致南宋亡國。詩人薩都剌在杭州經過其廢宅，而寫下其感嘆：

> 平章亦何者，此地起樓臺。社稷無人物，湖山構禍胎。
> 前朝亡國恨，遺跡後人哀。落日空江上，王宮亦草萊[79]。

詩中指責似道爲造成宋朝亡國的「禍胎」，借古諷今，亦警告當時醉生夢死的權貴須以「前朝亡國恨」爲鑑。

（三）高士才人的詠頌

　　蒙古、色目士人與漢族古代士人血脈相連，具有精神及學藝的繼

78　楊鐮等，《元曲家薛昂夫》，頁141。
79　《雁門集》卷12，頁329，〈過賈似道廢宅〉。

承關係。對於古代出處有節的高士或才藝出眾的詩人墨客自然不免景仰追慕。如薩都剌《雁門集》中談到或引用過作品的著名學者、詩人有賈誼(前200-前168)、司馬相如(前179-前117)、陶淵明(365-427)、何遜(？-518)、李白(701-762)、杜甫(712-770)、白居易(772-846)、韓愈(768-824)、杜牧(803-852)、蘇軾(1037-1101)、辛棄疾(1140-1207)、元好問等多人。

以高士身分而受蒙古、色目士人景仰的有兩漢之際的嚴光(？前37-43)。嚴光與東漢光武帝(25-57在位)原爲同學，光武帝即位後，他堅拒老友徵召，以耕漁爲樂，爲有名高士。浙江桐廬的釣臺相傳爲其魚釣之處。詩人薩都剌曾作〈嚴陵釣臺圖〉。圖上有其自題款，中有詩句云：

> 釣竿臺上無形跡，丘壑亭中有隱名。
> 富貴可遺志不易，鼎彝猶似羽毛輕[80]。

對嚴光富貴不易其志的高節表示敬意。而金哈剌亦有題〈嚴子陵圖〉詩，詩中對這位古代士人的高節表達崇敬[81]。

陶淵明歷來受到推崇，不僅由於他是田園詩的開拓者，而且因爲他是辭官歸田的「古今隱逸詩人之宗」，具有偉大詩人與高士的雙重形象[82]。元代士人仕途困難重重，隱逸思想盛行，「慕陶」因而蔚然

80　國立故宮博物院，《大汗的世紀》，頁92；參看石守謙，〈衝突與交融：蒙元多族士人圈中的書畫藝術〉，頁211-212。《雁門集》(卷10，頁293)中又有〈再泊釣臺次鮮于伯機韻〉，該詩云：「敢將一片利名心，重向高人釣遊處」，可見都剌不止一次至釣臺憑弔。

81　《南遊寓興詩集》。

82　王國瓔，《古今隱逸詩人之宗：陶淵明論析》(台北：允晨文化實業公司，

成風。色目士人貫雲石之慕陶尤具特殊意義。雲石爲畏兀兒族，出身
潢貴，早年歷任高官，卻在而立之年急流勇退，隱居杭州。有的學者
認爲：雲石之退隱即是受淵明影響[83]。他在詩、曲中描繪田園風光，
讚美隱居生活，「寄酒爲跡」，都酷似淵明，而在其散曲中更明顯稱
頌淵明，如〈雙調・殿前歡〉：

> 暢幽哉，春風無處不樓臺。一時懷抱俱無奈，總對天開。就
> 淵明歸去來，怕鶴怨山禽怪，問甚功名在！酸齋是我，我是
> 酸齋[84]。

對淵明棄絕利祿和回歸自然的人生道路，無限企慕。

貫雲石之外，馬祖常、金哈剌都有詩推崇淵明。馬祖常〈讀陶潛
詩〉說：

> 伯夷恥周粟，屈原避讒死。
> 獨有柴桑翁，一不失張弛[85]。

詩中認爲淵明出處之道高於伯夷、屈原。而金哈剌〈題張此山和陶詩
序後〉說：「兩晉文章只數陶，遠師風雅近離騷」，則是稱頌他的詩
藝。祖常、哈剌都是終身仕宦，所受淵明影響之深不及雲石，但同樣

（續）

　　1999）。

83　張玉聲，〈貫雲石何慕陶淵明〉，《新疆師範大學學報》1997年第4期，頁
　　14-19。

84　《全元散曲》上冊，頁373。

85　《石田先生文集》卷1，頁5，〈讀陶潛詩〉。

欽佩他的為人與詩藝。

　　東晉大書家王羲之則為蒙古、色目書家高度推崇。趙孟頫於書畫皆提倡「復古」，書法師宗二王（羲之、獻之），蔚為一代風氣。嶧嶧、三寶奴、阿沙不花、金哈剌、迺賢皆推崇羲之。嶧嶧為孟頫弟子。其草書亦受羲之甚大影響[86]。他曾以當時已屬珍貴的五代大家董源（？-約962）畫向奎章閣同僚柯九思換得王羲之〈定武蘭亭〉帖，題識其上云：「何啻獲和璧隨珠，當永寶藏之」[87]。又曾題羲之〈蘭亭禊帖〉說：「右定武蘭亭乃神妙之本，其寶藏之，不可輕易與人也」[88]，可見他對羲之的敬慕之情。

　　三寶奴、阿沙不花二人所題皆為羲之〈七月帖〉、金哈剌〈蘭亭圖〉詩皆是推崇羲之的書法及其影響。詳見前文。

　　迺賢在至正五年北上大都時，遊歷中原，曾在中山尋訪〈定武蘭亭〉帖的原石，雖然徒勞無功，卻在其《河朔訪古記》詳細追溯此帖之歷史，可見迺賢亦為羲之的崇敬者。

　　唐代詩人中，李白最受蒙古、色目士人的頌揚。元代詩風的主流是「宗唐得古」[89]，李白因而受到尊崇。薩都剌、貫雲石、嶧嶧分別有詩、曲、法書與太白有關。薩都剌對李白最為推崇，《雁門集》中出現李白的名字十餘次之多。明詩評家胡應麟說：「天錫誦法青蓮」，應有一定程度之正確。薩都剌特慕李白之豪情。其〈過池陽有

86　任道斌，〈唯餘筆硯情猶在：論趙孟頫與元代少數民族書畫家〉，頁14-
　　32。
87　《石渠寶笈三編》第11冊，頁2803，〈定武蘭亭真本〉。此帖現由台北故宮
　　博物院收藏。
88　倪濤，《六藝之一錄》卷160，頁5上。
89　鄧紹基主編，《元代文學史》（北京：人民文學出版社，1991），頁365-
　　375。

懷李白〉：「我思李太白，有如雲中龍」[90]；〈采石懷李白〉：「夢斷金雞萬里天，醉揮禿筆掃蠻箋。錦袍日進酒一斗，采石江空月滿船」[91]，都是仰慕太白的豪放風采。

貫雲石退隱之前，任年輕翰林侍讀學士時，其〈桃花岩〉詩中有句云：「酒酣仰天呼太白，眼空四海無纖物」[92]，其恃才傲物之氣概可說與太白同聲相應。其退隱後赴采石憑弔太白遺跡時所賦〈采石歌〉：

> 采石山頭日頹色，采石山下江流雪。
> 行客不過水無跡，難以斷魂招太白。
> 我亦不留白玉堂，京華酒淺湘雲長。
> 新亭風雨夜來夢，千載相思各斷腸[93]。

目睹遺跡的蕭索景狀，雲石一改早年的豪慨之氣，而抒發出同病相憐的無限感嘆。雖然雲石的情緒前後有異，但對太白的崇敬則無不同。

不僅詩人尊敬太白，書家巎巎也是如此。巎巎為一方正儒者，而不是灑脫詩人。他曾手書李白〈古風〉第十九首。其目的另有寓意，這首詩諷刺隨波逐流、追求富貴的消極思想。書寫的內容是巎巎要觀者明白的道理[94]。

90　《雁門集》卷5，頁125。

91　《雁門集》卷5，頁121。

92　《元詩選》二集，頁266。

93　《元詩選》二集，頁268。

94　劉正成主編，《中國書法全集》第46卷，《康里巎巎‧楊維楨‧倪瓚》，頁92-93，圖10，〈李白古風詩卷〉。

(四)烈士遺民的悲歌

太平時期，蒙古、色目士人仰慕的是古代漢族的賢相良將與高人才士，元亡前後，其仿效的楷模便有不少變化。

元亡之前，蒙古、色目士人甚多有官守在身，擔任地方官者尤多，或負責守衛城池，或受命出兵救亂，都負有捍衛社稷，拯救危亡的重任，都希望能有扭轉乾坤，轉危爲安的豪傑出現。如泰不華於至正十二年(1352)出任臺州路達魯花赤，負責征撫叛元的方國珍，責任重大。其〈寄姚子中〉七律詩云：

> 漢廷將相思王允，晉代衣冠託謝安[95]。

泰不華顯然衷心嚮往東漢王允(137-192)、東晉謝安扶傾繼絕之功業。

唐兀士人余闕〈九日宴盛唐門〉五古作於危城之中，苦中作樂之時，有句云：

> 豎儒謬從役，任重力乃綿。
> 武功乃無成，文德何由宣。
> 微勳倘有濟，敢愧魯仲連[96]。

蓋欲效戰國時的魯仲連(約前305-前245)一弭天下之禍。對於元朝的危局，泰不華、余闕無法挽狂瀾於既倒，最後都成殉國的「忠義」。

95　《元詩選》初集，頁1732。
96　《青陽先生文集》卷1，頁16上。

　　元亡之後，不少蒙古、色目士人拒絕出仕，開始艱辛的「遺民」生涯。這些蒙古、色目遺民與漢族遺民交往，並且以詩文互相砥礪氣節[97]。詩文中常以古代漢族的忠烈義士爲仿效對象。

　　唐兀族遺民王翰，元末任潮州路總管，元亡後成爲不仕新朝的遺民[98]。晚年諸詩呈現強烈的遺民情結，如〈送陳仲實還潮陽〉：

　　　　歸去故人如有問，春山從此蕨薇多[99]。

又如〈送別劉子中〉：

　　　　可憐蘇子卿，天涯守漢節[100]。

顯示王翰不僅心懷故國，而且決心效法恥不食周粟而以採食蕨薇維生的伯夷、叔齊及身陷匈奴而爲漢朝守節的蘇武（前140-前60）。後來王翰爲堅拒明廷徵召而自殺身亡。

　　回回遺民丁鶴年未仕元朝，元亡後卻自甘爲元朝守節。所作諸詩中，以〈自詠〉五首表現其亡國之痛及遺民思想最爲清楚。第一首有「九江太守失效死，諸公四海尙偷生」。第二首有「坐慚黃歇三千客，死慕田橫五百人」之句[101]。意在指責元臣不能如江州總管李黻（1298-1352）之爲國捐軀，或如古代楚國春申君及齊國田橫之部下殺

　97　蕭啓慶，〈元明之際的蒙古、色目遺民〉，頁153-154。
　98　馬明達，〈元末西夏人那木翰事跡考述〉，頁153-164。
　99　《友石山人遺稿》，頁20下，〈送陳仲實還潮陽〉。
100　《友石山人遺稿》，頁1下，〈送別劉子中〉。
101　《丁鶴年詩輯注》，頁257。

身殉主，卻仍苟且偷生。鶴年此詩，不僅責人，亦是自責。「黃歇三千客」與「田横五百人」都是他雖不能至，卻心嚮往之的對象。

由以上四類人物的評論看來，蒙古、色目士人的意見可說與歷來漢族士人臧否人物的主流完全吻合。聖主、賢相、高士、才子、忠義、節士受到高度頌揚，暴君、篡逆、奸臣、貳臣等則被厲聲譴責，這與漢族並無區別。蒙古、色目士人並未以「異族」的身分發展出不同的歷史觀與人物評價。

二、對歷史滄桑的感喟

蒙古、色目詩人對個別歷史人物的評論固然表達其價值觀，他們對中原歷史發展的深刻瞭解及移情，更反映於一些懷古詩、詞、散曲中。茲以薩都剌、薛昂夫的二首詞、曲為例說明：

薩都剌〈念奴嬌・金陵懷古〉：

> 六代繁華，春色也，更無消息。空悵山川形勝，已非疇昔。王謝堂前新燕子，烏衣巷口曾相識。聽夜深，寂寞打空城，春潮急。　思往事，愁如織；懷故國，空陳跡。但荒煙衰草，亂鴉紅日。玉樹歌殘秋露冷，胭脂井壞寒螿泣。到如今，惟有蔣山在，秦淮碧[102]。

這詞是薩都剌在金陵的懷古之作，大體化用唐劉禹錫（772-842）〈金陵五題〉中〈烏衣巷〉和〈石頭城〉兩詩的意境。金陵（今南京）是六朝首府，曾經繁華一時，在詩人憑弔時，王、謝的興盛，陳後主的歌

---

102 《雁門集》附卷詩餘，頁395-396。

舞，早成過去，而青山綠水卻是依舊。深深表現歷史人物變幻無常的悲哀。寫景之中抒發了作者磊落曠達的懷抱，具有很強的感染力[103]。

薛昂夫的散曲【正宮‧塞鴻秋】〈凌歊臺懷古〉：

> 凌歊臺畔黃山鋪，是三千歌舞亡家處。望夫山下烏江渡，是八千子弟思鄉去。江東日暮遠，渭北春天樹，青山太白墳如故。

凌歊臺是安徽黃山的一峰，薛昂夫登臨其上，而有此懷古之作。他感嘆當年南朝宋孝武帝劉駿(453-464在位)築離宮於其上，享樂誤國，宮中三千舞伎皆因而亡身。遠處望夫山下烏江是秦漢之際的蓋世英雄項羽(前232-前202)自刎之處。當年項羽率八千子弟渡江而西，爭奪霸業，自兵敗垓下，無一生還，羽乃不願再渡烏江。劉駿、項羽盡成過去，而附近的詩人李白墳墓卻依然如故，永遠令人懷念[104]。昂夫顯然認爲歷史上政治人物的功業都是過眼雲煙，唯有偉大的文化人才能千古長青。

薩都剌、薛昂夫這些懷古詞、曲皆是就一地古來的歷史與人物興衰滄桑抒發自己的感懷，由這些比較宏觀的感懷可看出這兩位色目詩人已與中原古代人物及歷史發展融爲一體。

第六節　結語

以上討論顯示：蒙古、色目士人與漢族士人在推行漢法、傳承斯

---

103 陶然，《金元詞通論》(上海：上海古籍出版社，2001)，頁173-174。
104 楊鐮等，《元曲家薛昂夫》，頁93，127。

文及扶持綱常名教上皆具共識，而其對中原歷史文化的認識亦與漢族
士人相同。這種共識超越族群間的鴻溝而成為各族士人的共同群體意
識。

　　蒙古、色目士人之選擇士人文化，一方面是由於移居中原後為適
應環境而做的變通，另一方面則是體認到中原文化的優越。茲以荀凱
霖為證，加以說明。

　　荀凱霖，西域阿魯渾人，由於其本族人士多不肯改變風俗，「唯
其國俗是泥也」。他向好友許有壬說明他本人改從華俗的理由為：

> 予非敢變於俗而取擯於同類也。其庼於道者變焉。居是土
> 也，服食是土也，是土之人與居也。予非樂於異吾俗而求合
> 於是也。居是而有見也，亦惟擇其是者而從焉。自吾祖為使
> 而入中國，委骨於是，若詩書禮樂，吾其可不從乎？俗之不
> 同，理之頓異，吾其可從乎[105]？

可見荀凱霖變俗的部分理由是對士人文化「詩書禮樂」的「擇其是者
而從」[106]。

　　有的蒙古、色目士人不諱言源自夷狄，而以由夷入夏為榮幸。汪
古士人馬祖常稱曾祖月忽乃「世非出於中國，而學問文獻過於鄒魯之
士」，「俾其子孫百年之間革其舊俗」[107]。祖常之古詩〈飲酒〉六
首敘其家世，第五首首先追溯其家族的夷狄起源，其次述及漢唐名臣
多出身夷狄，最後則云：

---

105 《至正集》卷53，頁40下-41上，〈西域使者哈只哈心碑〉。
106 何高濟，〈元代伊斯蘭教人物——哈只哈心〉，頁68-77。
107 《石田先生文集》卷13，頁236-239，〈故禮部尚書馬公神道碑〉。

　　春秋聖人法，諸侯亂冠笄。

　　夷禮則夷之，毫髮各有稽。

　　吾生賴陶化，孔階力攀躋。

　　敷文佐時運，爛爛應奎壁[108]。

祖常顯然慶幸自己受到儒家薰陶並揚棄夷狄之風而有助於斯文之流布。陳垣稱許祖常：「磊落光明，無有倫比」[109]。祖常雖然對其家族夷狄的起源並未遺忘，但對其本族文化則略無留戀，完全接受士人文化及華夏中心的文化觀。像馬祖常這樣的蒙古、色目士人應有不少。

　　由於蒙古、色目士人與漢族士人具有共同的群體意識，漢族士人遂視其為己類。如至正十四年進士陳高稱其科舉同年鎖鑄僉院為「吾黨之光」[110]。許有壬稱其摯友蒙古酎溫臺氏萬家閭「喜交儒士，灼然有見於道義，故確然無間於吾徒也」[111]。浙東名儒許謙稱其門人奈曼氏魯古訥丁「溫恭自虛，刻意清苦，吾黨之士，鮮能及之」[112]。總之，漢族士人將這些蒙古、色目士人視為「吾黨」、「吾徒」，是志同道合的朋友，早已忘卻族群的界限與隔閡。

108　同上，卷1，頁10。

109　《元西域人華化考》卷2，頁20下。

110　《不繫舟漁集》卷15，頁6下，〈與鎖鑄僉院書〉。

111　《至正集》卷57，頁5下-8下，〈都轉運使萬公神道碑〉。

112　《默庵先生文集》卷4，頁234。

第六章

結論

　　元朝是中國史上前所罕見的一個多元族群社會。前輩學者往往強調蒙元的族群歧視政策，其對漢文化之抵制，以及漢族士人地位之低下，以致在一般印象中，蒙古、色目人高高在上，對漢文化既少接觸，與漢族社會的主流——士大夫——間之關係，有如油與水，極難相融。因此各族菁英可說是相互隔離，欠缺統合。

　　本書的主旨是：元代中期以後，一個日益壯大的蒙古、色目士人群體業已出現，而且蒙古、色目士人與漢族士人交往密切，形成一個多族士人圈。本書自四個方面論證此一主旨。

　　第一，蒙古、色目士人群體的出現：蒙古、色目人與漢人的民族及文化背景雖然大不相同，但至元朝中期，蒙古、色目士人群體已確定成立。本書第二章以統計數字並實例顯示，蒙古、色目士人群體在各方面的持續擴張。一、人數之增多：在萌芽（大蒙古國時代）、成長（忽必烈時代）、壯大（元朝中期），及發展（順帝時代）四個時期，蒙古、色目漢學者人數不斷增加。二、專長之深化：蒙古、色目士人最初諳習儒學，掌握文學、藝術精髓者不多，及至壯大時期以後，大量蒙古、色目士人，已由儒學之研習而登上文學、藝術殿堂。多才多藝乃至全能性蒙古、色目士人大量出現。三、產生士人之族別普及化：由原已受漢文化影響之唐古、汪古，進而推及其他各族。四、社會之

深化：早期之蒙古、色目士人，多係出身文職官宦家庭，但其後高級軍官及下級軍人家庭產生之士人，日益增多。總之，在蒙古、色目族群中，士人數目日增，造詣日深，涵蓋族群不斷增多，並且由社會上層延伸至中下階層。

第二，社會網絡之建立：本書第三章顯示，元代各族間之交往係以社會階層，而不是以族群為基礎。各族士人間之交往，與漢族士人本身之交往，模式甚為相似。由於文化素養相同，各族士人乃能形成同鄉、姻親、師生、座主門生與同年及同僚等關係，而這些關係更進一步成為各族士人間密切交融的一個網絡。

第三，集體文化互動之頻繁：蒙古、色目士人參與漢族士人之傳統文化活動，如詩文唱酬、雅集遊宴、題跋書畫及編輯與序跋彼此之著作。這些活動一方面反映各族士人間的友誼，另一方面則反映對文學、藝術及學術的共同興趣與品味。

第四，士人群體意識之凝聚：本書第四章自四方面〈漢法的鼓吹〉、〈斯文的傳承〉、〈綱常的扶持〉及〈中原歷史文化的認同〉顯示各族士人已有強固的群體意識，具有共同的信仰、價值觀與行為準則。蒙古、色目士人往往以仲尼之徒自居而以儒生倫理為行為規範。而漢族士人亦視蒙古、色目士人為己類，「吾徒」或「吾黨之士」，顯然各族士人之群體意識已凌駕於族群意識之上。

雖然，元代中期以後一個日益壯大的士人圈業已形成，但是，就人數而言，蒙古、色目士人在其本族群之中仍未居於主流，也無法影響朝廷的族群政策。而且，在族群等級制之下，蒙古、色目人是特權階層，蒙古、色目士人未必願意揚棄本身的族群與政治認同。雖然在元朝滅亡及族群等級制消失以前，真正的民族同化與融合不易發生。而且，在各族群的菁英與群眾之間，族群認同也可能有不少的落差。

　　蒙古、色目人之真正漢化是在元亡明興之後。一方面，由於明太祖強力推行同化政策，禁止胡語、胡服、辮髮椎髻及本族自相婚姻等，迫使滯留中原之蒙古、色目人漢化[1]。另一方面則因鼎革之後的政治情勢誘使蒙古、色目人主動放棄原有之認同。由於失去政權，蒙古、色目的身分不僅不可倚恃，而且有妨自身利益。雖有少數士人拒絕放棄原有認同，甘為遺民[2]。但多數蒙古、色目人不得不急於改變身分。早在洪武九年(1376)海州學正曾秉正(仁)便曾上疏曰：

> 臣竊觀近來蒙古、色目人多改為漢姓，與華人無異，有求仕入官者，有登顯要者，有為富商大賈者[3]。

可見元亡之後，蒙古、色目人為了自身政治、經濟利益而放棄原有認同。有如明朝中期名臣丘濬(1418-1495)所觀察：

> 國初平定，凡蒙古、色目人散處諸州者，多已更姓易名，雜處民間，如一二稊稗生於丘隴禾稻之中，久之固已相忘相化，而亦不易別識之也[4]。

顯然至明朝中期居留中原之蒙古、色目人大都已與漢人混雜，「如一二稊稗生於丘隴禾稻之中」，「不易識別」，可說已經漢化。

1　Henry Serruys, *The Mongols in China during the Hung-wu Period*(Bruxelles: Bruges, 1959), pp.158-175.

2　蕭啟慶，〈元明之際的蒙古、色目遺民〉，收入蕭氏，《元朝史新論》，頁119-154。

3　《明太祖實錄》卷109，頁5上。

4　丘濬，《大學衍義補》(海口：海口書局，1931)卷144，頁105。

　　一般的蒙古、色目人如此，在元代業已士人化的蒙古、色目人子孫更是如此。以下以木華黎、高昌偰氏及唐兀崇喜三個家族的歷史，來見證元明間蒙古、色目士人家族認同的變化。在元代，木華黎家族雖然出了幾位「蒙古人中儒者」，但由於政治地位極為崇高，主要的是漢文化與漢法贊助者的角色，其本身士人化程度較低。高昌偰氏在蒙古、色目士人群體中表現極為突出，無論在學藝造詣、生活倫理與科場成就，皆超過一般漢族士大夫家族，因而在元代多族官僚體系中最受讚譽。崇喜家族為一下層色目軍官家族，卻能研習漢學，倡導教化，扮演地方仕紳的角色。其表現反映出士人化在蒙古、色目族群中向下蔓延的趨勢。但是，由於政治利益的考量，這些家族皆未真正漢化。茲就姓氏與婚姻兩方面言之，這三個家族既未改採漢姓，而其婚姻亦是以族群差異與政治社會地位為主要考量。木華黎家族地位崇高，不可能放棄「札剌爾氏」、「太師國王世家」的無比資產。高昌偰氏始終以出自偰輦傑河及突厥賢相敦欲谷為傲。而崇喜家族雖然出身微末，卻也始終以唐兀為氏，都顯示政治利益決定族群認同，亦因而阻延了漢化與融合。

　　關於木華黎之後裔，近年河南孟津縣發現的《李氏家譜》顯示了其中一支的轉變歷程[5]。據《家譜》記載，木華黎六世孫咬兒(1307-1366)任松江萬戶鎮撫，其子可才等皆從至正十一年進士魯淵讀書[6]。於洪武初中明經試，授昌黎縣丞[7]。其姪李萱，中浙江鄉試解元，後

5　此一家譜係由匡裕徹、任崇岳所發現，承匡裕徹教授提供此一家譜部分抄錄，謹此致謝。

6　《(洛陽)李氏家譜》卷1(無頁數，下同)，〈可才傳〉；又見《(嘉慶)松江府志》卷62，〈寓賢・李寬傳〉。

7　《(洛陽)李氏家譜》卷1，〈可才傳〉。

任定遠知縣[8]。又此系中有李年者「不喜章句，肆力先秦兩漢之文」。雖然終身未仕，卻於明英宗蒙難土木時「聞之涕泣彌月」[9]。如果此一記載不訛，出身「太師國王世家」的李年顯然已喪失蒙古認同。咬兒另子可用於元亡之後因為「款附意緩，謫戍河南」，積功至五十夫長，遂為洛陽人[10]。由於其家為亡國子遺，不敢再以札剌亦兒為氏，於是「從木從子，志所自也」，改姓為李。除洛陽一系外，木華黎家在松江仍留有不少後裔。而洛陽一系則淪為下級軍官，與松江一系不同，

　　偰氏子孫中，偰哲篤之子百遼遜及偰吉斯對元明鼎革做出不同的反應。百遼遜於元末因丁憂而居於大寧（今熱河平泉），至正十八年紅巾軍直迫大寧，百遼遜攜子弟，逃入高麗。因高麗恭愍王入質元廷時與其在大都端本堂建有舊誼，故厚遇之，封他為高昌伯，改富原侯[11]。百遼遜將其畏兀兒式名字簡化為漢式姓名（亦為高麗式姓名）「偰遜」。此後其子孫成為高麗、朝鮮的仕宦名族，甚為顯赫，已完全融入當地社會[12]。百遼遜之弟偰吉斯於元末任嘉定知州。而於易代之際，歸順明朝，亦簡化其姓名為「偰斯」，仕至禮部尚書[13]。致仕後退歸其祖、父所居之溧陽，溧陽祀為鄉賢，已視之為本地人[14]。明初以後，偰氏子孫散

8　《嘉慶松江府志》卷45，〈選舉表・明舉人表〉。

9　方岳貢修，《崇禎松江府志》（日本藏中國罕見地方志叢刊）卷42，頁20上，〈隱逸傳〉。

10　《(洛陽)李氏家譜》卷1，〈可用傳〉。

11　鄭麟趾，《高麗史》（國書刊行會本）卷112，頁357上-359上，〈偰遜傳〉；《慶州偰氏諸賢實記》（韓國國史編纂委員會藏抄本），李穡跋。

12　據調查，至近年偰氏在韓國仍有四百二十二家，一九五二○口，占韓國「總姓氏人口順位」的一百四十五名。

13　雷禮，《國朝列卿記》（明代傳記叢刊）卷23，頁19上，〈偰斯傳〉。

14　李景嶧修，《嘉慶溧陽縣志》（中國地方志集成）卷14，頁25上，〈人物

居各地，但溧陽仍爲重心。溧陽現仍有偰家村，偰氏子孫應早已忘卻其畏兀兒起源，近年申請改變爲少數民族戶籍，顯然由於利益考量而恢復族群記憶，已爲當地政府所拒絕。

至於崇喜家族，元亡之後，即正式採用「楊」爲姓氏，並且出仕明朝。洪武五年(1372)禮部尚書陶凱作序送在金陵探親之崇喜返鄉，即稱他爲「楊公象賢」[15]。其姪冀安，入明後以楊爲姓，更名大本，而以冀安爲字。大本於元季曾以軍功授固始縣達魯花赤[16]，入明後任禮部侍郎[17]。此家第八世之楊紹爲成化十六年(1480)舉人，楊聰爲成化二十年(1484)進士，任隆德知縣[18]。楊氏應已完全融入明代社會中。其後裔代代相傳，至今已是第二十八世[19]。

這幾個家族之外，許多蒙古、色目人都經歷相似的轉變。有的人本身在明初曾擔任職事官或學官，有的人的子弟也是如此，延續了家族的官宦書香傳統。這可分蒙古與色目人兩方面來說。蒙古人中，如答祿與權以元故官被徵爲秦王府紀善，後以翰林應奉致仕[20]。元統元年進士蒙古人和里互達，元末任御史[21]，洪武初年欲復其官，拒不就，改任遂安教諭，因而家於遂安「今治東南達家井，其故居也」[22]，想其

(續)————

　　　志‧完節〉。

15　《〈述善集〉校注》，頁213-214，〈送楊公象賢歸澶淵序〉。

16　《〈述善集〉校注》，頁141，潘迪，〈百夫長唐兀公碑銘〉。

17　《〈述善集〉校注》，頁274，平昇，〈「道光五年」楊氏重修家譜序〉；《明太祖實錄》卷64，洪武四年四月癸未。

18　《〈述善集〉校注》，頁274，平昇，〈「道光五年」楊氏重修家譜序〉。

19　朱紹侯，〈試論「述善集」的學術價值〉，頁3。

20　《明史》卷136，頁3932，〈答祿與權傳〉；蕭啓慶，〈元代蒙古人的漢學〉，頁136、164。

21　陳遹聲修，《光緒諸暨縣志》(中國方志叢書)卷21，頁19上，〈職官表〉。

22　韓晟修，《萬曆遂安縣志‧官師志》(中國方志叢書)卷2，頁12上；嵇曾筠

家成為當地名族。雅勒呼，哲爾德氏，出身將門，生當元季，幼習進士業，通《詩》、《易》二經，尤以古詩文自許。元末亂起，未及出仕，明初任池州教授凡十年。後以文學受明廷徵召，任六安州判官。其〈家傳〉作者鄭眞稱其「以先代將家，妙膺當代文學之寄」[23]。又如芒文繽，蒙古人，氏族不詳，父忙哥帖木兒，曾任臨川達魯花赤。文繽，為至正十六年(1356)鄉貢進士[24]，明初任國子學正，宋濂為其作〈正心堂銘〉，銘稱乃父忙哥帖木兒，「獨能取聖賢爲學之道治其身，其天性之過人遠矣！文繽又能推之以淑人，非善繼其志者哉？」[25]

　　色目人中，至治元年進士，答失蠻氏伯篤魯丁，仕元官至潭州路總管[26]。其孫永齡、永秀於明洪武十三年(1380)遊宦粵西，定居桂林，改為白姓，據云：今人白崇禧、白先勇即出於此族[27]。又名詩人薩都剌之姪仲禮，為薩氏入閩之始祖，亦成為當地衣冠名族，至今產生甚多名人[28]。浦博，阿魯溫氏，出身蒙元宦門。中至正二十二年(1362)江浙鄉貢，授德清教諭，洪武四年(1371)，禮部考試中式，授侍儀使，轉起居注。定姓為浦，並請宋濂撰寫碑文，以記其定姓之由來[29]，儼然已為漢族士大夫家族。還有，令人意外的是明季書畫大家

(續)————————————

　　　　等修，《雍正浙江通志》(四庫全書)卷195。
23　《滎陽外史集》(四庫全書)卷47，頁5下-16上，〈蒙古哲爾德氏家傳〉。
24　吳伯宗，《榮進集》(四庫全書)卷4，頁19上-20上，〈送芒文繽歸臨川序〉。
25　《宋濂全集》第3冊，頁1731-1732，〈正心堂銘〉。
26　楊瑀，《山居新話》，頁42下。
27　白壽彝主編，《回族人物志·元代》，頁142；周建新，〈廣西回族源流考〉，《寧夏社會科學》第4期(1997)，頁81-84。
28　薩鎮冰、薩嘉曦修，《雁門薩氏家譜》(北京圖書館藏家譜叢刊，北京：北京圖書館出版社，2000)卷3，頁179，〈世系錄〉。
29　《宋濂全集》第2冊，頁706-708，〈西域浦氏定姓碑文〉。

董其昌之曾祖母爲元初色目名畫家高克恭之孫女[30]，這兩位相去近兩百年的大藝術家可說血脈相連。這類的例子應有很多，可惜史闕有間，有待進一步的探索。

總之，元代多族士人圈的形成，對當時的政治與社會影響雖然不大，這些蒙古、色目士人家族也未眞正漢化。但是，多族士人圈的形成已經爲族群融合跨出重大的一步。這些家族的後裔在明代皆與漢族士人融爲一體。

---

30 董其昌，《畫旨》，收入卞永譽，《式古堂書畫彙考‧畫一‧畫論》（四庫全書）卷31，頁45上。

引用書目

一、史料及前人著作

丁生俊編注，《丁鶴年詩輯注》（天津：天津古籍出版社，1987）。

丁鶴年，《丁鶴年集》，琳瑯秘室叢書。

大司農司撰，石聲漢校注，《農桑輯要校注》（北京：農業出版社，1982）。

大阪市立美術館編，《中國美術展シリーズ・宋元の美術》（東京：平凡社，1986）。

不著撰人，《大元聖政國朝典章》（台北：國立故宮博物院，1976）。

中田勇次郎、傅申編，《歐米收藏中國法書名蹟集》（東京：中央公論社，1981）。

中國古代書畫鑑定組，《中國繪畫全集》第3卷（杭州：浙江人民美術出版社，1999）。

卞永譽，《式古堂書畫彙考》，文淵閣四庫全書（台北：商務印書館，1986，以下簡稱四庫全書）。

孔(克)齊，《至正直記》（北京：中華書局，1991）。

孔廣陶，《嶽雪樓鑑眞法帖》（北京：中國書店，1997）。

孔繼汾，《闕里文獻考》，乾隆二十七年刊本。

戶田禎佑、小川裕充編，《中國繪畫總合圖錄・續編》（東京：東京大學出版會，1998-2001）。

方回，《桐江續集》，四庫全書。

王士點、商企翁編次，高榮盛點校，《秘書監志》(杭州：浙江古籍出版社，
　　1992)。

王元恭，《至正四明續志》，宋元方志叢刊(台北：大化書局，1990)。

王有年纂，《金溪縣志》，稀見中國地方志匯刊(北京：中國書店，1992)。

王沂，《伊濱集》，四庫全書。

王杰等輯，《石渠寶笈續編》(台北：國立故宮博物院，1971)。

王杰等輯，《秘殿珠林續編》(續修四庫全書，上海：上海古籍書局，1995)。

王冕著，壽勤澤點校，《王冕集》(杭州：浙江古籍出版社，1999)。

王連起主編，《故宮博物院藏文物珍品全集‧元代書法》(香港：商務印書館，
　　2001)。

王逢，《梧溪集》，北京圖書館古籍珍本叢刊(北京：書目文獻出版社，
　　1993)。

王偁，《虛舟集》，四庫全書。

王惲，《秋澗先生大全集》，四部叢刊。

王禕，《王忠文集》，四庫全書。

王翰，《友石山人遺稿》，四庫全書。

王應麟撰，葉熊輯，《四明文獻集》(上海：上海書店，1994)。

王應麟編，《玉海》，元至正十二年刊本。

王禮，《麟原集》，四庫全書。

王瓚，《弘治溫州府志》，天一閣藏明代方志選刊續編(上海：上海書局，
　　1990)。

北京圖書館金石組編，《北京圖書館藏中國歷代石刻拓本匯編》(鄭州：中州古
　　籍出版社，1990)。

古物陳列所編，《內務部古物陳列所書畫目錄》，中國歷代書畫藝術論著叢
　　編。

平顯，《松雨軒詩集》，武林往哲遺著。

永瑢等，《四庫全書總目提要》，四庫全書。

永瑢等，《欽定四庫全書簡明目錄》，四庫全書。

白雲霽，《道藏目錄詳註》，四庫全書。

任士林，《松鄉集》，四庫全書。

危素，《危太樸集》，元人文集珍本叢刊(台北：新文豐出版公司，1985)。

安歧撰，張增泰校注，《墨緣彙觀》(南京：江蘇美術出版社，1992)。

安熙，《默庵先生文集》，元人文集珍本叢刊。

成廷珪，《居竹軒詩集》，四庫全書。

朱存理，《珊瑚木難》，適園叢書。

朱存理，《鐵網珊瑚》(台北：中央圖書館，1970)。

朱善，《朱一齋先生文集》，四庫全書存目叢書。

朱德潤，《存復齋文集》，四部叢刊。

朱權，《太和正音譜》(北京：中國戲劇出版社，1959)。

江蘇通志館編，《江蘇金石志》，石刻史料新編。

余輝主編，《故宮博物院藏文物珍品全集‧元代繪畫》(香港：商務印書館，2005)。

余闕，《青陽先生文集》，四部叢刊。

佚名，《沙溪倪氏宗譜》，民國五年永思堂刊，南京圖書館藏。

佚名，《廣容談》，歷代小史本。

佚名書，《晉人書度尚曹娥誄辭》(北京：文物出版社，1961)。

佚名編，《詩淵》(北京：書目文獻出版社，1984)。

吳升，《大觀錄》，續修四庫。

吳修，《青霞館論畫絕句》，美術叢書。

吳師道，《禮部集》，四庫全書。

吳海，《聞過齋集》，四庫全書。

吳寬，《匏翁家藏集》，四部叢刊。

吳澄，《吳文正公集》，元人文集珍本叢刊。

宋訥，《西隱集》，四庫全書。

宋緒編，《元詩體要》，四庫全書。

宋濂等，《元史》（北京：中華書局，1976）。

宋濂撰，羅月霞主編，《宋濂全集》（杭州：浙江古籍出版社，1999）。

宋褧，《燕石集》，北京圖書館古籍珍本叢刊。

宋徽宗敕撰，《宣和畫譜》，藝術叢編（台北：世界書局，1962）。

李士瞻，《經濟文集》，叢書集成續編。

李孝光撰，陳增杰校注，《李孝光集校注》（上海：上海社會科學出版社，
　　2005）。

李東陽著，周寅賓點校，《李東陽集》（長沙：岳麓書社，1984）。

李祁，《雲陽集》，四庫全書。

李修生主編，《全元文》共41冊（南京：江蘇古籍出版社、鳳凰出版社，
　　1998-2004）。

李清馥，《閩中理學淵源考》，四庫全書。

李景隆等，《明太祖實錄》（台北：中央研究院歷史語言研究所，1966）。

李景嶧等修，《嘉慶溧陽縣志》，中國地方志集成。

李道謙，《甘水仙源錄》，正統道藏。

李穀，《稼亭集》，韓國文集叢刊。

李曄，《草閣詩集》，四庫全書。

李穡，《牧隱先生詩文稿》，高麗名賢集。

李鵬飛，《三元延壽參贊書》，四庫全書存目叢書。

李繼本，《一山文集》，北京圖書館古籍珍本叢刊。

沈椿齡，《乾隆諸暨縣志》，中國方志叢書。

沈夢麟，《花谿集》，四庫全書。

汪大淵，《島夷志略》，四庫全書。

汪砢玉，《汪氏珊瑚網名畫題跋》，適園叢書。

汪砢玉，《汪氏珊瑚網法書題跋》，適園叢書。

阮元等編，《祕殿珠林石渠寶笈》正續三編（台北：故宮博物院，1971）。

阮元編，《兩浙金石志》，石刻史料新編。

周南瑞，《天下同文集》，四庫全書。

周密，《雲煙過眼錄》，十萬卷樓本。

周德清，《中原音韻》（台北：藝文印書館，1979）。

忽思慧，《飲膳正要》，四部叢刊。

忽思慧著，尚衍斌等注釋，《飲膳正要注釋》（北京：中央民族大學出版社，
    2009）。

拉施特著，余大鈞、周建奇譯，《史集》（北京：商務印書館，1983-1986）。

林弼，《林登州集》，四庫全書。

武億，《寶豐金石志》，石刻史料新編。

武樹善編，《陝西金石志》，石刻史料新編。

邵亨貞，《野處集》，四庫全書。

金哈刺，《南遊寓興詩集》，日本國立公文書館藏江戶鈔本。

金涓，《青村遺稿》，金華叢書。

金梁，《盛京故宮書畫錄》，中國歷代書畫藝術論著叢編。

金衛東主編，《晉唐兩宋繪畫·山水樓閣》，收入《故宮博物院藏文物珍品
    全集》第1冊（香港：商務印書館，2004）。

俞希魯，《至順鎮江志》，宋元方志叢刊。

姚桐壽，《樂郊私語》，鹽邑志林。

姚燧，《牧庵集》，四部叢刊。

柯九思，《丹邱集》(台北：臺灣學生書局，1971)。

柯劭忞，《新元史》，退耕堂刊本(北京：中國書店，1988)。

柳貫，《柳待制文集》，四部叢刊。

柳貫著，柳遵傑點校，《柳貫詩文集》(杭州：浙江古籍出版社，2004)。

柳開，《河東先生集》，四部叢刊。

柳開，《河東集》，四庫全書。

洪希文，《續軒渠集》，四庫全書。

耶律楚材著，謝方點校，《湛然居士文集》(北京：中華書局，1986)。

胡文學輯，《甬上耆舊詩》，四庫全書。

胡行簡，《樗隱集》，四庫全書。

胡助，《純白齋類稿》，叢書集成。

胡敬，《西清札記》，胡氏書畫考三種。

胡應麟，《詩藪》(上海：上海古籍出版社，1979)。

英和等輯，《石渠寶笈三編》(台北：國立故宮博物院，1969)。

郎瑛，《七修類稿》(台北：世界書局，1984)。

郁逢慶，《書畫題跋記》，四庫全書。

倪濤，《六藝之一錄》，四庫全書。

倪瓚，《倪雲林先生詩集》，四部叢刊。

唐元，《筠軒集》，四庫全書。

唐伯元，《泰和志》，中國方志叢書。

唐志契，《繪事微言》，四庫全書。

唐桂芳，《白雲集》，四庫全書。

唐肅，《丹崖集》，續修四庫。

唐錦，《弘治上海志》，天一閣藏明代方志選刊續編。

唐錦，《正德大名府志》，天一閣藏明代地方志選刊。

夏文彥原著，近藤秀實、何慶先編著，《圖繪寶鑑校勘與研究》（南京：江蘇
　　古籍出版社，1997）。

夏庭芝著，孫崇濤、徐宏圖箋注，《青樓集箋注》（北京：中國戲劇出版社，
　　1990）。

孫原理，《元音》，四庫全書。

容庚，《叢帖目》（台北：華正書局，1984）。

徐一夔，《始豐稿》，叢書集成續編（上海：上海書局，1994）。

徐明善，《芳谷集》，豫章叢書。

徐悔齋，《曹南文獻錄》，民國六年曹縣徐氏刊本。

烏斯道，《春草齋集》，四明叢書。

袁士元，《書林外集》，叢書集成續編。

袁采，《世範》，知不足齋叢書。

袁桷，《清容居士集》，四部叢刊。

貢奎，《雲林集》，四庫全書。

貢師泰，《玩齋集》，四庫全書。

迺賢，《河朔訪古記》，四庫全書。

迺賢，《金臺集》，汲古閣元人十種詩（北京：中國書店，1990）。

郝經，《郝文忠公陵川文集》，北京圖書館古籍珍本叢刊。

馬祖常撰，李叔毅、傅瑛點校，《石田先生文集》（鄭州：中州古籍出版社，
　　1991）。

高士奇，《江村銷夏錄》，四庫全書。

偶桓，《乾坤清氣》，四庫全書。

國立中央故宮博物院共同理事編纂委員會編纂，《故宮法書》第1輯（台北：
　　國立故宮博物院，1962）。

國立故宮博物院編，《故宮歷代法書全集》（台北：故宮博物院，1982）。

國立故宮博物院編輯委員會編輯，《故宮書畫圖錄》（台北：國立故宮博物院，1990）。

國立故宮博物院編纂委員會編，《故宮書畫錄‧增訂本》（台北：國立故宮博物院，1965）。

國立故宮博物院編纂委員會編纂，《故宮名畫三百種》（台北：國立故宮博物院，1966）。

屠寄，《蒙兀兒史記》，結一宧刊本。

張丑，《清河書畫舫》（台北：學海出版社，1975）。

張以寧，《翠屏集》，四庫全書。

張可久，《小山樂府》，北京圖書館藏天一閣鈔本。

張可久著，呂薇芬、楊鐮校注，《張可久集校注》（杭州：浙江古籍出版社，1995）。

張仲深，《子淵詩集》，四庫全書。

張羽，《靜居集》，四部叢刊。

張伯淳，《養蒙先生文集》，元代珍本文集彙刊。

張廷玉等，《明史》（北京：中華書局，1974）。

張雨，《元張雨題畫二詩》（北京：文物出版社，1977）。

張雨，《句曲外史集》，四部叢刊。

張彥遠，《歷代名畫記》，四庫全書。

張昱，《張光弼詩集》，四部叢刊。

張泰階，《寶繪錄》，四庫全書存目叢書。

張楷，《康熙安慶府志》，中國方志叢書。

張照等，《石渠寶笈》，四庫全書。

張照等，《秘殿珠林》，四庫全書。

張鉉，《至正金陵新志》，宋元方志叢刊。

張翥，《張蛻庵詩集》，四部叢刊。

曹伯啓，《漢泉曹文貞公詩集》，北京圖書館古籍珍本叢刊。

曹鏛，《所藏書畫錄》，中央研究院歷史語言研究所傅斯年圖書館藏嘉慶十
　　年(1806)歙縣曹氏石鼓硯齋曹氏稿本。

梁寅，《新喻梁石門先生集》，北京圖書館古籍珍本叢刊。

梁詩正等編，《三希堂法帖》(北京：中國書店，1986)。

清高宗，《御製詩集》，四庫全書。

盛熙明，《法書考》，四部叢刊。

許有壬、許有孚，《圭塘欸乃集》，四庫全書。

許有壬，《圭塘小稿》，四庫全書。

許有壬，《至正集》，元人文集珍本叢刊。

許衡，《魯齋遺書》，北京圖書館古籍珍本叢刊。

郭畀，《快雪齋集》(台北：臺灣學生書局，1973)。

郭奎，《望雲集》，四庫全書。

陳衍輯撰，李夢生校點，《元詩紀事》(上海：上海古籍出版社，1987)。

陳旅，《安雅堂集》，元代珍本文集彙刊。

陳高，《不繫舟漁集》，元人文集珍本叢刊。

陳高華，《元代畫家史料匯編》(杭州：杭州出版社，2004)。

陳高華，《宋遼金畫家史料》(北京：文物出版社，1984)。

陳高華，《隋唐畫家史料》(北京：文物出版社，1987)。

陳基，《夷白齋稿》，四部叢刊。

陳循，《寰宇通志》(台北：廣文書局，1968)。

陳善等，《萬曆杭州府志》，中國方志叢書。

陳著，《本堂集》，四庫全書。

陳棨仁，《閩中金石略》，菽莊叢書。

陳焯，《宋元詩會》，四庫全書。

陳遹聲修，《光緒諸暨縣志》，中國地方志集成。

陳鎰，《午溪集》，四庫全書。

陳讓、夏時正纂修，《成化杭州府志》，四庫全書存目叢書(台南：莊嚴文化
　　事業公司，1997)。

陸友仁，《研北雜志》，四庫全書。

陸心源編，《吳興金石記》，石刻史料新編(台北：新文豐出版公司，1977)。

陸文圭，《牆東類稿》，四庫全書。

陸游，《南唐書》，崇禎三年汲古閣陸放翁全集本。

陶安，《陶學士集》，四庫全書。

陶成等纂，《雍正江西通志》，四庫全書。

陶宗儀，《南村輟耕錄》(北京：中華書局，1959)。

陶宗儀，《書史會要》，影刊洪武九年本。

偰百遼遜，《近思齋逸稿》，收入《慶州偰氏諸賢實記》，韓國國史編纂委
　　員會藏抄本。

傅若金，《傅與礪文集》，北京圖書館古籍珍本叢刊。

傅若金，《傅與礪詩集》，四庫全書。

喻長霖纂，《臺州府志》，中國方志叢書。

嵇曾筠，《浙江通志》，四庫全書。

彭蘊燦，《歷代畫史彙傳》，中國書畫全書。

揭傒斯，《揭文安公全集》，四部叢刊。

揭傒斯著，李夢生標校，《揭傒斯全集》(上海：上海古籍出版社，1985)。

曾世榮，《活幼心書》，國家圖書館藏天曆二年刊抄補本。

焦進文、楊富學校注，《元代西夏遺民文獻〈述善集〉校注》(蘭州：甘肅人

民出版社，2001）。

程敏政，《新安文獻志》，弘治十年原刊本。

程敏政輯，《皇明文衡》，四部叢刊。

程鉅夫，《程雪樓文集》，元代珍本文集彙刊（台北：中央圖書館，1973）。

程端禮撰，姜漢椿校註，《程氏家塾讀書分年日程》（合肥：黃山書社，1992）。

華鎮，《雲溪居士集》，四庫全書。

隋樹森編，《全元散曲》（北京：中華書局，1964）。

陽思謙，《萬曆重修泉州府志》中國史學叢書（台北：學生書店，1969）。

黃元吉，《淨明忠孝全書》，正統道藏。

黃仲元，《四如集》，四庫全書。

黃任、郭賡武，《乾隆泉州府志》，中國地方志集成。

黃宗羲，《宋元學案》，國學基本叢書（台北：商務印書館，1964）。

黃宗羲原著，全祖望修補，陳金生、梁運華點校，《宋元學案》（北京：中華書局，1986）。

黃瑞輯，《臺州金石錄》，石刻史料新編。

黃虞稷，《千頃堂書目》，適園叢書。

黃溍，《金華黃先生文集》，四部叢刊。

楊守仁，《萬曆嚴州府志》，日本藏中國罕見地方志叢刊（北京：北京圖書館出版社，1992）。

楊朝英編，《陽春白雪》，國學基本叢書（台北：臺灣商務印書館，1964）。

楊載，《楊仲弘詩集》，四部叢刊。

楊瑀，《山居新話》，筆記小說大觀景印上海文明書局刊本。

楊維新，《萬曆會稽縣志》，天一閣藏明代方志選刊續編。

楊維楨，《東維子文集》，四部叢刊。

楊維楨，《西湖竹枝集》，錢塘丁氏刊本。

葉子奇，《草木子》（北京：中華書局，1959）。

葉舟，《康熙南昌郡乘》，北京圖書館古籍珍本叢刊。

葉盛撰，魏中平校點，《水東日記》（北京：中華書局，1980）。

董天工，《武夷山志》，中國名山勝蹟志叢刊。

董其昌，《畫禪室隨筆》，四庫全書。

董紀，《西郊笑端集》，四庫全書。

虞集，《道園學古錄》，四部叢刊。

虞集，《道園遺稿》，北京圖書館古籍珍本叢刊。

虞集，《道園類稿》，元人文集珍本叢刊。

虞懷忠等纂，《萬曆四川總志》，四庫全書存目叢書。

解縉，《文毅集》，四庫全書。

解縉等，《永樂大典》（北京：中華書局，1986）。

達溥化，《鼇海詩人集》，靜嘉堂文庫藏抄本。

鈴木敬，《中國繪畫總合圖錄》（東京：東京大學出版會，1982-1983）。

雷禮，《國朝列卿記》，明代傳記叢刊。

察罕，《歷代帝王紀年纂要》，借月山房重訂本。

熊夢祥編，《析津志輯佚》（北京：北京古籍出版社，1983）。

管時敏，《蚓竅集》，四部叢刊。

蒲道源，《閒居叢稿》，元代珍本文集彙刊。

趙孟頫，《元趙孟頫人騎圖》（北京：文物出版社，1959）。

趙孟頫著，任道斌校點，《趙孟頫集》（杭州：浙江古籍出版社，1986）。

趙珙，《蒙韃備錄》，蒙古史料四種。

趙琦美，《趙氏鐵網珊瑚》，四庫全書。

趙翼著，王樹民校證，《廿二史劄記校證》（北京：中華書局，1984）。

趙翼著，欒保群、呂宗力校點，《陔餘叢考》(石家莊：河北人民出版社，
　　1990)。

劉大彬，《茅山志》，光緒三年懶雲堂重刊本。

劉仁本，《羽庭集》，四庫全書。

劉正成主編，《中國書法全集》(北京：榮寶齋出版社，2000)。

劉因，《劉文靖公文集》，北京圖書館古籍珍本叢刊。

劉因，《靜修先生文集》，四部叢刊。

劉岳申，《申齋劉先生文集》，元代珍本文集彙刊。

劉貞等編，《類編歷舉三場文選》，日本靜嘉堂文庫藏至正元年建安務本書
　　堂刊本。

劉基著，林家驪點校，《劉基集》(杭州：浙江古籍出版社，1999)。

劉將孫，《養吾齋集》，四庫全書。

劉敏中，《中庵集》，四庫全書。

劉楚(崧)，《槎翁文集》，四庫全書存目叢書。

劉詵，《桂隱文集》，四庫全書。

歐陽玄，《圭齋文集》，四部叢刊。

潘正煒，《聽颿樓書畫記》(上海：神州國光社，1928)。

鄭元祐，《僑吳集》，元代珍本文集彙刊。

鄭太和，《麟溪集》，四庫全書存目叢書。

鄭方坤，《全閩詩話》，四庫全書。

鄭玉，《師山集》，四庫全書。

鄭眞，《滎陽外史集》，四庫全書。

鄭鎮孫，《歷代史譜》，國家圖書館藏明成化十一年廣西按察司僉事羅明刊
　　本。

鄧文原，《巴西鄧先生文集》，北京圖書館古籍珍本叢刊。

鄧秉恒修，《順治吉安府志》，康熙刻本。

鄧遷修，《嘉靖香山縣志》，日本藏中國罕見地方志叢刊。

魯明善，《農桑衣食撮要》，四庫全書。

魯駿，《宋元以來畫人姓氏錄》，中國書畫全書。

黎崱，《安南志略》，日本樂善堂本。

黎崱撰，武尚清點校，《安南志略》（北京：中華書局，1995）。

盧琦，《圭峰先生集》，北京圖書館古籍珍本叢刊。

蕭㪺，《勤齋集》，四庫全書。

蕭啓慶，《元代進士輯考》，將由中央研究院歷史語言研究所出版。

賴良，《大雅集》，元人選元詩本。

錢大昕，《元進士考》，收入陳文和主編，《嘉定錢大昕全集》第5冊（南京：江蘇古籍出版社，1997）。

錢杜，《松壺畫憶》，榆園叢刻。

錢宰，《臨安集》，四庫全書。

錢惟善，《江月松風集》，四庫全書。

錢熙彥編，《元詩選補遺》（北京：中華書局，2002）。

錢穀，《吳都文粹續集》，四庫全書。

錢謙益，《列朝詩集小傳》（上海：古典文學出版社，1957）。

駱天驤撰，黃永年點校，《類編長安志》（西安：三秦出版社，2006）。

戴良，《九靈山房集》，四部叢刊。

鍾崇文，《隆慶岳州府志》，天一閣藏明代地方志選刊。

鍾嗣成著，王鋼校訂，《校訂錄鬼簿三種》（鄭州：中州古籍出版社，1991）。

鮮于樞、康里子山，《書蹟名品叢刊——元鮮于樞・康里子山集》（東京：二玄社，1967）。

鮮于樞，《困學齋雜錄》，知不足齋叢書。

鮮于樞，《鮮于樞書〈御史箴〉〈歸去來辭〉眞蹟兩種》（台北：漢華文化公司，1983）。

薩都拉(剌)，《雁門集》（上海：上海古籍出版社，1982）。

薩德彌實，《瑞竹堂經驗方》，四庫全書。

魏錫曾，《續語堂碑錄》，石刻史料新編。

龐元濟，《虛齋名畫錄》，中國書畫全書。

羅振玉編，《元八家法書》，收入《羅雪堂先生全集》（台北：大通書局，1973）第5編13冊。

蘇天爵著，陳高華、孟繁清點校，《滋溪文稿》（北京：中華書局，1997）。

蘇天爵編，《國朝文類》，四部叢刊。

蘇天爵輯撰，姚景安點校，《元朝名臣事略》（北京：中華書局，1996）。

贍思，《河防通議》，四庫全書。

釋大訢，《蒲室集》，四庫全書。

釋來復，《蒲菴集》，禪門逸書初編。

釋來復，《澹遊集》，續修四庫全書。

釋念常，《佛祖歷代通載》（揚州：江蘇廣陵古籍刻印社，1993）。

釋傳燈，《天臺山方外志》（台北：丹青圖書公司，1985）。

釋道恂，《師子林紀勝集》，四庫全書存目叢書。

顧炎武，《日知錄集釋》（台北：世界書局，1962）。

顧清，《正德松江府志》，天一閣藏明代方志選刊續編。

顧復，《平生壯觀》，中國書畫全書。

顧嗣立、席世臣編，吳申揚點校，《元詩選癸集》（北京：中華書局，2001）。

顧嗣立，《元詩選》（北京：中華書局，1987）。

顧瑛，《玉山草堂集》，元人十種詩。

顧瑛，《玉山璞稿》，宛委別藏。

顧瑛編，《玉山名勝集》，四庫全書。

顧瑛編，《草堂雅集》，四庫全書。

權衡著，任崇岳箋證，《庚申外史箋證》（鄭州：中州古籍出版社，1991）。

二、近人研究

(一)中日文

〈元任仁發墓誌的發現〉，《文物》1959年第11期。

《天津市藝術博物館》，中國博物館叢書（北京：文物出版社，1984）。

丁崑健，〈元代的科舉制度〉，《華學月刊》第124期（1982），頁46-57；第
　　125期（1982），頁28-51。

下中彌三郎編，《書道全集》（東京：平凡社，1957）。

么書儀，《元代文人心態》（北京：文化藝術出版社，1993）。

大慶市文物管理站，〈大慶市發現宋「蠶織圖」等兩卷古畫〉，《文物》
　　1984年第10期，頁28。

山本隆義，〈元代に於ける翰林學士院について〉，《東方學》第11輯
　　（1955），頁19-28。

中田勇次郎，《王羲之を中心とする法帖の研究》（東京：二玄社，1979）。

中國古代書畫鑑定組編，《中國古代書畫目錄》第8冊（北京：文物出版社，
　　1993）。

中國古代書畫鑑定組編，《中國古代書畫圖目》第16冊（北京：文物出版社，
　　1997）。

天津藝術博物館編選，《中國歷代繪畫・天津藝術博物館藏畫集》（天津：天
　　津人民美術出版社，1985）。

方齡貴，〈元述律杰事蹟考〉，收入方氏，《元史叢考》（北京：民族出版社，

2004），頁247-274。

片山共夫，〈元代の家塾について〉，《九州大學東洋史論集》第29輯（2001），頁29-65；第30輯（2002），頁86-125。

片山共夫，〈元代の鄉先生について〉，《モンゴル研究》第15期（1984），頁15-28。

王乃棟，〈西域少數民族書法家遺存作品考〉，《故宮博物院院刊》1989年第1期，頁80-88。

王乃棟，〈康里子山的族屬及其書法藝術的探索〉，《新疆社會科學》1985年第4期，頁117-121。

王克文，〈讀趙孟頫「水村圖」記〉，收入上海書畫出版社編，《趙孟頫研究論文集》（上海：上海書畫出版社，1995），頁591-602。

王明蓀，《元代的士人與政治》（台北：學生書局，1992）。

王明蓀，〈元代蒙古人的漢學補述〉，《蒙藏季刊》第20卷第2期（2001），頁28-45。

王建軍，《元代國子監研究》（澳門：澳亞周刊出版公司，2003）。

王重民，《中國善本書提要》（上海：上海古籍出版社，1983）。

王國瓔，《中國山水詩研究》（台北：聯經出版事業公司，1986）。

王國瓔，《古今隱逸詩人之宗：陶淵明論析》（台北：允晨文化實業公司，1999）。

王梅堂，〈元代內遷畏兀兒族世家——廉氏家族考述〉，《元史論叢》第7輯（1999），頁123-136。

王梅堂，〈元代畏兀兒詩人廉恒及其詩〉，《西域研究》2007年第2期，頁108-112。

王梅堂，〈廉阿年八哈考述〉，《西域研究》2003年第4期，頁112-113。

王連起，〈元代少數民族書法家及其書法藝術〉，《故宮博物院院刊》

1989年第2期，頁68-81。

王韶華，《元代題畫詩研究》（北京：中國傳媒大學出版社，2010）。

王樓占梅，〈「伊濱集」中的王徵士詩〉，《史學彙刊》第12期（1983），頁57-76。

王毅，《園林與中國文化》（上海：上海人民出版社，1990）。

王頲，〈桐繁異鄉：元淨州馬氏九世譜系考辨〉，收入王氏，《西域南海史地考論》（上海：上海人民出版社，2008），頁218-238。

王頲，〈元代回紇畫家高克恭史事考辨〉，收入王氏，《西域南海史地考論》，頁202-218。

王頲，〈蒙人兼善：伯牙吾氏泰不華事跡補考〉，收入王氏，《西域南海史地考論》，頁423-444。

王頲，〈鶴零舊里：西域詩人丁鶴年傳記考辨〉，收入王氏，《西域南海史地考論》，頁405-422。

王啓龍，〈沙羅巴譯師考述〉，《西藏研究》1997年第3期，頁62-68。

王啓龍，《八思巴生平與〈彰所知論〉對勘研究》（北京：中國社會科學出版社，1999）。

史金波，《西夏文化》（長春：吉林教育出版社，1986）。

史衛民，《元代社會生活史》（北京：中國社會科學出版社，1996）。

白壽彝，《回族人物志·元代》（銀川：寧夏人民出版社，1985）。

白鋼，〈許衡與傳統文化在元代的命運〉，《元史論叢》第5輯（1993），頁198-217。

白濱，〈西夏的學校與科舉制度〉，收入寧夏文物管理委員會辦公室、寧夏文化廳文物處編，《西夏文史論叢》第1輯（銀川：寧夏人民出版社，1992），頁17-31。

石守謙、葛婉章主編，《大汗的世紀》（台北：故宮博物院，2001）。

石守謙，〈有關唐棣(1287-1355)及元代李郭風格發展之若干問題〉，收入石
　　氏，《風格與世變：中國繪畫史論集》(台北：允晨文化實業公司，
　　1996)，頁131-180。

石守謙，〈從夏文彥到雪舟——論「圖繪寶鑑」對十四、十五世紀東亞地區
　　的山水畫史理解之形塑〉，《中央研究院歷史語言研究所集刊》第81本
　　第2分(2010)，頁229-287。

石守謙，〈衝突與交融：蒙元多族士人圈中的書畫藝術〉，收入石守謙、葛
　　婉章主編，《大汗的世紀》，頁202-219。

任道斌，〈唯餘筆硯情猶在：論趙孟頫與元代少數民族畫家〉，收入《趙孟
　　頫國際書學討論會論文集》(上海：上海書店，1994)，頁14-32。

任道斌，〈論趙孟頫與元代少數民族書畫家〉，《新美術》1994年第1期，頁
　　52-57。

任道斌，《趙孟頫繫年》(鄭州：河南人民出版社，1984)。

吉川幸次郎，〈元の諸帝の文學〉，《吉川幸次郎全集》(東京：筑摩書房，
　　1969)第15卷，頁232-313。

安部健夫，《西ウィグル國史の研究》(京都：彙文堂書店，1955)。

池內功，〈元朝における蒙漢通婚とその背景〉，收入《アジア諸民族にお
　　ける社會と文化：岡本敬二先生退官記念論集》(東京：國書刊行會，
　　1984)，頁218-238。

羽田亨，〈元朝の漢文明に對する態度〉，收入《羽田博士史學論文集——
　　歷史篇》(京都：東洋史研究會，1957)，頁671-696。

西川寧，〈王庭筠の「幽竹枯槎圖卷」〉，《書品》第30期(1942)，頁2-37。

何高濟，〈元代伊斯蘭教人物——哈只哈心〉，《中外關係史論叢》第1輯
　　(1985)，頁68-77。

何傳馨，〈元代書畫題詠文化——以李士行「江鄉秋晚」卷爲例〉，《故宮

學術季刊》第19卷第4期(2002)，頁11-40。

何傳馨，〈故宮藏「定武蘭亭眞本」(柯九思舊藏本)及相關問題〉，收入華
　　人德、白謙愼主編，《蘭亭論集》(蘇州：蘇州大學出版社，2000)，頁
　　331-344。

伯希和撰，馮承鈞譯，〈唐元時代中亞及東亞之基督教徒〉，收入馮氏，《
　　西域南海史地考證譯叢》第1卷(北京：商務印書館，1962)，頁49-70。

伯希和撰，馮承鈞譯，〈庫蠻〉，收入馮氏，《西域南海史地考證譯叢》第1
　　卷第2編，頁1-45。

吳天墀，《西夏史稿》(成都：四川人民出版社，1983)。

吳文濤，〈元大都南城花卉業與私家園林的興盛〉，《元史論叢》第13輯
　　(2010)，頁66-77。

吳保合，《高克恭研究》(台北：故宮博物院，1987)。

李弘祺，《宋代官學教育與科舉》(台北：聯經出版事業公司，1994)。

李則芬，〈元代諸帝的漢學修養〉，收入李氏，《宋遼金元歷史論文集》(
　　台北：黎明文化事業公司，1991)，頁743-748。

李則芬，《史學入門的警惕》(台北：黎明文化事業公司，1993)。

李修生，《盧摯年譜》(北京：北京師範大學出版社，1984)。

李浩，《唐代園林別業考論》(西安：西北大學出版社，1996)。

李符桐，〈回鶻與元朝建國之關係〉，收入《李符桐論著全集》(台北：臺灣
　　學生書局，1992)第3冊，頁161-270。

李符桐，〈畏兀兒人對於元朝建國之貢獻〉，收入《李符桐論著全集》第3
　　冊，頁271-338。

李雪曼、方聞合撰，錢志堅譯，〈溪山無盡——一幀北宋山水手卷及其在前
　　期中國繪畫史上的意義〉，收入洪再新編，《海外中國畫研究文選
　　(1950-1987)》(上海：上海人民美術出版社，1992)，頁167-210。

李鑄晉，〈吳興趙氏三世人馬圖卷〉，收入李氏，《鵲華秋色：趙孟頫的生平與畫藝》（台北：石頭出版公司，2003），頁99-132。

村上正二，〈元朝の文化政策について──モンゴル至上主義と儒者文化──〉，《歷史教育》第8卷第8期（1960），頁1-10。

杉山正明，〈西夏人儒者高智耀の實像〉，收入杉山氏，《モンゴル帝國と大元ウルス》（京都：京都大學學術出版會，2004），頁490-507。

沈仁國，〈元泰定丁卯科進士考〉，《元史及民族史研究集刊》第15輯（2002），頁76-90。

沈令昕等，〈上海青浦縣元代墓葬記述〉，《文物》1982年第7期，頁54-60。

周良霄，〈元和元以前的基督教〉，《元史論叢》第1輯（1982），頁137-163。

周清澍，〈汪古的族源──汪古部事輯之二〉，收入周氏，《元蒙史札》（呼和浩特：內蒙古大學出版社，2001），頁90-119。

周群，《劉基評傳》（南京：南京大學出版社，1995）。

周雙利，〈薩都剌簡論〉，《內蒙古民族師院學報》1994年第1期，頁1-9。

孟楠，〈元代西夏遺民婚姻研究〉，《寧夏社會科學》1992年第2期，頁。

孟繁清，〈元大都廉園主人考述〉，《元史論叢》第11輯（2009），頁94-103。

宗典編，《柯九思史料》（上海：上海人民美術出版社，1963）。

尚衍斌，《元代畏兀兒研究》（北京：民族出版社，1999）。

松井如流，〈康里子山の書〉，《書品》第46期（1954），頁5-8。

邱江寧，〈奎章閣文人與元代文壇〉，《文學評論》2009年第1期，頁31-41。

邱逸凡，〈元明關中學術發展與歷史記憶、文本流傳的變化〉，《史原》復刊第1期（2010），頁153-205。

邱樹森主編，《中國回族史》（銀川：寧夏人民出版社，1996）。

門巋，〈元曲家王繼學仕履考〉，收入門氏，《元曲管窺》（天津：人民出版社，1993），頁318-323。

青木正兒撰，魏仲佑譯，〈題畫文學及其發展〉，《中國文化月刊》第9期
　　（1980），頁76-92。

姜一涵，《元代奎章閣及奎章人物》（台北：聯經出版事業公司，1981）。

姚大力，〈元朝科舉制度的行廢及其社會背景〉，《元史及北方民族史研究
　　集刊》第6期(1982)，頁26-59。

姚從吾，《姚從吾先生全集》（台北：正中書局，1971-1982）。

洪用斌，〈汪古部社會制度初探〉，《中國蒙古史學會成立大會紀念集刊》，
　　頁207-229。

洪再新，〈元季蒙古道士張彥輔「棘竹幽禽圖」研究〉，《新美術》1997年
　　第3期，頁4-16。

洪再新，〈任公釣江海，世人不識之：元任仁發「張果見明皇圖」研究〉，
　　《故宮博物院院刊》2000年第3期，頁15-24。

洪再新，〈張彥輔「棘竹幽禽圖」研究〉，《美術史論文集》（廣州：嶺南美
　　術出版社，1993）。

洪再新，〈從盛熙明看元末宮廷的多元藝術傾向〉，《故宮博物院院刊》
　　1998年第1期，頁18-28。

洪金富，〈元代的收繼婚〉，收入中研院史語所出版品編委會主編，《中國
　　近世社會文化史論文集》（台北：中央研究院歷史語言研究所，1992），
　　頁279-314。

洪金富，〈元代漢人與非漢人通婚問題初探〉，《食貨》（復刊）第6卷第12期
　　（1977），頁1-19，第7卷第1、2期(1977)，頁11-61。

洪金富，《元代蒙古語文的教與學》（台北：蒙藏委員會，1990）。

胡大雷，《中古文學集團》（桂林：廣西師範大學出版社，1996）。

胡其德，〈元代畏兀兒人華化的再檢討〉，收入《中國邊疆史學術討論會論
　　文集》（台北：蒙藏委員會，1995），頁169-201。

胡務，《元代廟學：無法割捨的儒學教育鏈》（成都：巴蜀書社，2005）。

孫小力，〈元明題畫詩文初探：兼及「詩畫合一」形式的現代繼承〉，《上海大學學報》2005年第1期，頁36-41。

孫克寬，《元代漢文化之活動》（台北：中華書局，1968）。

孫楷第，《元曲家考略》（上海：上海古籍出版社，1981）。

徐永明，《元代至明初婺州作家群研究》（北京：中國社會科學出版社，2005）。

徐欣薰，《元代集慶城──從政治、經濟、社會三面向探討》（新竹：國立清華大學歷史研究所碩士論文，2006）。

徐建融，〈元代兩畫家考辨──邊魯考辨〉，收入徐氏，《元明清繪畫研究十論》（上海：復旦大學出版社，2004），頁82-90。

徐梓，《元代書院研究》（北京：社會科學文獻出版社，2000）。

桂栖鵬，《元代進士研究》（蘭州：蘭州大學出版社，2001）。

柴劍虹，〈維族作家貫雲石和他的散曲〉，《文藝研究》1982年第4期（1982年7月），頁121-129。

神田喜一郎，〈元の文宗の風流に就いて〉，收入羽田博士還曆記念會編，《羽田博士頌壽記念東洋史論叢》（京都：東洋史研究會，1950），頁477-488。

袁冀，《元史研究論集》（台北：臺灣商務印書館，1974）。

袁冀，《元吳草廬評述》（台北：文史哲出版社，1978）。

馬明達、陳彩雲，〈元代回回人沙可學考〉，《回族研究》2008年第4期，頁42-47。

馬明達，〈元代回回畫家高克恭叢考〉，收入湯開建、馬明達主編，《中國古代史論集》第2集（上海：上海古籍出版社，2006），頁133-165。

馬明達，〈元末西夏人那木翰事跡考述〉，《西北民族研究》1991年第2期，

頁153-164。

馬建春，《元代東遷西域人及其文化研究》（北京：民族出版社，2003）。

高木森，《元氣淋漓：元畫思想探微》（台北：東大圖書公司，1998）。

高明士，《中國教育制度史論》（台北：聯經出版公司，1999）。

國立北平故宮博物院編，《故宮已佚書籍書畫目錄四種》（北平：故宮博物
　　院，1934）。

張玉聲，〈貫雲石何慕陶淵明〉，《新疆師範大學學報》1997年第4期，頁
　　14-19。

張帆，〈元代翰林國史院與漢族儒士〉，《北京大學學報》1988年第5期，頁
　　75-83。

張旭光，〈薩都剌生平仕履考辨〉，《中華文史論叢》1979年第2期，頁331-
　　352。

張沛之，《元代色目人家族及其文化傾向研究》（天津：天津古籍出版社，
　　2009）。

張邦煒，《婚姻與社會‧宋代》（成都：四川人民出版社，1989）。

張迎勝，〈楊氏家族婚姻關係芻議〉，收入何廣博主編，《〈述善集〉研
　　究論集》（蘭州：甘肅人民出版社，2001），頁125-137。

張啓亞，〈元代繪畫的時代主調與畫家的民族心理表現〉，《文物》1988年
　　第1期。

張斐怡，〈元代非漢族婦女形象的漢化——蒙古、色目女子碑傳史料的分
　　析〉，《東吳歷史學報》第12期(2004)，頁279-322。

張斐怡，《元代江南書院的發展》（新竹：國立清華大學歷史研究所碩士論
　　文，1998）。

張翼人，〈李衎與高克恭——元代畫家雜談〉，《新美術》1984年第1期，頁
　　74-79。

曹子西主編，《北京通史》（北京：中國書店，1994）。

梁庚堯，〈宋元書院與科舉〉，收入宋史座談會編，《宋史研究集》（台北：蘭臺出版社，2003），頁49-124。

梁庚堯，〈宋代的義學〉，《臺大歷史學報》第24期（1999），頁177-224。

梁庚堯，〈南宋教學行業興盛的背景〉，收入田餘慶主編，《慶祝鄧廣銘教授九十華誕論文集》（石家莊：河北教育出版社，1997），頁561-569。

梁濟海編，《中國古代繪畫圖錄》（北京：人民美術出版社，1991）。

符拉基爾佐夫著，劉榮焌譯，《蒙古社會制度史》（北京：中國社會科學出版社，1980）。

莊申，〈「睢陽五老圖」補述〉，收入莊氏，《中國畫史研究》（台北：正中書局，1959），頁231-250。

莊申，〈元代外籍畫家的研究〉，收入莊氏，《中國畫史研究》，頁143-216。

莊申，《中國畫史研究續集》（台北：正中書局，1972）。

許正弘，〈元阿榮生卒年小考〉，待刊。

許正弘，〈元答己太后與漢文化〉，《中國文化研究所學報》第53期（2011），頁89-108。

許守泯，〈元代江南士人的社會網絡：以金華黃溍為例〉，收入蕭啓慶、許守泯編，《蒙元的歷史與文化：蒙元史學術研討會論文集》（台北：臺灣學生書局，2001）下冊，頁655-679。

許守泯，〈吳下衣冠盡楚材：元代蘇州寓居士人陳基〉，《成大歷史學報》第30期（2006），頁1-40。

陳世松，〈元「詩書名將」述律杰事輯〉，《中國文化研究所學報》新第5期（1986），頁147-166。

陳正夫、何植靖，《許衡評傳》（南京：南京大學出版社，1995）。

陳垣，《元也里可溫考》（上海：商務印書館，1923）。

陳垣，《元西域人華化考》（北平：勵耘書屋，1934）。

陳建華，〈元末東南沿海城市文化特徵初探〉，《復旦學報》1988年第1期，頁31-40。

陳建華，《汪元量與其詩詞研究》（台北：秀威資訊公司，2004）。

陳高華，〈元代的地方官學〉，《元史論叢》第5輯（1993），頁160-189。

陳高華，〈元代的哈剌魯人〉，《西北民族研究》1988年第1期，頁145-154。

陳高華，〈元代詩人迺賢生平事蹟考〉，收入陳氏，《陳高華文集》（上海：上海辭書出版社，2005），頁227-251。

陳高華，〈元泰定甲子科進士考〉，收入南京大學元史研究室編，《內陸亞洲歷史文化研究：韓儒林先生紀念文集》（南京：南京大學出版社，1996），頁148-164。

陳高華，〈曲先學者盛熙明〉，收入陳氏，《元史研究論稿》（北京：中華書局，1991），頁444-446。

陳高華，〈讀「伯顏宗道傳」〉，收入陳氏，《元史研究論稿》，頁450-453。

陳高華，《元代維吾爾哈剌魯資料輯錄》（烏魯木齊：新疆人民出版社，1986）。

陳得芝，〈耶律楚材劉秉忠李孟合論：蒙元時代制度轉變關頭的三位政治家〉，收入陳氏，《蒙元史研究叢稿》（北京：人民出版社，2005），頁631-664。

陳雯怡，〈「吾婺文獻之懿」——元代一個鄉里傳統的建構〉，《新史學》第20卷第2期（2009），頁43-114。

陳雯怡，《由官學到書院：從制度與理念的互動看宋代教育的演變》（台北：聯經出版公司，2004）。

陳雯怡，《師友概念在宋元時期的發展與意義》，國科會研究計劃NSC：97-2410-H-001-026-MY2。

陳韻如，〈蒙元皇室的書畫藝術風尚與收藏〉，收入石守謙、葛婉章主編，
　　《大汗的世紀》，頁266-285。

陳寶良，《中國的社與會》（杭州：浙江人民出版社，1996）。

陸峻嶺、何高濟，〈元代的阿速、欽察、康里人〉，《文史》第16輯(1982)，
　　頁117-130。

陶然，《金元詞通論》（上海：上海古籍出版社，2001）。

傅申，《元代皇室書畫收藏史略》（台北：國立故宮博物院，1981）。

傅瑛，〈馬祖常在光州〉，《文史知識》2007年第11期，頁91-97。

傅瑛，〈許有壬年表〉，《信陽師範學院學報》1998年第2期，頁73-77。

傅樂淑，〈萬柳堂圖考〉，《故宮季刊》第14卷第4期(1970)，頁1-17。

傅璇琮，《唐代科舉與文學》（西安：陝西人民出版社，1986）。

湯開建，〈元代西夏人的政治地位〉，收入湯氏，《党項西夏史探微》（台
　　北：允晨文化實業公司，2005），頁470-501。

程溯洛，〈高昌回鶻王國〉，收入程氏，《唐宋回鶻史論集》（北京：人民出
　　版社，1993），頁236-260。

賀新輝等撰，〈歷代名人詠晉詩選〉（續），《山西大學學報》1980 年第3
　　期，頁4-9。

黃庭輝，〈元代回回詩人伯顏子中生平事蹟考評〉，《寧夏大學學報》
　　1989年第2期，頁67-69。

黃時鑒，〈元代乃蠻是蒙古而非色目考〉，收入黃氏，《黃時鑒文集》（上
　　海：中西書局，2011)第1冊，頁113-119。

黃時鑒，〈真金與元初政治〉，收入黃氏，《黃時鑒文集》第1冊，頁48-62。

黃惇，《中國書法史‧元明卷》（南京：江蘇教育出版社，2001）。

黃惇，《從杭州到大都——趙孟頫書法評傳》（上海：上海書畫出版社，
　　2003）。

楊仁愷，《國寶沉浮錄》（瀋陽：遼海出版社，1999）。

楊光輝，〈元代詩人薩都剌繪畫史料考述〉，《文獻》2005年第4期，頁218-228、239。

楊志玖，〈山東的蒙古村落和元朝石碑〉，收入楊氏，《陋室文存》（北京：中華書局，2002），頁395-399。

楊志玖，〈元代回回史學家察罕〉，收入楊氏，《元代回族史稿》，頁204-210。

楊志玖，〈元代回漢通婚舉例〉，收入楊氏，《元史三論》（北京：人民出版社，1985），頁156-163。

楊志玖，〈元代西域人的華化與儒學〉，《中國文化研究集刊》第4期（1987），頁188-203。

楊志玖，〈元代的阿兒渾人〉，收入楊氏，《元代回族史稿》，頁53-56。

楊志玖，〈古速魯非回回辨〉，收入楊氏，《陋室文存》，頁389-391。

楊志玖，〈回回一詞的起源和演變〉，收入楊氏，《元代回族史稿》，頁59-76。

楊志玖，《元代回族史稿》（天津：南開大學出版社，2003）。

楊育鎂，〈元代贍思考述〉，《淡江人文社會學刊》第9期（2002），頁1-26。

楊亮，〈文化傳統的繼承與發展——以元代翰林國史院士人的生活方式為中心〉，《船山學刊》2010年第1期，頁149-151。

楊庭慧，〈馬祖常碑考〉，《華夏考古》2000年第2期，頁100-102。

楊訥，〈劉基事跡七考——兼析「誠意伯劉公行狀」的撰寫時間與作者〉，收入蕭啓慶、許守泯編，《蒙元的歷史與文化：蒙元史學術研討會論文集》，頁17-68。

楊富學、焦進文，〈元代西夏遺民「龍祠鄉約」探析〉，收入何廣博主編，《〈述善集〉研究論集》，頁42-55。

楊新，〈張先「十詠圖」：失而復得的國寶〉，《文物天地》1996年第1期，頁2-4。

楊鐮，〈元代蒙古、色目雙語詩人新探〉，《民族文學研究》2004年第2期，頁5-10。

楊鐮，〈答祿與權事跡鉤沉〉，《新疆大學學報》1993年第4期，頁97-103。

楊鐮，《元代文學編年史》（太原：山西教育出版社，2005）。

楊鐮，《元西域詩人群體研究》（烏魯木齊：新疆人民出版社，1998）。

楊鐮，《元詩史》（北京：人民文學出版社，2003）。

楊鐮，《貫雲石評傳》（烏魯木齊：新疆人民出版社，1983）。

楊鐮等，《元曲家薛昂夫》（烏魯木齊：新疆人民出版社，1992）。

賈敬顏，《民族歷史文化萃要》（長春：吉林教育出版社，1990）。

道上峰史，〈元朝翰林國史院考〉，收入明代史研究會編，《明代史研究會創立三十五年記念論集》（東京：汲古書院，2003），頁419-456。

達應庚，〈元代泰不花族源初探〉，《甘肅社會科學》第2期(1991)，頁68-70。

鄒重華，〈鄉先生——一個被忽略的宋代私學角色〉，《中國文化研究所學報》新第8期(1999)，頁139-162。

鈴木敬，《中國繪畫史》（東京：吉川弘文館，1989）。

蒙思明，《元代社會階級制度》（北平：哈佛燕京學社，1938）。

蓋山林，〈元「耶律公神道之碑」考〉，《內蒙古社會科學》1981年第1期，頁78-80。

趙志成，〈「趙孟頫繫年」辨證〉，收入上海書畫出版社編，《趙孟頫研究論文集》，頁464-513。

趙明勛，〈「國寶」重現記〉，《大慶社會科學》2008年第5期，頁153-154。

趙琦，〈元虞「道園文集」的刊本與篇目輯佚〉，《古今論衡》第18期(2008)，頁41-74。

趙琦，《金元之際的儒士與漢文化》(北京：人民出版社，2004)。

劉元珠，〈虞集「道園類稿」在元史研究上的價值〉，《食貨》(復刊)第16
　　卷第11、12期(1988)，頁460-469。

劉宏英、吳小婷，〈元代翰林國史院中的詩文考論〉，《河北北方學院學報
　　》第25卷第5期(2009)，頁3-6。

劉曉，〈耶律希逸生平雜考〉，《暨南史學》第2輯(2003)，頁173-183。

劉曉，〈耶律鑄夫婦墓誌札記〉，《暨南史學》第3輯(2004)，頁144-154。

歐陽光，〈宋元科舉與文人會社〉，收入歐陽氏，《宋元詩社研究叢稿》(廣
　　州：廣東高等教育出版社，1996)，頁15-28。

潘柏澄，〈薩都剌生平考略〉，《史原》第9期(1979)，頁90-100。

潘清，《元代江南民族重組與文化交融》(南京：鳳凰出版社，2006)。

箭內亙，〈元の世祖と唐の太宗〉，收入箭內氏，《蒙古史研究》(東京：刀
　　江書院，1930)，頁979-989。

箭內亙，〈元代社會の三階級〉，收入箭內氏，《蒙古史研究》，頁263-360。

衛欣，〈高克恭與趙孟頫交往略考〉，《美與時代》2008年第1期，頁86-88。

鄭克晟，〈元末江南的士人與社會〉，《南開史學》1989年第2期，頁18-35。

鄧紹基主編，《元代文學史》(北京：人民文學出版社，1991)。

盧慧紋，《元代書家康里巎巎研究》(台北：國立臺灣大學藝術史研究所碩士
　　論文，1996)。

穆朝慶、任崇岳，〈「大元贈敦武校尉軍民萬戶府百夫長碑銘」箋注〉，
　　《寧夏社會科學》1986年第2期，頁88-93。

穆瑞竹，〈元丁野夫「雪景對弈圖」〉，收入孫進己、孫海主編，《中國考古
　　集成‧西北卷‧宋元明清》(鄭州：中州古籍出版社，2000)，頁491-492。

蕭啓慶，〈大蒙古國的國子學〉，收入蕭氏，《蒙元史新研》(台北：允晨文
　　化實業公司，1994)，頁49-94。

蕭啓慶，〈元代四大蒙古家族〉，收入蕭氏，《內北國而外中國》（北京：中華書局，2007）下冊，頁509-578。

蕭啓慶，〈元代的通事和譯史：多元民族國家中的溝通人物〉，收入蕭氏，《元朝史新論》（台北：允晨文化實業公司，1999），頁323-384。

蕭啓慶，〈元代的儒戶：儒士地位演進史的一章〉，收入蕭氏，《元代史新探》（台北：新文豐出版公司，1983），頁1-59。

蕭啓慶，〈元代科舉與菁英流動——以元統元年進士爲中心〉，收入蕭氏，《元朝史新論》，頁155-202。

蕭啓慶，〈元代幾個漢軍世家的仕宦與婚姻〉，收入蕭氏，《內北國而外中國》上冊，頁276-345。

蕭啓慶，〈元代蒙古人的漢學〉，收入蕭氏，《蒙元史新研》，頁97-216。

蕭啓慶，〈元色目文人金哈剌及其「南遊寓興詩集」〉，收入蕭氏，《元朝史新論》，頁299-322。

蕭啓慶，〈元季色目士人的社會網絡：以偰百遼遜青年時代爲中心〉，收入蕭氏，《元代的族群文化與科舉》(台北：聯經出版公司，2008)，頁85-115。

蕭啓慶，〈元明之際士人的多元政治抉擇：以各族進士爲中心〉，收入蕭氏，《元代的族群文化與科舉》，頁211-270。

蕭啓慶，〈元明之際的蒙古、色目遺民〉，收入蕭氏，《元朝史新論》，頁119-154。

蕭啓慶，〈元朝各族士人間的文化互動：書緣〉，載《勞貞一先生九秩榮慶論文集》（台北：簡牘學會，1997），頁349-379。

蕭啓慶，〈元朝多族士人的雅集〉，《中國文化研究所學報》新第6期(1997)，頁179-203。

蕭啓慶，〈元朝多族文士圈的形成初探〉，載《第二屆宋史學術研討會論文集》（台北：文化大學，1996），頁165-190。

蕭啓慶，〈內北國而外中國：元朝的族群政策與族群關係〉，收入蕭氏，《
元朝史新論》，頁43-60。

蕭啓慶，〈至正十一年進士題名記校補〉，《食貨》（復刊）第16卷第7、8期
（1987年7月），頁69-84。

蕭啓慶，〈蒙元時代高昌偰氏的仕宦與漢化〉，收入蕭氏，《元朝史新論》，
頁243-297。

蕭啓慶，〈元代科舉特色新論〉，《中央研究院歷史語言研究所集刊》第
81本第1分(2010)，頁1-36。

蕭啓慶，〈論元代蒙古、色目人的漢化與士人化〉，收入蕭氏，《元代的族
群文化與科舉》，頁55-84。

蕭麗華，《元詩之社會性與藝術性之研究》（台北：國家出版社，1998）。

遼寧省博物館編，《遼寧省博物館》（北京：文物出版社，1983）。

謝成林，〈元代宮廷的繪畫活動〉，《九州學刊》第3卷第2期(1989)，頁45-52。

韓志遠，〈元代私學初探〉，《元史論叢》第9輯(2004)，頁79-88。

韓儒林主編，《元朝史》（北京：人民出版社，1986）。

薩兆溈，〈元翰林國史院述要〉，《北京行政學院學報》1999年第1期，頁
66-70。

薩兆溈，《薩都剌考》（北京：北京燕山出版社，1997）。

羅賢佑，〈元朝諸帝漢化述議〉，《民族研究》1987年第5期，頁67-74。

蘇振申，《元政書〈經世大典〉之研究》（台北：中國文化大學出版部，
1984）。

(二)西文

Allsen, Thomas T., "The Yuan Dynasty and the Uighurs of Turfan in the 13th
Century", in M. Rossabi (ed.), *China among Equals* (Berkeley: University of

California Press, 1983), pp. 243-280.

Barthold, W., *Four Studies on the History of Central Asia* (Leiden: E.J. Brill, 1958).

Barthold, W., *Turkestan down to the Mongol Invasion*, 4th ed (London: E. J. W. Gibb Memorial Trust, 1977).

Bretschneider, E., *Medieval Researches from Eastern Asiatic Sources* (London: Kegan Paul, Trench, Trubner and Co., 1910).

Brose, Michael C., *Subjects and Masters. Uyghurs in the Mongol Empire* (Bellingham, WA: Western Washington University Press, 2007).

Buell, Paul, "Chinqai (ca1169-1252)", in Igor de Rachewiltz et al (eds.), *In the Service of the Khan. Eminent Personalities of the Early Mongol-Yuan Period(1200-1300)* (Wiesbaden: Harrasowitz Verlag, 1993), pp. 95-112.

Buell, Paul D. and Eugene N. Anderson, *A Soup for the Qan. Chinese Dietary Medecine as Seen in Hu Sze-hui's Yin-shan Cheng-yao* (London and New York: Kegan Paul, 2000).

Cahill, James, *Hills beyond a River: Chinese Painting of the Yuan Dynasty,1279-1368* (New York: Weatherhill, 1976).

Ch'en Yuan, *Western and Central Asians under the Mongols* (trans. By Ch'ien Hsing-hai and L.C. Goodrich) (Los Langeles, 1966).

Chan, Hok-lam, "Hsu Heng," in Igor de Rachewiltz et al (eds.), *In the Service of the Khan*, pp. 416-447.

Dardess, John W., "Confucianism, Local Reform, and Centralization in Late Yuan Chekiang, 1342-1359," in Hok-lam Chan and Wm. T. de Bary(eds.), *Yuan Thought. Chinese Thought under the Mongols* (New York: Columbia University Press, 1982), pp. 327-374.

de Bary, William T., *Neo-Confucian Orthodoxy and the Learning of the Mind-and-Heart* (New York: Columbia University Press, 1981).

de Rachewiltz, Igor, "A Note on Yehlu Chu and His Family," in 郝時遠、羅賢佑主編，《蒙元史暨民族史論文集──紀念翁獨健先生誕辰一百周年》（北京：社會科學文獻出版社，2006），頁269-281。

de Rachewiltz, Igor,"Turks in China under the Mongols: A Preliminary Investgation of Sino-Turco-Mongol Relations in the 13th and 14th Centuries," in M. Rossabi (ed.), *China among Equals*, pp.281-310.

Eberhard, W., *Conquerors and Rulers: Social Forces in Medieval China* (Leiden: E.J. Brill, 1965).

Fong, Wen, *Beyond Represetation. Chinese Painting and Calligraphy 8th-14th Century* (New: Metropolitan Museum, 1992).

Fong,Wen, et al, *Images of the Mind. Selections from the Edward L. Elliot and John B. Elliot Collections of Chinese Calligraphy and Painting at the Art Museum, Princeton University* (Princeton: Princeton University Press, 1984).

Franke, Herbert, "Could the Mongol Emperors Read and Write Chinese?" in Franke, *China under Mongol Rule* (Brookfield, Vt.: Variorum, 1994), pp. 28-41.

Franke, Herbert, "Sha-lo-pa (1259-1314), a Tangud Buddhist Monk in Yüan China," in Franke, *China under Mongol Rule*, pp.201-222.

Franke, Herbert, "Sino-Western Contacts under the Mongol Empire," in Franke, *China under Mongol Rule*, pp. 47-72.

Franke, Herbert, "The Role of the State as a Structural Element in Polyethnic Societies," in Stuart Schram(ed.), *Foundations and Limits of State Power in China* (London: University of London, 1987), pp. 87-112.

Franke, Herbert, "Tibetans in Yüan China," in John D. Langlois, Jr.(ed.), *China under Mongol Rule* (Princeton: Princeton University Press, 1981), pp. 296-328.

Fu, Marilyn Wong, "The Impact of the Reunification: Northern Elements in the Life and Art of Hsien-yu Shu (1257?-1302) and Their Relation to Early Yuan Literati Culture," in John D. Langlois, Jr.(ed.), *China under Mongol Rule*, pp. 371-433.

Fu, Shen C., "Princess Sengge Ragi, Collector of Painting and Calligraphy," in M. Weidner(ed.), *Flowering in the Shadows: Women in the History of Chinese and Japanese Painting* (Honolulu: University of Hawaii Press, 1990), pp. 56-80.

Gabain, A von, *Das Leben im uighurischen Königreich von Qoco, 850-1250* (Wiesbaden: Otto Harrasowitz, 1973).

Hartwell, Robert M., "Demographic, Political, and Social Transformations of China, 750-1550," *Harvard Journal of Asiatic Studies*, vol.42, no.2(1982), pp. 365-442.

Ho, Wai-kam, et al(eds.), *Eight Dynasties of Chinese Painting: The Collections of the Nelson-Gallery-Atkins Museum, Kansas City, and The Cleveland Museum of Art, Cleveland* (Cleveland : Cleveland Museum of Art, 1980).

Hong, Zaixin, "Antiquarianism in an Easy-going Style: Aspects of Chang T'ai-chieh's Antiquarian Practice in the Urban Culture of Late Ming China,"《故宮學術季刊》第22卷第1期(2004)，頁35-68。

Hsiao, Ch'i-ch'ing, "Lien Hsi-hsien", in Igor de Rachewiltz et al (eds.), *In the Service of the Khan*, pp. 480-498.

Hsiao, Ch'i-ch'ing, "Mid-Yuan Politics," in H. Franke and D. Twitchett (eds.),

Cambridge History of China, (Cambridge, England: Cambridge University Press, 1994) Vol. 6, pp. 490-560.

Hsiao, Ch'i-ch'ing, *Military Establishment of the Yuan Dynasty*(Cambridge, Mass: Harvard University Press, 1987).

Hymes, Robert P., *Statesmen and Gentlemen: The Elite of Fu-chou, Chiang-hsi, in Northern and Southern Sung*(Cambridge, England: Cambridge University Press, 1986).

Langlois, John, Jr., "Yü Chi and His Mongol Sovereign: The Scholar as Apologist," *Journal of Asian Studies*, vol. 38 (1978), pp. 99-116.

Lee, Sherman E. and Wai-kam Ho (eds.), *Chinese Art under the Mongols: The Yuan Dynasty*(Cleveland: Cleveland Museum of Art , 1968).

Lee, Thomas H.C.(李弘祺), *Education in Traditional China. A History* (Leiden: E.J. Brill, 2000).

Li, Chu-tsing, " 'Grooms and Horses' by Three Members of the Chao Family," in A. Murck and Wen Fong(eds.), *Words and Images : Chinese Poetry, Calligraphy, and Painting*(New York: Metropolitan Museum of Art, 1991), pp. 199-220.

Pelliot, Paul, *Notes on Marco Polo*, 3 vols.(Paris: Imprimerie nativnale librairie, 1959).

Rossabi, Morris, "The Muslins in the Early Yuan Dynasty," in John D. Langlois, Jr.(ed.), *China under Mongol Rule*, pp. 257-295.

Sensabaugh, David, "Guests at Jade Mountain: Aspects of Patronage in Fourteen Century K'un-shan," in Chutsing Li(ed.), *Artists and Patrons* (Lawrence: University of Washington Press, 1989), pp. 93-100.

Sensabaugh, David, "Life at Jade Mountain: Notes on the Life of the Man of

Letters in Fourteenth-century Wu Society," 收入《鈴木敬先生還曆記念・中國繪畫史論集》（東京：吉川弘文館，1981），頁45-69。

Serruys, Henry, *The Mongols in China during the Hung-wu Period* (Bruxelles: Institut belge des hautes etudes chinoises, 1980).

Walton, Linda, *Academies and Society in Southern Sung China* (Honolulu: University of Hawaii Press, 1999).

Weidner, Marsha, "Painting and Patronage at the Mongol Court of China,1260-1368," Ph. dissertation, University of California, Berkeley, 1983.

Wittfogel, Karl A. and Chia-sheng Feng, *History of Chinese Society-Liao (907-1125)* (Philadelphia: American Philosophical Society, 1949).

院士叢書

九州四海風雅同：元代多族士人圈的形成與發展

2012年6月初版　　　　　　　　　　　　　　定價：新臺幣580元
2019年3月初版第二刷
有著作權・翻印必究
Printed in Taiwan.

著　　者	蕭	啟	慶
叢書主編	沙	淑	芬
校　　對	呂	佳	真
封面設計	蔡	婕	岑

出　版　者	中　央　研　究　院	總　編　輯	胡	金	倫
	聯經出版事業股份有限公司	總　經　理	陳	芝	宇
地　　　址	新北市汐止區大同路一段369號1樓	社　　長	羅	國	俊
編輯部地址	新北市汐止區大同路一段369號1樓	發　行　人	林	載	爵
叢書主編電話	(0 2) 8 6 9 2 5 5 8 8 轉 5 3 1 0				
台北聯經書房	台 北 市 新 生 南 路 三 段 9 4 號				
電　　話	(0 2) 2 3 6 2 0 3 0 8				
台中分公司	台 中 市 北 區 崇 德 路 一 段 1 9 8 號				
暨 門 市 電 話	(0 4) 2 2 3 1 2 0 2 3				
郵 政 劃 撥 帳 戶	第 0 1 0 0 5 5 9 - 3 號				
郵 撥 電 話	(0 2) 2 3 6 2 0 3 0 8				
印　刷　者	世 和 印 製 企 業 有 限 公 司				
總　經　銷	聯 合 發 行 股 份 有 限 公 司				
發　行　所	新北市新店區寶橋路235巷6弄6號2F				
電　　話	(0 2) 2 9 1 7 8 0 2 2				

行政院新聞局出版事業登記證局版臺業字第0130號

國家圖書館出版品預行編目資料

九州四海風雅同：元代多族士人圈的
形成與發展/蕭啟慶著．初版．新北市．中研院、
聯經．2012.06．440面
　；14.8×21公分．（院士叢書）
ISBN　978-986-03-2794-6（精裝）
[2019年3月初版第二刷]

1.士　2.族群　3.多元化社會　4.元史

546.113　　　　　　　　　　101010845